一朵野花

陈梦家纪事

王黎群 著

黄山书社

图书在版编目（CIP）数据

一朵野花：陈梦家纪事 / 王黎群著. -- 合肥：黄山书社，2020.9

ISBN 978-7-5461-9255-0

Ⅰ. ①一… Ⅱ. ①王… Ⅲ. ①陈梦家（1911-1966）-生平事迹 Ⅳ. ①K825.6

中国版本图书馆CIP数据核字（2020）第165679号

出 品 人　贾兴权
主　　编　董宁文
责任编辑　高　杨　陈金鑫
装帧设计　观止堂 - 未　氓
责任印制　李　磊
出版发行　时代出版传媒股份有限公司（http://www.press-mart.com）
　　　　　黄山书社（http://www.hspress.cn）
地址邮编　安徽省合肥市蜀山区翡翠路 1118 号出版传媒广场 7 层 230071
印　　刷　安徽新华印刷股份有限公司
版　　次　2021 年 1 月第 1 版
印　　次　2021 年 1 月第 1 次印刷
开　　本　700mm × 1000mm　1/16
字　　数　400 千字
印　　张　26.5
书　　号　ISBN978-7-5461-9255-0
定　　价　68.00 元

服务热线　0551-63533706

销售热线　0551-63533761

官方直营书店（https://hsss.tmall.com）

忆梦家

赵萝蕤

梦家生于1911年，原籍浙江上虞。他的父亲陈金镛老先生曾任上海广学会编辑，是一位非常忠厚纯朴的长者。梦家有八个姊妹，两个哥哥，两个弟弟，都是一母所生。在南京工作的三姊郇磐把他扶养成人。她当了四五十年的中学教师，前年去世。她还扶养了梦家以下的两个弟弟，一个妹妹。

梦家在中央大学学的是法律，最后得了一张律师执照。但是他没有当过一天律师，而是从16岁便开始写诗，1931年1月便出版了他的第一册诗《梦家诗集》，并立即出了名。那时他还不到二十岁。同年9月又出版了他编集的《新月诗选》，1933年4月再版。这个诗选里面有编者长达三十页的序言(每页约二百字)。他用还是相当稚嫩而近乎华丽的辞藻阐述了新月派有关诗歌的观点。这部不到三百页的集子选载了十八位诗人的作品，几乎没有例外都是篇幅不多的描写爱情和景物的抒情诗，内容、风格都表现了极大程度的一致，说明新月派诗歌确有它的特点。编者在序言中说："我们在相似或相近的气息之下，禀着同样以严正态度认真写诗的精神(并且只为着诗才写诗)……"又说，"我们欢喜'醇正'与'纯粹'。我们爱无瑕疵的白玉，和不断锻炼的纯钢。”说明了内容与技巧两个方面的意图[①]。新月派是一个五四运动后发展起来的右翼文学流派，拥有胡适、梁实秋这样的人物。三十年代后期这个流派就一蹶不振了。梦家是新月诗人中的一名健将和代表人物，他的代表作是一些类似《新月诗选》内容的抒情诗，如《一朵野花》、《给薇》(又名《小诗》)、《雁子》、《潘彼得的梦》、《鸡鸣寺的野路》、《太平门外》、《过当涂河》等。在技巧和格律方面，梦家也多所推敲，有所创造。他师事徐志摩和闻一多两位先生，但他没有徐志摩那样精深的西方文学造诣，也决没有闻先生对祖国、对人民的强烈政治责任感。

作为诗人，梦家的创作生涯前后只七八年。1932年他在青岛熟识了闻一多先生，同年底他到北平，由于燕京大学宗教学院教授刘廷芳的介绍，在该院当了短时期的学生，并于次年早春去塞外小游。他也曾短期在芜湖中学任国文教师。1934—1936年，他在燕京大学攻读古文字学。从此以后他几乎把他的全部精力都倾注于古史与古文字的研究。仅仅1936年一年(他大半时间还是学生的时候)，就在《燕京学报》《禹贡》《考古》等杂志发表了长短不一的七篇文章，开始了他的学者的生活。

梦家在燕京大学作了两年研究生后便留在学校当助教。1937年卢沟桥事变后，他离开了北平。由于闻一多先生的推荐，他到清华大学当了国文教员(那时清华已在长沙，是临时大学的一部分)。1938年春临时大学迁到昆明，成为西南联合大学。从1938年春到1944年秋，他除教书外，仍孜孜不倦地致力于古史和古文字的研究，写了许多文章和小册子，如《老子今释》和《西周年代考》。

1944年秋，在国内阶级斗争十分尖锐、民主运动在昆明等地蓬勃兴起的时候，他由美国哈佛大学教授费正清和清华大学哲学系教授金岳霖介绍，到美国芝加哥大学教授古文字学。选读他这门课的美国学生寥寥无

① 后来的诗作还有《陈梦家作诗在前线》(1932年7月，后来收入《铁马集》；他曾于1932年初和几个同学参加十九路军两个月)，《铁马集》(1934年1月)，和《梦家存诗》(1936年3月)。

几，只四五人，但正像他初到纽约答一家小报的记者问时说的，他到美国来主要是要编一部全美所藏中国铜器图录。在美国三年中，他就是为了这个目标而努力奋斗。

他在芝大教授古文字学的合同只一年。虽然后来他和这个大学已没有工作上的关系，但是他的活动基地仍在该校的东方学院。从第二年开始他遍访美国藏有青铜器的人家、博物馆、古董商，然后回到芝加哥大学的办公室整理所收集到的资料，打出清样。就是这样，周而复始：访问、整理，再访问、再整理。凡是他可以往访的藏家，他必定敲门而入，把藏器一一仔细看过，没有照相的照相，有现成照片的记下尽可能详尽的资料。不能往访的，路途遥远的，或只藏一器的，他写信函索，务必得到他需要的一切：比如演《海狼》(杰克·伦敦小说改编)的著名电影演员爱德华·G·罗宾逊藏有一器，他远在洛杉矶，于是就给他去一封信。多数私人收藏家都是富贵之家。否则，谁买得起一件、两件，乃至数件精美绝伦、价值昂贵的中国青铜器呢？流散在美国各地的祖国瑰宝又何止成百成千成万？梦家是无所顾忌的，只要是有器之家，他是必然要叩门的。他访问了纽约赫赫有名的M夫人，因经营地产而成富豪的O. K. 夫人，《华盛顿邮报》的老板某某夫人，等等。他当然也造访了纽约的所有拥有铜器或铜器资料的古董商如卢芹斋和其他国籍不同的古董商人，也访问了美国各地藏有铜器的博物馆①。只要有可能，他就要把每一件铜器拿在手里细细观察，记下必要的资料。逗留在博物馆的时候，他也顺便收集各馆的印有中国文物或其他藏品的图册。他和所有藏家、古董商、博物馆几乎都有通信关系，并留有信件的存底。所有这些资料现在都保存在科学院考古研究所。在美国期间他也曾去加拿大看了多伦多博物馆的藏器。据我所知，他胜利地完成了他尽全力想要完成的工作，只有一个例外。这一次梦家与之打交道的是一个特别狡猾的纽约奸商B某。他是一个声名狼藉、曾到中国和我国的奸商，尤其和北平琉璃厂奸商岳某，狼狈为奸，盗买过不少珍贵文物。

---

① 有些古董商和博物馆中国文物部分的负责人都曾亲自到我国来盗买我国的许多珍贵文物。

梦家曾多次找他，希望得到一份由他经手的铜器图录。某天深夜将到第二天凌晨的时刻，他微笑着抱着一部图录回到旅馆。不幸的是第二天B某使出了各种招数又把图录索讨了回去。这是一部两册带套的线装图录。他遇到了一次重大的失败。

1947年夏，梦家游历了英、法、丹麦、荷兰、瑞典等国，目的只是一个：收集中国青铜器的资料。他为此出入贵族之家，走遍藏有铜器的博物馆，在汉学家高本汉的陪同下见到了酷好中国文物的瑞典国王。在这次游历之后他又回到了芝加哥。该是整理行装回到清华的时候了。他已基本完成了他到美国去的任务。知道他的一些美国人对他的工作表示赞赏。罗氏基金的某负责人告诉他应该永久住在美国，并要给他找一个固定的工作。但是他毫不迟疑地表示一定要如他所计划的那样回到祖国，回到清华大学。他的行期已经紧迫了。这是1947年初秋的事。在美国的三年中，除上述的编写庞大的流美铜器图录外，还用英文撰写并发表了一些文章：《中国铜器的艺术风格》《周代的伟大》《商代文化》《一件可以确定年代的早周铜器》，等等。1946年他和芝加哥艺术馆的凯莱合编了《白金汉所藏中国铜器图录》。

回到清华的第一年他为学校购买了许多祖国文物，并成立了“文物陈列室”。

在解放战争即将获得决定性胜利的时刻，梦家的立场是不够明朗的，至少极端缺乏成熟的政治识见。但是在清华大学解放的前夕，他曾经劝告那些即将乘蒋帮派来的飞机出走的朋友不要离开北平，他怀着十分欣喜的心情迎接清华、燕京的解放，并在解放军正式入城的前夕就和朋友们骑车进了城。

1952年院系调整，他转到科学院考古所工作。1956年他用《殷虚卜辞综述》的稿费在钱粮胡同买了一所房子。从此他一个人占有了一间很大的寝室兼书房，在里面摆下了两张画桌。这一大一小两画桌拼在一起成了他的书桌，上面堆满了各种需要不时翻阅的图籍、稿本、文具和一盏台灯。梦家勤奋治学有着很好的物质条件。他身体好，不知疲倦，每天能工作差不多十小时到十二小时。他肩上曾长过一个脂肪瘤，有几个拔掉了龋齿留下的空隙没有填补上。但是他终于把瘤子割除了，牙也修配好。在这两件事办完后，我笑对他说："现在你是个完人了。"

梦家喜欢朋友，对朋友从不苛求。他爱戴老人，如徐森玉、容庚、于思泊、商承祚诸先生；也亲近青年，对他们无所不谈。他有许多朋友，很喜欢常常去看望他们，海阔天空地畅谈一切。他喜欢游山玩水，但这样的闲暇和机会不多。他在家里虽因忙于工作，没有什么体力劳动，但需要劳动的时候，他不怕脏、不怕累，而且兴高采烈。他不大喜欢活动量较小的、单独的休息方法：不喜欢种花，不喜欢照相(他有一个可以拍摄文物和书籍的照相机)，不喜欢听音乐，但是他喜欢看戏(各种形式的)，喜欢写这方面的评论文章和泛论文艺的小文，如发表在《人民日报》副刊的《论间空》《论人情》等。据说这些文章很受读者欢迎。不过他新诗作得很少。他写过《甘地》一诗，写过几首咏景物的小诗，曾在《诗刊》上发表。他喜欢和郭小川、艾青等同志交朋友。

他还有一个癖好，那就是用几乎他的全部收入购买明代家具。这些家具已如他所愿，全部归了国家。

他的兴趣很广，但是他的主攻方向仍毫无疑问是古史、古文字和古籍的研究。1964年，家里有了电视机。他几乎天天晚上看电视。看到晚上九点半、十点、十点半，我睡觉去了，他才开始工作。有时醒过来，午夜已过，还能从门缝里看到一条蛋黄色的灯光，还能听到滴答——滴答——他搁笔的声音。不知什么时候房间才完全黑了。但是他还是每天早起按时上班，傍晚按时下班。他在所里、家里各有一套比较完备的常用书，在两处都能有效地工作。在三十年的时间里，他在占有详尽的资料下，写了许多文章，著了许多书，编了各种图录，还留下了未完成、未发表的大约二百万字的遗稿和未整理完毕的其他资料。

1966年9月初梦家受了林彪、"四人帮"反革命修正主义路线的残酷迫害，与世长辞了，终年五十五岁。感谢党中央一举粉碎了"四人帮"，在逝世后十二年的今天梦家得到了平反昭雪。考古所于1978年12月28日上午为他开了追悼会。夏鼐所长在悼词中充分肯定了梦家在治学方面作出的成绩，并认为他热爱祖国、热爱毛主席，愿为社会主义事业积极贡献自己的力量。在他生前，尹达和夏鼐两位同志一直关心、支持他的工作。对此，梦家的亲属感到莫大的宽慰。深可惋惜的是他死得太早。在过去的十二年以及今后的岁月中他还可能写出许多著作，为他所热爱的祖国的现代化增加一些砖瓦。但是他没有能这样作。现在考古所的同志们常常想念他，并为了整理他的遗稿作了不少工作，他的部分遗著不久就可出版。梦家该可以瞑目了吧①。

（原载《新文学史料》1979 年第 3 期）

① 以上叙述绝大部分凭记忆。如有错误，希望梦家的朋友，特别是考古所和清华大学的同志们指正。

目　录

第一章　童年时期（1911—1926年）

青，

又嫩又新鲜，

我不忍多多回忆黄金灿烂的一段，

在这一段落后我只能低低的唱：

“我愿意做一支青草，

露珠是我的天堂！……”

——陈梦家《青的一段》

一、“我们是入景教籍的人”

1911年4月19日（阴历三月廿一日），陈梦家生于南京西城的金陵神学院（今南京大铜银巷17号），祖籍浙江省上虞县上官镇百官小桃园，曾用笔名陈漫哉。

祖父陈玉兰，祖母钱氏，都是上虞曹娥镇人。陈梦家1931年写的回忆散文《青的一段》留下了关于家族的记载，“我们是入景教籍的人”。景教，即唐代正式传入中国的基督教聂斯脱里派，也就是东方亚述教会。景教起源于今日叙利亚，是从希腊正教（东正教）分裂出来的基督教教派，由叙利亚教士君士坦丁堡牧首聂斯脱里于公元428—431年创立，在波斯建立教会。景教被视为最早进入中国的基督教派。

“祖父是个魁梧高大的汉子，进门得低头才过去，他的职业是在曹娥江一带航船，因为饮酒，致到临终时把所有祖传上官镇上小桃园的房屋卖掉。……祖父死后，家里没有钱购置坟地，不得已用两串钱买了山顶上一方土。”“祖母是位教徒……据说，是位寡笑严正的人。”①

父亲陈金镛（1869—1939），字敏应，1880年求学于杭州育英义塾（1867年，崇信义塾由宁波迁到杭州，更名育英义塾。崇信义塾为1845年由美国长老会海外传道部宁波差会创办，首任校监袆理哲R.Q.Way。），1885年受洗加入教会。1888年，陈金镛毕业后主要从事传教和教书，自学神学。“大约二十五岁的时候，他在离上陌七里路远的沙滩头教私塾，每星期到镇上礼拜，认识了当地的蔡老牧师。”“那时候的父亲又瘦又小，

① 陈梦家：《青的一段》，载《梦甲室存文》，中华书局，2006年，第91—92页。

恰是一个孱弱无力的书生，原先在县里穷困时曾经几次为人代考乡试而以此度日的，外祖父看重他的诚实有才，不管他人以我父亲病弱而阻止他，毅然将他的次女许配给父亲。我母亲粗通文字，懂罗马拼音，极壮，有统治家务的能力。她比父小十岁，这项婚姻极幸运的缔结了。”1894年以后，陈金镛前往宁波教会学校任教，曾任宁波崇德女校（校址在宁波江北槐树下，今槐树路江北实验小学）教师、崇信学校教师及校长。“结婚后在宁波有十三年的居留，我父亲与教习与女校校长都以严明闻。十三年的当中，逐次养了我四个姊姊。”[①]

1906年，陈金镛在南京的长老宗联合圣道书院（The Presbyterian Union Theological Seminary）“半教半读”。“全家搬住在南京，为我父从事于宗教著述的光荣时代，他半生的精力完全灌注在事业上，那时上海的商务印书馆正由他的几个同窗发起，竭力要他去。而他已立志终身为传道职务，决然不就这营利的事。”[②]1908年，陈金镛从圣道书院毕业，留校任教。当时圣道书院共有教师4人，除陈金镛外，还有3位美国人：戴维斯（John W.Davis）、甘路德（Joshua Crowel Garritt）、司徒雷登（John Leighton Stuart）。1911年，卫理公会的“圣道馆”（The Fowler School of Theology）、基督教长老会华中联合神学院的“圣道书院”和美国基督教使徒宣教会（Disciples' Mission）的“使徒圣经学院”合并，组建金陵圣经学校（Nanking Bible School）。同年9月13日正式开学，当时学生有44人，教职员44人。1912年改名为“金陵神学”（The Nanking School of Theology）同年冬，开办金陵女子圣经学校（即金陵女子神学院），1917年再改名“金陵神学院”（Nanking Theological Seminary）。

1911年陈梦家出生那年，陈金镛担任神学院提调（相当于院长）。1914年起，创办《神学志》季刊，年出四期，由金陵神学院负责组稿编辑，上海美华书馆印刷发行。陈金镛共主持《神学志》编辑工作6年，出版

① 陈梦家：《青的一段》，载《梦甲室存文》中华书局，2006年，第92—93页。

② 同上，第93页。

了5卷20期。1919年，由于金陵神学院内部的人事矛盾，迫使陈金镛离开南京，前往上海广学会就职。陈金镛在广学会书局主任编辑期间，主要担任繁重的编辑任务，还常常奔走各地发表演讲。1930年从广学会退休，一生倡导中国基督教会的自立运动，为著名的教育家和神学家，著述甚丰，著有《中国的宗教观》、《中国基督教发展史》、《讲范》（上下编），另有《行道旨味录》（1929年，未刊稿，1卷本）、《传道人才之亟要》（未刊稿）、《中华布道史》（未刊稿）。1938年陈金镛去世，遗体葬在今上海虹桥公墓。"文革"期间墓地被毁。家人于1997年在浙江上虞老家的龙山"兰山陵园"树立墓碑，以示纪念。

母亲蔡灵恩（1878—1962），鄞县江北岸人，为虔诚的基督教徒。养育子女十三人。陈梦家"有八个姊妹，两个哥哥，两个弟弟，均为一母所生"。[①]

长女陈秋光（1895—1971），"大姊天生秀色，娇养惯成一细腻的小姐，受溺爱而独享优越的地位，远在苏州读书直到大学程度才止。"[②]陈秋光毕业后留在景海师范（1902年，美国基督教监理公会女传教士海淑德创建景海女塾，1916年改为景海女子师范学校），升任教务主任，工作一直很出色。后来为了照顾自己的孩子和帮助母亲蔡灵恩料理陈家琐碎的家务，放弃了担任景海师范校长的机会。[③]

次女陈调盐（1897—1940），"最不同性格的要推二姊，她的固执与耿直较他人甚，天生一个独立不群的性格，孤僻沉静。……十七岁出外教书，养成独立生活的性格，早已透出她的浪漫色彩。她不事奉承，直率无饰，与家人不太融合。……就凭未满中学的程度生活，未尝需要家中半文钱用。看护，教习，缝工，只要能支持她的生活，她毫无畏惧去行别人难行的事。她一直坚守难熬的独身，到此中年，而一切生活的磨折永不使

① 陈梦家：《梦家诗集》，中华书局，2007年，第239页，赵萝蕤《忆梦家》，原载《新文学史料》1979年第3期。

② 陈梦家：《青的一段》，《梦甲室存文》，中华书局，2006年，第100页。

③ 李娟娟：《陈梦熊传》，江苏人民出版社，2015年，第9页。

她灰心，孜孜不忘于她天性所好的音乐，二十年来她所唯一解愁的是弹琴。”[①]1940年在上海因患肺病去世。

在二女陈调盐和三女陈郇磐之间，还生养过一女，早夭。“我轮到第八号位置：五个姊，两个哥，……实在算来，我是第八个出生的，有第三个姊姊在人间只吸了几个月的空气就离开了，这个逃亡为我以下的几个小弟妹所不知，因她所遗留的踪迹太浅太淡，除了一个偶而提到的小名。”[②]

三女陈郇磐（1901—1976），“三姊有个忠厚的心与身体，极能耐苦，我们兄弟几人都由她抱大。”[③]“我们的三姐陈郇磐，在实校担任音乐老师，我们俩人都是依靠她抚育成长的，所以在青少年时代，我们经常生活在一起。陈郇磐是一个思想进步的教育改革家，她同陈鹤琴、陶行知等组织教育改革研究会，开展教育改革活动，并协助陶行知创办晓庄师范，在思想上对我们都有较大影响。”[④]“在南京工作的三姊郇磐把他扶养成人。她当了四五十年的中学教师，前年（1976年）去世。她还扶养了梦家以下的两个弟弟，一个妹妹。”[⑤]其先生金树章，安徽无为人，留学法国巴黎大学。曾任国立西北联合大学生物系主任，解放后在西北农林科技大学工作，植物病理学家。

四女陈冕珠（1903—2002），“四姊人生得娇小聪明，除了常常闯小祸以外，总不惹人讨厌。”[⑥]“苏州也是陈梦家的四姐陈冕珠工作的地方，而陈冕珠正是赵萝蕤在苏州景海师范学校的音乐老师。”[⑦]其先生刘仁政（1904—1987），字敏斋，生于山东掖县朱桥镇（现为莱州市金城镇）埠西村，幼年迁居北平，毕业于北平师范大学附中高中部。在自家经营的振德兴顾绣皮货行由学徒做起，掌管振德兴行后，改坐商为出口，商品门

① 李娟娟：《跋涉者的歌——陈梦熊传》，江苏人民出版社，2015年，第101页。
② 陈梦家：《青的一段》，载《梦甲室存文》，中华书局，2006年，第94页。
③ 同上，第101页。
④ 陈梦熊：《我们的怀念》。
⑤ 赵萝蕤：《忆梦家》，《新文学史料》1979年第3期。
⑥ 陈梦家：《青的一段》，载《梦甲室存文》，中华书局，2006年，第101页。
⑦ 梦之仪：《陈梦家、赵萝蕤同译布莱克诗》，载《点滴》2013年第2期，第82页。

类由原来的顾绣皮货，发展为中国的手工艺品。经营包括景泰蓝、扬州雕漆、江南织锦等中国特色的手工艺品，打进欧美市场。还在天津、济南、上海、香港等地投资兴办纺织、制革、钢铁、古玩、珠宝等行业，工商兼营。全国解放后，带头接受公私合营。每年春秋两次参加广州进出口商品交易会，尽量配合国家需要，协助进口国家急需的各类物资设备，被广东省政协誉为爱国港商。在力所能及的情况下总是设法买回散失文物捐献国家。1987年携长孙刘洪洪回乡，捐资重建埠西村小学，特准命名为“仁政小学”。子刘元生。

长子陈梦杰（1906—1988），东吴大学毕业，解放前在上海做进出口生意，20世纪50年代去了香港。①

陈梦杰之后，蔡灵恩还生养过一女（1907—1921）。“最不幸轮到我的五姊了，二哥和我隔年出生，不能有间空照养她，五岁不能行走，以是瘫痪，等她学会行走时又患了终身不治的夜遗病。”“民国十年冬，三姊忽然回沪，回来时并不告我此行的内容，这乃是我前面所提到不幸的五姊悲惨的结局了。她已是一个十四岁正在发育的女孩。”②

次子陈梦士（1909—1990），国立中央大学毕业，曾在广东省农林厅工作。20世纪40年代去了香港。③

在陈梦家之后，蔡灵恩还生养过一女陈余妍（1913—1918）。“在我以下接着是一位小妹余妍，天生就好看，大家爱。……这日是礼拜天，小妹穿好连裙的洋服正下台阶，那条疯狗向她绕三匝拖倒咬了头，……次日小妹略感不适……余妍的死，在民国七年冬至前四日，才五岁。”④

四子陈梦熊（1917—2012），著名水文地质学家，中国科学院资深院士。1942年西南联合大学地质系毕业，考取重庆的原中央地质调查所。1943年，陈梦熊派到兰州，参加刚建立的西北分所。1945年，参加以王曰

---

① 李娟娟：《跋涉者的歌——陈梦熊传》，江苏人民出版社，2015年，第128页。

② 陈梦家：《青的一段》，载《梦甲室存文》，中华书局，2006年，第101页。

③ 李娟娟：《跋涉者的歌——陈梦熊传》，江苏人民出版社，2015年，第23页。

④ 陈梦家：《青的一段》，载《梦甲室存文》，中华书局，2006年，第103页、106页。

伦为首的祁连山地质矿产考察队，1946年随所到达南京，参加黄汲清主持的中国地质图编图工作，主要负责西北地区。1949年，原中央地质调查所组建成为地质部（国土资源部的前身），陈梦熊担任国土资源部科技咨询研究中心咨询委员、高级工程师，主管水文地质科技业务，领导完成全国区域水文地质普查工作。20世纪80年代以来，开始致力于地下水资源与环境水文地质问题的研究，完成国际水文计划（IHP）两项国际合作研究课题。1991年当选为中国科学院院士（学部委员）。2012年12月28日因病在京逝世，享年96岁。夫人沙频之（1922—1984），系著名书法家沙孟海先生的次女，1948年9月陈梦熊和沙频之在南京结婚，有两子思行、泽行。

五女陈智灯（1920—2000），曾在苏州景海师范钢琴班学习，后成为教育家陈鹤琴的门生，在南京鼓楼附近幼稚园工作。丈夫官知义系化工专家。①

五子陈梦罴（1922—1952），“我的弟弟唱歌唱的比较好，但他很早就去世了，在三反时给斗死了”②，1952年“三反五反”中被批斗，突发脑溢血去世。

据陈梦家《青的一段》材料整理，陈金镛应有子女13人：

1.长女陈秋光（1895—1971）。

2.次女陈调盐（1897—1940）。

3.三女，早夭。

4.四女陈郇磐（1901—1976）。

5.五女陈冕珠（1903—2002）。

6.长子陈梦杰（1906—1988）。

7.六女，（1907—1921）。

8.次子陈梦士（1909—1990）。

---

① 李娟娟：《跋涉者的歌——陈梦熊传》，江苏人民出版社，2015年，第10页、第130页。

② 同上，第128页。

9.三子陈梦家（1911—1966）。

10.七女，陈余妍（1913—1918）。

11.四子陈梦熊（1917—2012）。

12.八女陈智灯（1920—2000）。

13.五子陈梦罴（1922—1952）。

二、“幼年善良的环境种下我们的根苗”

陈梦家出生那年，正是清朝统治摇摇欲坠、革命如火如荼的时候。陈梦家出生不到几个月尚在襁褓时，为了避难一度被带离南京前往上海。“听说还是一个洋人救了命，不然在出城的时候给辫子军结果了，父亲早把辫子剪了，不得已和五岁的大哥一同装了假辫子。”[①]1911年10月10日武昌起义胜利，中华民国在南京成立。陈梦家一家才从上海回到南京。

陈梦家全家住在南京西城靠近四根杆子和螺丝转湾附近的神学院，“墙外是五台山，朝西有座庙”，“我的家宅在校门，上去一个斜坡，一片大草坪，上坡三座大洋楼。沿坡尚有两座西教习的住宅，有藤萝爬在楼上，永年发青。我们的家是二层楼大洋房，有走廊，前面一个花园，石头围了一圈，南边并排冬青树，是儿时的乐园”。陈梦家和二哥陈梦士一同玩耍，摘冬青树的紫子，赌东道罚吃形似水仙花的苦草。他们和看门老邵的侄子捉知了，学会迅速爬上直立两丈高光杆的梧桐树，有时爬上竹林摸下两只雏鸟，每天喂它，等它会飞时成天追它。

最让陈梦家记忆犹新且“初初侵入婴孩的小心灵里”的，是小时父亲请一位老牧师给他施洗。“我知道父亲一定私心切望我能继承他的职志。谁知道这十年浸于宗教色彩内的生活，竟不能使我树立一个最坚贞的信念。然而在情绪上我不少受了宗教的熏陶，我爱自由平等与博爱，诚实与

① 陈梦家：《青的一段》，载《梦甲室存文》，中华书局，2006年，第94页。

正直，这些好德性的养成，多少是宗教的影响。”[①]

每个礼拜天，听见四根杆子教堂大钟摇响，陈梦家就换上干净衣服前去教堂，听讲圣经上的故事，“这些含有寓义的故事，促成我对于文学的爱好。而且那两小时静默无哗的礼拜，那庄严的仪式，让我们一刻间感觉灵魂的清涤，恍如入于神圣境界。故此礼拜堂神圣的静穆，我父的教训与他的榜样，以及四周接近来往的人的私善守正，造成我倾向善良的心。直到成年后，我还时常提心戒备于为恶，这个幼年善良的环境种下我们的根苗。”陈梦家提到了学习的第一首赞美诗“耶稣爱我我真知”，“一种温柔的心使我回到从前的童年，满身舒快，平和无杂念，我会闭目静思过去黄金光彩的一瞬，终至受感动而流泪。这首小小粗淡的圣诗仿佛是天堂里的声音，我不能忘记，也不敢轻易提到，这里的用心你们当可猜到的”。[②]

1914年，陈梦家4岁，和二哥陈梦士一同进了邻近某女校教会办的幼稚园。看门的老头终年有病，要给他一个尊敬的称呼才能放人进去。

1915年，陈梦家5岁，和二哥陈梦士一起转入南京四根杆子礼拜堂附设的小学。四根杆子礼拜堂建于1884年，即今天莫愁路教堂的前身。他们戏称为四根杆子的“育才大学”。“每天上学，厨子的儿子小许总来陪送，为我们背书包，雨天背我们”，“这个好游伴死后，我们在花园里和园夫老丁的女儿做了朋友，常去弄花，找无花果吃；同时有几个神学生和我们相好，其中一个是我后来的姊丈”。“在这段开始于入学以后的时期，我极安分又快乐，守安息日，礼拜祷告，不敢说谎话。”“这时候家中很有秩序，清洁。晨晚前祈祷读经，每月请神学生茶谈。父亲那时用尽心力编辑神学杂志，……于是他每晚极迟的睡，因失眠而得了严重的肝病几至于死。（母亲）一个月不离床侧服伺，下又得照管八个孩子，……同时担任了孤儿院的事，自然许多零丁的孤儿得了很多恩惠。”[③]

1917年7月，张勋复辟，南京城二次光复，陈梦家一家安居不逃。许

① 陈梦家：《青的一段》，载《梦甲室存文》，中华书局，2006年，第97页。

② 同上，第98—99页。

③ 同上，第99—100页。

多难民寄身到神道院来，想借教会势力保安全。父亲陈金镛受了浙江的委托，办理收容赈款，在战争中奔走觅取数百人的口粮。“二次光复成功，奠立民国的基础。战事完结后满城结彩燃爆。我在神学院的马路上看见满地红皮火药味的爆竹，这记忆最不能忘，那时候我只知道战争仅是爆竹一类大声响的东西。直到六七岁认识字的时候，看到礼拜堂墙上贴着徐世昌就大总统的布告，为我幼时唯一记得政治上的事。这两件事影响我很深：战争只是火药味与爆裂，徐世昌做了许多年的新式皇帝。”①

1918年，陈梦家和陈梦士转读干河沿金陵小学。干河沿位于南京广州路东端南侧，北门桥西面，清代就有此名，东起北门桥，向西折向西南至华侨路附近。传杨吴城壕原来经过此处，后来河水干涸，沿河一带遂名干河沿。陈梦家兄弟俩每日清晨翻过五台山去上课，放学总爱在山上玩，认识了姐姐的朋友，一位住在山路上小洋楼里的外国小姐Miss.King。

1919年5月，五四运动爆发。“我看见成万的大学生、中学生、小学生在操场上排好队，拿了大小旗子往街上跑，也有哭的，确是一种悲伤掀动万众人的热血。那是热天！全城发狂，年青的学生的血管仿佛都要爆裂，光明是血，洗雪日本人对我的耻辱。各色各样的日本用品敲烂了挂在各家门口，这群破烂的陈列中，显示中华人不死的精灵。”父亲陈金镛“越出他的地位，也代表宗教团体参加，为激烈的一个。省衙门前的演说，领导基督徒从事爱国运动，他流了多少汗。”②

这年冬天，由于金陵神学院内部的人事矛盾，陈金镛受神学院同事排挤去职，离开南京。“乐园的八年生活将于此告终。我父亲此际遭受仇人的攻击，许多从前的朋友对他说‘先生，你该歇歇了罢！’父亲的刚直善良受了挫折”，“他亲手提拔出来的学生……把许多罪名凭空加在父亲的名字下，许多聪明的教士相信了”。③

陈金镛前往上海广学会就职。全家迁居上海。在1919年出版的《神学

① 陈梦家：《青的一段》，载《梦甲室存文》，中华书局，2006年，第95—96页。

② 同上，第107页。

③ 同上，第108—109页。

志》第五卷第四期中，陈金镛有些愤愤不平地写道："鄙人于1906年冬，承长老会金陵圣道书院董事部之聘请，来任教席。其后改组金陵神学，继续蝉联，迄今十有三年。"①

对于少年陈梦家来说，离开承载着少时欢快的南京城，心里有着无比眷恋。"我们最难舍的是一座好花园，古的松树，爬光了的长梧桐，搭成棚的葡萄树，冬青树的小草坪，斜坡上洋楼前两个可以平躺数星子的石凳，春天结果的桃树，开花的杏，还有那些行永远迷人的藤萝勾引我们离别的眼。去了，将不复听见每晨入城的小轮车摩擦的怪调，卖糖换旧货的短笛，傍晚时后山上的号声……如此一晨，一家人离别久居十三年的南京，无人来送，仅有那个忠诚的老仆老邵为我们开门。"②

陈金镛带着一家人先从闸北宝兴西里搬到衡业里，又相继搬到了北四川路、桃园新村和元昌里，后来住在离法国公园不远的华龙路元昌里③的楼房，但毕竟院子里没有南京神学院那样优美的大花园。④在陈梦家的笔下，"初次见到的新地，只是嘈杂肮脏，夜里的电灯光遮没了我爱看的星子，那些幽雅的乡气哪里去了？新居靠近一家大印刷厂，成天成夜大声闹，没有一天清静过。这就是大都市的精神，煤气与闹声。"⑤

到上海后，陈梦家和陈梦士转入教会办的圣保罗小学。校长是圣公会的主教，陈梦家在高级小学一年级考得了第一名，他们的邻居是一家西洋人，老洋婆时常送点野味，作为陈金镛的下酒菜。但陈梦家并不喜欢上海的生活，他认为上海的两年最不称意，他不喜欢打弹子和摸蟹，他的同桌是一位最会发笑的红脸，只要对眼就笑不可止。此时，三姐陈郇磐来信让陈梦家、陈梦士去南京她教书的学堂念书。

1920年春，因家庭负担重，10岁的陈梦家与二哥陈梦士一起，转入国

---

① 陈金镛：《陈金镛启示》，《神学志》第五卷第四号，1919年11月，第7页。

② 陈梦家：《青的一段》，载《梦甲室存文》，中华书局，2006年，第109页。

③ 原在法租界内，1943年改为今天雁荡路。

④ 李娟娟：《跋涉者的歌——陈梦熊传》，江苏人民出版社，2015年，第8页。

⑤ 陈梦家：《青的一段》，载《梦甲室存文》，中华书局，2006年，第109页。

立南京高等师范附属小学（1917—1921年的校名，即现在的南京师范大学附属小学），由在该校任教的三姐陈郇磐供养读书。“小学附设在师范大学内，是一座古庙。姊姊在此教音乐，我们太便宜插到高一班，但一月后退下来，二哥更不幸住在初级。”“我常常一个人闷在房间里，不说话，也不做事。”“二哥读了一学期，留沪不来了。小学的末一年，级任先生溺爱我，每礼拜领我出去玩，买东西送我，他给我不公平的好分数，让我得非我所应得优良的赞誉。”①

在南京上小学期间，到了节假日或是周末，三姐郇磐经常带着陈梦家和四弟陈梦熊坐上火车，去上海看望父母。

1921年，陈梦家小学毕业，这段回忆留在他的记忆深处，“这就是我十载的童年生活，纯洁愉快善良的日子，在我的心灵上行为上从没有犯一件罪，可纪念的完全透明的一段。……我学到诚实。我安安分分做孩子，沉默，守规矩。”②

三、“走入一群比较活动比较炫目的世界”

1922年，12岁的陈梦家小学毕业，进入国立南京高等师范附属中学读书，1923年底改名东南大学附属中学。有关小学毕业后陈梦家读书的一些资料，很难搜集，有认为陈梦家在考取国立第四中山大学法律系之前没有进入正规学校学习。正在作陈梦家年谱研究的子仪女士曾就陈梦家读哪所中学请教过陈梦熊儿子陈泽行，其在2016年2月16日答复邮件中说，“应该是中大实校。因为我父亲曾建议该校为陈梦家建一个纪念碑未果。不确定”。③

《校友通讯2011年——南京师范大学附属中学百年附中》里提到，陈

① 陈梦家：《青的一段》，载《梦甲室存文》，中华书局，2006年，第111页。

② 同上，第112—113页。

③ 子仪编撰：《陈梦家年谱》（上），载《史料与阐释》总第四期，复旦大学出版社，2016年9月，第351页。

梦家1922年—1927年就读东大附中，与王之卓（1909—2002）同班。

陈梦熊院士应《校友通讯2011年》邀约，写了《怀念家兄——纪念陈梦家先生诞辰100周年》，文中提到“1921年随三姐陈郇磐回到南京入东大附小，1922年小学毕业后，进入东大附中”。

笔者查阅资料，发现1942年陈梦家写信给四川大学任教的穆济波[①]，托其求购《图书集刊》。信中称穆济波为“吾师”，“金陵一别，忽已十载”，信末落款“生梦家敬上”。[②]足证当年陈梦家确实在东南大学附属中学读书。

中学时代的陈梦家“给人认为一个拿新旗子[③]的人，一个危险的小人。那原因是我们曾经集成一个小会社，各色的人都有，我们没有共同的旗子，只是‘新’是每一个人的表记。我们出过十几期周报，可怜我那时候只为每星期应份分担一部印费害怕我的姊。我是从那时起开始写文章，并且和一般后来变成危险的人物交往。”[④]

1922年5月2日至11日，第二次基督教全国大会在上海市政厅召开，会议正式成立“中华全国基督教协进会”。陈金镛作为上海广学会编辑会员代表。赵紫宸时任东吴大学教务长，代表江苏基督教监理会参加大会，发表演讲中国教会的强点与弱点，并当选中华基督教协进会执行委员。1925年，陈金镛任上海北京路清源里（今北京东路）“思娄堂”（1928年改名为“鸿德堂”，位于虹口窦乐安路，今多伦路）牧师。同年，陈金镛辞去《神学志》主编职务。

1926年，“中学将要解体的那一年”，陈梦家被学校舍监请去，告诉他警察厅搜到一本名册，上面有一个姓陈的。陈梦家承认“四年以来看过马克思和共产主义的小册子，那时候我是用来算国文读本的，教师指定给

① 穆济波（1889—1976），语文教育家，名世清，四川合江人，1923年为东南大学附属中学主任，相当校长。

② 姜庆刚：《陈梦家先生书信考释》，《中国社会科学报》2017年1月19日，第7版。

③ 国民党的青天白日旗。

④ 赵国忠：《陈梦家的集外文》，载《春明读书记》，花城出版社，2011年，第126页。

我们。我们组织过一个社，社里有各党的人”“这学期的终了他们评定我应该开革，我不晓得可是为这原因”[①]。从此段材料分析，中学阶段陈梦家因接触看过先进思想刊物，可能被校方开除，这可能就是一些资料所说陈梦家中学没有毕业的缘起。

陈梦家自小受到传统文化的影响，同时受教会学校欧美思想的教育，这样的生活环境，无疑日后造就了他充满矛盾的思想、气质与个性。“陈梦家的童年是在非常浓厚的宗教气氛中度过的，给他的世界观与艺术个性上烙下了深深的印记。”[②]陈梦家年轻时写过这样的诗句：“是一个牧师的好儿子，我就甘愿长远在不透风的梦里睡。”（《陈梦家：我是谁》）

陈山的《陈梦家论》指出，陈梦家的童年是在非常浓厚的西方宗教气氛与文化气氛中度过的。他后来忆及孩提时，父亲抱着他倚在神学院的栏杆上，在教堂悠扬的钟声中唱着赞美诗的情景，犹带着神往与依恋之情。虽然陈梦家违背其双亲的意愿，终未皈依宗教，但正如他所自述，在其人格精神与心理构成上，“不少受了宗教的熏陶”，这也促成了他恬淡飘逸的艺术个性的形成。[③]

陈梦家在这段青葱岁月里，“私自写下一些完全无格式的小诗，又私自毁了。十七岁起，我开始以格律束缚自己，从此我所写的全可以用线来比量它们的长短”[④]。

1927年4月18日，国民党在南京建立国民政府，青天白日满地红旗到处飘扬。在陈梦家记忆里，“那时候（十六年度）一切情形确是变了。新的旗子在大众欢欣之下，各到各处飘，那种颜色的结构，渐渐与人相熟悉，它已经蔓延到许多日用的器具上，很明显很骄傲的站着。每个人的心里以为这是新希望的象征，那些蓝星子竟是一切理想境界的导引：各人在陈旧

① 赵国忠：《陈梦家的集外文》，载《春明读书记》，花城出版社，2011年，第127、128页。

② 周永珍：《陈梦家传略》。

③ 陈山：《陈梦家论》，《中国现代文学研究丛刊》1988年第3期，第88、89页。

④ 陈梦家：《〈梦家存诗〉自序》，载《陈梦家诗全编》，浙江文艺出版社，1995年，第214页。

的习惯中欢迎这旗子”[①]

此年春，因南京局势紧张，“同学吴光田，他是一位又美又温柔的青年，就在那时候被奉军砍死”，陈梦家父亲催促其回上海，“做我父亲的书记。每天早上我和父亲到‘广学会’去，这是一个耶稣教会的编辑部，每天我为父亲誊写几千字，编辑一种教会公报”。[②]

6月，陈梦家回到南京，“各处又听到杀人的消息，他们正在清理杂色的旗帜”。陈梦家认识关心的“那位湖南同志”因系“共党首领，已拘获，将处极刑”，“南京城变了样子，因为又是一个朝代了。各处墙上电杆上写满青底白字斗大的口号”。[③]

---

① 赵国忠：《陈梦家的集外文》，载《春明读书记》，花城出版社，2011年，第124、125页。

② 同上，第129、130页。

③ 同上，第311、132页。

第二章　新月诗人（1927—1936年）

陈梦家是现代文学史上新月诗派的第二代诗人，是新月诗派的后起之秀，也是现代诗歌史上一位重要的有广泛影响的诗人。他所处的文学时代，一方面是倾向文学的发展，左翼和左联红色革命诗歌、歌谣开展的时代；另一方面是纯文学的发展，中国新诗从巴斯那主义走向象征主义的时代。在这样的文学时代里，他独立地作出了自己的选择，在诗坛活动了七年，创作了一批优秀诗歌，为中国新诗作出了创造性的贡献。

——蓝棣之编《梦家诗集》之《前言》

一、国立中央大学

1927年9月，17岁的陈梦家在中学未毕业的情况下，以同等学历考入国立第四中山大学法律系[1]。1928年2月，第四中山大学改名为江苏大学。4月定名国立中央大学，下设文学院、法学院、理学院、师范学院、农学院、工学院、商学院、医学院等8个学院，是当时国内院系最全、规模最大的大学。当时全校教师290人，在校学生1838人。张乃燕任国立中央大学校长。

陈梦家在散文《五月》描绘了中央大学的情景，“我住在一个偌大的城市里——一个都会，近傍一块九十九里周围的营地，在平时，晚上躺在三层楼的床上，从窗口看出蓝天里的星子。抽一枝烟，在冥想一些空幻的事”[2]。在散文《某夕》里的叙述更为具体，“那屋子只是暗，且潮湿，我们三个占据一只朝西的角落，二张半床（一张行军床挤在墙角里给另一个人在白天当椅子用）围成功小小一个城圈，我们住下来了。朝北一个窗子，当前一棵大枝大叶的绿树，遮住大半个窗槛，纵是有太阳照进来，显得多幽美，我爱极了”。等到秋天，“窗前的树渐渐的给风刮完了叶子，我们能够透过粗干子看见天，看见近近一座小山上一幢破旧的塔，从山顶蜿蜒下来的一条路，两旁栽着的小青树，变黄了”[3]。

陈梦家和两个舍友“都同在一个中学里念书的，班次不同，现在偶然

---

① 1927年，国民政府教育行政委员会考虑实行大学区制，国立东南大学、河海工科大学、上海商科大学、江苏法政大学、江苏医科大学及江苏境内四所公立专门学校共9所公学合并，在首都南京改组易名“国立第四中山大学”，以纪念孙中山先生及北伐军攻克的第四座历史文化名城。

② 陈梦家：《五月》，载《梦甲室存文》，中华书局，2006年，第84页。

③ 陈梦家：《某夕》，载《梦甲室存文》，中华书局，2006年，第71、72页。

碰在一起，像是很好。”其中，“借住在这里的部员，顶温柔”，“瘦瘦的，戴一副眼镜，常常笑，笑出好看的酒窝”。“晚上他回来，带一些小说躺在行军床上看，容易瞌睡，就那样不理人了。”“他和我一样患胃病的，却是他爱嚼着糖，他常常吃。”另外一个法科学生，“十分体面，会说话，会办事情”，“他张开大嘴狂笑的时候，那声音的折屈使我惊奇非凡”。陈梦家和他们“有同样的习性爱做梦，瞌睡到早上是不大醒的。等到一大排脚步从门前杂沓地拖过时，才想到起身。那年轻的部员赶忙在一堆帆布床上的棉絮里转一个身，摸索他的那副搁在桌上的眼镜，法科学生也用手擦那细小的眼睛，先在嘴唇上拍着小声响，一纵身坐起来，他喊我，念出那要上的关于某一类‘法’的课程的名称。”“我撩开帐子带着为某一类事的思索所遽醒的神情看窗外的阳光。温和的光彩里三个蠕动的人，都像惋惜这清爽的晨间被糟蹋了似的，感到漠然。”陈梦家和两个舍友说到女人就起劲，他们唯一的消遣是纵谈，总想找出一些事情做，凭空幻想。①

1927年，著名诗人闻一多（1899—1946）先生正在第四中山大学任外文系主任，闻一多教英美诗、戏剧和散文。在南京大学档案中，教师名册中闻一多名下所注住址，名为“单牌楼三号”。根据民国1930年出版的南京地图，确知该地名位于四牌楼街口的南京师范大学附属小学院内，是条与东南大学隔着一条胡同的小巷。单牌楼三号北侧，原有进香河，小船可通鼓楼直达鸡鸣寺，后河道被填，上铺马路，现名为“进香河街”。单牌楼与四牌楼形丁字形，四牌南端为成贤街，街上有闻一多在清华学校的同级好友杨廷宝的故居。单牌楼遗址邻近东南大学，第四中山大学成立后，以东南大学校址为校址，闻一多在南京一直生活在单牌楼，次子闻立雕即出生在这里。在东南大学的档案中，保存有1927年10月23日第四中山大学校务会议上报教育部聘请闻一多为专任教员，10月31日闻一多出席第四中山大学筹备会议第四十次会议记录，闻一多被推举为校徽校色校章委员会

① 陈梦家：《某夕》，载《梦甲室存文》，中华书局，2006年，第72、73页。

委员，11月16日第四中山大学公布文学院选举闻一多为校务委员会出席代表布告等。[①]

因为新诗的关系，陈梦家常去听课，闻一多先生讲授的英美浪漫主义诗歌、诗歌格律化理论，深深打动了这位少年诗人的心，陈梦家成了闻一多喜爱的学生。"大约是1928年的冬天[②]，我在南京单牌楼他的寓所里第一次会见他，他的身材宽阔而不很高，穿着深色的长袍，扎了裤脚，穿着一双北京的黑缎老头乐棉鞋。那时他还不到三十岁，厚厚的口唇，衬着一付玳瑁边的眼镜。他给人的印象是浓重而又和蔼的。1932年春，我到了青岛，从此一直到1944年，我们常在一起。"[③]

1928年1月14日，陈梦家在上海《时事新报·文艺周刊》第18期发表诗歌《可怜虫》，署名陈漫哉。

> 我从今再不能爱你，
> 你失去了媚人的美丽。
> 臭恶的花有谁赏呢？
> 只有让野狗踩成烂泥。
>
> 我也不能爱你，今天！
> 昨晚已不见你的炊烟。
> 我固然失去了美丽，
> 谁叫你也失去了铜钱？

从已见材料分析，此诗应是陈梦家最早发表的作品。一般认为陈梦家的处女作系发表于1929年11月《新月》第2卷第9期的《一朵野花》（如

---

① 中国现代文化学会闻一多研究会：《闻一多研究动态》，2013年12月第106期。

② 陈梦家误记，应为1927年。

③ 陈梦家：《艺术家的闻一多先生》，载《梦甲室存文》，中华书局，2006年，第130—134页。原载1956年11月17日《文汇报·笔会》。

《陈梦家诗全编》，浙江文艺出版社1995年12月版），实际在第8期上陈梦家就发表了《那一晚》一诗。而据陈子善先生考证：陈梦家的处女作应当为刊载于1928年1月14日上海《时事新报·文艺周刊》第18期的《可怜虫》一诗，署名陈漫哉，大约系由闻一多推荐，因该刊时由潘光旦主编，闻一多是该刊的主要撰稿人，其名诗《发现》《一个观念》最初均发表于该刊。[①][②]

年初，入学不到一年的陈梦家，在《京报副刊·文艺思潮》发表诗歌，计有《一个邻居的弗兰克林》《复成桥》《痛歌：悼一一二二惨案死者》等，他用了陈漫哉的笔名。[③]胡新华、张洁的论文《简论陈梦家诗歌的现实意蕴》认为，20世纪20年代末30年代初，大革命失败，社会黑暗腐朽，现实破败凋敝，诗人在沉默里仔细观看这世界，他的许多诗歌创作都是建立在现实基础之上，是对现实社会的反映。[④]

笔者查到，1928年4月20日，陈梦家在白下梦庐写下杂文《街区自治》，署名“陈漫哉”，发表在同年4月《京报副刊·建设专刊》第3期，第6—8页。文章提出，“现在长江流域已渐入训政时期”，应该提倡民权，实行“街区自治”，以发扬民治精神，使得“国家真正的有组织有秩序，民众能够谋他们的利益，更可以减少政府的隔阂和补足力量不到的地方”。陈梦家的“街区自治”计划“就是在各县各市各乡各村，每一个街区为一个自治单位团体；城市以一街一巷为一个单位，乡村以一个较大的区做一个单位，然后各街区就由人民组织自治会，选举各该街区的有学问能办事品格高尚不贪不恶的纯粹该街区的人为执行委员，办理各该街区的自治事业”。他认为自治会可分为八部：（一）总务部。总理自治会一切事务，有统领全会之权，凡会内各杂务属之，由常务委员担任之。（二）教育部。办理街区的教育事宜。（三）商业部。由人民合资开消费合作

① 陈子善：《捞针集》，浙江人民出版社，1997年，第69页。
② 刘群：《新月社研究》，博士学位论文，复旦大学中文系，2006年，第299页。
③ 子仪：《新月才女方令孺》，青岛出版社，2014年，第58页。
④ 胡新华、张洁：《简论陈梦家诗歌的现实意蕴》，《名作欣赏》2015年第6期，第102页。

社，专卖人民日用物品。（四）公安部。办理街区之公安事宜，组织包围团。（五）贷金部。由人民合资组织贷金公司。（六）合事部。和解民众之各种纷扰争打事，设和事法庭。（七）建设部。凡各街区之建设事宜及提倡均属之。（八）卫生部。各街区须有清道夫若干人，每早清除各地垃圾。这是目前所见的陈梦家就读中央大学法律专业的小论文。

二、新月派诗人

（一）《一朵野花》

徐志摩（1897—1931）主编的《新月》杂志，是20世纪20年代末期一个影响较大的文学社团。它的前身是1923年北京的新月社，先以聚餐会形式出现，后来发展为俱乐部。参加者有梁启超、胡适、徐志摩、余上沅、丁西林、林徽音等人。社名是徐志摩依据泰戈尔诗集《新月集》而起的，意在以“它那纤弱的一弯分明暗示着，怀抱着未来的圆满”（徐志摩《新月的态度》）。1924年12月，胡适、陈西滢、徐志摩等建立现代评论社。1925年10月到1926年10月，徐志摩接编《晨报副刊》，办《诗镌》《剧刊》。撰稿人多数为新月社成员。1926年秋，北伐战争进入高潮，新月社成员有的南下，有的出国，俱乐部的活动遂告终止。1927年春，原新月社的骨干胡适、徐志摩、余上沅等人筹办新月书店。1928年3月10日，徐志摩、闻一多、饶孟侃、叶公超等在上海创办《新月》月刊，新月社的活动由此正式开始，参加成员还有罗隆基、梁实秋、潘光旦、储安平、刘英士、张禹九、闻一多、邵洵美等人。除《新月》月刊外，新月书店还编辑出版“现代文化丛书”及《诗刊》《新月诗选》等。1931年11月，新月社的发起人徐志摩机坠身亡，该社活动日衰。1933年6月，《新月》杂志出至第4卷第7期后停刊，书店为商务印书馆接收，新月社便宣告解散。

1929年1月，陈梦家在南京大悲楼阁写诗《一朵野花》，发表在11月的《新月》第2卷第9期，原来一直被视为陈梦家最早的作品。

一朵野花在荒原里开了又落了，
不想到这小生命，向着太阳发笑，
上帝给他的聪明他自己知道，
他的欢喜，他的诗，在风前轻摇。

一朵野花在荒原里开了又落了，
他看见青天，看不见自己的渺小，
听惯风的温柔，听惯风的怒号，
就连他自己的梦也容易忘掉。

此诗后来编入陈梦家的自选集《梦家存诗》，陈梦家在《自序》中说“是《梦家存诗》集中最先完成的一首，它代表我不被熏着的嫩”。在1931年3月《新月》第3卷5、6号合刊上，接连登载了3篇评论文章。其中胡适的《评〈梦家诗集〉》对《一朵野花》第二节的四行诗更是尤为赞赏，认为其“意境和作风都是一流的”，胡适鼓励陈梦家“你若朝着这个方向努力，努力求意境的高明，作风的不落凡琐，一定有绝好的成绩”。《一朵野花》全诗流畅圆熟又不拘泥，以至今天还有人以夸赞的口吻称之：“真纯、清明是它的‘义’，而韵律和谐是它的‘音’。”[①]

清华大学中文系蓝棣之教授为中华书局2007年出版的《梦家诗集》写的《前言》这样评论：“《一朵野花》是陈梦家最优秀的诗篇之一，只有八行，看去无比清纯可爱，可是实际上具有复杂的意义。这朵在荒原里自开自落的野花，无意之中寄托着诗人很多的体验和思考。通过对于野花意象的抒写，诗人回顾和审视了昔日的自我，是自我意识的初步觉醒，诗人是在一定距离上观照野花。这野花虽是自在的和聪明的，同时又是渺小的和无所作为的。自从意识到这一点，诗人就可能变得事业心旺盛，精力充沛，胆子很大，善于同人打交道，活动能量很大，在困难环境下不惧怕艰

① 刘群：《新月社研究》，博士学位论文，复旦大学中文系，2006年，第265、266页。

苦的劳动和工作。闻一多由此称赞道：‘一个有天分的人而肯用功夫，陈梦家要算是一个成功的例子。’”[①]陈梦家通过“野花”这一意象的抒写，回顾审视了昔日的自我，富有哲理意味，是陈梦家讴歌生命的最早作品。

此时，陈梦家写散文《狱》，发表在1930年1月16日《国立中央大学半月刊》第1卷第7期。

3月，在《人间》第3期发表诗歌《北风里示威的窃贼》。

（二）《五月》里的初恋

1929年初夏，正在中央大学读书的陈梦家邂逅了一场美妙的恋情。此情此景一直缠绕在陈梦家心田。

写于1930年5月17日的《五月》记述了陈梦家的心绪。“我记得清楚在去年的五月，这五月的园子里，我是曾经触破我的手摘过一朵花给一个人的，她是走了。看到花比去年长得更好，露水又新鲜的，虽然有点凄凉，但不曾落泪。”“看着白绣球花躲着的一条红围巾，我好笑起来。这样好的五月的早晨，香的花，新鲜的露珠，鸟的声音。”

从《梦家诗集》留存诗歌篇目可见写于这一时间段的情诗，如《有一天》《迟疑》《你尽管》《为了你》《那一晚》，抒写了对爱情的欢喜惊讶和忧愁。将这批情诗与陈梦家同时期的札记、小说互读，可以钩沉出作者隐约的感情轨迹与背景。推敲这条轨迹，这批情诗表现的其实并不是真正的爱情，而是青春期的残酷迷途，陈梦家本人对其评价是“堕落、可耻”。[②]

陈梦家早期的这些诗歌节奏近于歌，词句清新，情感趣味充满现代意识，写出了青春爱恋的青涩、小心翼翼，不鲁莽。这种气质在以前及当时的中文情诗中很少见。但是这几首情诗字里行间都隐约有不安、不纯正的气息。比如《迟疑》真实写出了18岁男生在情感来袭中的反应。诗中的

---

① 蓝棣之：《梦家诗集·前言》，载陈梦家《梦家诗集》，中华书局，2007年，第3页。

② 肖泓：《陈梦家1929—1930年情诗背景考略》，《中州大学学报》2013年第2期。

"你"，应该年龄与陈相仿，看来两人还没有开始交往，一个年轻姑娘主动去牵男生的手，即使搁在现在，也是奇怪的。[①]

《那一晚》写对以往爱情体验的追忆，也有对自己以往幼稚和怯懦的遗憾、自责。

那一晚天那样暗那样静，
只有我和你身偎身那样近。
天晓得我不敢说我爱你，
平不了这乱跳的心。

那一晚是一生难忘的错恨，
上帝偷取了年青人的灵魂。
如今我一万声说我爱你，
却难再挨近你的身。

这首《那一晚》在大胆中略显收敛，感性情绪之外还有理性梳理。从诗歌形式上讲究格律，每节押韵，很有节奏和韵律感。这样的诗风和前期新月派理论主张相当吻合。

如说《那一晚》是情绪的抒写，写于同年5月的短诗《露水的早晨》（原载1930年6月《新月》第2卷第12期，收入《梦家诗集》时改为《露之晨》），更是细腻描绘了约会的情致和心理。

我悄悄地绕过那条小路，
不敢碰落一颗光亮的露；
　是一阵温柔的风吹过，
　　不是我，不是我！

---

① 肖泓：《陈梦家1929—1930年情诗背景考略》，《中州大学学报》2013年第2期。

我暗暗地藏起那串心跳，
不敢放出一只希望的鸟；
是一阵温柔的风吹过，
不是我，不是我！

我不该独自在这里徘徊，
花藤上昨夜是谁扎了彩；
这该是为别人安排。

我穿过冬青树轻轻走开，
让杨柳丝把我身子遮盖；
这该是为别人安排。

在1930年8月25日陈梦家给方令孺的信中，也说起过这次恋爱："《露水的早晨》是一个春晨，露水挂满小园的冬青树上，我一个人走在那儿，看见白绣球树下坐着一个女人——那人我记起，曾经在深夜我一个人徘徊在这寂寞的小园中时，听见过她的情话，她的笑，我好伤心。"①

相关的散文、小说可以勾勒回原一些恋爱的背景、细节，现编入《梦甲室存文》的主要有：

写于1929年10月20日的《一夜之梦》（原载1930年1月《新月》第2卷第11期）；

1929年12月18日的《七重封印的梦》（原载1931年6月《文艺月刊》第2卷第5、6期合刊）；

1930年的《某夕》（原载1931年4月《东方杂志》第28卷第7号）；

1930年5月17日的《五月》（原载1930年6月《新月》第2卷第12期）。

---

① 陈梦家：《你披了文黛的衣裳还能同彼得飞》，载《梦甲室存文》，中华书局，2006年，第40页。

陈梦家在《一夜之梦》假托秋夜来客讲述故事，“在十九岁的春天，是那样的天气才遇见这样不幸的事。一次小小的旅行中，杜鹃花开满的山野中，我遇见她。就使我心想起那一天桥下她生媚的眼睛曾经抖动我的心，也就为这迷幻，忘了她从前对于我的渺小所赐予的轻蔑，那时候我也年轻。于是我把我第一颗爱女人的心给了她，学习了年轻的男人对于讨好女人所有的丑行”。“那是第一个春天，我知道春天好。在那里，第一个女人爱我。”[①]与此情景对应的是陈梦家在诗歌《栖霞山绯红的枫叶》诗中描绘的，“春天的时候草是青，杜鹃花涂得满山红，/天上落下几行疏落的细雨，吹来几阵风；/从那里我寻见青春的神妙，开始我的梦……。”这对于陈梦家，是第一次体会到女性的“爱”（不管是否纯正、是否真实），两性互相吸引的愉悦，他称自己对“爱”的向往与躁动为“年轻人的狂奔的血”“像野兽奔行的血”。[②]

《七重封印的梦》中的“他的年纪忽然跳过二十这个数目，就恍惚他的眼睛有了改变，一样新的发见使他的惊奇。他看见女人就莫名其妙地心跳，一半为了害怕一半为了有一种古怪的欲望在。”一种身体力量在冲动，一件新奇的事必须尝试，一份意想不到的乐趣，他就开始进行这件事，“明白要怎样在眼睛里唱出情诗来”，“对于女人要略微带一点虚假”，“更精于习练说谎话的嘴，说出好听的香的动人的字眼”，最终结果“要想在女人的身上用血签成一个图印。这表明‘爱’有所专属，证明事情的完成。可是这就是一张宣示人生平凡的供状，这就是一张葬送了神秘的契约。这是破坏了理想的尖刀。这是一把钥匙开开了一切神奇，而见到粗浅的陈列。”从前面一系列的铺陈，透露了对爱欲的尝试，而后的“供状”“契约”“尖刀”等字眼，显示了到头来又有些许的失望。有论者“据此推理，在1929时，陈已经体验过、领会过恋情的‘破坏’，因为这种痛彻的反省，不是可以从旁人处不关痛痒地听来，更不像可以虚构

---

① 陈梦家：《一夜之梦》，载《梦甲室存文》，中华书局，2006年，第62页、64页。

② 肖泓：《陈梦家1929—1930年情诗背景考略》，《中州大学学报》2013年第2期。

的：那一晚，天飘雪，跟着刮风……他们像闭了眼睛似的牵牵强强糊糊涂涂地逐渐走到那梦想的事，在无声息中成熟，天更暗了。”[①]《一夜之梦》和《七重封印的梦》显示，1929年，陈梦家已经历相识、堕落、逃走的完整轨迹。

写于1930年的散文《某夕》里，敏子闯入了陈梦家的生活，敏子的笑声，“媚眼在这室内生了光”，让陈梦家常常有一些不太舒服的心情，开始忧愁起来。特别是敏子笑脸里一双大眼睛，使陈梦家魂不守舍，“渐渐觉那里面放着些什么引人的东西”。演戏闭幕后，陈梦家、敏子和×（同宿舍的法科学生）走出人群到外面花园散步，这个花园似乎在中央大学校园里。“我不说谎，那是多好一个月夜。敏子在走路的时候渐渐放肆了，捻了手，还常常故意为石头绊跌倒在人怀里，是不止一次了。我们拣在一条长靠椅上坐下，一棵藤树的弯条挂成一个幕在我们头上，天有点寒，坐得紧。”[②]这样三人花园聚会情景里“藤树的弯条”，与诗歌《露水的早晨》“花藤上昨夜是扎了彩”、散文《五月》的“紫藤花”，得到了再次的呼应。三个人、花园、长椅、偷偷拉手的场景，在小说《不开花的春天》里“第三次会晤”时也得以重现。这些诗意的场景频繁闪现，无疑在陈梦家早年情感生活里留下了很深的烙印。

1930年5月，陈梦家写了《五月》，再次描绘了那时恋爱的场景：我走过一条桥，这是一个整齐的花园，露水亮亮的挂在冬青树上。那飞鸟我不认识他们的名字，在天空中飞又叫着。白的大绣球开着满树，从远处我隐约看见一点红围巾的颜色。这该是一个多好的早晨，紫藤花和木蔷薇都开着，而这应当不是一个人散步的地方。现在我是一个人了，我记得清楚在去年的五月，这五月的园子里，我是曾经触破我的手摘过一朵花给一个人的，她是走了。

---

① 肖泓：《陈梦家1929—1930年情诗背景考略》，《中州大学学报》2013年第2期。

② 陈梦家：《某夕》，载《梦甲室存文》，中华书局，2006年，第73、74页。

（三）结识方玮德、方令孺和徐志摩

1928年9月，方玮德考入南京中央大学外国文学系，专攻英国文学。方玮德（1908—1935），安徽桐城人，新月派后期有影响的青年诗人。1929年在南京中央大学外文系读书时，在《新月》《文艺》《诗刊》等刊物发表诗歌，受到闻一多、徐志摩赞赏。大学毕业后，1933年赴厦门集美学校任教，从事创作和翻译。1934年到北京，次年因患肺结核病去世。著有《玮德诗集》《秋夜荡歌》《丁香花诗集》，以及陈梦家编的《玮德诗文集》。

陈梦家和方玮德同在中央大学读书，但两人相识的时间不详，很可能就在1929年的下半年，但至少是在方玮德生病康复之后，因为陈梦家并不知道方玮德这次的病，他后来写《玮德得病始末》，从他知道的1930年玮德的那场病写起。陈梦家和方玮德很快成为诗友、密友。①

1930年春，因为方玮德的关系，陈梦家和方令孺认识。方令孺（1897—1976），安徽桐城人，散文作家和女诗人。桐城学派方苞的后代。1923年留学美国，在华盛顿州立大学和威斯康星大学读书。1929年回国后，与前夫陈平甫（系包办婚姻）离异，孤身一人短暂生活于南京，受时读于中央大学的侄子方玮德和任哲学系教授的外甥宗白华等人影响较大。并通过二人于1930年春在南京玄武湖认识陈梦家、徐志摩，创作新诗，并参加新月派文人活动。1930年秋由姐夫清华大学教授邓仲存介绍，任刚成立的国立青岛大学讲师，讲授大学国文。与闻一多、梁实秋等人相熟。方令孺在家中排行第九，侄儿方玮德便称呼她为九姑，后“九姑”成了她在朋友圈中的官称。她在“新月”系列刊物发表作品9篇。1935年任教南京国立戏剧专科学校，抗战爆发后，随学校迁往四川。1939年至1942年任重庆北碚国立编译馆编审。1943年后在上海复旦大学中文系任教授。1949年后被选为上海市妇联副主席。1958年至“文革”前，任浙江省文

---

① 子仪：《新月才女方令孺》，青岛出版社，2014年，第59页。

联主席。所作诗文，或描绘山光海色，或悼念文坛挚友，或抒写凄凉愁苦的情怀，语言清新秀丽，含蓄精致。建国后，作品歌颂祖国山河和新时代英雄人物，笔调明快而热烈。著作有《信》（散文集）、《方令孺散文选集》。

方令孺的女儿肖文还记得，1930年夏天某日，母亲从青岛大学回南京度暑假，大表哥方玮德带了他的朋友陈梦家来她们家，陈梦家身穿深蓝色的大褂，穿着比大表哥朴素一些，个子比大表哥矮一点。她说，母亲非常欣赏大表哥和陈梦家的才华，喜欢和他们在一起谈诗论文；这时，大家都忘了年龄，一定会相互点评激赏。那一年，陈梦家20岁，方令孺34岁。陈梦家和方令孺的交往，对于方令孺"美丽昭华遇上纯真的友情，这给孤独的人生增加了一点光影一些色彩"。

也就在1929年9月，应国立中央大学校长张君谋之聘，徐志摩兼任国立中央大学外文系教授，每周来中央大学讲课两次。陈梦家因为爱好新诗，也与徐志摩有了来往。

陈梦家在1935年写的《〈玮德诗文集〉跋》里记述了这样的交往："其时，志摩先生每礼拜来中大讲两次课，常可见到；玮德的九姑令孺女士和表兄宗白华先生也在南京，还有亡友六合田津生兄，我们几个算是个小文会，各人写诗兴致正浓，写了不少诗。"1930年4月底，陈梦家还专门写诗《答志摩先生》，表达了倾心诗歌创作的欲望。

告诉你，我只存一个思想：
我轮回的看黑暗和光亮；
只要我的喉咙还不曾塞住泥，
还能在嗓子里发出声响，
我要不止的歌唱，歌唱的
不仅是温柔，不仅是凄凉。

告诉你，我只存一个思想：

我轮回的看月亮和太阳；
只要我的耳朵还不曾塞住泥，
还能在耳膜里听出声响，
我要不止的谛听，谛听着
在我心里的，外面的波澜

方令孺在追悼徐志摩的文章《志摩是人人的朋友》里，也记下了与徐志摩的相识："我想去年在南京看见志摩，是比这时候早三个月的天气罢，记得虽然感到一点秋意，可是在葱茏的梧桐树上才缀上几片黄叶。有一天刚上灯的时候，梦家，玮德，同一个聪明的女孩子，在我家里等着志摩。"

（四）不开花的恋情

从时间上粗略推算，1930年春陈梦家和方令孺开始相识，5月至8月间，陈梦家与方令孺频繁通信，12月，陈梦家将两人信件以《你披了文黛的衣裳还能和彼得飞》为题，发表在《新月》第3卷第3号，富有浪漫色彩的标题，蕴藏了一段非比寻常的交往。

5月6日，方令孺复信陈梦家（第一函），"玮德已在医院里呻吟多日，我带着愁闷的心在烈日下来去。在这种情形时读你来的信是好如看见一个含笑的仙子。从一群矫情虚伪的大人那里脱开，在玄武湖上沉浸在美丽的黄昏中，听极葱茏的youth对话，我的青春那得不回光返照！在'新月'看见你的'一夜之梦'，与其说一句陈套语'佩服'，不如说喜欢。你写的文字同你说的话一样有含韵的气味"①。

7月1日，陈梦家回信给方令孺、方玮德，信中对离开南京回到上海的家的留恋，"在玄武湖的落日里，给我一点对于认定趣味"。因为在梦家

① 陈梦家：《你披了文黛的衣裳还能同彼得飞》，载《梦甲室存文》，中华书局，2006年，第30页。

眼里，方令孺的“一种身份[①]使我错想是一个有年纪的人，但是我一看见，说了话，只是比我们大比我们多走了路的人，一样年轻”。[②]

7月3日在上海天通庵家中，7月13日在护送父亲回上海途中的杭州城站，陈梦家给方令孺连发两信。

7月30日方令孺的第二封复信，回忆起她、玮德、梦家三人初夏在玄武湖上游玩的快乐，并很欣赏陈梦家的诗歌，“觉得你有好的想象力，美的句子，同真实的热情”。[③]

8月5日、8日、11日、23日，方令孺给陈梦家寄来第三、第四、第五封信，告诉梦家“我非常欢喜得认识你”，“那天玄武湖上的风景，可以象征我们的友谊，澹泊的光里，两个生命在波动，都向着人生直爽的路走”。

8月25日，在新搬的上海沪西桃源屯家中，陈梦家给方令孺发去第五封信，他直言“这二十年中，我安排下不少老年时代追想的悲剧”，有过诗《露水的早晨》写此情况：“是一个春晨，露水挂满小园的冬青树上，我一个人走在那儿，看见白绣球树下坐着一个女人——那人我记起，曾经在深夜我一个人徘徊在这寂寞的小园中时，听见过她的情话，她的笑，我好伤心。有过谣言说有个冒了我的名字的人写信给她，这事凭空使我生气，我有第二回碰到这件事。但是天，我没有幸福，那时我只默着退走，我不说。”[④]

8月28日的第六函中，陈梦家诉说了自己的烦忧，“担心一些世俗上的小牵挂，为一点自己小小的骄傲所生藐视金钱的仇怨”，“我太不拘谨于一些人事，这些放浪为家人所深不满，我没有力量去索取我以外的东西。我真是害怕再一年我要走在自己的路上（指1931年毕业），我怕没有那本

---

① 方令孺是方玮德姑妈。

② 陈梦家：《你披了文黛的衣裳还能同彼得飞》，载《梦甲室存文》，中华书局，2006年，第35—36页。

③ 同上，第31、32页。

④ 同上，第40页。

事使自己不挨饿”。[1]

8月29日，陈梦家连写第七、第八函，计划9月1日回南京，告诉方令孺“念着南京，恨不得早一天来”。

转眼12月17日，陈梦家再以书信体形式，写了《不开花的春天》（原载1931年9月良友图书印刷公司初版《不开花的春天》）。“‘信上’为一女子在夏天所写如诗样的小札，十分可爱。‘信下’是另外一种空气，冷肃的冬天，那男人在忧伤之下想到从前的日子，从末了一函你可以明了两人间过去的故事。”[2]

不同于书信体的《你披了文黛的衣裳还能和彼得飞》，《不开花的春天》信文前增加了《叙诗》，编入《梦家诗集》时题目改为《歌》，为解读通信内容提供了铺垫。

主人公“茵子”是有夫之妇，她写信的对象是“梦家”和“漫”[3]。他们“初次相识在一个病室”，“同去慰问其勒的病”，从人物原形分析，信中的“其勒”与方玮德比较接近，他得病是1930年5月，从信文多次提及“茵子”“梦家”交往时间有六个月，时间跨度也相当吻合。他们最初的交往发现彼此“在各种趣味上的偶同”，继而开始“一点最浅的友谊”。第二次他们在黄昏时路上偶遇，“第一次单独在一条林荫路上散步”，梦家说了许多过去的事，其后两人开始通信。第三回，“茵子”“梦家”和“其勒”三人“夜里坐在蔷薇花架下的石凳上”，茵子凑上梦家耳朵唱玉堂春，用温柔的小手触碰，让梦家为茵子的轻薄所摇动，“一种极不纯正的欲望”爬上心头。在两人分手时，茵子暗暗拉梦家的人，开始“第一次诱惑”。他们第四次会晤是在“一个有月亮的夜，一条小船载了我们荡过浅湖，停在芦草里，那种静，那种月亮的光，还有你的歌声，你的笑，你的身子挨近我的，教我有什么理由不违抗自己？

① 陈梦家：《你披了文黛的衣裳还能同彼得飞》，载《梦甲室存文》，中华书局，2006年，第42页。

② 陈梦家：《不开花的春天》，载《梦甲室存文》，中华书局，2006年，第1页。

③ 陈梦家最初笔名陈漫哉。

回来的路上，你固执的要从城边的小路上走，靠着山，极荒凉，三四个吓人的大兵经过以外，野狗四处叫，你我惊心的茫无主意在岗山齐膝的草堆里跑，夜的诱惑使两个年青的心跳，你拿骇怕做理由挨近我”，“你也能忘掉这一夜在坟堆上你放任我的放肆，你一边说到不要浪费，一边又复不禁止我的浪费”，“我应当如何伤心来追述这不幸的一夜，我的纯洁的破坏。这短短的七天成就了两个情人的一切形式”，“你教诉我种种有利于取乐的技巧”，“你一切放荡的行为。因为你，我失掉一半思想的效率，追求那在你身上一切可以取得的快乐”。[①]

再看“茵子”的叙述，茵子和妹妹一整夜只谈“梦家和××”，在茵子记忆的信笺上，留下的是“所有我们的月夜的湖，咖啡店的一夕，山脚下的散步”，“你的红大纸伞蓝大布褂，在此得了好感。你的大眼睛与晒红了的脸，你的小胆子与静默，你能把‘才’与‘拙’来取胜的一帜，以及其余你有的”。梦家给她的感觉就是那么“黏着”，而她想望和梦家的关系犹如燕子掠过水面，“我们可以忽然认识，忽然又分手。许再会见面，也许永不再见。这，我们全不用计较，正如一只燕子掠过水面，如果有使人不可忘记的爱情，那，在我们思想中会留下个透明的秘密。不用向一个人说，各自藏在心中”。[②]茵子在8月的信函中写道：“我想顶好那个字不是一把刀[③]，你一定固执着，要雕成刀，那你也可以相信这刀安下在暗中不害人。”

将上面叙述及场景对应看陈梦家的《叙诗》，从两人初见互生情愫的那一天起，“只说着了迷，我情愿为你死；/我想你，白天晚上我望着你”，“就是要我变成泥子也情愿，/只要能常贴紧在你的身边，/猖獗的妄想教我永跟着你”，到约会时的迷恋，“只有你听见我听见心的跳：/乖！快来偎贴得紧。让一点昏迷麻醉两条舌尖，/闭紧着眼睛给雾气蒙着脸；/灵魂撕成一片片腾上天”。但这样的沉醉终究抵不过世俗的评判，“黑暗惊

① 陈梦家：《不开花的春天》，载《梦甲室存文》，中华书局，2006年，第22、23页。

② 同上，第13、15页。

③ 想是色字。

透我的心窍，那一瞬，/我们跳过一渡桥两边逃开”，“‘短促’像阵风吹落幸福的彩”。茵子想望这场爱情戏可以一如燕子掠过水面，像幻梦般可有可无，这点在《叙诗》中也被梦家提到“燕子尾掠过水面你能招怪”，“曾不料到永别——/晴天来一阵雷雹”。

陈梦家的《叙诗》毕竟是形象性语言，结合他的回函及相关诗作，尝试探析下他在1930年的心路旅程。写于1930年10月9日夜的第十九函，陈梦家“不敢想象的危害露出它最初的光芒，我应当闪避。我焦灼，一切事无可挽回，因此我想有一次小小的旅行”。在11月11日某城某园写的第二十函，提到“到小城住了两夜了，一切都好，且静”。

对照《梦家诗集》1930年11月12日晨写的诗歌《秋旅》，发现《不开花的春天》提到的旅行、小城，就发生在江阴，“某园”就是诗中所言的“刘伶巷的怡园”。但江阴衙前铁锚的长练“不能钩住我的心”，刘伶巷的怡园“我感到孤独”，庙殿四角上的幽铃“教心熬着难受”，“我的心要着新鲜，要着亮”。江阴的美景留不住诗人想见恋人的迫切的心，“‘快回家啊，乖！’我想着你的叮咛/九溪十八湾的水流，我不爱看，/还有两岸的绿树；在我心里/不是天，不是江上的水，不是山，/我的主宰，我的乖，是你！/为你，今天早晨我得离开江阴”。“我记起南京/北极阁山脚下临河的小路，我心跳/”，“我不能爱着江阴，我要回家！”“在夜半唤起你的名字；——/来，你的白手臂抱紧我的灵魂，/你锁紧的清眉，等焦的瞳子/看着我，我来了，这迷人的黄昏！”[①]短促、直白的诗句把思念表露的很透彻。

然而就在九天之后，事情就发生变化，形势急转而下，11月21日夜，在南京小营304室[②]，陈梦家写下令人匪夷所思的诗《悔与回——献给玮德》。诗的起句就是直露的乞求，“今夜哦你才看透了我的丑恶/你尽管用蛇一般的狠毒来咒诅/我的罪恶我的无可挽救的坠落/用不赦的刻薄痛骂我

① 陈梦家：《秋旅》，载《梦家诗集》，中华书局，2007年，第46—48页。

② 陈梦家中央大学读书时住宿地。

的卑鄙”。诗人再次表示“你的诅咒，你的毒骂，正是我/日夜渴望的。”之所以陈梦家拼命似地诋毁自己，他和玮德之间发生了怎样的纠缠，诗人说“是我太软弱我终抵不过/那些感人的甜蜜紧身的拥抱/鲜红的嘴唇舐进我的舌尖只教我/一刻间推翻我的信念我的坚强/都只为一个温柔溶成了水。”甜蜜的情爱转眼成了虚伪、罪恶，成为“不能忏悔的污浊”“终天的咒诅”。[①]

暂且不论陈梦家和方玮德两人之间在爱情上的冲突，仅隔4天，11月25日夜半，陈梦家写下诗歌《再看见你》，诗中再次忆起那些温情脉脉，“那些日子从我看见你，/不论是雨天，是黑夜/我念着你的名字，有着生，/有着春光一般的暖流/淌过我的心”。诗人发誓“我要追寻，/我不能埋怨天，我等着/等着你再来，再来一次/就算是你的眼泪，你的恨。”辗转难眠的诗人继续憧憬着爱情的明天，“我听到春天的芽/拨开坚实的泥，摸索着/细小细小的声音，低低地/‘再看见你——再看见你！’”

从江阴《秋旅》渴望回到恋人身边，到与好友方玮德为共同倾慕对象发生龃龉，掏心忏悔，再发自肺腑的《再看见你》。这份感情的倾注，在陈梦家青年生活中留下了迷惘、爱意、焦灼，还有期盼。

有趣的是，按照时间顺序写作的《秋旅》《悔与回——献给玮德》《再看见你》这三首诗，却在编进《梦家诗集》时发生了前后置换。从《秋旅》《再看见你》《悔与回》三首诗里可以看出一个爱情故事。这一段感情过程，按时间顺序来说依次是江阴秋旅，悔恨，最后是“再看见你”。然而我们现在看到的在诗集里的顺序，是《悔与回》一诗，虽写在前，却放到后面去了。这大概是在编集子时，情况又有了变化，诗人想表明他最终又回到了悔恨交加的处境。总之，青春期是躁动而不平静的，爱情故事也起伏不定。[②]

12月17日，陈梦家写给“茵子”的最后一函中，表达了斩断前缘，悔恨、自新的意思。“我不能容忍这类过于刺激的事情，我疑惑我们中间失

---

① 陈梦家：《悔与回——献给玮德》，载《梦家诗集》，中华书局，2007年，第52、54页。

② 蓝棣之：《梦家诗集·前言》，载陈梦家《梦家诗集》，中华书局，2007年，第9页。

掉光明，走在邪路上。我开始告诉你我父亲是一个虔诚的老牧师，从小我知道悔改可以拯救自己，我要我们另换一条路走。我觉得我们都一同往生理的诱惑中堕落下去，这种将不是我们理想的世界。”“我用半天的辰光，数说自己的罪孽，一切我都认错，我们过去全不自觉的走错了路，幸好我们仍得有着更多日子去忏悔”，想起与“茵子”六个月的交往，梦家感觉十分伤心，这一切只能“让命运来解释我们不幸的偶遇”。自此以后，梦家恳求“茵子”“别再滋扰”，“希望回复从前的日子，不再发昏。我总不忘记你教诉我的技巧你的聪明，许是我一生不能再见到的，我极诚感谢你对我一段真心”。[①]

研究者子仪透露，方令孺的侄女、方玮德同父异母的妹妹方徨先生亲口告诉她，“‘大哥玮德也曾暗恋孙多慈。’一则当年的消息给我们提供参考，1934年8月19日《东南日报》上《陈梦家方玮德复合》中说到，陈梦家和方玮德同时追求一位女同学，因此不和，后来女同学与别人订婚，于是彼此释然。再对照陈梦家和方玮德的《悔与回》两首诗，我们是否可以作一个合理的推测：《悔与回》与《不开花的春天》都与孙多慈有关。”[②]

作家郑重也认为陈梦家“写优美抒情的爱情诗篇，在诗中表达了他爱的纯真，爱的真诚，爱的苦恼，爱的死去活来，这时他和孙多慈相爱，向孙多慈献上爱的诗篇。”[③]包括夫人赵萝蕤在晚年时，有人曾问陈梦家的情诗是否写给她的，赵萝蕤说是写给孙多慈的。

孙多慈是1930年9月到中央大学做旁听生，上半年是否已与陈梦家相识，缺少一手证据。从《不开花的春天》提到“梦家”“茵子”相识约在5月份好友“其勒”病室，《某夕》提及“敏子”来自“革过命的某城”，而方令孺与方玮德是姑侄关系，并且都是来自安庆。“茵子”的原型是谁，不能得以明确，但至少有陈梦家昔日恋人的成份在内，还或多或少与

---

① 陈梦家：《不开花的春天》，载《梦甲室存文》，中华书局，2006年，第25、27、29页。

② 子仪：《新月才女方令孺》，青岛出版社，2014年，第71页。

③ 郑重：《陈梦家：物我合一的收藏境界》，载《海上收藏世家》，上海书店出版社，2003年，第358页。

方令孺、孙多慈保留着一丝一缕的牵连。

有论者认为，这部作品是陈梦家唯一的一部小说，这是以青年男女来往书信的形式书写的一部小说，男主人公当是陈梦家，女主人公则是年长的有夫之妇。从某些情形来看，二人有着相当亲密的关系，而男主人公对此感到后悔，想方设法要从这种状况中摆脱出来。”

（五）“诗的装饰和灵魂”

1930年1月16日，陈梦家在《国立中央大学半月刊》第1卷第7期“文艺专号”发表《葬歌》《秦淮河的鬼哭》《马号》《秋夜曲》《栖霞山绯红的枫叶》《等》《大雪天》（署名陈漫哉）等诗七首，《狱》《某女人的梦》两篇小说以及《诗的装饰和灵魂》《文艺与演艺》两篇文艺短论。

在《诗的装饰和灵魂》《文艺与演艺》两文中，陈梦家表明了与新月派相一致的文艺观点和关于格律诗的主张。《诗的装饰和灵魂》宣告了指导他诗歌创作的完整的艺术主张。

在30年代，新诗还没有一个完整统一的定义和解释，针对“不能深切的理解诗的意义，或者对于诗的要素有所偏颇”，陈梦家根据自身的创作实践，首先提出了“诗的要素”。他认为，诗的要素从性质分为两种：一是外在的形式，就是韵律，要求“合乐”“整齐”；一是内在的精神，就是诗感。诗“必须要有诗的形象和诗的灵魂。此方始是有生灵的诗，不仅是可以赏观，可以歌咏，并可以感动读者的心灵。这也可以说是与散文之分野。”①

接下，陈梦家批评了近来新诗残缺的三种现象，第一是对于当时自称的“革命文学”，陈梦家认为“其外形内义都是放任的，浪漫的，无规律的”，形成的非诗的“所谓诗”，即所谓的革命的新诗，只是“变为无次序的无音韵的杂乱的烦嚣的呼声”，这样“排列的句子是口号或是标语”。第二是“诗形的散文”，“以为诗以诗的形式为要件，只要有诗的形象就成诗”。第三是“散文的诗”，“不着重诗的形象”，以为有诗意

① 陈梦家：《诗的装饰和灵魂》，载《梦甲室存文》，中华书局，2006年，第120页。

就是诗。这两种皆为“畸形的诗”。陈梦家认为，这种现象“一切都脱离诗的疆域”。[①]

陈梦家理想的诗应具有其独有的形象与灵魂，诗独具的要素，就是诗形，诗韵，诗感。这三者揭示了诗在形式、音调、精神上特立的征象。所谓“诗形”，就是将诗写成整齐的美观的格式，从这些整美的行列间，引发心理上的美感。陈梦家认为，“诗的格律，尽可以放得很宽泛。是解放从前沿袭的一定不变的格式，而给与诗人一种自由创制美的组织的权力”，从而“很自然地表现诗的美骨”，“充分舒展诗人的天才”。

所谓“诗韵”，就是将诗写成和谐的节奏的音韵，有“齐落的韵脚”“调和的音声”，得到吟读上的爽感。这里的音韵，“不是泥守向来一般沿袭的拘束，而是适应实在的自然节奏和韵纽”。

陈梦家坚持的“格律只求美观的排列，韵纽只求自然的应和，声调只求节奏的调和”，只有诗歌达到了“形式上的美丽”，进而“帮助感情的击应”，在这里美观的格式与和谐的音韵，都是“诗的装饰”，由此产生的美感，才能衬托“诗的灵魂”，就是诗的精神。

通过分析诗形、诗韵、诗感构成诗的装饰，来表达诗人的真情流感。在这篇短短的文论中，建构了陈梦家诗歌创作的理论表述，在他的眼里，“诗要其有自然的格式，自然的音韵，自然的感情。但不仅是一些平凡的描摹与感慨，更其要有哲学意味熔化在诗里，使在美丽的装饰里藏着美丽的灵魂”。[②]

吴家荣在《论陈梦家诗歌理论的历史地位》一文中，认为陈梦家从鉴赏心理的角度，进一步说明诗歌格律的必要性：“将诗写成整齐的美观的格式，是可以从这些整美的行列间，引发心理上的美感。”“将诗写成和谐的节奏的音韵，是可以从齐落的韵脚和调和的音声里，得到吟读上的爽感。”这为创立新诗格律，奠定了更为固实的基础。然而，他为着维护新

① 陈梦家：《诗的装饰和灵魂》，载《梦甲室存文》，中华书局，2006年，第121页。

② 同上，第121—123页。

诗的格律，连带反对革命文学的新诗，这不能不是他的严重的错误。他指出一些革命文学的新诗，“倘若不注明这是一首诗，我们会误认为这排列的句子是口号或是标语”。[①]

陈山的《陈梦家论》分析了陈梦家在诗学理论上作出的新的建树，首先，陈梦家突破了传统诗学论“情”“理”二元的框架，提出“诗是美的文学”的艺术观念，指出“诗应当是可以观赏的歌咏的思味的文学”；其次，他的诗论修正了前期新月派的诗歌格律化理论，努力于使后期新月诗人从僵硬的理论束缚中摆脱出来；三是他努力将象征派诗论的某些主张有机地融入浪漫主义的诗论中。陈梦家曾在《诗刊》季刊上发表过梵乐希的学生梁宗岱的论文《诗论》，推介象征派诗歌中新的表现手法及其所体现的艺术思维方式，提出诗的创造性思维的涵义在于“印象的获取”，强调“从齐落的韵脚和调和的音声里”得到“音韵上的快感”。陈梦家的诗论，从主观上是想在艺术上进一步“给予诗人一种自由创制美观的组织的权力”，但在客观上却推进了新月诗派由浪漫主义向现代主义的过渡，为三十年代中叶以《新月》诗人群为核心的新月诗与《现代》诗派的诗大会合开辟了道路。[②]

同期发表的《文艺与演艺》，进一步申述了陈梦家对文艺精神的理解。针对近代假借文艺形式，脱离文艺创作自然的“趣兴”和纯洁的“感情”，而是为了另一种目的或作用，陈梦家称之为“演艺”。这种“普遍的文艺”，“不惜抛却个人之心灵来迎合时代或社会之好尚”，降低了文艺的最高境界，成为低趣作品，“其危害将使文艺亡了真性，只存了外表的技巧，这是文艺的堕落”。陈梦家认可的“真正的文艺，要其为感情的自然表现，不含有任何的目的或作用。从无关心中产生出来，不怀着功利观念，一种无所为的高尚精神。这纯粹的文艺自有其高尚的价值，而不必

① 吴家荣：《论陈梦家诗歌理论的历史地位》，《安徽大学学报》（哲学社会科学刊）1997年第1期。

② 陈山：《陈梦家论》，《中国现代文学研究丛刊》1988年第3期，第92—95页。

强要迎合一般人的兴趣。这才能达到文艺的至高境界。”[①]

（六）创办《诗刊》（季刊）

《诗刊》（季刊）是新月派后期的重要刊物。关于它的创刊，陈梦家这样回忆：（十八年至二十年）[②]我们都在南京读书，其时志摩先生每礼拜来中大讲两次课，常可见到；玮德的九姑令孺女士和表兄宗白华先生也在南京，还有亡友六合田津生兄。我们几个算是个小文会，各人写诗兴致正浓，写了不少诗。《诗刊》也即于此时出现。[③]

正是在南京中央大学，徐志摩结识了曾受惠于闻一多的就读该校的年轻诗人陈梦家、方玮德，又通过他们认识了方玮德的姑母方令孺——彼时，后三者与宗白华（方令孺的外甥，时任南京中央大学哲学系教授）等人在南京成立了一个专门研讨做诗的组织“小文会”。徐志摩这样兴奋于他们的结识：“要不是去年在中央结识了梦家和玮德两个年轻的诗人，他们对于诗的热情在无形中又鼓励了我奄奄的诗心，第二次又印《诗刊》，我对于诗的兴味，我信，竟可以销沈到几乎完全没有……”连不写诗的叶公超都接到了他信心百倍的来信，信中宣称自己“《诗刊》已出场，我的锣鼓敲得不含糊”[④]。

正是出于这种“复活”的渴望，1930年秋天，陈梦家带着“令孺九姑和玮德的愿望”到上海，告诉徐志摩他们想再办一个《诗刊》的想法后，徐志摩顿时“乐极了，马上发信去四处收稿”。他自己在沪宁路来回的颠簸中，也写成了一首长叙事诗——《爱的灵感》。[⑤]

1931年1月20日，由徐志摩主编、陈梦家担负实际编辑工作的《诗刊》季刊在上海以“诗社”名义出版，《诗刊》（季刊）是继朱自清、俞平伯

---

① 陈梦家：《文艺与演艺》，载《梦甲室存文》，中华书局，2006年，第124—125页。

② 1929年至1931年。

③ 陈梦家：《〈玮德诗文集〉跋》，载《梦甲室存文》，中华书局，2006年，第155页。

④ 刘群：《新月社研究》，博士学位论文，复旦大学中文系，2006年，第264页。

⑤ 陈梦家：《纪念志摩》，载《梦甲室存文》，中华书局，2006年，第141页。

等创办的《诗》、徐志摩、闻一多等创办的《晨报·诗镌》之后第三个专门发表诗歌的刊物，是后期新月派的形成标志。在《诗刊》创刊号序语，徐志摩说“现在我们这少数朋友，隔了这五六年，重复感到‘以诗会友’的兴趣，想再来一次集合的研求”。①除闻一多、徐志摩、饶孟侃等前期新月诗人和南京陈梦家、方令孺、方玮德等诗人群成员外，林徽音、卞之琳、孙毓棠、曹葆华等新加入的北京青年诗人，标志后期新月诗派的正式形成。

陈梦家成为徐志摩的得力助手，为《诗刊》的重要撰稿者，并参与校对等事务。《诗刊》创刊号前言里，徐志摩写到“本期的稿件的征集是梦家、洵美、志摩的力量……校对是梦家与萧克木君”。②孙作云的《论“现代派”诗》赞扬陈梦家的诗“意境与形式并茂，且不为人藩篱。”③

据现有资料统计，陈梦家在1931年1月《诗刊》创刊号发表诗歌《悔与回——献给玮德》《雁子》《西行歌》等3首诗歌；4月的《诗刊》第2期发表《太湖之夜》《摇船夜歌》《女人，摩西的杖》等3首诗；10月《诗刊》第3期发表《嘤嘤两节》《告诉文黛》《潘彼得的梦》《桥》《雨》等5首诗；12月《诗刊》第4期志摩纪念号发表《蓝庄十号》《吊志摩》《〈诗刊〉叙语》等3篇文章。

（七）《梦家诗集》

陈梦家加入新月诗派，给后期新月诗派带来了新鲜生机，也给自己带来了诗歌创作的荣耀。他的第一本诗集《梦家诗集》，就是由上海新月书店初版，徐志摩亲自题签。

1930年11月，《梦家诗集》进入编排，陈梦家在南京中央大学小营三〇四写下《〈梦家诗集〉序诗》：

我走遍栖霞

---

① 徐志摩：《〈诗刊〉序语》，载《徐志摩全集》第3卷，天津人民出版社，2005年，第367页。

② 同上，第368、369页。

③ 孙作云：《论“现代派”诗》，《清华周刊》第43卷第1期，1935年5月15日发行。

只看见一片枫叶；
从青天摘下
世界的定律。

尽管有我们
自己梦游的世界；
但总要安分，
“自然”是真的主宰。

人生是条路，
没有例外，没有变——
无穷的长途
总有完了的一天。

《序诗》在1931年诗集初版时还存有，胡适在给陈梦家诗集评点的信中提到《序诗》所表达的意思不明白流畅，陈梦家接受胡适意见，在诗集再版时删除。

《梦家诗集》收入1929年1月至1930年11月诗作40首，编为4卷。序诗之后目次为：

第一卷“自己的歌”：《一朵野花》《自己的歌》《有一天》《迟疑》《你尽管》《为了你》《那一晚》《叛誓》《心事》《夜》《露之晨》《歌》。

第二卷“三月”：《三月》《星》《一句话》《无题》《寄万里洞的亲人》《古先耶稣告诉人》《信心》《秦淮河的鬼哭》《葬歌》《丧歌》《马号》《炮车》《古战场的夜》《琵琶》《神威》《一幕悲剧》。

第三卷“雁子的歌”：《像一团磷火》《西行歌》《生命》《十月之夜》《你爱》《观音》《雁子》《红果》。

第四卷“长歌”：《都市的颂歌》《秋旅》《再看见你》《悔与回》。

诗集前页："这是一册最完美的诗。其影响一方在确定新诗的生命，更启示了新诗转变的方向，树立诗的新风格。这集诗的特长，在形式与内容的和谐，是正如德国哲人斯勃朗格尔所说：最高的形式即是最圆满的表现。此集内分四卷，共四十首，用最好的纸精印，是最近诗的沉默中一道共彩，一册不可忽略的新书。"

1931年1月24日，胡适在开往青岛的轮船上读起《梦家诗集》，他在日记中作了记载：

> 读《陈梦家的诗集》，这里面有许多好诗，小诗有很好的，长诗如《都市的颂歌》也算是很成功之作。此君我未见过，但知道他很年青，有此大成绩，令人生大乐观。
>
> 梦家的诗颇有一些不很能明白的句子，但大体看似有绝高天才，他的爽快流利处有时胜似志摩。[①]

胡适在青岛还同方令孺谈起陈梦家的诗歌。方令孺回到南京后，向陈梦家转达了胡适的意思，2月6日，陈梦家给胡适写信，希望得到胡适的批评。

> 适之先生：
>
> 令孺女士到南京，告诉我你教她转告我你欢喜我的诗，我很惭愧，二十年过得太荒唐，平常少读书，所以后此想多多阅读中西的诗，觉得自己能力总不够。今天志摩先生有信来，提到你给他的信，我们同感到诗在今日又有复兴的光景，但自己也深觉应该更外振奋才好。关于我的诗，盼望你能写一封信批评一下。前在上海，无缘晤教，不知以后可有机会见到。南京大雪，天冷，恕我写得草率。此请
>
> 文安
>
> 陈梦家　上　二月六日

① 曹伯言整理：《胡适日记全编》第6卷，安徽教育出版社，2001年，第54、55页。

2月9日晚，胡适写了一封长信回复陈梦家，也就是后来发表在《新月》第3卷第5—6合期上的《评〈梦家诗集〉》。

梦家先生：

今日正在读你的诗，忽然接到你的信，高兴得很。

这一次我在船上读你的诗集和《诗刊》，深感觉新诗的发展很有希望，远非我们提倡新诗的人在十三四年前所能预料。我们当日深信这条路走得通，但不敢期望这条路意在短时期中走到。现在有了你们这一班新作家加入努力，我想新诗的成熟时期快到了。

你的诗集，错字太多，望你自己校一遍，印一张刊误表，附在印本内。

你要我批评你的诗集，我很想做，但我常笑我自己"提倡有心，实行无力"，故愿意赏玩朋友的成绩，而不配作批评的工作。自己做了逃兵，却批评别人打仗打的不好，那是很不应该的事。

我最喜欢《一朵野花》的第二节，一多也极爱这四行。这四行诗的意境和作风都是第一流的。你若朝这个方面去努力，努力求意境的高明，作风的不落凡琐，一定有绝好的成绩。

短诗之中，如《自己的歌》《迟疑》《你尽管》《那一晚》《夜》《露之晨》《信心》《马号》《雁子》，都是很可爱的诗。以风格论，《信心》最高，《雁子》也绝好。《雁子》的第三节稍嫌晦一点，其实删去末节也可以。此诗第六行，《诗刊》把"那片云"印作"那个云"，一字之差——不可放过如此！

《信心》第六行：

年代和名称早记不清，

似不如作：

认不清了年代和名姓。

《葬歌》也很可喜。其第九行

鸟不须唱，清溪停了莫流。

便都是命令语气了。又此诗的第十四行太弱，不甚相称，似也可修改。

你的诗里，有些句子的文法有可议之处，如《无题》之第五行：

你把心口上的火压住灰，

奔驰的妄想堵一道堡垒。

你的本意是把火来压住灰么？还是要给心口上的火盖上灰呢？又如《丧歌》第五行：

你走完穷困的世界里每一条路。

《自己的歌》第六节：

一天重一天——肩头，

这都是外国文法，能避去最好。《叛誓》的末二行也是外国文法。

你的诗有一种毛病可指摘，即是有时意义不很明白，例如《序诗》，我细看了，不懂得此诗何以是序诗？更就诗中句子来看，栖霞的一片枫叶给你的一条定律怎么会是“没有例外没有变”？你的明白流畅之处，使我深信你应不是缺乏达意的本领，只是偶然疏懈，不曾用气力求达意而已。我深信诗的意思与文字要能“深入浅出”，入不嫌深，而出不嫌浅。凡不能浅出的，必是不曾深入的。

你的长诗，以《都市的颂歌》此外，陈梦家和方玮德那首同题诗《悔与回》，陈梦家没用标点，为最成功。以我的鄙见看来，近来的长诗，要算这篇《悔与回》里面有好句子，但我觉得这诗不如《都市的颂歌》。

《悔与回》不用标点，这是大错，留心这是开倒车，虽然也许有人说是学时髦。我船上无事，把这诗标点一遍，稍稍可读。但其中有许多地方，我的标点一定不能符合你诗中的原意。

你想，你的读者之中有几个人肯去细细标点一首百行长诗？结果只会叫人不读或误读罢了。

我说不批评，不觉写了一千多字的批评，岂不可笑？写了就送给你看看。

你有不服之处，尽管向一多、志摩去上诉。你若愿意发表此信，请送给《诗刊》或《新月》去发表。

你若寄一册诗集给我，我可以把我的校读标点本送给你，看看我标点校勘错了没有。

胡适

廿、二、九夜[1]

2月13日，陈梦家复信给胡适，提请胡适帮忙重印《梦家诗集》校正本，对个别诗的修改提了自己想法，并提议编一本《新月诗选》。

适之先生：

信收到。先得感谢你热诚的精细的批评。本来，我不想这册初初印出来的诗有什么影响，你的来信，倒使我于惭愧之余，更思努力了。错字太多，实在因为印的时候太匆促，又在年底，而我也没有好好校正过，既是你已为我有更精详的校阅，费心把你那本校正过的诗集寄来，我已经在今晨另邮寄奉一册了。我盼望，你能否代我设法教书店在最近期内替我重印一册校正本，就根据你所校正的，而另外我自己也有发觉不妥的，及其他友好的意见，详为更正，并想增删几首。那序诗，原先想不要的，印好了我无法，以后一定删掉它。至于该要删掉的几首，是二卷内末了的《琵琶》《神威》《一幕悲剧》等三首，也是早先通知书店删去而未删去的。因《琵琶》一首在技巧上尚未圆熟，其他二首皆十四行，实又未符商籁体的格式，最近写了一首短诗《白马湖》，一首二十四行的《供》，一首商籁体的《太湖之夜》，预备添补进去，不知你的意见如何？有没有要删去的地方。这些我麻

① 《新月》1931年4月，第3卷第5、6期合刊。

烦你给我一个详细的指教。再因为书店省钱，没有多登广告，你可否能为我在北方介绍一下。至于重印的事，更希望向书店提到。

你所写来的信，一些我认为极好极对的意见以外，我有其他要说的：《雁子》那首末节删了很不好，因我的意思没有完，有了末节才是形式一首因物起兴的诗。“那个云”，改“片”字声韵上要清亮，“个”字太沉浊，和白华谈过，决定“片”字好，你的意思也许如此。《无题》第五行，文法的倒置，志摩先生也说过定好押韵无法改。《自己的歌》第六节，“一天重一天——肩头”，那个直引号好像记得是饶孟侃加上的，完全是想把声音拉长，其他文法不妥的地方，我很想避免。《悔与回》没有标点，有好些人不赞成，志摩、白华觉得这首似乎不要也可以，但于读者方面，却甚不方便了。《都市的颂歌》我自己并不满意，因为有思想而表现得不圆满，不深刻，这首我原想不存的，但同时说这首好的人也很多。许是我自己不知道自己的好。我觉得《江阴》那首诗倒很美，文法上的错是改过了，《悔与回》是完全靠气势存在的，感情的真率当是全诗集中唯一可纪念的。

新诗的前途看来也许有点的光明，我们极想再掀起一个诗的复兴的风潮。我提议，新月可以出一部《新月诗选》，即是把新月出版的诗集合订卖。

南京下了十天雪，今天更大，天冷到不能写字，我写信又潦草又糊涂，得请你原谅，盼望常常能给我信，有什么指教的地方，我愿意多多听到。这刻有人约到鸡鸣寺看雪去。信搁下不写了。祝

著安

梦家　上

二月十三日[①]

---

① 耿云志主编：《胡适遗稿及秘藏书信》第35卷，黄山书社，1994年，第505页。

2月19日，闻一多写信给陈梦家，结合商籁体诗歌写法，谈了诗歌《太湖之夜》的看法，也就是后来发表的《谈商籁体》。

在1931年3月《新月》月刊第3卷5、6号合刊上，接连登载3篇对陈梦家诗歌的评论文章。闻一多在《谈商籁体》里，从商籁体体裁的严格要求，对《太湖之夜》一首诗作了细致的分析，指出陈梦家尝试中的缺点。他的另一篇《论〈悔与回〉》，称陈梦家与方玮德的《悔与回》是"本年诗坛上最可纪念的一件事"，同时从标点、暗示、字数、谋篇布局、转折等方面提出了自己的意见。胡适的长信加了标题《评〈梦家诗集〉》，对《梦家诗集》作了简单的评价。以上3篇最早研究陈梦家诗歌的文章，主要是从形式上对陈诗作了印象式的批评，没有深入展开论述。[①]

在中华书局2007年出版的《梦家诗集》，蓝棣之教授写的《前言》，分析《梦家诗集》"第一卷'自己的歌'，大概可以看成是一些对于初恋或者准初恋的感情意绪的抒写，在技巧上大致都是一些即景即事的短诗。在这方面，《那一晚》和《给薇》有更多的创意，技巧上也更纯熟。《那一晚》追述一个男孩子初临恋境时的不知所措，《给薇》则比喻新颖……《歌》更是用种种比喻和叙述来歌唱爱情而成的一首长调。《一朵野花》和《自己的歌》是这一卷里最好的两首诗。……第二卷'三月'是一些春天里创作的诗，在这里对于人生和现实的体验深入了一步。人生的短促无常和国内战争的种种现实，使诗人看得惶惑和荒唐。但这一切，诗人希望如轻风荡过心，化成轻烟，不要太多地滞留。可以说，这是一种无意识的逃避。第三卷'雁子的歌'，大体上都是一些秋天的伤感。……从《一朵野花》到《雁子》，诗人创作发展的脉络清晰可见。荒原里自开自落的野花，长空里终夜飞翔的雁子，二者在意象原型上是共同的，而且二者都是孤寂的。然而，野花的欢喜变成了雁子的疲倦，太阳变成了黑夜，诗人要求于野花的清醒，变成了雁子的宿命。我们看到，写《雁子》时的诗人经历增加了，也逐步成熟了起来。第四卷'长歌'篇幅较长，但仍然是抒情

① 史玉辉：《陈梦家研究综述》，《山东师大学报》（社会科学版）1999年第2期，第79页。

诗”。[①]

近年有研究者探讨教会神职人员和他们的第二代与白话新诗的关系。认为陈梦家、赵萝蕤是受新文学第一代作家哺育的，他们诗歌的情感与形式、思想与审美，都是富有创新性和时代特色，同时也超越了父辈的“尝试”性、探索性，超越了宗教神学的精神依赖，彰显出自由与自我的独立品格。[②]

1931年6月，陈梦家在南京小营楼上写作《〈梦家诗集〉再版自序》，“我常常感到自己的空虚，好像再没有理由往下写诗，长期的变换多离奇的生活，才是一首真实的诗。每一回我想搁笔不再写一行诗，我真耐不住这玩艺儿再来烦扰我，这多少对于自己的心尽了挑拨的残忍！但是十分可感激的朋友如许鼓励我，也不计较我的年纪的小，怂恿我，时常为着他们好心的撩拨写些不成器的诗，我真悔。……我想打这时候起不该再容许我自己在没有着落的虚幻中推敲了，我要开始从事于在沉默里仔细观看这世界，不再无益的表现我的贫乏。因此这集诗就算作二十年的不可清算的糊涂，让它渐渐在人的记忆中忘掉罢”[③]。

7月，《梦家诗集》增选后再版发行。再版时，诗集多了《再版自序》，另外分别用《给薇》《露天的舞俑》《只是轻烟》3首诗，替换了原有第一、第二、第三卷中的《心事》《神威》《一幕悲剧》。同时，在原来四卷诗外，又增加了第五卷“留给文黛”，为1931年春至夏所作诗12首。“文黛”应是方令孺。这些诗歌“大抵是些流连风景之作，对于过去的生活，回顾中有忧伤。”[④]

（八）《新月诗选》

1931年7月，陈梦家从国立中央大学法律系毕业，获得律师执照，但

① 蓝棣之：《梦家诗集·前言》，载陈梦家《梦家诗集》，中华书局，2007年，第2—5页。

② 沈卫威：《民国文学教育中的大历史与小细节》，《文艺研究》2012年第5期，第46页。

③ 陈梦家：《梦家诗集》，中华书局，2007年，第218页。

④ 同上，第5页。

他没有做过一天的律师。住处从校园移到郊外的蓝家庄10号三姊陈郇磐的家。应徐志摩之邀，陈梦家离开南京蓝庄，前赴上海，住天通庵家里，开始负责编选新月诗派的主要代表作《新月诗选》。

7月8日，在上海天通庵写作诗歌《桥》（《梦家诗集》，第88、89页）。

7月18日，陈梦家写信给舒新城。

新城先生：

已自北平返否？兹有宗白华、徐志摩两先生介绍鄙友潘君源来所译凯撒经济学名著一本，约定下星期一或星期二上午到编译所，将译本及原文奉上，便面洽一切。先此函告，并颂撰安。

陈梦家

十八日[①]

7月19日，在天通庵写作诗歌《雨》（《梦家诗集》，第90页）。

8月7日，在天通庵写作诗歌《我是谁》（《梦家诗集》，第91、92页）。

8月10日，在天通庵写作诗歌《我望着你来》（《梦家诗集》，第93、94页）。

8月份，陈梦家在上海完成《新月诗选》编辑，在天通庵写下《〈新月诗选〉序言》。

9月，陈梦家编选的《新月诗选》由新月书店出版，作为新月派诗人的重要选集，“入选的共十八人，诗八十首”[②]。

陈梦家在《序言》中形象性叙述新诗十多年的发展，新诗“只是山涧中一支小小的水，也有过多少曲折蜿蜒的路程”，为了新诗“无穷创造的

① 姜勇：《宗白华书法交游考》，载《中国书法》2013年第9期。

② 实为81首诗。

天地”，不管每一段路“曾遇到些石砾的阻碍”，为了新诗“一个永远向前的指望”，可以“淡忘了当前小小的阻碍”，为了新诗“忍耐的开辟新的路子”，可以“厌弃寂寞”，相信“水总是越流越大”，“企望的是看得见大海，在大海里应和浪花的喧响的歌”。新诗“又像一只小船在大海里飘”，承受着“底下不可抵抗汹涌的水浪”，还有“辽远的高山丛林间吹来的大风”，外国文学就像“一阵大风的侵犯”影响新诗。新诗如船一样数十年的航行，有时迂缓，有时急速，但有一个共同努力的方向，有“严正态度写诗的精神”。《诗选》从“《北京晨报诗镌》到《新月》月刊以及最近出世的《诗刊》并各人的专集中”挑选，“作为我们热诚的友谊与共同的努力的纪念”。[①]

在《序言》第二部分，陈梦家再次阐明了新月派诗歌的创作理论和主张：“我们欢喜‘醇正’与‘纯粹’。”诗的“醇正”，就“有规范，像一匹马用得着缰绳和鞍辔”；诗的“纯粹”，“如像风不经意在一支芦管里透出和谐的乐音”。“‘醇正’与‘纯粹’，是作品最低限的要求，那精神的反映，有赖匠人神工的创造，那是他灵魂的转移。”在他的工程中，得要安详的思索，想象的完全，是思想或情感清滤的过程。陈梦家认为，“诗，具有两重创造的涵义：在表现上，它是一个灵魂紧缩的躯壳。在诗的灵感上，需要那新的印象的获取（就是诗的内在是一首新的诗的发现）”。陈梦家强调，写诗最紧要的是真实的感情，“技巧乃是从印象到表现的过渡”，“诗要把最妥贴，最调适，最不可少的字句，安放在所应安放的地位。它的声调，甚或它的空气（Atmosphere），也要与诗的情绪相默契”。对于后期新月派诗歌所主张的体现“建筑美”的“格律”，陈梦家的态度是开放的，“我们不怕格律。格律是圈，它使诗更显明，更美”。“格律在不影响内容的程度上，我们要它，如像画不拒绝合式的金框”，也正因有格律，诗歌“才不失掉合理的相称的度量”。“主张本质的醇正，技巧的周密，格律的谨严，差不多是我们一致的方向……

---

① 陈梦家：《〈新月诗选〉序言》，载《梦家诗集》，中华书局，2007年，第225—227页。

态度的严正又是我们共同的信心。”[①]这些话都算得新月派的每个诗人思想的代表。

《序言》第三部分，陈梦家对入选的十八位诗人及诗作进行了点评。因自身喜欢抒情诗，“抒情诗的好处，就是那样单纯的感情单纯的意象，却给人无穷的回味。……抒情诗好比灵魂的底奥里一颗古怪的火星，和一宗不会遗失的声音，一和我们交感以后，像云和云相擦而生的闪电，变成我们自己的灵魂的声音，这真是自然的奇迹！”[②]《新月诗选》所选的也大多是抒情诗，徐志摩8首，闻一多6首，饶孟侃6首，孙大雨3首，朱湘4首，邵洵美5首，方令孺2首，林徽因4首，陈梦家7首，方玮德4首，梁镇3首，卞之琳4首，俞大纲2首，沈祖牟2首，沈从文7首，杨子惠3首，朱大枬6首，刘梦苇5首。

徐志摩作为“投身于新诗园里耕耘最长久最勤快的”，入选诗歌8首，是最多的。徐志摩的诗，“永远是愉快的空气，曾不有一些儿伤感或颓废的调子，他的眼泪也闪耀着欢喜的圆光。这自我解放与空灵的飘忽，安放在他柔丽清爽的诗句中，给人总是那舒快的感悟。好像一只聪明玲珑的鸟，是欢喜，是怨，她唱的皆是美妙的歌。……《我等候你》是他的一首最好的抒情诗。《再别康桥》和《沙扬娜拉》是两首写别的诗，情感是澄清的”。[③]

陈梦家高度评价了闻一多和饶孟侃对新诗形式的贡献，他们“主张以字音节的谐和，句的均齐，和节的匀称，为诗的节奏所必须注意而与内容同样不容轻忽的，使听觉与视觉全能感应艺术的美（音乐的美，绘画的美，建筑的美），使意义音节（Rhythm）色调（Tone）成为完美的谐和的表现”，这正是他们对于新诗格律（Form）唯一的贡献。

陈梦家精准把握了老师闻一多写诗的精神就是“苦炼”，“他的诗是不断的锻炼不断的雕琢后成就的结晶。《死水》一首代表他的作风，《也

---

① 陈梦家：《〈新月诗选〉序言》，载《梦家诗集》，中华书局，2007年，第225—235页。

② 同上，第231、232页。

③ 同上，第232页。

许》、《夜歌》同是技巧与内容熔成一体的完美。《你指着太阳起誓》是他最好的一首诗，有如一团溶金的烈火”。

饶孟侃的诗歌创作除了不苟且的态度和技巧上的严密推敲，他“以单纯意象写出清淡的诗，澄清如水，印着清灵的云天。《呼唤》《蘅》《招魂》全一样是清淡可喜的诗。四行《走》有他试创的风格”。

朱湘的诗“《当铺》的题材，很难得。《雨景》一首在阴晦中启示着他的意义”。

孙大雨的三首商籁体“从运用外国的格律上，得着操纵裕如的证明。他的一千行《自己的写照》，是一首精心结构的惊人的长诗，是最近新诗中一件可以纪念的创造。……新的词藻，新的想象，与那雄浑的气魄，都是给人惊讶的”。

邵洵美的诗“是柔美的迷人的春三月天气，艳丽如一个应该赞美的艳丽的女人（她有女人十全的美）。只是那缠绵是十分可爱的。《洵美的梦》是他对于那香艳的梦在滑稽的庄严下发出一个疑惑的笑”。

方令孺的“《诗一首》是一道清幽的生命的河的流响，她是有着如此样严肃的神彩，这单纯印象的素描，是一首不经见的佳作”。

林徽因的“《笑》也是一首难得有的好诗”。

方玮德的诗轻活，灵巧，有着不容易捉摸的神奇。“《幽子》《海上的声音》皆有他特树的风格，紧迫的锤炼中却显出温柔。”

卞之琳很有写诗才能，“常常在平淡中出奇，像一盘沙子看不见底下包容的水量。如《黄昏》，如《望》都是成熟了的好诗”。

梁镇的诗是“浓重的，《想望》是一首颂赞自然的诗，《默示》给我们一种最美最回荡的情调”。

俞大纲，沈祖牟全有旧诗的根柢，“大纲的诗清，祖牟的诗安稳”。

沈从文的诗，“极近于法兰西的风趣，朴质无华的词藻写出最动人的情调”，有着精巧的想象。

杨子惠、朱大枏、刘梦苇“三位已故的诗人，他们在《晨报·诗镌》

曾有过最可珍惜的努力的写作。”[①]

围绕陈梦家编选的《新月诗选》，出现了两篇评论文章。一是莲时的《读〈新月诗选〉》[②]，肯定了陈梦家的诗歌作品，同时也指出了编选中的一些疏漏。二是冠英的《新月诗选》[③]，认为陈梦家的序言“说明了这一组作家的态度和主张”，详细考察了他的选诗标准，认为《新月诗选》有明显的标准和流派特色，虽然对有的好诗未入选有遗憾，但是非常肯定《新月诗选》的价值。这篇文章已经触及到陈梦家审美原则的边缘，因从其选诗标准考察，所以显得有些朦胧。[④]

赵萝蕤教授在后来回忆中，对《新月诗选》有一段评述：“这个诗选里面有编者长达三十页的序言（每页约二百字）。他用还是相当稚嫩而近乎华丽的辞藻阐述了新月派有关诗歌的观点。这部不到三百页的集子选载了十八位诗人的作品，几乎没有例外都是篇幅不多的描写爱情和景物的抒情诗，内容、风格都表现了极大程度的一致，说明新月派诗歌确有它的特点。……新月派是一个五四运动后发展起来的右翼文学流派，拥有胡适、梁实秋这样的人物。三十年代后期这个流派就一蹶不振了。梦家是新月诗人中的一名健将和代表人物，他的代表作是一些类似《新月诗选》内容的抒情诗，如《一朵野花》、《给薇》（又名《小诗》）、《雁子》、《潘彼得的梦》、《鸡鸣寺的野路》、《太平门外》、《过当涂河》等。在技巧和格律方面，梦家也多所推敲，有所创造。他师事徐志摩和闻一多两位先生，但他没有徐志摩那样精深的西方文学造诣，也决没有闻先生对祖国、对人民的强烈的政治责任感。”[⑤]

刘群在博士论文《新月社研究》中这样评价：《新月诗选》是新月诗人新朋旧侣阵容的集体亮相，展现出他们同台竞技的多样化的风采，也意

---

① 陈梦家：《〈新月诗选〉序言》，载《梦家诗集》，中华书局，2007年，第232—235页。

② 《中国新书月报》第1卷12号，1931年12月。

③ 天津《大公报·文艺副刊》第210期，1932年2月。

④ 史玉辉：《陈梦家研究综述》，《山东师大学报》（社科版）1999年第2期，第79页。

⑤ 赵萝蕤：《忆梦家》，《新文学史料》1979年第3期，第148页。

味着新月第二代诗人群的崛起诗坛，其意义不论对新月人士还是对新诗发展都是足资骄傲的——“新月诗派”这一中国现代文学史上的重要诗歌流派由此得到完美的总结。有人这样归结自《诗镌》以来新月诗人的活动：“没有《诗镌》对诗人的集合作用，没有它的诗作和诗论的基础，‘新月诗派’这一流派的名字便难以成立。可以认为，正是有了《诗镌》的第一次合作基础，才会有《新月》月刊的二度合作，才会有后来的《诗刊》。《诗镌》是‘新月诗派’的基础，《新月》月刊是它得名的原因，同时《新月》月刊和《诗刊》又是它成长发展的基地，而《新月诗选》则是这一流派的总结和诗歌成就的集中体现。”这个看法应该说是比较清楚地描画了新月诗人走过的历程以及新月诗派的形成过程的。①

（九）吊志摩

1931年11月18日，陈梦家和徐志摩有一次深入谈话。“我和他有过仅仅一次，也是最后一次，严肃的谈话。那是在鸡鸣寺的楼上，窗外是玄武湖的秋光。他无心赏阅深秋的景色，和我谈起他的生活来了。他说这样活不下去了。‘这样的生活，什么生活，这一回一定要下决心，彻底改变一下。’他并没有说怎样改，我那时也不大懂。”②

11月19日，徐志摩坐飞机自南京飞往北平，在济南开山附近空难丧生。

11月20日，陈梦家于午间得到徐志摩飞机失事噩耗，立即写信告知方令孺。当夜，在南京写诗《吊志摩》。

11月21日，陈梦家写信给胡适，提出拟编辑徐志摩诗歌遗集。

适之先生：

昨午惊悉志摩先生济南山下焚死，南中友好无不同声哀恸。弟拟为其编集遗作，存平诗稿文件，可否检出邮下，弟当负责整

① 刘群：《新月社研究》，博士学位论文，复旦大学中文系，2006年，第264页。

② 陈梦家：《谈谈徐志摩的诗》，载《梦甲室存文》，中华书局，第149页。

理之。前次先生南下驾临白下，曾数探尊址未获，致无法晤教，甚为怅怅。志摩先生尸骨昨已有人往收，此间或许举行追悼会。匆此不一，即请

大安

陈梦家 敬上

十一月二十一夜

《诗刊》稿件存平不少，亦请汇寄。《诗刊》仍拟出版也。[①]

11月23日，在蓝庄写作诗歌《致一伤感者》，此诗后来编入自选集《梦家存诗》。

11月25日，胡适回信陈梦家。

11月29日，陈梦家写信给胡适，述及将与闻一多共同整理徐志摩诗全集，并将出版《诗刊》第四期纪念专号。

适之先生：

二十五日大札奉悉，慰甚。兹写就《吊志摩》诗一首，另邮寄上，乞代交追悼会。此间友好于徐灵过宁时，在下关车站致祭，皆流泪。唯追悼会而未定何日举行。

今早接一多先生来信，嘱弟与先生共同整理志摩诗全集，此事不悉书店方面已着手否？犹忆今夏在沪时，志摩曾面嘱弟编《志摩诗选》，事未成，而志摩死矣。弟现甚愿司辑录志摩诗全集之责，以应诗人生前之嘱托，并谢数年指引之恩，盼先生即以此意向书店提及，俾于寒假回沪时完成之。

《诗刊》四期将出纪念专号，现正拟写一哀悼之长文，并论诗人之诗。弟明春拟去青岛，一多先生来信，允为设法安插，弟

① 耿云志主编：《胡适遗稿及秘藏书信》第35卷，黄山书社，1994年，第506、507页。

意《诗刊》可交青岛方面负责编辑，先生以为如何？

令孺女士已赴平，见否？秣陵昨日降小雪，天时已渐寒。此请

文安

小弟　梦家　拜上

二十九日[①]

12月1日，陈梦家写信给胡适，附寄手写的《吊志摩》诗。

适之先生：

寄上《吊志摩》诗一幅，希转交追悼会，唯不及糊裱，可否衬一厚纸，俾便悬挂。

前信想已收到，即盼示覆，专此，敬请

文安

梦家上　十二月一日[②]

12月20日，陈梦家写信让胡适把徐志摩遗留在北平的《诗刊》稿件寄给自己。

适之先生：

大札并诗收悉，《狮子》或《追悼志摩》编入《诗刊》，此期悼诗合十首，全部大致已聚齐，明年一月当可出版。

志摩诗第四集已由弟编成，不日付梓。全集当依尊意，以年次排列，略需时日整理耳。前函请将存志摩诗刊稿寄下，不悉已

① 耿云志主编：《胡适遗稿及秘藏书信》第35卷，黄山书社，1994年，第510、511页。

② 同上，第508页。

检出否？至念。

今日在静安寺公祭志摩，吊客尚不少。弟亦以为非有长久纪念办法不可，奖金已收集否？从此《诗刊》决由一多先生主编，弟若在青岛当为襄助。

梦家　十二月二十日

来信暂寄到新月编辑部　转[①]

本月，陈梦家在上海虹口写《诗刊》第4期《叙语》，说明“本期原定出‘志摩专号’，因为稿件关系和付印期的急迫，临时又加了普通的诗件，所以第四期诗刊只好改为志摩先生的纪念号”。《叙语》开头就是“一些意外的不幸如此突然的临到，真叫我们寒心。三期的诗刊刚刚露出一点嫩芽，这花园起始照管的人听了上帝的吩咐飞上天去，他在哪里？自然，一味哀伤是无济于事的，我们的感情确实受了不可弥补的创痛；然而因为志摩先生的死，在中国诗坛凭空一个夭折的霹雳。”陈梦家对老师徐志摩的评价是“在这小小的十年中，志摩先生尽了他的力在创造新诗的风格并介绍西洋的诗歌：他从乱麻似的新文学中为新诗劈开一条路，不光是诗的形式，就在内容上他主张溶合一切，让诗代表时代或民族不可错误的声音，也成为一个人灵魂真实的歌唱。……提起新诗，谁也不能抹杀志摩先生最可敬佩的功绩，他留下四册诗集，算是他对于人类的贡献，那些诗句竟如我们爱情的粮食，它造成一座天园，让我们的灵魂的手臂去采撷它的果实”。陈梦家回顾了《诗刊》创刊，“十五年（1916年）前的夏天他在北京的晨报上创立诗刊，虽然为期不长，但是那影响，终使新诗的态度渐趋于认真，在格式一半吸收了西洋诗的成法，一半毕竟是他们苦心孤诣的独创，新诗脱离了初期浮狂，进入形式的试验，在完美的形式下表现深永的生命：这些成就我们不能用来赞扬个人，但是我们必得说志摩先生在这里头是最起劲的一个。”[②]

① 耿云志主编：《胡适遗稿及秘藏书信》第35卷，黄山书社，1994年，第509页。

② 陈梦家：《〈诗刊〉叙语》，载《梦家诗集》，中华书局，2007年，第236、237页。

1932年1月，陈梦家编完老师徐志摩的遗稿《云游》集，整理了自己1931年夏季后的诗稿，结集为《铁马集》，便毅然停办了后期新月诗派的刊物《诗刊》，结束了交织着迷惘与痛苦的学生时代。

（十）在前线

1932年1月28日夜，日本海军陆战队对上海闸北的国民党第十九路军发起攻击，“一·二八”事变（淞沪战争）爆发。十九路军在上海抵抗日寇的隆隆炮声，震醒了深埋在陈梦家心底炽热的爱国主义激情。

1月29日，陈梦家“与刘启华、蒋方夜、卢寿枬三人，一同投入十九路军六十一师一百二十二旅旅部。旅部自南翔逐渐向蕰藻浜战线推进，经驻刘行、嘉定、杨行、顾家宅、真如、大场一带，前后开拔十数次”①。方玮德翻译W.Gibson的诗《他是走了》相赠，以壮行色，并在附言中写到“区区微命于必要时，亦愿手格一二倭奴”，爱国之情溢于言表。

2月1日，部队驻扎南翔，军部限令闸北居民迁出战区，从那天起三天三夜沪宁铁路上的难民蜿蜒数十里长，陈梦家在车站立了三天。

2月13日，“季家桥雪中的大战，由我旅第五六团任前锋，肉搏终日”。陈梦家等人亲临火线，抢救战场上的伤兵。

2月16日，“移驻唐家桥，被敌人侦得我们所住的一个小村庄，有十多架飞机来围攻，是为经历中最危险的两次”②。

2月下旬，陈梦家从淞沪前线返回上海。“以这曾经为战争所磨砺的心来追写的。如今我想起，我不敢想，那些曾经驻营的小小的村庄，竹林和小桥，现在是给那些铁鞋踩着了。”③

从军前，陈梦家把刚结集的《铁马集》交方玮德寄给北平的方令孺保存，大有壮士一去不复返的悲烈。诗集是陈梦家1931年下半年的心绪流

---

① 陈梦家：《〈在前线〉序》，载《梦家诗集》，中华书局，2007年，第219页。

② 同上，第219页。

③ 同上，第220页。

露，《雨》《我是谁》《我望着你来》等诗应该是写给方令孺。因上海事变发生，《铁马集》未及印行。

（十一）青岛大学助教

1931年3月初，陈梦家从上海回到南京，应闻一多先生之邀到青岛大学任闻先生的助教。沈从文在1932年11月出版的小说集《都市一妇人》题跋中提到“一多时任文学院长，实秋任外文系主任，兼图书馆长（蓝苹则在馆中任以书记），太侔任教务主任，今甫作校长，梦家作助教”[①]。当时，闻一多是文学院院长兼国文系主任，讲授中国文学史、唐诗、名著选读。陈梦家在闻一多的指导下，开始对古代宗教、神话、礼俗和甲骨文进行研究。

梁实秋在《谈闻一多》中说：“他的从前的学生陈梦家也是他所器重的。陈梦家是很有才气而不修边幅的青年诗人，一多约他到国文系做助教，两个人颇为相得。”陈梦家在回忆《艺术家的闻一多先生》一文中描述，“在青岛的半年，我们常常早晚去海边散步，青岛有很好的花园，使人流连忘返。我记得在青岛的时候，晚间无事，我们两人手持一册，他常常吟诵古代诗人或外国诗人的诗篇”[②]。

3月10日，陈梦家在青岛写诗《在蕴藻浜的战场上》，此诗后来编入《铁马集》。蓝棣之教授评价《在蕴藻滨的战场上》是这四首诗中最先写出来的一首，但在后来的《梦家存诗》里恰恰没有被选存。其中的原因，我看诗人是从艺术上考虑的。

3月16日，写诗《一个兵的墓铭》，此诗后来编入《铁马集》。陈梦家在《〈在前线〉序》说，此诗“是我于二月下旬从前线回来后，以这曾经为战争所磨砺的心来追写的”。蓝棣之评价《一个兵的墓铭》里，诗人赞

① 吴世勇：《沈从文年谱》，天津人民出版社，2006年，第128页。

② 陈梦家：《艺术家的闻一多先生》，载《梦甲室存文》，中华书局，2006年，第131、132页。

扬了一个很高的精神境界："但是他曾经站起，/为着别人，死人！"[①]

3月17日，陈梦家写诗《老人》，此诗先后编入《铁马集》和自选集《梦家存诗》。在《梦家存诗》自序里，陈梦家说写《老人》这诗，花了足足一礼拜的构思，他有意摆脱所有形式上的羁绊，在意识上他自觉满意。

《老人》是一首长诗，借助老人走回刚经历战斗的村庄的脚步，展示了这抗日战场的全景。《老人》这样的诗写得自由和洒脱一些，跨行、散文化的句子以及不求押韵，别具一格。1933年陈均在评论文章《喋血诗人陈梦家》[②]中，指责《老人》一诗表达了一种对"老大中华"的"爱"，是和中华民族大多数劳苦大众的民族态度"完全不一致"，甚至是对立的，认为陈梦家把帝国主义一切暴行都看成自己的罪过，是"最卑污的说教"。在陈文中陈梦家成了一个礼赞战争、希望更大战争来临的与人民对立的人。陈均从社会学理论批判陈梦家，在那个特定的时代强调诗歌对时代的社会作用，对陈梦家"空洞的爱"进行诘难也可以理解，但是过分功利化简单化地分析复杂的诗歌作品，必将忽略艺术本身的特征和价值而导致武断。[③]

3月20日，写诗《哀息》，此诗先后编入《铁马集》和自选集《梦家存诗》。《哀思》写当时上海闸北居民的撤退，"这哀思渐渐流进我的血管，/我凝固着像岸边一块石头"。

4月（？），方令孺从北京寄回《铁马集》，并附信如下：

梦家：

检束你的诗稿寄还你，心上是别有感慨。想你从军前检理稿件寄我时，是心上发生光芒吧？现在上海近郊已为异邦人的马蹄所践，我伤心那几万生灵的消灭。

① 蓝棣之：《梦家诗集·前言》，载陈梦家《梦家诗集》，中华书局，2007年，第6、7页。

② 《文学杂志》月刊第1卷，1933年5月。

③ 史玉辉：《陈梦家研究综述》，《山东师大学报》（社科版）1999年第2期，第80页。

从前元微之[①]病在佛寺的时候，嘱人把他的诗稿寄给白十二郎[②]；这回你从军去时把诗稿寄给我，梦家，我已领悟了往昔友朋的深谊，世界不能给我比这更多的了。

祝你在青岛好！

方令孺

二十一年（？）月10日北京[③]

4月青岛樱花节时，陈梦家写《十六年夏前后》（一）（二），文末写到“写了《青的一段》的上部，就不曾再写下去了”。尽管此文，陈梦家“自己看了很不满意”，但恰好是续篇，使《青的一段》终成全璧。作品记述了陈梦家中学时代的生活经历，反映了大革命前后的心理状态和精神面貌，也显现了他充满矛盾的思想。[④]

陈梦家在4月写《〈在前线〉序》，记下了他复杂的心绪，“我十分羞愧在这里安闲度日子，这里的人家的旗杆上挂着恶毒的旗帜，每天使我愤懑”，更多的是对战争的谴责，“战争的胜利属于那‘更能忍耐的一方’，但这忍耐，不是容忍，是积蓄着更大的气力，等到那日子来到。土地要变颜色，河里流的不是雨水。在这流血的意义上，是死亡抵御死亡，生命换生命。我以这诗来纪念我们无上荣贵的阵亡将士的忠魂，并以咒诅我命运上可羞的不死”。[⑤]

4月25日，陈梦家写信给胡适，提及写了有关上海抗战的四首诗，并希望《诗刊》能续编。

① 唐诗人元稹。

② 白居易。

③ 陈梦家：《铁马集》附录，上海开明书店，1934年。

④ 赵国忠：《春明读书记》，花城出版社，2011年，第133页。

⑤ 陈梦家：《〈在前线〉序》，载陈梦家《梦家诗集》，中华书局，2007年，第220页。

适之先生：

前闻先生病盲肠入协和割治，想已出院了。我于二月末到南翔投军，三月底回南京即转来青岛，现在青岛大学文学院做些小事，每日很空闲，自己好多读书，曾经写了四首关于战事的诗，已寄北晨，不久也许可由该社印成单行本，已有二首在《北晨学园》刊出，不知见到否？

关于《诗刊》的事，现在没有决定续编还是暂停，孙大雨先生颇主暂停，一多先生现在努力开掘唐代文化，未有意见。我看停了可惜，续编也很多困难，不晓得先生以为如何，我个人似乎还偏向于继续编下去的。一方面，《诗刊》草创已很尽力，不能因为志摩一死也就跟着停刊，这样似乎很对不起辛苦开创的志摩先生。

六月下旬拟到北平一游，并谒先生。近来青岛樱花正好，天气不热。

祝安

陈梦家　敬启

四月二十五日[①]

此年春，陈梦家开始翻译《圣经》中的雅歌，译为《歌中之歌》。对于翻译《圣经》雅歌的原因，“在我的血里，我还承袭着父亲所遗传下来的宗教情绪；一位朋友指示我说，我的诗有与别人不同的，只在这一点。我是一个受过洗礼的孩子，但是从小就不曾读过《圣经》的全部。近来常为不清净而使心如野马，我惟一的活疗，就是多看《圣经》，《圣经》在我寂寞中或失意中总是最有益的朋友。这一部精深渊博的《圣经》，不但启示我们灵魂的超迈，或是感情的热烈与真实，它还留给我们许多篇最可欣赏的文学作品”。为此，陈梦家在1929年就打算把这首《歌中之歌》重

① 耿云志主编：《胡适遗稿及秘藏书信》第35卷，黄山书社，1994年，第512、513页。

新用现代诗的形式来移译，但这计划一直到1931年秋天才开始。1932年春间来青岛，“终于经过几个夜晚译完，又校正一回，许多处不能如愿。要保存原诗的朴素，顾不到字句的美与音韵；但有几节，我却妄肆的修饰它，我的希望是译成了现代诗的形式再不失去它的朴素”[①]。

译完《歌中之歌》，正是青岛樱花将开季节，陈梦家写了《〈歌中之歌〉译序》。《歌中之歌》于1932年4月由上海良友图书印刷公司以“一角丛书”单行本出版，在最初翻译完成后，陈梦家寄给《南大周刊》，限于篇幅等原因，当时只发表了《〈歌中之歌〉译序》，后来只有这个序文收于《梦甲室存文》。[②]

日本汉学家稻烟耕一郎指出，对于年方20且深陷烦恼的陈梦家而言，《歌中之歌》成为其从内心苦恼中解脱出来的一个出口，同时，也成为他连接古代世界的一个入口。《圣经》对陈梦家而言成为现代与古代的一个联结物。《圣经》既是年轻时陈梦家解决内心不安的一个出口，同时也成为他后来研究古代的一个入口的原因所在。在中国，从《圣经》开始进入中国古代学的学者，我想除了陈梦家之外，大概没有其他人了。[③]

5月，陈梦家续作短诗《海天小歌》：“我愿是一朵青云，/你是云里的百灵；/飞到天门你脱下翎毛，/我们逃出世界的小泡。——/你不是说过，真妮：/‘爱情容不下沙粒。’”

5月26日，陈梦家与闻一多一起翻译白雷客（布莱克）的诗歌《小羊》。“我们只觉得他字句的简单重叠，一译下就失去了原来的光辉，为着努力追踪原诗的简单纯朴，模仿他的形式，我们从译作中所得到的苦虑比慰解更多。”[④]

---

① 陈梦家：《〈歌中之歌〉译序》，载《梦甲室存文》，中华书局，2006年，第163、164、165页。

② 梦之仪：《陈梦家的佚诗佚文》，《点滴》2010年第4期。

③ （日本）稻烟耕一郎：《陈梦家早年文学活动与其古史研究的关系》，《汉字文化》2006年第4期，第92页。

④ 陈梦家：《〈白雷客诗选译〉序》，载《梦甲室存文》，中华书局，2006年，第168页。

5月27日，陈梦家作诗《叮当歌》，并附诗的后记："青岛的午夜有时传来德国教堂的钟声，使我回想十五年前在江南的一个神道院中，父亲抱着我倚了栏干唱叮当歌。我祝福父亲康健，如这德国教堂不变的钟声一样。"[①]蓝棣之教授评述"这里描绘的安详静谧的境界，只能出自受过宗教熏陶的心境。然而，陈梦家诗里没有宗教、神学的神秘性，也不是难懂的或永远不可参悟的宗教格言，所以，始终是一种宗教感情和宗教心境的抒写。"[②]

6月2日，陈梦家写诗《白俄老人》。此诗后来编入自选集《梦家存诗》，并删去了第一小节。

6月13日，陈梦家写诗《海》。

青岛蓝天碧海的旖旎风光，暂时抚慰着陈梦家曾上前线抗战的创伤。但一场学潮的发生，最终中止了陈梦家在青岛大学短暂的助教工作。

1931年"九一八事变"爆发，平津学生南下请愿，各地响应，青岛大学学生也罢课，学生强占火车开往南京，局势非常混乱。闻一多站在学校的立场，觉得学生应以学业为重，决议开除肇事首要分子，遂遭到学生围攻。这是国立青岛大学建校后爆发的第二次学潮，第一次在1930年开学初，学校开除用假文凭报考的学生而引发学潮。1932年6月，青岛大学学生为反对学分淘汰制，第三次罢课。其时，陈梦家已来青岛大学当闻一多的助教，于是，学生给了闻一多、梁实秋等人"新月派包办青大"的罪名。更有甚者，他们打出了不可思议的批判标语是"驱逐不学无术的闻一多"，又有一天，黑板上画着一只兔子一只乌龟，旁边写着"闻一多与梁实秋"。[③]

6月9日，闻一多给吴伯箫写信，透露了学校当时错综复杂的关系，"我们这青岛，凡属于自然的都好，属于人事的种种趣味，缺憾太多"。[④]

---

① 陈梦家：《叮当歌》，载《梦家诗集》，中华书局，2007年，第112、113页。

② 蓝棣之：《梦家诗集·前言》，载陈梦家《梦家诗集》，中华书局，2007年，第8页。

③ 子仪：《新月才女方令孺》，青岛出版社，2014年，第103页。

④ 《闻一多书信选集》，人民文学出版社，1986年，第226页。

6月16日，闻一多在致好友饶孟侃的信中说道："前次来信，正值我上北平挽留校长[①]去了，等我回来，校中反对我的空气紧张起来，他们造谣言说我上北平是逃走的。现在办学校的事，提起来真令人寒心，我现在只能求能在这里教书混碗饭吃，院长无论如何不干了。金甫[②]现在已回来，我已向他表示，并得同意，候太侔回来再商量。我与实秋都是遭反对的，我们的罪名是'新月派包办青大'。我把梦家找来当个小助教，他们便说我滥用私人，闹得梦家几乎不能安身。情形如是，一言难尽。你在他处若有办法最好，青岛千万来不得，正因你是不折不扣的新月派……我何尝不想老友聚在一起？在北平时与公超、上沅屡次谈及，大家都是一筹莫展，垂头丧气。实秋尤其关心你，但是在这里我两人几乎是自顾不暇了。实秋的系主任与图书馆长也非辞不可，没想到新月派之害人一至如此！"[③]

6月29日，因青岛大学风潮，杨振声赴南京向教育部请辞校长一职。

7月3日，南京国民政府教育部电令解散青岛大学，成立国立山东大学，赵太侔、梁实秋等暂留山大，杨振声正式去职赴北平，闻一多携陈梦家也告别青岛，他们结伴游泰山。"我们遂乘火车去作泰山之游，因雨留住灵岩寺三日，谈笑终日而不及学校之事。在泰安车站分手，我回南边，他手托在泰安庙前买到的一盆花回青岛。"[④]陈梦家之后到上海短暂停留。

7月，陈梦家的第二本诗集《在前线》由北平晨报社初版。收集1932年3月在青岛创作的《哀思》《在蕰藻浜的战场上》《老人》《一个兵的墓铭》等4首诗，抒写陈梦家1932年1月至2月投身十九路军在上海南翔抗日前线的体验。这四首诗后来全编入《铁马集》，其中三首又编入《梦家存诗》。

7月30日，陈梦家所编徐志摩遗诗集《云游》出版。在徐志摩逝世后，关于《诗刊》续编还是暂停的问题同人意见不一，先是陈梦家曾起意由闻

---

① 杨振声。

② 杨振声，字金甫。

③ 《闻一多书信选集》，人民文学出版社，1986年，第227页。

④ 陈梦家：《艺术家的闻一多先生》，载《梦甲室存文》，中华书局，2006年，第131页。

一多主编，但闻一多后来并未接手，孙大雨则主张暂停。最终，在徐志摩去世九个多月之后，即1932年7月30日，《诗刊》季刊勉力出版了第4期即终刊号，由陈梦家编辑并撰写了叙语，封面是一幅戴一副标志性的黑框眼镜的志摩漫画像，内页有他的一幅遗像。①

（十二）燕京大学宗教学院学生

1932年夏，陈梦家来到北平。8月，离开青岛大学的闻一多应聘清华大学中国文学系教授。9月，陈梦家经燕京大学宗教学院教授刘廷芳介绍，在该院当了短时期的学生。

刘廷芳（1891—1947），字亶生，浙江省温州永嘉县大同乡人，诗人，传教士。毕业于上海圣约翰大学，后来又在美国乔治亚大学、哥伦比亚大学得教育与心理学博士学位，及耶鲁大学神学院神学学士学位。他和赵紫宸都是神学家，在二十世纪二三十年代先后担任燕京大学的宗教学院院长。赵紫宸后来成了陈梦家的岳父。刘廷芳则是陈梦家1932年进入燕京大学宗教学院短期学习的介绍人。没有刘廷芳，大概也就不会有燕大和清华园里陈梦家、赵萝蕤才子佳人的一段好姻缘。

陈梦家当时住燕京大学南宿舍。据方玮德1932年10月13日写寄常任侠信，提到“你要给我信，有两处寄：一寄北平海甸燕京大学南宿舍陈梦家转；一寄北平东四钱粮胡同北花园十号孙君转”。沈宁《读方玮德致常任侠书札》此文，据邮戳日期为“北平20.10.13”，认定该信日期即1931年10月13日，笔者认为应为1932年。

9月17日，中秋后两日，陈梦家在香山朗风亭写诗《西山》，此诗后选入《梦家存诗》。

9月25日，陈梦家在香山客店写诗《西山夜游片断》。

10月22日晚，陈梦家应北平基督教青年会之邀，在北平青年会南厅（今北京东单北大街3号）发表题为《秋天谈诗》的讲演。当时日本侵华

① 刘群：《新月社研究》，博士学位论文，复旦大学中文系，2006年，第262页。

势力已经开始向华北地区扩张，整个华北形势令人担忧，在讲演时，陈梦家大声呼吁："在这国家多难的日子里，我们不能再做一个永远喜笑的丑角。我们也应该听到一种伟大的强烈的呼喊，但是我们听不见。……现在正是到了应该觉悟应该振作的日子，该深深地经历各种生活，来倾听大众人不出声的哀泣，让我们个人的感情渐渐溶化为整个民族的感情，我们的声音化作这大群人哀泣的声音，不只是哀泣，还有那种在哀泣中一声复兴的愿望。"[①]同时，陈梦家在演讲中就诗是什么、诗的意义和技巧、诗歌的内容与形式的关系、新诗的格律、诗人的修养、新诗未来的方向等问题，提出了许多颇具建树性的意见，并对十年的新诗创作进行了简略回顾，对当时的诗坛提出了尖锐批评。他认为诗歌写得太随便，"新诗就变成一件容易制作的东西了。太容易写了，太多了"，"这种不认真写诗的态度，几乎使新诗夭亡"，"一件艺术的作品决不是容易成就的"。[②]

10月26日夜，陈梦家整理《秋天谈诗》演讲。后在《北晨学园》编辑瞿冰森请求下，对演讲内容进行补充，在11月7日、8日的《北晨学园》第409号、410号发表。

10月28日、31日，在《北晨学园》的404、405号，分两次刊载陈梦家的《十六年夏前后》。

10月底，徐志摩罹难近周年之时，陈梦家在海甸写下《纪念志摩》，原载1932年12月《新月》第4卷第5期，"志摩给我们的太多了：这些爱心，这些喜悦的诗，和他勇往前迈进的精神，激励我们。……志摩争的就是这点子'灵魂的自由'"[③]。

11月14日，陈梦家在海甸冰窖写诗《追念志摩》，纪念徐志摩逝世一年。

陈梦家好友方玮德1932年夏中央大学毕业后，随九姑方令孺来到北平。秋季，陈梦家和方玮德"在北平钱粮胡同北花园[④]相聚，他（方玮德）

---

① 沈丹昆：《陈梦家发表在福建的一首佚诗》，《福州晚报》，2007年6月18日。

② 赵国忠：《春明读书记》，花城出版社，2011年，第145页。

③ 陈梦家：《纪念志摩》，载《梦甲室存文》，中华书局，2006年，第137—142页。

④ 方玮德八姑方令英家。

行箧中犹藏着它[①]，冬日围炉夜谈，有时也还取来共读。他有意给它印出来，叫我写了一篇短序”[②]。

12月12日夜，陈梦家在海甸写诗《有所思：寄均》，发表在1933年5月10日出版的《南天诗刊》第2期。

有一半话在幽思里，
我想告诉你，但我不敢。
给什么凝住了，那细细
密密我不敢说的一半：
夜雨在琉璃瓦上迟疑，
刚到飞檐又停了一晌，
冰冰住了清脆的淅沥，
是霜严不容许它飘扬：
直等阳春还给它和煦，
再洒一溜丁东的泉响。

沈祖牟该刊“编后”上写道：“我们偏处南天，全凭一时的兴会，印行诗刊；原不敢稍存奢望，难得的是一群同好的参加，使我们更加自加鞭策。这里，我得谢谢梦家来信，重以‘南天’社名冠于诗刊为嘱。这一点，我们已照办。……这一期，远承梦家、大纲、公侠惠诗，此地朋友也给我们稿件上的指助。内容似较前期充实，量的方面，颇有增加，质的好坏，则读者心上自有天秤，我亦不敢过事饶舌，只作一些零星的介绍：梦家的诗，自有自己的风格，清脆可诵。”[③]

12月19日，在北京为《铁马集》写《序诗》。

12月26日，在海甸写诗《影》，追记青岛海滨散步。此诗后来编入自

① 指方玮德的诗文集。

② 陈梦家：《〈玮德诗文集〉跋》，载《梦甲室存文》，中华书局，2006年，第155页。

③ 沈丹昆：《陈梦家发表在福建的一首佚诗》，《福州晚报》，2007年6月18日。

选集《梦家存诗》。

12月27日，陈梦家在北京海甸冰窖写诗《九龙壁》。蓝棣之教授认为“《九龙壁》在结构上参差错落，意味深长，而结句尤其令人叫绝。”[①]

1933年1月，当时的热河省沦入日寇的铁蹄之下，华北形势告急，中华民族到了最危险的关头。出于对家国存亡的关注，陈梦家义愤填膺，决心自行出榆关（山海关）到前线为保卫祖国效力。

1月13日，方玮德、瞿冰森等同学在北平东城灯市口燕京校友会召开欢送会。瞿冰森，是20世纪30年代新月诗派重要诗人，曾任《成都中央日报》（即《中兴日报》，国民党中央宣传部党报）主笔，抗战后接任社长。还任北平《晨报》副刊《学园》编辑。与徐志摩、胡适、季羡林、老舍等有交往。

1月14日凌晨，陈梦家离开北平，经古北口奔赴塞外，参加热河冷口之战。

3月12日，陈梦家途中目睹奇丽峻伟的塞北风光，爱国的赤子之情油然而生，根据那时的观感写下《塞上杂诗》（含《古北口道中》《承德道中》两首），诗风一改以往清新风格，变得雄阔奔放，别是一番气象。蓝棣之对此评述，陈梦家的诗思从写青春爱情逐步地移动，我们看到他的眼光和注意力更多地投向民族文化。他从这里发现了诗的灵感。《九龙壁》《黄河谣》《塞上杂诗》和《唐朝的微笑》以及《铁马的歌》，都是一些很有意味的诗，从这里我们可以看到作者从诗人转向古代文化研究的轨迹，他从这里看到更多别人看不见的涵义。[②]

3月，陈梦家的《梦家诗集》第三版出版。郑蕾指出，初版本的《梦家诗集》与三版的《梦家诗集》有极大的出入。除了在《再版自序》中陈梦家本人提到的“再版另加二十年春至夏所作诗十二首，别为一卷”的第五卷之外，初版还有一首《序诗》，另外，第三版与第一版中前两卷的诗也

① 蓝棣之：《梦家诗集·前言》，载陈梦家《梦家诗集》，中华书局，2007年，第8页。
② 刘群：《新月社研究》，博士学位论文，复旦大学中文系，2006年，第262页。

有所不同。第三版中的《给薇》《露天的舞蹈》和《只是轻烟》三首诗都是替换了其他三首诗而登场的。第三版第一卷与第一版目次基本相同，只是《给薇》这首诗在第一版中的相同位置是一首《心事》。[①]

4月，应方玮德要求代译的梅士斐的一首诗《在病榻旁》，在《文艺月刊》第4卷第1期发表，见证了陈梦家和方玮德之间真挚的友情。

（十三）相识赵萝蕤

赵萝蕤（1912.5.9—1998.1.1），神学家赵紫宸之女。浙江省德清县新市镇人。著名翻译家、比较文学家。1946年和1948年先后获美国芝加哥大学文学硕士、哲学博士学位。曾任云南大学讲师。1949年后，历任燕京大学教授、西方语言文学系主任、北京大学教授。长期从事英国文学家狄更斯、勃朗特姊妹和美国文学家惠特曼、詹姆斯的研究。主要著译包括艾略特《荒原》（1937）、朗弗罗《哈依瓦萨之歌》（1957）、詹姆斯《黛茜·密勒》（1981）、《丛林猛兽》（1981）、惠特曼《草叶集》（1991）、《中国翻译名家自选集·赵萝蕤集》（1995）和《我的读书生涯》（1996）等。与杨周翰等主编《欧洲文学史》。《我自己的歌》获1988年北京大学科学研究成果奖、1994年中美文学交流奖、1991年芝加哥大学百年纪念专业成就奖、1995年彩虹翻译奖。

赵萝蕤的曾祖赵锡麟致力经商，家境富裕，但到祖父的手里，不善经营，家道开始中落。赵紫宸评价自己父亲："忠厚兼豪迈，经商卒不行。稻粱任鼠窃，裘褐看虫生。斗粟春何待，债台筑已成。惟能遣子读，回忆使人惊。"赵家在新市镇的老屋朝南，是一个三进的院落。南面和西侧有市河环绕，河上分别有明月桥、清风桥，有"清风明月"之称。房屋前后有两个天井相连，前小后大，走过天井是三间厅堂，紧接三间楼房，然后是一座小巧的花园，最后是七间后楼，西边靠市河还有一排平屋，作厨房等用。

---

① 郑蕾：《〈梦家诗集〉版本考》，《新文学史料》2008年第10期，第157页。

父亲赵紫宸（1888—1979）是著名学者、神学家，曾留学美国。赵萝蕤上学时候，父亲已经是东吴大学教授兼教务长。她的母亲童定珍，是新市镇上一家米行老板的女儿。

赵紫宸的长子赵景心，学经济，后来到香港中国航空公司供职，1949年参加著名的两航起义（当时国民党的中国航空公司和中央航空公司）。

次子赵景德，学地质，是美国芝加哥大学博士，在华盛顿内政部地质调查所供职，曾参与美国探月带回的月球岩石研究。

三子赵景伦也学经济，是美国国际问题专家和《亚美时报》总主笔。

赵紫宸一生主要成就在研究基督哲学，1917年起历任东吴大学教授、燕京大学宗教学院教授和院长。建国后，赵紫宸曾任中国基督教三自爱国运动委员会常委等职，和吴耀宗等发起基督教三自爱国运动。1979年11月21日病逝于北京。

1918年，赵萝蕤上苏州景海女子师范学校一年级，开始学习英语和钢琴，接受美国式的教育。赵紫宸课余教授她《唐诗三百首》和《古文观止》，教她唱歌般的吟诵。赵萝蕤受家庭文化熏陶，自小聪颖好学，中学时代的作文，经常得到女作家苏雪林的好评。赵紫宸在诗集《玻璃声》中有一首诗的小注上写道："萝蕤时年十二，聪慧能作小说。"

苏州景海女子师范学校原为美国基督教监理公会女传教士海淑德于光绪二十八年（1902年）在苏州天赐庄创办的景海女塾，民国六年（1917年）改为景海女子师范学校。为纪念海淑德，学校取名意为景仰海淑德，故名景海。学校课程安排中西并用，学费昂贵。女作家苏雪林、程瞻庐、程小青、幼儿教育专家赵寄石等担任老师，造就了一批新式知识女性，有北师大校长杨荫榆，振华女中校长王季玉，南京金陵女子文理学院院长吴贻芳，翻译《荒原》《草叶集》等作品的赵萝蕤。苏州景海女子师范学校当年的建筑今天在苏州大学内保存完好。巧合的是，陈金镛把四个女儿先后送进了景海师范钢琴班学习。四女儿陈晁珠毕业后留校担任钢琴班教师。[①]

① 李娟娟：《跋涉者的歌——陈梦熊传》，江苏人民出版社，2015年，第9、10页。

1926年，赵紫宸任燕京大学宗教学院宗教哲学教授兼中文系教授，赵家迁往北京，住进燕东园36号。这年赵萝蕤14岁，她从初一直接考上燕京大学附属中学高三，赵紫宸因爱女年幼，嘱她改读高二。

1928年，赵紫宸任燕京大学宗教学院院长。赵萝蕤16岁，凭借出色拔尖的语言能力，直接升入燕京大学中文系，受业于郭绍虞、马鉴、周作人、顾随、谢冰心等名教授。

1930年，赵萝蕤读完大学二年级的时候，美国老师包贵思女士找她去谈话，劝她改学英国文学。理由是赵萝蕤酷爱文学，就应扩大眼界，不应只学中文。她征得父亲同意后，转系攻读英国文学。这一转，决定了她一生的事业，中国多了一位杰出的翻译家。

1932年，赵萝蕤从燕京大学英语系毕业，考入国立清华大学外国文学研究所，开始三年的研究生学习。

这一年，陈梦家刚进入燕京大学宗教学院学习，住在燕京大学南宿舍。当时宗教学院院长赵紫宸和刘廷芳教授，作为基督教的杰出代表，应该与陈梦家父亲陈金镛有所来往，并且都是浙江人士，感情上更易融合。清华时期的赵萝蕤曾在朗润园主演过莎士比亚的《皆大欢喜》，和杨绛成为好朋友。陈梦家和赵萝蕤，一个是名士做派的不羁才子，一个是才貌双全的名门闺秀，他俩如何恋爱，恋爱的经过渺无流传。

就目前公开的材料，陈梦家提到赵萝蕤的文章是1933年9月初写于南京蓝家庄的《〈白雷客诗选译〉序》。序文开头提到“我应向萝蕤感谢，这译稿的成就大半是她的苦心”。从序文可知，陈梦家和赵萝蕤1933年7—8月应在苏州双塔，陈梦家写到赵萝蕤喜爱白雷客（现译布莱克）诗歌，1932年春用英文写了一篇白雷客的研究论文，详细考查诗人的生平、诗章和哲学思想。“今年夏天的酷热中，我与萝蕤译述白雷客诗为乐，她专力正义，而我的工作只是抄录并略事整饰。我们从吟味原诗所静取的寂乐，无法移译出来，我们只能尽力翻译，以示对于这些诗篇的爱好。”[①]1933年

① 陈梦家：《〈白雷客诗选译〉序》，载《梦甲室存文》，中华书局，2006年，第169页。

10月《文艺月刊》上陈梦家、赵萝蕤合译的《白雷客诗选译》包括序文、诗人白雷客William　Blake之生平及译诗十六首，除了序文收入《梦甲室存文》外，其他均未收入他的作品集。《陈梦家诗全编》所收的《译白雷客诗一章》原载1934年的《学文》，与《文艺月刊》上白雷客诗并不重复。[①]

据子仪编撰的《陈梦家年谱》（上），1933年7月初，陈梦家与赵萝蕤一起到了苏州，在这个酷暑中，他俩以同译布莱克诗为乐，7月8日，翻译了布莱克几首《歌》等诗。7月30日，译布莱克诗《泥块与圆石》《患病的玫瑰》《蝇》等诗。8月2日，在苏州，陈梦家、赵萝蕤翻译了布莱克《一朵野花的歌》等诗。8月20日，在上海，陈梦家翻译了布莱克诗《夜》等。[②]陈梦家在《〈白雷客诗选译〉序》中最后深情写到，“秋后我又将匆匆去芜湖，来不及再将译稿详细校改，愿意留此纪念这段日子的愉快，在苏州的双塔下”[③]。

1933年7—8月间，确切指证陈梦家、赵萝蕤两人在苏州，且情投意合，共同以翻译布莱克诗歌为乐。但从陈梦家1932年下半年刚入燕京大学宗教学院，不到半年之内，设想与赵萝蕤相识、相知，恐怕缺少时间铺垫。据子仪透露，北京手札收藏的方继孝手中保存一批陈梦家、赵萝蕤的书信等材料，方本人透露，陈赵之间认识开始通信约在1930年，有待今后资料补正。

（十四）安徽芜湖任广益中学国文教员

1933年9月，陈梦家到安徽芜湖任广益中学国文教员半年，住狮子山青阳庐。

左虎平在《陈梦家：遭遇运动浩劫的新月诗坛王子》查证，陈梦家当年在芜湖短短数月的创作生活过程中，与他交往的有上海译文出版社编审

---

① 梦之仪：《陈梦家的佚诗佚文》，《点滴》2010年第4期，第78页。

② 子仪编撰：《陈梦家年谱》（上），载《史料与阐释》总第四期，复旦大学出版社，2016年，377页。

③ 陈梦家：《〈白雷客诗选译〉序》，载《梦甲室存文》，中华书局，2006年，第169页。

黄杲炘的父亲，黄杲炘是第一个菲氏《柔巴依集》诗集的中文译作者。陈梦家当年在芜湖的学生有桐城派后期代表人物吴孟复先生，吴孟复11岁离塾入芜湖广益中学就读，即师承段熙仲、陈梦家先生，后又考入无锡国学专修学校，终成安徽著名学者。

广益中学即原圣雅各中学，由基督教圣公会第一任会长卢义德开创，系中华圣公会利用清政府庚子赔款所办的学校，也是圣雅各教堂附设的教会学校。清光绪二十五年（1899年），中华圣公会在芜湖洋街（华盛街）创办学校，初名广益学堂。1902年学校迁至石桥港（今花津桥北），更名圣雅各中学堂。1910年，美籍瑞典人卢义德在狮子山上建起了圣雅各中学高中部，当年9月招生，卢义德任第一任校长。1927年起由中国人担任校长。

9月22日，陈梦家在狮子山写诗《秋雨偶然作》。

你那细细像雨的叮嘱，——
睡眠在哪里呢？（我但闭紧
眼睛寻）你的声音也在说：
睡眠吧，我的小亲亲！①

联系上述8月陈梦家和恋人赵萝蕤亲密合作翻译布莱克诗歌，眼下情人分别，秋夜夜雨淅沥，绵绵静寂，诗短情深。

9月24日，在江干写诗《秋江》。江流分割，平芜浅山，无数张缓缓西行的帆片，切碎了诗人江上向晚的淡泊。诗人心头期冀秋江上的帆篷，载满渺远暮色和无言的风，把他对恋人的思念轻轻弥缝。

10月10日，陈梦家写诗《雨中过二十里铺》，水车上停着乌鸦，雨落葫芦背上流，老牛雨中静立田塍，菱塘白鹅浮，村姑荷蓑衣，洗净雪白藕，一派清新可人的乡野风光。此诗后编入自选集《梦家存诗》，陈梦家自认这首诗和《西山》（1932年）“比初期的《太平门外》《白马湖》要

① 陈梦家：《秋雨偶然作》，载《梦家诗集》，中华书局，2007年，第127页。

细致多了”。陈山认为，《雨中过二十里铺》《过当涂河》等诗，作者巧妙地运用冷暖颜色的调配、空间位置的变易来显示一种恬静的人生情趣，于字里行间透发出作者悠然的意趣。①

10月11日，陈梦家写诗《秋风歌》，诗后记到自己在狮子山青阳楼挂单，生涯小苦，陌生无可诉说，不是寂寥就是风，“也许带我的告诉到远处去，也许托付远远一片叶子，落在远远的一扇看山云的小窗上，它会诉说我的诉说，我如此盼望”②。蓝棣之教授认为《秋风歌》是一首从感觉、感情引出思考的好诗，这种写法作者后来未能继续下去，殊可遗憾。

10月15日，写诗《黄河谣》，此诗后来编入自选集《铁马集》。《黄河谣》不仅描写穷形极相：“奔泛如像火焰，静流时像睡息”，而且含义深厚：“父亲的雄心，母亲的容忍”，这的确是写出来了我们的民族性格。③

10月22日—30日，陈梦家诗情勃发，创作《往日》组诗，22日的《鸿蒙——〈往日〉之一》，此诗曾以《当初》为题删减后收入《梦家存诗》。23日的《昧爽——〈往日〉之二》，原载1934年《学文》第一卷第二期。23—30日，写《陆离——〈往日〉之三》，此诗自“从那里我又沿溪水间的银杏”句，到“升上来，升上来，告示白天的开场”一节，另以《泰山与塞外的浩歌》为题，发表于1934年《文艺月刊》第1期，并以《登山》为题编入自选诗集《梦家存诗》；此诗自“热情吞没了以外的悲喜，贪心给我”此句到全诗末一节“冷口外听流水无家归的白骨”，另以《出塞》为题编入自选诗集《梦家存诗》；此诗自“我在读以色列人的流亡史，我遥见”句，到全诗末一节“冷口外听流水无家归的白骨”，另以《泰山与塞外的浩歌》为题，发表于1934年《文艺月刊》第1期。④

岳南认为《泰山与塞外的浩歌》诗的字里行间颇有岑参边塞诗的恢弘

① 陈山：《陈梦家论》，《中国现代文学研究丛刊》1988年第3期，第96页。

② 陈梦家：《秋山歌》，载《梦家诗集》，中华书局，2007年，第131页。

③ 同上，第8页。

④ 陈梦家：《梦家诗集》，中华书局，2007年，第173—192页。

气魄，内中的情绪充满着激越昂扬的民族精神。其时，无论是诗的风格、深度与情调都与新月派那轻歌曼语、风花雪月大相径庭。后世研究者普遍认为，这正是陈梦家由一个纯粹的新月派诗人向一个文学家、古文字学家与古史研究专家、学者过渡的象征。[①]

胡新华、张洁在《简论陈梦家诗歌的现实意蕴》文中认为，后期陈梦家的诗思从最初写青春爱情逐渐向民族文化转移，他的眼光和注意力最后更多地投向民族文化方面，可以看出陈梦家从诗人转向学者的轨迹。[②]

陈山的《陈梦家论》认为，陈梦家后期创作的抒情长诗，气势磅礴，构筑宏伟，颇富史诗之风。这与同时期的孙毓棠创作史诗《宝马》、方玮德创作长诗《煤山》，在艺术趋向上是一致的。后来迈向形式自由的路，这个文学现象显示了新月诗派形成和解体的轨迹。[③]

11月10日，陈梦家写诗《何首乌歌并序》，原载1933年11月29日《大公报·文艺》。

11月16日，写诗《一半红一半黄的叶子》。

1934年1月16日，陈梦家写《记志摩先生》，在2月的《文化通讯》第1卷第1期发表。陈梦家在回忆里丝毫没有做作，说的还是徐志摩的好，“你和他谈话，看他常常爱翘起一个大拇指，那是他又在说人好话了。”“他不在人前发愁，更难得发怒，你听到他说的全是喜笑的口中流出来的智慧，他从来不道人的短长。”“在态度上，志摩是平和的中庸的是儒家风的。”“对于人，爱；对于未来，盼望；信仰生命（因此而创造）。这三样是志摩全人格的表现。我不必说他是诗人哲士，但他至少是一个真正的‘人’，最完全的人！”[④]

2月，广益中学寒假，陈梦家回到北平。

---

① 岳南：《血性男儿》，载《南渡北归》第二部《北归》第十一章，湖南文艺出版社，2011年，第300页。

② 胡新华、张洁：《简论陈梦家诗歌的现实意蕴》，《名作欣赏》2015年第6期，第104页。

③ 陈山：《陈梦家论》，《中国现代文学研究丛刊》1988年第3期，第99页。

④ 梦之仪：《陈梦家的佚诗佚文》，《点滴》2010年第4期。

2月13日除夕，陈梦家参加余上沅邀请杨振声、闻一多、吴世昌、梁实秋、叶公超、林伯遵等人的聚餐，合议办一个刊物，作为《新月》的继承者，最后定名《学文》。

2月17日，陈梦家参加赵紫宸及其女萝蕤在北平东大地赵宅宴会，同去者吴宓、闻一多、叶公超、张东荪、吴世昌、容庚、顾颉刚等。[①]从宴客主人到宾客的学术地位，陈梦家作为初出茅庐的新月诗人能够介入，说明大家对其才华的认定，也是赵萝蕤父亲对其的欣赏有加。

2月28日，陈梦家在北平度完春节回到芜湖。

3月1日，闻一多写给饶孟侃信中提到“梦家仍回芜湖去了，昨天离平。”

3月27日，陈梦家在芜湖狮子山写《论朋友》，原载1934年5月24日《中央日报·文学周刊》第3期。陈梦家从3月回到芜湖后，开始减少诗歌创作，试图在学术研究上有所起步。

4月7日，在芜湖狮子山写《文学上的中庸论》，原载1934年5月10日《中央日报·文学周刊》第1期。

5月，《学文》月刊第1卷第1期正式出版，林徽因设计封面，编辑人叶公超，发行人余上沅，编辑所设在清华园《学文》月刊编辑部。第1期发表陈梦家的诗《往日》，林徽因那首出名的《你是人间四月天》也在这期发表。

6月，在狮子山写诗《梦中口占》。在9月22日的天津《大公报·文艺》发表。

7月，广益中学暑假，陈梦家结束芜湖教员生活，回到北平。

8月，《学文》月刊第4期发表陈梦家的《白雷客诗一章》。

9月1日，容庚与徐中舒、董作宾、顾廷龙、邵子风、商承祚、王辰、周一良、容肇祖、张荫麟、郑师许、孙海波等人，发起组建金石学会，征求会员。同日，在北平大美餐馆召开燕京大学考古学会成立大会，将旧拟的“金石学会”改为“考古学社”，票选容庚、徐中舒、刘节、唐兰、魏建功为执委。社址暂设燕京大学燕东园二十四号，“本社以我国古器物之

① 顾颉刚：《顾颉刚日记》第3卷，第164页。

研究，纂辑，及其重要材料之流通为主旨”[①]。

本月，陈梦家考取燕京大学研究院研究生，从导师容庚专攻古文字学。课余常在津、沪《大公报》的文艺副刊及《文艺月刊》、《新诗》月刊等报刊上发表诗作。

赵萝蕤《忆梦家》提到“1934—1936年，他在燕京大学攻读古文字学。从此以后他几乎把他的全部精力都倾注于古史与古文字的研究”。学者扬之水在《〈读书〉十年》（一）中提到金克木教授告诉她，“陈梦家原是金陵神学院的牧师，后报考清华研究院，打听得研究古文字最易出名成家，便做了容庚的研究生”。

（十五）《铁马集》

1934年1月，陈梦家第三本诗集《铁马集》由上海开明书店初版。收1931年7月至1933年11月所作诗40首，是诗人20岁到22岁期间的作品。其中《在前线》4首诗曾以单行本出版，又重新编入本集。

《铁马集》序诗之后目次编排：《桥》《雨》《我是谁》《我望着你来》《焦山》《蓝庄十号》《相信》《天没有亮》《夜渔》《燕子》《太平门外》《铁马的歌》《致一伤感者》《圣诞歌》《海天小歌》《鸡鸣寺的野路》《别蓝庄》《在前线》（四首，前有《小记》，《在蕰藻浜的战场上》《一个兵的墓铭》《老人》《哀息》，后附玮德译诗《“他是走了”》）《叮当歌》《白俄老人》《海》《小诗》《西山》《西山夜游片断》《追念志摩》《影》《九龙壁》《塞上杂诗》《唐朝的微笑》《秋雨偶然作》《秋江》《雨中过二十里铺》《秋风歌》《黄河谣》《一半红一半黄的叶子》。后为附录，附录一《九姑信》，是方令孺1932年写给陈梦家的一封信；附录二《大纲序》，是俞大纲1933年3月写的序文；附录三《玮德旧跋》，是方玮德1932年2月写的跋文。附录后是《附记》，最后是陈梦家1933年底在狮子山写的《付印后记》，里面提到“感谢林徽因女士

① 《考古学社简章》，载《考古学社社刊》第一期，民国二十三年十二月，第1页。

为我画封面，但因付印时我在芜湖，不曾亲去校择颜色，也许这些颜色调配得不如原意。大纲为我写了一篇序，我只敢接受他的激励，因此放在集后。梁镇、卢韦及广黄对此集之出版，都极关心帮助，最后又承荫渭、思玄为印刷出版代劳，均使我十分感谢”。

这本诗集以“铁马”命名，“铁马”是诗人捕捉到并用来集中抒写自己的人生体验的又一意象。这铁马并非前人“金戈铁马，气吞万里如虎”的铁马，而是古庙的小风铃。这小风铃寄托了诗人的心境，或者也可以说是境遇。小风铃的含义是：在战乱年代里隐逸在山林，采取一种逃避的策略，不存幻想，不动声色，在古旧里孕育清新。当然，沉吟铁马这个意象，并非是说陈梦家要明哲保身，苟且偷生。陈梦家的诗思从写青春爱情逐步移动，我们看到他的眼光和注意力更多地投向民族文化。他从这里发现了诗的灵感。《九龙壁》《黄河谣》《塞上杂诗》和《唐朝的微笑》以及《铁马的歌》，都是一些很有意味的诗，从这里我们可以看到作者从诗人转向古代文化研究的轨迹。《九龙壁》典雅而有生气，《黄河谣》亲切而深沉，《唐代的微笑》寄寓着动情的观察，这一切都标志着作者对于古代文化的深厚涵养与诗性感受。①

1934年1月，随《铁马集》一起出版的俞大纲的《大纲序》和方玮德的《玮德旧跋》都强调了陈梦家诗歌的地位。俞大纲将梦家比作初唐四杰中的王勃，“少年能诗，诗中特具中国人的蕴藉风度”，“今日我望大众不可忽视梦家诗集的价值”。方玮德则认为“能运用自己本国诗的气味，天真的完美的技巧，在各种和善的形式上表现自己，使新诗成为近代天然的中国文学上产物，而确定其生命并完成其初唐时期的这便是无疑的算梦家的诗”。方玮德还比较了徐志摩、闻一多与陈梦家的诗，得出结论：与志摩诗的诗、一多有线条的诗不同，梦家的诗更寓有自己人格的缩影，那便是对于宗教的虔诚，潜伏的宗教气息使他的诗除了形式的美丽外，还有说不出的完美，“有无上内涵的聪慧”。方玮德的跋不仅从新诗发展进程的

① 蓝棣之：《梦家诗集·前言》，载陈梦家《梦家诗集》，中华书局，2007年，第6页。

角度肯定了梦家诗的价值，而且从风格上阐述了梦家诗的某些艺术特征。[①]

1934年4月1日的《现代》第4卷第6号，发表穆木天的《〈梦家诗集〉及〈铁马集〉》，称道陈梦家的诗“好如一片秋空，具有着静闲的优然的美”。“诗人陈梦家的人生哲学，既不是唯物主义，又不是理想主义，而是唯灵主义（Spiritualisme）”，“宿命主义成了他的坚固的信条”，“支配了他的所有的诗歌”，“那里没有社会的描写，更没有人间的描写。在其中，无论找到哪里去，我们只能看见一个同广大社会无联系的，孤立的诗人自己”，“在孤立的环境中，他感到神的伟大与自己的渺小”。

学者姜德明认为陈梦家的《梦家诗集》“只有梦幻和爱情”，《铁马集》则“情绪健康欢快”，与前者的“空虚大有不同”，“他不满足于过去生活的狭小，企盼着转变”，已经不想“在没有着落的虚幻中推敲”了，“诗人开始走向大漠荒野，那是一条充满了生命力的现实之路”，从而有了以往诗中不经见的“激昂向上的精神”。姜德明先生由此抛开了以前“人云亦云地只把陈梦家看作一位讴歌自我、光写爱情的诗人”的“无知”，感到“他也是一位逐渐抛弃小我而走向大众的爱国诗人”。[②]

（十六）梦萝之恋

陈梦家和赵萝蕤恋爱，并不一帆风顺。杨振华《陈梦家与赵萝蕤》一文说，赵萝蕤的父亲赵紫宸开始并不答应，认为陈梦家写诗只是雕虫小技，何况写的还是白话新诗，“要娶LUCY（赵萝蕤的英文名），就拿真学问来求聘”。于是，陈梦家放弃在芜湖中学的教职，潜心学问，并于1934年秋考入燕京大学，师从容庚先生，研究攻读古文字学。此后，他几乎把全部精力都倾注在古代历史和文字的研究上。

① 史玉辉：《陈梦家研究综述》，《山东师大学报》（社会科学版）1999年第2期，第79页。
② 朱敏：《姜德明眼中的书籍世界》，转自姜德明：《文苑漫拾》之《诗人陈梦家》，宁夏人民出版社，1995年5月。

在赵紫宸1935年4月给女儿赵萝蕤的信中可以感受到两人恋爱时微妙的外界舆论。但作为父亲，赵紫宸还是对他们给予关爱、支持，信任女儿的自由选择。

萝蕤：

你的信，我能了解，我心中亦能体谅。前日摄影，我本向你母说，请梦家在内，他犹豫，我便不再问。我们都是神经过敏的。我爱梦家，并无一丝恶意。我从去年到现在，竭力将你撇开去，像心底里拔出肉来一样，所以我非冷淡不可。你有你的生命，我绝对不阻挡，因我到底相信你。

现在只有二事：

不要将孩子们的话，认真看。

不必重看母亲之举动。（也不必向谁作解释）

信中之言，关系伦的事，我皆未知。我爱你们是赤诚，我冷淡，请你们撇开我如我撇开你们一般。

我认识梦家是一个大有希望的人。我知我的女儿是有志气的，我不怕人言。你们要文定，就自己去办，我觉得仪式并不能加增什么。

你们经济上我本想稍微补助些，但我目下尚不能，因我支票底根上只有三十一元了。除去新市立刻须寄廿元，尚有十一元，又不肯向徐李陆等开口借！

以后你有需用，可以写个字来，我可以帮忙，看你认识我几分；我是没有人认识的！

父宸

民国二十四年四月九日[1]

① 方继孝：《陈梦家往事》，载《碎锦零笺：文化名人的墨迹与往事》，山东画报出版社，2009年，第48页。

1935年2月4日（正月初一），陈梦家在燕东园写诗《小庙春景》，此诗后编入《梦家存诗》。燕东园应是赵萝蕤家。蓝棣之评述《小庙春景》是陈梦家的封笔之作，他在这诗里刻画自己的无奈："让那根旗杆/倒在败墙上睡觉"，之所以不情愿这样而又不得不这样，是因为："我是菩萨的前身，/这辈子当了和尚"。从这些诗里，我们可以看到陈梦家的深沉苦闷。在表面闲适、恬静的心底里，他是多么渴望对于时代有所作为。[①]诗句与诗人矛盾的心情应和，至少反映了陈梦家从诗歌创作向学术研究转型的徘徊心态。

1935年5月起，陈梦家开始集中精力用于古文字学习研究。

据《朱自清日记》提到，有一次闻一多告诉朱自清"陈梦家写一有关原始社会的文章，称从甲骨文的记载来看，只有殷而无夏"[②]。古文字学家唐兰在"反右"期间写的《右派分子陈梦家是"学者"吗？》提到，大约1933年前后，"闻一多先生告诉我，有个青年陈梦家敢于说'夏朝就是商朝，夏禹就是商汤'，将要访我。隔了几天，这青年来了，长头发，神气傲慢。留下很厚一部稿子，内容荒谬，都是突发奇想，悬空立说。这是我认识他的开始。不久，他入燕京大学研究院跟容庚先生学金文"[③]。子仪在《陈梦家年谱（上）》提到，这期间，陈梦家写有考古文章《商为人名说》《从古文字中考见上古文化》，惜未发表。

在1935年春陈梦家与赵萝蕤的合影照片上，赵萝蕤注：这张照片大约摄于1935年春我初识梦家时。背后那棵大树，就在当时燕京大学西校门（即今天的北京大学西校门）一进门靠右边还未过桥的地方。摄影者是我曾经的同窗的老友萧干。照相机肯定是他的，他是记者，我们没有这种机器。我那时骨瘦如柴，人称"稻草人"，而梦家则身体魁梧，他那时已是著名诗人了。[④]

---

① 蓝棣之：《梦家诗集·前言》，载陈梦家《梦家诗集》，中华书局，2007年，第13页。

② 朱自清：《朱自清全集》第九卷，江苏教育出版社，1996年，第361页。

③ 唐兰：《右派分子陈梦家是"学者"吗？》，《中国语文》总第64期，1957年10月号。

④ 岳南：《血性男儿》，载《南渡北归》第二部《北归》第十一章，湖南文艺出版社，2011年，第301页。

据赵萝蕤在清华时好友杨绛回忆，赵萝蕤最后选定陈梦家为爱友，家里不赞成。陈梦家家境贫寒，此时在燕京大学做研究生，师从容庚习古文字，住在赵家，生活费需赵萝蕤帮助筹措。当时赵紫宸在国外，每月给女儿八十元生活费，听说赵萝蕤和陈梦家谈恋爱，不再给女儿钱。[①]

5月5日下午，陈梦家与赵萝蕤在燕京大学甘德阁举行订婚仪式。

民国廿四年五月五日下午四时到六时，为犬女萝蕤与陈梦家先生订婚，于燕京大学甘德阁，略备茗点，敬候

光临

赵紫宸　拜启

谢

领

赵紫宸
陈金镛　拜[②]

在晚年赵萝蕤曾和学者扬之水谈过她和陈梦家恋爱，她说在大学中，她是同年级中最小的一个。王世襄、萧干等，年岁都比她大，但年级都低于她。那时她的外号叫“林黛玉”，有许多追求者，但她却追求了陈梦家。“为什么？是不是喜欢他的诗？”“不不不，我最讨厌他的诗。”“那为什么呢？”“因为他长得漂亮。”[③]

6月13日，赵萝蕤从清华研究生毕业，转入燕京大学西语系任助教。

7月13日，陈梦家和赵萝蕤参加钱钟书、杨绛在苏州庙堂巷杨府举行的婚礼。1991年4月15日，赵萝蕤和扬之水交谈中提起钱、杨婚礼，“我和钱是清华研究院时的同学（钱比她低一班），和他的夫人也挺熟，他们

① 吴学昭：《听杨绛谈往事》，三联书店，2008年，第92页。

② 方继孝：《陈梦家往事》，载《碎锦零笺：文化名人的墨迹与往事》，山东画报出版社，2009年，第48页。

③ 扬之水：《〈读书〉十年》（二），中华书局，2012年，第190页。

的婚礼是在杨绛家举行的。杨家有一个很大很大的院子，婚事在一文堂举办。当时只邀请了些亲戚，我们夫妇却参加了，是很少的几位朋友中的一对”[①]。

12月5日，陈梦家写给恋人赵萝蕤的信，陈称呼赵“萝萝”，自称“千北”。

萝萝：

今天太累了，晚上睡是睡好的，可是十点不到上床，直到息［熄］灯楼上才静去。今早又提心要起早，六七点就醒，工厂放哨方起，看了看昨夜抄好的训诂。九点去上课，训诂考得不难，这一次又嫌预备太勤了。午后看报，车胎泄气去修了。二点又上课，真累。三点古音系改为实习，各人一把剪刀一瓶浆，二人一组来折《广均》，我与骆大姐一伙，此人性缓而手粗笨，不免争论快慢，下次想另找别人合作，但也不好意思。工作到五点才散，路过冰场看很多人niu着，小三也在，老毛子洋婆不认，我倒不想去学了。冰上摔跟斗的不多，我就怕一上去连着摔，岂不见笑。在花神庙前遇到东大地三位胖太太，我骑车就回。客堂有客，不敢叫电话了。爱略忒The Rock原是新书陈列的，我用“研究保留”的卡片借出，私自用（出馆外，不知可要紧）我的另一张借片已满八本，本想明天还一本再借Rock的，恐为人借去，所以借了。你早早看一遍，礼拜六带回重去借过为妥。我又借到王国维一本甲骨文，来不及看，还是甲骨学编得有次序，容易懂。你便中去查罗振玉的《殷虚书契前编》《后编》《菁华》三种及《殷虚书契改释》，有没有被人借去，此数种都很难借到。

千千记了一天的细帐，可是心上真不定，七上八下直想来看你。下课太晚来不及来了，我要要要你。怎么（办）好？明天你

① 扬之水：《〈读书〉十年》（二），中华书局，2012年，第36页。

三点后回宿舍等我吧，我也许会早去。我回来黄毯子又放在床上了，明明可好。你的皮袍也做来了，明天同这封信一同到。

祝福明明

千北　上

十二月五日下午六时[①]

信是陈梦家写在课堂札记的纸上，密密麻麻，事无巨细，爱心满满，记下了爱人间甜蜜的思念。短信也透露了陈梦家开始甲骨殷墟文字研究，赵萝蕤就在这年，应《新诗》主编戴望舒约请，开始翻译艾略特诗歌《荒原》。

（十七）方玮德病逝

1933年夏，方玮德“浮海至厦门教书，其地潮湿，瘴气，南人不惯居，滨海又多食鱼鲜，遂以染病，医生为他割治痔疮，而痔中原有结核，奔涌至膀胱”[②]。

1934年8月，方玮德“到沪诊治一月，留金陵一周，即以病势稍愈告”。9月初，方玮德北上，车中发病，起初以为感冒。到北平后，先后请中医杨浩如、孔伯华诊治，三个月下来虽然药石不断，但毫无疗效，每到下午面色惨白，全身发冷。

11月27日，常任侠致信陈梦家。

梦家足下：

前得手札，未即奉覆，人事栗栗，匆匆又将期月。自足下与玮德俱北去，同泰寺亦不常住，暇日大率徘徊书店中，买取小书为多。九姑游杭已归，辄一临存之，彼迩来借我书数册，读之颇

---

① 方继孝：《陈梦家往事》，载《碎锦零笺：文化名人的墨迹与往事》，山东画报出版社，2009年，第47页。

② 陈梦家：《玮德得病始末》，载《梦甲室存文》，中华书局，2006年，第161页。

有兴趣也。玮德处曾去信候问，并寄去《诗帆》数册，彼未有信来，不知渠病究如何。南中日□奇寒，今日下午且霏雪，北方更何似？匆沥不备，即问起居。[①]

12月21日，方玮德住进德国医院，克里大夫诊断为“膀胱结核症”，仅有六个月的活命。后回辟才四条六姑母家静养，坚持服药。

1935年2月7日（正月初四），方玮德忽然高烧四十度，昏厥数次。

2月9日，方玮德送入平大医学院附属医院二号病室，每日注射葡萄糖水五六百C.C.，但热度有增无降，每天上午略清，下午大冷，天黑时又大热直至午夜后方退，病情反复二月，西医束手无策，后请中医李景泰诊视，说是病久元气大伤。

5月9日下午二时，方玮德因病逝世，年27岁。方玮德弥留之际，只有六姑方孝佶、女友黎宪初和八姑（方令英）旧仆老乔三人在场。

当晚，陈梦家将方玮德病逝消息电报方令孺，并写信给储安平。

安平转南京诸友：

玮德于去年十二月患膀胱结核，初入德国医院，由克里大夫诊治。今年二月，迁入北平大学医学院附属医院。最近一月，复请施今墨大夫诊治，均属无效。已于今日下午二时去世矣！可痛可痛！弟于气绝后赶到，明日入殓，后日出殡，暂厝法源寺。南京已有电去。希将此消息代达诸友好。平地朋友不多，追悼会六七月间在南京开为妥。匆匆不一。

梦家

五月九日晚[②]

---

① 11月27日，常任侠在给陈梦家的信中提到“自足下与玮德俱北去，同泰寺亦不常往，暇日大率徘徊书店中，买取小书为多。九姑（方令孺）游杭已归，辄一临存之，彼迩来借我书数册，读之颇有兴趣也。玮德处曾去信候问，并寄去《诗帆》数册，彼未有信来，不知渠病究如何”。

② 张慧：《方玮德和他的新月朋友》，《点滴》2009年第3期。

5月10日，为方玮德入殓。

5月11日下午2时，用马车载方玮德灵柩到法源寺暂厝，“是日风雨如晦，状至凄惨。送丧者孙大雨、吴宓、闻一多、巫宝三、孙毓棠、章靳以、孙洵侯、卢寿枬、潘家麟、郝昭宓、林庚、曹葆华、瞿冰森、琦德、珂德、宪初、六姑、佛同、梦家等二十余人”[①]。

5月11、12两日，陈梦家致信宗白华，转告方玮德入殓、出殡的情形，为“六月九日以前在北平《晨报》出一纪念专号”之事托请宗白华在南京主持约稿，还提及出版方玮德《遗集》的愿望。

白华先生：

你们想已得了玮德的噩闻，他已于昨日（十日）正午正式入殓，我看他遗容尚无重苦之色，六姑说他临危时洒脱而去。棺木衣衾都很好，入殓时有文德里二弟、徐中舒、巫宝三及我的三个朋友，黎老太太也在。今天下午二点移灵法源寺，已雇得一玻璃马车运柩，清早大风吹得满地槐花，以为玮德铺一条路。九姑闻信必甚悲痛，请去劝他节哀，玮德虽去，其心甚安。南京友人较多，我意六七月间在鸡鸣寺追悼，此事如何，盼能早日筹备。

梦家　敬上（十一日）

昨日下午四时出殡，送丧者到一多、雨生、大雨等二十数人，玮生前朋友，都已到齐。灵柩由一双马丧车载行，前军乐队，后送者步行出城，时风雨如晦，状至凄惨。八姑的里人老乔说“风雨送情”，三时到法源寺，厝入丙房内，花圈甚多。四时在寺中素飧，顺便提到纪念之法，共议二事：（一）六月九日以前在北平《晨报》出一纪念专号，由我负责；（二）搜集遗稿，由我与孙毓棠编理付印。关于前者为时甚迫，务盼你和九姑及南京熟人快寄点文章来，文不在长，只要人人有一篇，以表追悼之

① 陈梦家：《玮德得病始末》，载《梦甲室存文》，中华书局，2006年，第162页。

意。关于出遗集，拟先搜集，暑中或可付印。南京有何书店肯印否？九姑能快寄一文否？后日阴历四月十二为玮德生日，姑翁为其念经一日云？

梦家又及　五月十二日[①]

5月13日，储安平在《中央日报》副刊刊发《方玮德先生噩耗》，内容是陈梦家5月9日写给他的信，还有储安平5月12日给陈梦家的回信。

5月22日，储安平在《中央日报》副刊刊出“玮德纪念专号”，发表宗白华、方令孺、吴晗、马仲舒、滕刚、由稚吾等人的追悼文章，还有陈梦家5月11日、12日给宗白华的两封信。

6月10日，陈梦家写的诗《送玮德》，发表在《北平晨报》副刊《北晨学园》的“玮德纪念专刊”。

6月11日，陈梦家的《玮德得病始末》发表在《北平晨报》副刊《北晨学园》的“玮德纪念专刊”。

7月，陈梦家编就《玮德诗文集》，“第二卷由我依年月排比……此集于七月间编就。七月杪付排”[②]。

8月13日，陈梦家写《〈玮德诗文集〉跋》。

1936年1月10日，陈梦家在北平燕东园写《玮德诗文集》的《校后记》。

1936年3月，《玮德诗文集》由上海时代图书公司初版。

（十八）《梦家存诗》

1935年，陈梦家矢志朝着学术研究努力，与挚爱的诗歌创作挥手作别，对以往诗作精心编选，他认为是“一个仔细反省自己的机会”，加以

---

① 1935年5月22日《中央日报副刊》“玮德纪念专号”发表《风雨送情：陈梦家先生致宗白华先生信》。

② 陈梦家：《〈玮德诗文集〉跋》，载《梦甲室存文》，中华书局，2006年，第156页。

爱人赵萝蕤“温爱的鼓励和谈心，使我重新估价，赐我有重新用功的勇敢！”[①]

1935年8月16日，他在北平燕东园，从历年所作的100余首诗中精选23首，结集为《梦家存诗》，作为其七年写诗的结账，并写了《〈梦家存诗〉自序》：“前六首选自《梦家诗集》，次十二首选自《铁马集》，最后五首是选近两三年作的。”具体目录如下：

十八年至二十年夏，选自《梦家诗集》：《一朵野花》《星》《雁子》《白马湖》《小诗》《潘彼得的梦》。

二十年秋至廿二年，选自《铁马集》：《夜渔》《太平门外》《致以伤感者》《鸡鸣寺的野路》《一个兵的墓铭》《老人》《哀息》《白俄老人》《西山》《影》《雨中过二十里铺》《黄河谣》。

廿三年至廿四年：《过当涂河》《小庙春景》。

廿二年作长诗所存：《当初》《登山》《出塞》。

《〈梦家存诗〉自序》自述了诗歌创作的心路旅程，“从一百多首中选出它，自以为比较醇正，而代表相差极微的形式中的各种；依作成年月排比，也好看出前后的变易。《一朵野花》是此集中最先完成的一首，它代表我不被熏着前的嫩”。“这诗，决不是夺目的颜色，好听的声音，诗不是画；决不是顿时涌起顿时又会沉下的伤感，更不是过分夸张的悲哀。现在我心中盘旋着一个大爱，这美几乎是万仞的石阶，需要一层一层爬，仍旧是一种类乎理想的真理能安居。”[②]1936年3月，诗集《梦家存诗》由上海时代图书公司初版。

1936年9月《国闻周报》第13卷第35期发表张景澄的《评〈梦家存诗〉》，对陈梦家的创作历程作了简单总结，揭示了陈梦家诗的风格及发展，提出了一些较有影响的见解。他认为陈梦家早期的诗“在明白清楚的实质外，却披了一件朦胧的衣裳，显得有点隐隐若若的美，然而还脱离不

---

① 陈梦家：《〈梦家存诗〉自序》，载《梦家诗集》，中华书局，2007年，第221页。

② 同上，第223、224页。

了是直叙式的。”而后期的诗则比从前细致多了，表现“在韵律，在内容，在把自然景物影射在诗篇上的颜色”。张景澄进一步考察了陈梦家创作倾向的演变，指出陈梦家初期写诗喜欢把眼前的自然界经过自我的返照，使之客观化，“他的诗，是抒情的”，其境界不是梦中道路，很少有颓废的成分，“是清醒的，明亮的”。“梦家先生的心理”，“从了一颗活泼且快乐的心，点点的见出硬朗化，胸襟日渐浩博，教养比以往也深得多了”。张景澄还点评了陈梦家的长诗，认为其“有李白的涵养”，“有岑参的气魄”。但《评〈梦家存诗〉》在探讨诗创作经历及特征时给人一种浅尝辄止的感觉，结论性的断语背后缺乏细致深入的分析，没有形成系统。①

蓝棣之教授认为陈梦家的确主要是一位学者诗人，而且是一位对于中国古代文化怀着深厚眷恋之情的诗人。因此，他的诗歌就其主要倾向和主要风格来说，是东方的和抒情的，而不是西方的和玄学的。陈梦家的诗有浓郁的中国传统的诗情诗味，这是他的特点，而不是他的缺点。陈梦家的诗歌观念，从早期的《〈新月诗选〉序言》（1931年8月）到后来的《〈梦家存诗〉自序》（1935年8月），前后有很大的变化，这个转变也就是前文所说从巴斯那主义到象征主义的转变。陈梦家根据自己七年来创作的成败得失和体会，实际上谈到了从意象、声色和感情三个方面对诗进行取舍的标准。②

安徽大学吴家荣教授在《论陈梦家诗歌理论的历史地位》一文中说，首先，陈梦家在重视新诗格律的同时，对格律的要求提得更为宽泛。新月诗社的同仁们为了纠正白话诗开创时期形式上过于散漫的不良诗风，将新诗的格律提得过高过严，甚至以人工的格律盖过了诗的自然诗思，使诗的斧凿痕迹太显、匠人气息太重，影响到诗的情感的自由抒发。陈梦家针

---

① 史玉辉：《陈梦家研究综述》，载《山东师大学报》（社会科学版）1999年第2期，第79、80页。

② 蓝棣之：《梦家诗集·前言》，载陈梦家《梦家诗集》，中华书局，2007年，第9、14、15页。

对这一现状，及时地修正了诗歌格律化的理论。他将诗的要素分为两种："一是外在的形式，就是韵律"，"一种是内在的精神，就是诗感"。明确指出："诗的灵魂——就是诗的精神——应当较之外形的修饰更其切要。""诗的格律应该尽可能放得很宽泛。"同时，陈梦家还从诗的发展学观点指出格律应适应时代与文字的发展而有所变更。陈梦家自己的诗歌创作实践了他这一诗歌理论。他的诗形式灵活，格律宽泛，舒展自如地展现一腔赤诚的意绪，跳动着清新活泼的诗思，给后人很大的影响。其次，陈梦家对"诗是美的文学"的解释，并不简单地重复前期新月诗社的唯美主张，而是注入新的，更为深邃的美学内涵。陈梦家认为："诗应当是可以观赏的歌吟的思味的文字。"揭示出"美的文学"应包括这样两种因素：一是"可以观赏的歌吟的"，二是具有"思味"。这就从内容与形式的统一中界定了诗歌美的本质。基于这样的认识，陈梦家批评了两种错误的诗歌倾向：即"诗形散文"与"散文的诗"，认为这种诗"或是侧重形式，或是侧重精神"，"皆为畸形的诗"。复次，陈梦家由于高度重视诗的内在的"意蕴美"，从而对浪漫主义萎靡柔弱的诗风也有所匡正。最后，陈梦家以世界诗歌的眼光，注意吸收西方现代派的创作经验，拓展中国新诗的表现手法。①

刘群在博士论文《新月社研究》中指出，据粗略统计，陈梦家在"新月"系列刊物（《新月》月刊、《诗刊》季刊、《学文》月刊）上共发表诗文46篇，堪称新月派后起之秀的代表。陈梦家新诗创作时间只有短短的七年左右，就出版了《梦家诗集》（新月书店，1931）、《在前线》（长诗，北平晨报社，1932）、《铁马集》（开明书店，1933）、《梦家存诗》（上海时代图书公司，1937）四部诗集，还有一部小说集《不开花的春天》（良友图书印刷公司，1931）系徐志摩推荐出版，1931年更受到同仁相信以勃发英气编选了《新月诗选》，并撰写了新月诗派具有经典总结

① 吴家荣：《论陈梦家诗歌理论的历史地位》，《安徽大学学报》（哲学社会科学版）1997年第1期。

意义的长序——有论者指出他“既是‘新月派’祭酒徐志摩和闻一多的得意门生，又是继徐、闻之后的‘新月派’第二代代表诗人”，这是十分符合事实的。①

作家岳南认为《梦家存诗》，算是对此前写诗成就的一个了结，也是对读者的一个交代。自此之后陈梦家告别诗坛，把全部精力投入到古文字与古史研究之中，向着学术的高峰奋力攀进。②

写于1935年的《攀》，曲折显示了刚进入学术生活不久的陈梦家的精神状态：“我攀上山岭，攀上悬崖；攀住老死的野草，攀住荆刺的小苗；我蹬住枯渴的石头，我往上走。我觉得我自己，浩浩荡空；后面我看不见，前面是三尺地；我蹬住枯渴于石头，我往上走。”③

1935年9月，在燕京大学考古学社第二次年会上，陈梦家被考古学社吸收为第二期社员。从此，结束诗人生涯开始学者生活。陈梦家1934—1936年间在燕京大学研究院读研究生，当时燕京国文系拥有无可匹敌的师资力量如容庚、陆侃如、陆志韦、梅贻宝等，陈梦家的兴趣逐渐变得聚焦，他意识到自己不只是想成为一名牧师，一个诗人，因而由“研究古代的宗教、神话、礼俗而治古文字学，由于古文字学的研究而转入古史的研究”。

三、新生

1936年，陈梦家26岁，青春年华正意气，这一年对他来说，是喜结良缘的好年份，更是走上学术研究道路的开始。

（一）临湖轩婚礼

1936年1月18日，陈梦家和赵萝蕤在燕京大学临湖轩结婚，那里是燕

① 刘群：《新月社研究》，博士学位论文，复旦大学中文系，2006年，第266页。

② 岳南：《血性男儿》，载《南渡北归》第二部《北归》第十一章，湖南文艺出版社，2011年，第300页。

③ 付丹宁：《陈梦家诗学地图中的历史维度》，《文艺争鸣》2017年第4期，第44页。

京大学校长的住所兼办公地点，原为和珅淑春园中的“临风待月楼”，1860年英法联军之劫后仅存此楼，1931年由冰心命名为“临湖轩”，胡适题匾。为他们主婚的是赵萝蕤的干爹、燕京大学教授陆志韦，证婚人是时任燕京大学校长的司徒雷登。赵萝蕤的大弟赵景心先生回忆参加姐姐的婚礼，那一天，他在燕京大学赛完冰球，就气喘吁吁地跑去参加姐姐的婚礼。当时，许多师友都来了，场面热闹非凡。婚后，陈梦家和赵萝蕤住在清华大学朗润园一幢中式平房。室外花木扶疏，荷香扑鼻。室内一色明代家具，都是陈梦家亲手搜集的精品，客厅里放着赵萝蕤的斯坦威钢琴。

婚礼当天未能赴约的六姑方孝佶在1月22日致信陈梦家：

梦家：

多日不见矣，日昨接嘉礼吉帖，关雎之所谓寤寐求之者。

梦家幸福庆美，淑女君子和合百年。佶羁俗外子赴皖，未得登堂申贺，歉仄良深，翘企盛仪，为无量颂，临颖欣祝。敬贺双喜不庄

方孝佶　谨拜

嘉平二十二日[1]

钱穆先生在《师友杂忆》中忆及这对燕园的神仙眷侣：“有同事陈梦家，先以新文学名。余在北平燕大兼课，梦家亦来选课，遂好上古先秦史，又治龟甲文。其夫人乃燕大有名校花，追逐有人，而独赏梦家长衫落拓有中国文学家气味，遂赋归与。”[2]事实上，陈梦家、赵萝蕤的结合，与两人的家庭出身有一定的关系。陈梦家的父亲是一位新教牧师，赵萝蕤的父亲则是著名基督教活动家、神学家。相似的家庭背景，加上才子佳人的相互吸引，使二人很快就走到了一起。[3]

① 方继孝：《品味书简》，国家图书馆出版社，2016年，第127页。

② 钱穆：《八十忆双亲 师友杂忆》，北京：九州出版社，2012年，第193页。

③ 晓高：《陈梦家：我总是古旧，总是清新》，2014年5月26日。

当时叶公超是赵萝蕤的英文老师，他送给赵萝蕤和陈梦家的结婚礼物：一个可做灯具的朱红色大瓷瓶，一套带着硬壳的精装本哈代诗剧《统治者》，以及一个单人沙发床。传言叶公超当年追求校花赵萝蕤，赵萝蕤对未婚青年才子叶公超殷勤伸来的橄榄枝置若罔闻。许多年后，当不再年轻漂亮的赵萝蕤在回忆这段往事的时候，说："如果说叶老师在什么地方有点令人不十分自在的，也许是他那自然而然的'少爷'风度，当然决非'纨绔子弟'的那一种。也许他的非凡才华使他有时锋芒毕露，不过绝没有咄咄逼人'拒人于千里以外'的味道。人们还是喜欢听他那天南地北的神聊。我这位老师的'修养'是不凡的。"正因为叶老师的"少爷"风度，令一个"拘谨怕羞的姑娘"（赵萝蕤语），于"不自在"中缺少了一种信任感和更进一步的爱，从而没有随这位才华横溢的叶老师去研究当代外国文学，甚至只是"偶然到他那坐落在北院的家里"做了一回客，这一切自然令叶老师十分郁闷甚至有点恼怒。身穿长衫，神情显得有点落拓，眉宇间不时作忧郁哀愁状，周身散发着中国传统士大夫和古典文学气味的一代才子陈梦家，就成为赵萝蕤芳心所属之人，人生姻缘原来如此诡秘、玄奥和不可思议。[①]

（二）古文字研究起步

1936年3月12日，陈梦家认为"王国维《颂壶跋》，释此铭二贮字为予，谓'锡廿家''锡用宫御'。……读而疑之，作《颂鼎考释》。"[②]

4月2日，在北平西郊佟府甲八梦甲室写《古文字中之商周祭祀》。佟府是清康熙朝佟国维所造，后多有毁坏，在司徒雷登任校长期间，将其置为校产。陈梦家居住燕大时，为表其研读古文字之志向，特命其书房为梦甲室。

4月9日，陈梦家与赵萝蕤一起拜访顾颉刚，想来也为古文字研讨。

---

① 岳南：《狂傲之士叶公超的悲剧》，载《挖历史》第一辑，华文出版社。

② 陈梦家：《西周铜器断代》上册，中华书局，2004年，第281页。

4月17日，陈梦家在佟府甲八写《郭沫若〈周易的构成时代〉书后》，指出“《易》与殷人的精神有关，其辞滥觞于殷周之际，成于西周，因此对于郭文《易》之作成于春秋中叶以后及八卦是既成文字的诱导物二说认为有可议之处”。陈梦家认为，“天地上下对立的观念发生很早，早在殷世，卜辞有‘牡牝’‘下上’合书的例，有左右对称的例”，“上下牡牝对立的观念，始于殷契，亦见于周金；天地对立，见于《诗经》。金文没有天地对举，并非无此观念，乃因铭辞上无此需要”。陈梦家确认，“《易》无成于春秋中叶以后的确证”，“《易》之成，同于《诗》之成，决不是一人所作成，乃是集无数人的卦爻辞而成”。“阴阳八卦的观念，到后经过一些分化。先是从天地对立的观念变到轻天重地”，“《易》为殷亡以后，殷学之遗留民间者，因求简易，故以筮代卜，仍沿用卜辞成语及殷代故事。当殷亡之后，王室的乐师祝宗卜史（都是执事祭祀的人，其实三者统是史）散入民间，邹衍接受了乐师与祝宗，因他们传下《诗》《书》《礼》《乐》，他们的职业是相礼、主丧、教书（见《说儒》）。卜史流为人民占卜，各有口诀相传，经后人汇集成为《周易》”。①

5月3日，在佟府校阅《古文字中之商周祭祀》，并写补录四则及补遗。

5月15日，陈梦家在佟府甲八梦甲室写《令彝新释》《释底渔》，后发表《考古社刊》1936年第4期。

5月27日，陈梦家与顾颉刚等十余位友人去郊区黑龙潭、北安河、金仙庵游玩。

6月，陈梦家在北平佟府作考证文章“梦甲室商代地理小记”系列第一篇《隹夷考》。文中说：“《后汉书·东夷传》有九夷之名，而无‘隹夷’；‘隹夷’之名不见于经典，余最近始于甲骨上发现之。”陈梦家从训诂、字形和音律上详加考证。这是陈梦家一改诗人的恣意挥洒，全身心倾注于谨严的古史和古文字学的早期论文。

---

① 陈梦家：《陈梦家学术论文集》，中华书局，2016年，第221—225页。

本月，陈梦家的硕士论文《古文字中之商周祭祀》在《燕京学报》第19期发表，第91—156页。《燕京学报》是前燕京大学创办的学术刊物之一，半年刊，每年出版两册，当年与《北京大学国学季刊》《清华学报》和傅斯年主持的《中央研究院历史语言研究所集刊》同被誉为我国四大国学刊物，蜚声海内外学术、教育、文化界。1932年12月出版《燕京学报》第12期起，改由顾颉刚主编。

7月，陈梦家燕京大学研究生毕业，留校当助教。

8月28日，沈从文写信给陈梦家，想让梦家给戴望舒出的诗刊推荐些诗稿。

梦家：

戴望舒拟出诗刊，北平多熟人，大家似乎得为他帮帮忙，望您把您的诗同萝蕤的诗给他两首，并望问问陆先生，若有什么佳作也寄点给他。他住处是上海亨利路永利村卅号。他因为在上海一种海派风气下，非常受人压迫，刊物也极难办，如多得北大朋友帮帮忙，会有生气些。一多读诗札记匡斋尺牍若能给他一二则，对刊物尤有帮助。望一转一多说说，甚感。

专颂安好

从文顿首

廿八[1]

9月25日，闻宥[2]写信陈梦家。

① 方继孝：《陈梦家往事》，载《碎锦零笺：文化名人的墨迹与往事》，山东画报出版社，2009年，第60页。

② 闻宥（1901—1985），上海松江人，字在宥，号野鹤，语言学家。时任青岛国立山东大学中文系教授。

梦家吾兄足下：

不通音问将四月，忍何可使。仆今年以家难频仍（弟死父病）不能远行，故仍在此间。八月杪曾到沪，以兄地址遍觅不得，无法通问。目下谅早抵故都矣。时艰益亟，古城情况一切尚又旧否？仆一年以来迫于养病，绝无成就。惟曾作“腊文分析”一文，不久当登《图书季刊》，约得万余言。刊出时请兄政之。其他绝无可告也。兄又有新著，更望酌谈。匆颂俪安为感。

闻宥 手上

廿五日

一多先生晤请道候。[1]

9月，陈梦家在北平西郊梦甲室写《史字新释》（附尹夐）。

10月，陈梦家在吉永庄开始写古史研究论文《商代的神话与巫术》，分上下编，上编神话，下编巫术。

11月26日，陈梦家重作《释冎》，发表《考古社刊》第5期。

12月2日，在海甸军机处三号写《史字新释补证》（附论鸟纲），载《考古社刊》1936年第5期。

12月10日，写《释冎》校后附记。

12月28日，戴望舒致信陈梦家。

梦家兄：

《荒原》收到，谢谢萝蕤女士给《新诗》赶译起来。关于注释，为了读者便利起见，我们想把原注和译注并在一起印，但在译注上加一个★号，以示区别。这篇诗付印后拟改排单行本（卅二开本），前曾函商，布置能见允否？听说温源宁先生在写一篇Eliot论，我很想找人译出，刊入四期《新诗》，也收入单行本

① 方继孝：《陈梦家往来书札谈》，《收藏家》2003年第5期。

中，省得再找人写介绍了。不知你们的意见如何？顺便
恭贺新禧

弟　望舒

十二月廿八日[①]

本年，陈梦家作《黄字新释》（未刊），怀疑“黄”是玉饰。[②]

陈梦家留校助教后，潜心学术，从事古文字研究的初步成果，在当时学术界有相当影响。赵萝蕤《忆梦家》说：仅仅1936年一年（他大半时间还是学生的时候），就在《燕京学报》《禹贡》《考古》等杂志发表了长短不一的七篇文章，开始了他的学者的生活。

正如陈梦家1956年在《尚书通论·序》中所说：“我于二十五年因研究古代的宗教、神话、礼俗而治古文字，由于古文字学的研究而转入古史研究。”对于这一转变，作为老师的闻一多不但没有失望，反而认为这才是一个有才华和志向的青年追求的正途而大加鼓励。陈梦家由诗人一变而为甲骨文研究者，而且颇有发明，闻一多在激赏之余，曾对好友梁实秋不止一次地说过：“一个有天分的人而肯用工者，陈梦家算是一个成功的例子。”

陈梦家在《殷虚卜辞综述》附录提到，他写有《卜辞地理篇》稿本、《古代地理零篇》稿本。从其引述书目年代编排上，应写在1936年。[③]

因导师容庚关系，陈梦家结识于省吾，于省吾曾受聘燕大教授，陈梦家的天赋、悟性、才华和努力，颇得于省吾赏识。陈梦家每逢进城，只要于省吾在寓所，都要去拜访。每次陈梦家到来，于省吾会把自己所藏的古器物展示给他，并指导陈梦家辨识铜器铭文和甲骨文字。当见到于宅所藏吴王夫差剑与少虡错金剑时，陈梦家赞叹不已。由此对集藏古器物产生了浓厚的兴趣。陈梦家还跟随于省吾去商贾或藏家探访，从中学到了辨识古

① 陈子善：《不日记》三集，山东画报出版社，2017年，第171页。
② 陈梦家：《西周铜器断代》上册，中华书局，2004年，第171页。
③ 陈梦家：《殷虚卜辞综述》，中华书局，1988年，第666页。

器物真伪要领，也学到了与商贾周旋的实战经验，为他后来搜集古器物和搜购明式家具积累了经验。①

从陈梦家由诗人而学者，以及作为学者三十年的治学路数看，基本上与他的业师闻一多一脉相承，所研究的领域有相当一部分也颇为相同，如二人同时对甲骨、金文的兴趣，对神话研究的兴趣等，可谓神交日甚，气味相投。也只有这种共同的情趣与志向，才能彼此影响并开拓出一片新的学术天地。自青岛大学转入清华后，闻一多的政治热情逐渐消失，专心痴迷于学术研究，取得的成就渐渐为儒林所重，在文人相轻的学术界能跻身赫赫有名的清华中文系，并占据仅有的五个教授席位之一，且能得到学校当局与学术双方的认可本身就是明证。而陈梦家在燕京大学研究院毕业前后短短两年的时间里，就写出了十几篇学术论文，除《令彝新释》《禺邗王壶考释》和几篇说解单字者外，大多数是根据甲骨、金文探讨商周时代的宗教、神话和礼俗，其中《古文字中之商周祭祀》《商代的神话与巫术》《祖庙与神主的起源》等颇受好评。与此同时，陈梦家还进行古代地理的研究，并有《商代地理小记》与《隹夷考》等名篇问世。像当年的诗作甫一问世就照亮了整个诗坛一样，这一串浸润着陈梦家非凡才华与深厚功力、面貌一新的研究成果，令整个学术界为之一震，陈梦家由此声名鹊起。②

---

① 方继孝：《耿介敢言忠诚于学术的一代学人——于省吾与陈梦家》，《关东学刊》2017年第10期，第140、141页。

② 岳南：《血性男儿》，载《南渡北归》第二部《北归》第十一章，湖南文艺出版社，2011年，第300、301页。

第三章 西南联大教授（1937—1944年）

这五年以来，我埋首于甲骨辑录和古籍之中，知道了清代人的考据，和如何应用古文字以窥探古代的历史、社会、制度、宗教。我的兴趣在古代，而尤集中于宗教和历史制度，因古文字的研究，常常把经历中所埋沉的发掘出来。这五年的苦愤，救疗了我从前的空疏不学，我从研究古代文化，深深的树立了我长久从事于学术的决心和兴趣，亦因了解古代而了解我们的祖先，使我有信心在国家危急万状之时，不悲观不动摇，在别人叹气空愁之中，切切实实从事于学问。

——陈梦家致胡适信

（1938年10月30日，昆明）

一、燕大时光

1937年，华北局势突发严峻，陈梦家和其他学者在燕京大学校园讲课论学，享受着苦难前最后的美好时光。

1月5日，陈梦家作诗《述庄子“方生方死”惠施“日方中方睨物方生方死”》，发表《新诗》3月第1卷第6期。

2月，因容庚教授交给陈梦家1月号《柏林顿杂志》刊有禺邗王壶图影，及叶慈教授（W.Perceval Yetts）摹写铭文，要求考释。

2月16—28日，陈梦家在海甸写《禺邗王壶考释》，分述器之出土收藏、器之定名形制、同形制诸壶之比较、铭文分释、铭文通释、诸家之考释、伐齐会晋与运河。

2月，陈梦家为《清华学报》写《高禖郊社祖庙通考》，分述（一）释高唐赋——说瑶姬为私奔之佚女、（二）释高密——说高禖之制、（三）高禖郊社与祖庙为一、（四）楚之高禖——说屈原三间大夫为媒巫、（五）齐燕郑卫秦诸国之高禖、（六）高禖始于商族、附记。“因限期交卷，忽遽间竟不容畅为发抒，详加引证。”[①]

3月初旬，陈梦家在海甸军机处写《祖庙与神主之起源——释且宜俎宗祏祊示主室等字》，发表燕京大学国文学会《文学年报》5月第3期。

4月6日，陈梦家、赵萝蕤夫妇赴吴宓家宴，吴宓在颐园宴请，欲为周煦良介绍黎宪初。

4月，在海甸重抄《禺邗王壶考释》。

---

① 陈梦家：《陈梦家学术论文集》，中华书局，2016年，第280页。

约4月底5月初，在石璋如主持第十五次安阳考古发掘时，陈梦家和闻一多先生“来到安阳，亲赴殷墟发掘现场探访考察。此时正是抗战前殷墟遗址的最后一次发掘。闻一多与陈梦家师徒二人面对出土的大批器物，如入宝库金山，在发掘工地流连忘返，不忍离去”[①]。

5月1日，陈梦家在海甸梦甲室写《释畋释豕》。

5月14、15日，写《畎夷考》《贯国串夷考》，收入《商代地理小记》（二）。

5月23日，陈梦家写《高禖郊社祖庙通考》附记。

5月24日，闻一多为《高禖郊社祖庙通考》作补充，写《高禖即社说》《高唐释名》《跋》三篇。

5月25日，在海甸军机处写《“风”“谣”释名——附论〈国风〉为“风谣”》（原载1937年6月《歌谣》第3卷第12期）“谣的最初义是舞，击缶为节。谣舞时的歌，也名曰谣。古代于中春求偶期中，男女相对而歌舞，其辞淫荡，其态窕冶，所以谣引申为诱。因为互相诱致，故其歌词常为一时的感激冲动，事过境迁往往不能守其诺言，所以‘谣’引申为‘谣言’‘讹言’。”“我觉得‘风’和‘歌’的分别，不在合乐与否，而在谣是喜的，歌是哀的。《诗》‘夫也不良，歌以讯之’，‘作此好歌，以极反侧’，‘君子作歌，维以告哀’，‘啸歌伤怀，念彼硕人’，‘不我过，其啸也歌’，《周礼》的女巫和衔枚氏皆称‘歌哭’：所以歌是哀的。”“风即谣，而谣是用缶的，缶乃是民间之乐。”[②]

6月5日，顾颉刚与陈梦家谈事并一起午餐，同席“希白　绍虞　荫浏　侃如　梦家　心芜　起潜　鲁安　子植（以上客）　盼遂（主）”[③]。

6月15日，陈梦家在军机处梦甲室校订《禺邗王壶考释》，“由此器铭

---

① 岳南：《血性男儿》，载《南渡北归》第二部《北归》第十一章，湖南文艺出版社，2011年，第298页。

② 陈梦家：《“风”“谣”释名——附论〈国风〉为“风谣”》，载《梦甲室存文》，中华书局，2006年，第205—208页。

③ 顾颉刚：《顾颉刚日记》第3卷，2007年，第650页。

文，考定其时代，知此种复新始于春秋晚叶。又壶怪兽，疑即是龙”。[①]发表《燕京学报》6月第21期，第207—230页。

6月24日，陈梦家在梦甲室写《高禖郊社祖庙通考》一文校后补录。

6月29日，陈梦家与顾颉刚等人聚餐，“今晚又同席：希白　元胎　盼遂　梦家　予（以上客）立庵　思泊　海波（以上主）。”[②]

6月间，陈梦家至胡适府上拜访。本月，陈梦家在《柏林顿杂志》看到康侯□及铭文考释。[③]

6月，赵萝蕤翻译的《荒原》中译本发表，使她一举成名，是年25岁。《荒原》是英国现代派诗人艾略特的代表诗作。赵萝蕤是把《荒原》介绍到中国的第一人。但是当年的读书界并没有多少人知道，这些具备深厚的中西文化修养和中西文学功力的译文，竟出自一位妙龄闺秀。“七七事变”随即爆发，《荒原》在中国读者心目中成了民族灾难的一种隐喻。抗战全面爆发后，北大、清华、南开等高校撤往内地，经长沙而辗转到昆明组成西南联大。艾略特、奥登、里尔克等现代派诗人的作品，也在联大师生跑警报、泡茶馆的间隙中一再引起共鸣。联大自由、开放的学术氛围孕育出蓬勃、多元的诗歌创作，对于民族命运的思索与现代知识分子的自我拷问同为当时的创作主题，形成了中国现代诗歌发展史上的一个高潮。从教师中的卞之琳、冯至，到学生中的穆旦、杜运燮、袁可嘉等“九叶派”诗人，艾略特和奥登对他们的文学理念及个人创作都带来了深刻而绵长的影响。[④]

7月1日，陈梦家与容庚到开封鉴定河南博物馆古物。7月2日，商承祚到开封，陈梦家与其同寓一室，为河南博物馆鉴定辉县古物。7月6日，离开开封。

---

① 陈梦家：《陈梦家学术论文集》，中华书局，2016年，第197页。

② 顾颉刚：《顾颉刚日记》第3卷，第661页。

③ 陈梦家：《西周铜器断代》上册，中华书局，2004年，第13页。

④ 李晶：《“荒原”前的艾略特》，《文汇读书周报》2015年5月7日。

二、长沙临时大学

（一）避难新市

1937年，“七七事变”爆发，赵紫宸留下长子赵景心，让妻子、次子景德、三子景伦和陈梦家、赵萝蕤夫妇一起离开北京南下。7月15日，陈梦家他们匆匆搭火车逃离北平。路经天津时，站台已满布日军，火车被扣数小时。陈梦熊在南京下车，回到三姐家住，陈梦家和赵萝蕤等人从南京转往苏州小住，再到嘉兴，接着乘船回到德清县老家避难。

赵萝蕤的《浙江故里行》一文详细记述了这次避难经历。她这次退归故里的感觉，像一个失败的英雄，内心充满了悲慨的情绪。当时的新市，还没有战争的硝烟，生活相对平静。这里是水乡，物价低廉，物产丰盛，他们吃新鲜的鱼虾、菱角、芋艿，尝豆腐衣、烘青豆、扁笋汤等，留下了深刻的印象。但乡下避乱实在无事，她除了督促弟弟读书，自然逛遍了这个有“小上海”之称的江南古镇。他们在桥头看赶鸭子过河，看蚕农挑着一担担蚕茧从门口路过；他们从容的脚步印在一座座平桥上拱桥上，窃窃的私语说给一条条幽静的小弄。甚至，他们坐船到周边的菱湖、善琏、塘栖、德清市镇，以至这些地名“像那个久已离别的曾亲近过的罗袜绣襦样”让人亲近，芳泽尚余。每天傍晚，他们在市梢石板桥头纳凉，看黄橙的月亮从桑树头上出来，看远远一条矮矮的山缘渐渐地暗去，但月色留下了一片灵智的光明。新市小镇的生活琐细，成了赵萝蕤情感的寄托。在新市，她和家人一住三个月。

8、9月间，陈梦家写信寄教育部转胡适，但胡适9月受命往欧美游说，后接任驻美大使，胡适没收悉此信。到10月底，隐隐的炮声爆炸声渐渐逼近新市，他们只得关上窗门，离开故乡。

（二）南岳文学院

穆旦[①]在《抗战以来的西南联大》（1940年10月16日）中写道：北大、清华、南开是战争开始后首遭蹂躏的三校。北大和清华的校舍被日人用作马厩和伤兵医院了，而南开大学则全部炸毁。所以在一九三七年秋季，大后方的许多学校仍在安然上课时，平津的学生们却挣扎在虎口里。

北大、清华、南开三校撤出华北后，先在长沙组建临时大学。陈梦家经闻一多推荐，由朱自清报校长梅贻琦同意，作为清华大学聘请人员，来到长沙临时大学任国文教员。关于这段经历，当时中文系主任朱自清在致梅贻琦信中说得很明白："临时大学尚缺文字学教员一人，拟由清华聘陈梦家先生为教员，薪额一百二十元，担任此类功课。陈君系东南大学卒业，在燕大研究院研究二年，并曾在该校任助教一年。其所发表关于古文字及古史之论文，分见于本校及燕大学报，甚为前辈所重。聘请陈君，不独可应临时大学文字教员之需要，并可为本校培植一研究人才。倘承同意，至为感谢！"信中可以看出，朱自清对陈梦家有所了解并有器重之意，再加上"为本校培植一研究人才"的光辉前景，梅贻琦较为痛快地批复自在意料之中。可以说，朱自清这封信是陈梦家人生和学术生涯的一个重大转捩点。[②]

10月20日，清华大学发出聘书，聘陈梦家为中国文学系教员，自民国二十六年十月一日至民国二十七年七月卅一日止，月薪国币120元。1937年清华大学中文系教师名录记载，教授朱自清、陈寅恪、闻一多、王力；专任讲师浦江清；教员陈梦家、许维遹；助教李嘉言。

10月中下旬，陈梦家一行先到杭州，赵萝蕤母亲返回北平，他们过京杭国道到南京，乘船至武汉，再乘火车到长沙。

由于长沙临时大学校舍不敷分配，学校本部设立在长沙浏阳门外韭菜

① 查良铮。

② 岳南：《血性男儿》，载《南渡北归》第二部《北归》第十一章，湖南文艺出版社，2011年，第301页。

园一号圣经学校，即今五一东路湖南省政府宿舍大院内，是美国内地会教士葛荫华（Frank Keller）1917年创办。1918年4月的《圣经学院公报》中如此描述韭菜园地段，“其位于小吴门与浏阳门之间，在一条新修的军用公路旁[①]。这片地开阔，故能确保足够的新鲜空气，同时为修行和未来发展都提供足够的空间。这里的井水提供足够的饮水”。学校创办后，经历几年的建设，很快规模大具。圣经学校坐北朝南，建设规模颇大，四周有长长围墙，正中大门为一幢中国传统式建筑，洞开三门，两侧有平房向东、西方向伸展。围墙内当中为主体建筑，东、西两侧各有两栋楼房成对称形分列，形成一座广场。围墙外有一大片菜地，菜地外是密集的民房。学校大礼堂甚大，呈长方形，分为内教堂和侧道，空间颇大，足可容纳数百人；食堂为平房，采用中西合璧方式建筑。[②]

文学院则设立在南岳圣经学校，称长沙临时大学南岳分校。11月1日，长沙临时大学第一学期开始上课。期间，陈梦家见到孙望[③]所藏刘体智甲骨残片，并用笺纸写了一段题跋，顶格以甲骨文写卜辞九字，分二行，其后低二格，写考释文字七行：“此刘惠之所藏甲骨残辞，文曰：‘卜，又于五山，才齐。’即‘祐于五山，在齐’也。齐地后世颇传三山神仙之境，而卜辞中已有此语，甚可宝也。录以应自强兄之属。”换行另起，并提一格，落款“上虞陈梦家记。二十六年十一月，长沙”[④]。

11月3日，长沙临时大学文学院教授们乘车离开长沙，抵达南岳山中。“人倒不多，只有二十人，可是大大小小行李却至少在百件以上。冒着长沙秋天时有的蒙蒙细雨，于九点一刻开车，车在下摄司摆渡，经湘潭、衡山，在一点左右到达南岳市公路车站。在站旁中国旅行社招待所进午餐，我们一行人就出发上文学院所在地圣经学院。在市内买手杖一枝。步行，

① 当时称军路侧，即今韭菜园路。

② 陈先枢的博客：《湖南圣经学校小史》。

③ 孙望（1912—1990），原名自强，字止畺，江苏张家港人。建国后，历任金陵大学、南京师范学院、南京师范大学教授及中文系主任。

④ 申闻：《陈梦家的苏州行》，《南方都市报》，2016年8月5日。

经南岳寺、图书馆、英孚庭观、白龙潭，约一小时许而达圣经学院。又自校址上，石阶三百四十四级，拾级而登，汗流气喘，乃抵临大文学院教员宿舍，即圣经学院西人教员住舍。为一小洋房，住在校址之颠，下望溪谷，仰视群山，四周尽是松树花草，堪称胜地。同来此者为临大学院之大部分教授，有朱自清、闻一多、陈梦家、叶公超、罗皑岚、金岳霖、冯友兰、吴俊升、罗廷光、周先庚及英人燕卜荪等。”①

当时聚在此的19名学者教授，于名山古刹间，啸傲烟霞，授课之暇吟咏不辍。历史教授容肇祖曾戏就各人名字，赋七绝3首。

其一：冯（古通凭）阑雅趣近如何（冯友兰）？闻一由来未见多（闻一多）。性缓佩弦犹可急（朱自清字佩弦），愿公超上莫蹉跎（叶公超）。

其二：鼎沈（读沉）洛水是耶非（沈有鼎）？秉璧犹能完璧归（郑秉璧）。养士三千江上浦（浦江清），无忌何时破赵围（柳无忌）。

其三：从容先着祖生鞭（容肇祖），未达元（古通原）希扫虏烟（吴达元）。晓梦醒来身在楚（孙晓梦），皑岚依旧听鸣泉（罗皑岚）。

接着，哲学教授冯友兰又续成二绝。

其一：久旱苍生望岳霖（金岳霖），谁能济生与寿民（刘寿民）。汉家重见王业治（杨业治），堂前燕子亦卜荪（英籍教授燕卜荪）。

其二：卜得先甲与先庚（周先庚），大家有喜报俊升（吴俊升）。功在朝廷光史册（罗廷光），停云千古留大名（停云楼，教授宿舍名）。

---

① 柳无忌：《南岳日记》，中国友谊出版公司，1984年，第88页。

幽默的诗句，写全了19位教授和所居宿舍的名字，一时传为佳话。

11月15日，赵萝蕤赶到南岳山中，她留下描述，“我们家面前有一片打稻的地，平滑而金亮。旷老先生[①]引宾入幕，打开板门，老秀才真是不凡！堂屋中间就是一张光亮的画桌，站在平滑胜如水门汀和地板的黄泥上，两边两套太师椅，墙北两扇透明纸所糊的大窗，窗下一只书案，上有各种文具，永和九年的晋砖，老树根的笔筒，各种书画斗笔。墙东南角又是八仙桌和毛竹椅四把，又在靠近放下一口平矮的碗橱，老秀才把文房四宝、饮食百器全赐给我们了”[②]。

陈梦家他们居所边有几棵楷树，赵萝蕤把他们在南岳的三间茅屋称作楷庐。楷庐的清静生活充溢了湘人美好的人情。屋主旷老先生照顾周到，待客殷勤，旷太太贤惠斯文，女仆旷嫂子直爽勤快，而四周环境幽雅，山树葱葱，泉水潺潺。在这逃难的时候，赵萝蕤竟然实现了童年时关于茅屋的梦想，感到一种非同小可的幸福。楷庐虽然只住了三个月，但让赵萝蕤恋恋不舍。当临时联大要搬迁昆明时，赵萝蕤夫妇和旷氏一家相互宴请，馈赠礼物。后来在昆明，虽然楷树已非，她还是给周旁长着尤伽俐树的居所取名为楷庐。[③]

11月17日，朱自清来访陈梦家，他在日记写“看望陈梦家，其住处很好”。

11月19日，南岳分校开课。最初教师19人，学生80余人，后陆续增至教职工30余人，学生约190人。因校址仓促选定，教学条件糟糕，南岳分校既无图书，也缺教材，开学初连小黑板也不能满足供应。教授随身所带参考书不多，有时须到南岳图书馆寻找必要资料，讲课时只能凭借原有讲稿，作些修订补充。夜晚，菜油灯光线昏暗，只好在宿舍讨论战争局势，颇有古代书院风味。但上课期间，寂静山野也会传来日本敌机空袭警报声。

在一次师生联欢会上，朱自清朗诵了冯友兰的《诗二首》，其中有句：

---

① 租房主人。

② 赵萝蕤：《楷庐记》，载《读书生活散札》，南京师范大学出版社，2009年，第7页。

③ 杨振华：《赵萝蕤：漂泊中仍不失浪漫》，载《永远的江南赋：十五位历史名人的德清印迹》，中国文史出版社，2011年，第271页。

洛阳文物一尘灰，汴水纷华又草莱。
非只怀公伤往迹，亲知南渡事堪哀。

朱自清声音低沉颤动，一字一句慢慢引长念出来，立刻使大家沉入哀伤里。

12月7日，吴宓抵达南岳山。他在日记描述山中“晴日当空，南岳初现于天际，渐乃岩壑分明，赭石绿林，深远葱郁，景色至美”，他在教授宿舍登楼望远，“已极令人悠然畅适。而每晨7：00前，由楼东观日出……故今来南岳居住，至为快适，而于自然之美，赏悦吸收者亦多也”。[①]柳无忌在日记中抒发他的感受：“下望溪谷，仰视群山，四周尽是松树花草，堪称胜地。……远眺山景，风光秀丽，无可伦比。”

12月11—12日，陈梦家夫妇和临时大学部分教授、学生游玩衡山，登上祝融峰看日出。

陈梦家在1938年写给胡适信中忆起这段艰辛又充满情趣的生活，“往衡山一茅庐，后有峭壁清泉，前有楮树成林，茅屋筑于一绝径的山冲上，风景甚佳，伏处其中，温读从前所不能整读的书籍。除了写文字学讲义外，成《先秦的天道性命》一书，此书以商卜辞中所见的自然崇拜为始，追溯古代关于天道天命种种的来源和看法”[②]。

穆旦写于1940年10月16日的《抗战以来的西南联大》描绘了长沙临时大学的生活与思想状况：当时借读于长沙临大者很多，全国各大学学生几乎都有，表面虽似混乱，而实皆为一种国难期间悲壮紧张空气所包围，学校于十一月间正式上课，不三月而学期结束。这一时期教授少，书籍仪器等几乎没有，个人生活也大都无办法，有的同学甚至每日吃一角钱的番薯度日！然而大家却一致地焦虑着时局，校中有时事座谈会、讲演会等，每次都有人满之患。南京陷落后，大局危在旦夕，长沙的情形也非常不安，

① 吴宓：《吴宓日记》第六册，三联书店，1998年，第270、271页。
② 耿云志主编：《胡适遗稿及秘藏书信》第35卷，黄山书社，1994年，第514页。

即是肯用功的同学也觉无法安心读书了，又加以“投笔从戎”的浪潮汹涌全国，于是长沙临大中乃有大批同学出走。……人们把工作和读书看为两回事。所以“救亡呢？还是上学校呢？”的问题就成了“在长沙呢？还是到云南去？”①

12月，陈梦家在衡山楷庐写《五行之起源》，分（一）引论；（二）构成五行之几种古学，下列古代历物学、古代地理学、古代天文学、阴阳之学；（三）五行在历史上之观察；（四）结论。此文“简述略追叙五行发生以前之有关古学，及五行发展之历史，为对于五行起源之初步研究。五行自邹衍以迄汉代，由相生的五行论进为相胜的五行论，其意义由经济的进而为政治的，而五帝德遂成为古代之历史哲学。”“五行之成立，约当孟子、邹衍之时，其学兴于齐。齐学之历物、地理、天文、阴阳，皆为构成五行论之预备。”“五行、八卦，一重性质间之关系，一重性质间之方位，故五行为奇数，八卦为偶数也。”②

本年，陈梦家写《文字学甲编》第一稿，作为教课讲义。写成《殷代的自然崇拜》稿本，未刊；另有《卜辞四方风考》稿本，未刊。

三、西南联大生活

（一）蒙自分校：1938年上

1938年1月中旬，国民政府令长沙临时大学迁往昆明，另组建国立西南联合大学。1月底，陈梦家和文学院部分教授开始撤离，前往长沙。

1月30日，陈梦家在长沙市偶遇商承祚，“乱后重逢，欢快逾恒”。两人去雅礼中学访古，“在衡山时，闻长沙近岁多出古物，遂约往雅礼中学

① 易彬：《穆旦年谱》，中国社会科学出版社，2010年，第36页。

② 陈梦家：《陈梦家学术论文集》，中华书局，2016年，第202—214页。

访钱、左二君，因识蔡君，观三家所藏器，此长沙访古之始也”[①]。

2月5日，文学院学生抵达长沙。2月10日，长沙临时大学公布“准予赴滇就学学生名单”，计821人。后又公布“补准赴滇就学学生名单”，计57人，总名单共878人。

2月中旬，陈梦家夫妇随临时大学第一批人员从长沙迁到昆明，经粤汉铁路先到广州，转香港，乘轮船到安南（越南）海防，再乘火车由滇越铁路进入昆明。

3月1日，陈梦家夫妇在香港上船，“下午4：00开船，出海较舒适。此时已晴。宓等所乘之三等舱在船头。宓居左舱室之上横床。梦家在宓下，而萝蕤则与梦家床成直角，景伦又在其上，均沿壁窗。三等舱外，人货堆满，厕所亦极不洁。且甲板上之左上方为羊栏，群羊居拥，污秽可想，想比津、沪间之轮船已远胜矣。每日三餐，即在舱内中室。宓如恒进食。至晚八九时，船颠簸甚，宓尚可安卧，而萝蕤等已病，且呕矣”[②]。

3月3日，船抵安南（越南）海口。

3月5日，7点陈梦家等乘滇越四等火车，晚上6点半到安南老街市。

3月6日，7点火车开车，在车上吴宓“与萝蕤谈英国文学及刘廷芳夫妇之行事”。[③]

3月7日晚上6点，陈梦家夫妇乘火车抵达昆明。“沿途风景之佳，绝无仅有，高山绿水，加以红树遍野，如入画境”[④]。西南联大校务委员会委员蒋梦麟、云南大学文法学院院长林同济夫妇等前来接站。

3月9日，赵萝蕤开始生病。“萝蕤到此即病。宓三月九日由云南大学归，即至登华街联大女职员、女学生宿舍报命，萝蕤隔帷而语。”[⑤]

赵萝蕤三弟赵景伦回忆：“初到昆明，住在圆通山，第一次自己管

① 陈梦家：《〈长沙古物闻见记〉序》，《图书季刊》1940年新2第3期，第347页。

② 吴宓：《吴宓日记》第6册，三联书店，1998年，第311、312页。

③ 同上，第314页。

④ 赵萝蕤：《一锅焦饭一锅焦肉》，载《众生》半月刊，1938年7月第5号，第164页。

⑤ 吴宓：《吴宓日记》第6册，三联书店，1998年，第320页。

家。姐弟二人用小火炉一边烧饭菜，一边读书。结果是一锅焦饭，一锅焦肉。姐姐还以此为题，写了一篇文章，发表在香港《大公报》上。”[①]赵萝蕤在《一锅焦饭一锅焦肉》一文中，描述了初到昆明的狼狈生活，不会煮饭：先是煮出焦饭，继而又煮出烂饭。流亡的此时，充满了诗人气质的赵萝蕤，自称把灵魂交了出去，每日里不过是烧水洗衣，淘米做饭。在《一个忙人》和《厨房怨》中，她把“灵魂交了出去”的日子写得煞是好看，诗一般的行文只见幽默不见悲伤：“一早起来蓬头散发就得上厨房”，“没有一本书不在最要紧处被打断，没有一段话不在半中腰就告辞。偶有所思则头无暇及绪，有所感须顿时移向锅火。写信时每一句话都为沸水的支察所惊破，缝补时每一针裁都要留下重拾的记认”。“终究是个读书人。我在烧柴锅时，腿上放着一本狄更斯。”[②]

3月底，因为昆明房子不够，西南联大决定将文学院、法商学院安排在蒙自县城旧的法国领事馆、海关、银行等地。4月初，文学院师生开始撤往蒙自县城。当时，云南省的治安不大好，有女同学曾于晚间在小巷遇土匪，因而晚间下课，女同学均有人持红缨枪护送。

陈梦家夫妇随文法学院暂住云南蒙自，租住桂林街十四号王维玉家。宗璞回忆，“1938年春，北大、清华、南开三校从暂驻足的衡山湘水，迁到昆明。4月2日，奉教育部电令，国立长沙临时大学改称国立西南联合大学。因为昆明没有足够的校舍，文、法学院移到蒙自，停留自四至八月。我们住在桂林街王维玉宅。那是一个有内外天井、楼上楼下的云南民宅。一对年轻夫妇住楼上，他们是陈梦家和赵萝蕤。我们住楼下。”[③]

赵瑞蕻留下陈梦家夫妇在蒙自时的生活情形，“我常看见陈、赵两位在南湖边散步。陈梦家先生教文字学课，穿着蓝布大褂，布鞋，手里老拿着一个灰布包，里头装着书和讲义走进海关大院去上课。他那时对上古先秦史、甲骨文已很有研究了。赵萝蕤学长一九三六年已译了T. S. 艾略特的

---

① 赵景伦：《我的姐姐赵萝蕤》，《湖州师范学院校报》，2013年7月。

② 《萋萋葳蕤明明月——赵萝蕤》，载《水滴》2003年9月7日。

③ 宗璞：《旧事与新说——我的父亲冯友兰》，新星出版社，2010年版。

《荒原》出版，叶公超先生写了一篇极好的序。我那时看见她比较瘦，修长的体态，很潇洒”[①]。

后来同在联大文学院任教的钱穆先生回忆：“及是夫妇同来联大，其夫人长英国文学，勤读而多病。联大图书馆所藏英文文学各书，几乎无不披览。师生群推之。梦家在流亡中第一任务，所至必先觅屋安家。诸教授群慕与其夫妇游，而彼夫妇亦特喜与余游。”钱穆这段回忆，接下来主要叙述陈梦家在蒙自热情促成其撰写后来影响巨大的《国史大纲》一事，并对书成后没有提及陈梦家之贡献表示歉意。“余之意撰写《国史大纲》一书，实自梦家此两夕话促成之。而在余之《国史大纲》引论中，乃竟未提及。及今闻梦家已作古人，握笔追思，岂胜怅惘。”[②]

4月，在蒙自城中，重录《五行之起源》。

5月1日，蒙自分校校务委员会成立。

4月至6月，陈梦家在蒙自“小城生活简易，南湖而外，无处可游，所以也能多多看书，把老子思想来源和《老子》一书其自身的思想系统，略为研究一下，成《老子分释》”[③]。陈梦家“因为学校书籍未到，试用文字学的方法分解老子”，本书选取“常”“玄”“玄牝”“玄同”“混”等二十多个对于理解老子思想至关重要的字词，分析同一字词在《老子》原文中使用的情况，并对比道家其他著作如《庄子》中的相关运用，从文字训诂的角度，对字词的内涵做出辨析。其中既结合了历代注家的说法，又运用了丰富的文字训诂材料，通过分释这些核心字词，从而对《老子》的思想有一个系统的把握。本书角度别出心裁，对前人的句读及解说皆有所取舍和辩证，可为《老子》研究提供一些新的启发。[④]此文得到冯友兰、金岳霖、钱穆、闻一多、沈有鼎、许维遹等教授的批评赐教。

6月下旬，陈梦家为帮助老师闻一多全家入住昆明，托时在云南大学任

① 赵瑞蕻：《离乱弦歌忆旧游——纪念西南联大60周年》，文汇出版社，2000年版，第18页。

② 钱穆：《八十忆双亲 师友杂忆》，北京：九州出版社，2012年，第193、194页。

③ 耿云志主编：《胡适遗稿及秘藏书信》第35卷，黄山书社，1994年，第515页。

④ 陈梦家：《老子分释·出版说明》，载《老子分释》，中华书局，2016年。

讲师的好友徐嘉瑞[①]找房，徐嘉瑞“与姚家[②]是亲戚，知道姚氏家大业大，便向其求援。国难当头，颇识大体的姚家主人便腾出这所上等的好房子待客”。“这座房子就是昆明著名的（武成路）福寿巷3号姚宅，……闻一多在信中还专门画了一幅平面示意图，为两层木构楼房，正房三间，东西厢房各二，皆宽敞豁亮。院内有一大天井，约30平方米，四季如春，花木葱茏，蝶飞虫鸣，令人神怡，这在昆明完全算得上是上等的好宅院了。”[③]

7月7日，陈梦家写信董作宾。

彦堂先生赐鉴：

日前下乡亲聆教益，至为快慰。又承尊夫人殷勤款待，尤为感谢。昨日守和[④]来谈，述及甲骨丛编之计划，彼甚热心赞成，并先由图书馆自印出版。关于报酬办法已由馆方草拟方案寄来，尔代寄奉于先生，尊意如何？并可提出修改。版税抽百分十五，并预支千元。至分期出版期限二月，似太短促，凡此皆可从长计议者也。殷墟文字外编成后，似可续编。此书将来□□□成实契学空前之大著也。昨途遇立庵先生[⑤]，因天雨并未去呈贡[⑥]。彼下季决开六国文字研究。云联大迁徙与否，尚在未定之中，何日入城，请候□详谈，并望下榻此间也。专此并请

撰安

梦家谨上，七月七日

承先赐书之件，亦盼早日书就带下。

---

① 徐嘉瑞（1895—1977），学者，号梦麟，大理邓川人。曾任云南大学教授、文史系主任。

② 姚芑堂。

③ 岳南：《血性男儿》，载《南渡北归》第二部《北归》第十一章，湖南文艺出版社，2011年，第303页。

④ 袁同礼（1895—1965），图书馆学家，目录学家。字守和，河北徐水人。曾任北平图书馆馆长。

⑤ 唐兰。

⑥ 民国时期呈贡县直隶云南省。

（二）1938年下：昆明登华街、平政街

1938年7月，学期结束后，由于敌机轰炸后方各大城市，昆明各中学疏散，西南联大商借各中学校舍，法商学院和理学院设在昆华农校和昆华师范，文学院自蒙自迁回昆明。半年内，在大西门外建筑了文、理和法商学院的简陋茅屋教室和学生寝室，这便是联大的“新校舍”。工学院设在昆明拓东路三会馆（全蜀会馆、迤西会馆和江四会馆），其后全蜀会馆重办小学，男生宿舍又迁到由盐仓改建的民房里。

8月23日，蒙自分校课程结束。月底，陈梦家夫妇随文学院迁回昆明，住登华街25号楼上。《冯友兰年谱》记载，“上、中旬联大文、法两院自蒙自迁昆明昆华工业学校校舍。先生一家住登华街，租用云南教育厅厅长龚自知房屋，仍与陈梦家、赵萝蕤夫妇为邻”①。

陈梦家“暑中读容希白改编的《金文编》的蓝本，把金文全部看了一遍，现在着手整理《甲骨文编》，重加考订，将甲金两编附以《说文》小篆，不按《说文》十四卷的分类，而以整体为主、分类为系的谱系，作成一表，可由古文字之形以定形声，因此对于上古音系也得一材料上的资源。”②

开学后，陈梦家在西南联大中文系任教员，主讲文字学和卜辞研究两班。授课之余，继续进行古文字学、年代学及古史研究。1938年清华大学中文系教师名录：教授朱自清（系主席）、罗常培、胡适、罗庸、魏建功、杨振声、陈寅恪、刘文典、闻一多、王力、浦江清，副教授唐兰，讲师（名誉）闻在宥、郑天挺，教员许维遹、余冠英、陈梦家。

9月13日，昆明第一次响起空袭警报。

9月20日，“敌机九架对准美丽的春城疯狂地投下了炸弹，学校租来作为教职员和学生宿舍的昆华师范学校挨炸了。我那时就住在那里一个住了四十多个同学的大教室里，幸亏我们一听到‘预先警报’就往外面田野里跑，躲避了。昆师后院边上有个破落的佛殿胜因寺，被炸了一半；平日中

---

① 蔡仲德：《冯友兰先生年谱初编》，河南人民出版社，1994年，第221页。

② 耿云志主编：《胡适遗稿及秘藏书信》第35卷，黄山书社，1994年，第516页。

晚两顿饭我们就在寺里围着一张破桌站着吃的。从此以后，敌机时常来骚扰投弹，也因此，‘跑警报’便成了我们生活中一个组成部分。汉语中第一次出现了‘跑警报’这个新名词了。关于‘跑警报’，我在作于一九四〇年的那首长诗《一九四〇春，昆明》（这首诗或许是我国新诗中采取现代派手法惟一集中描写日本鬼子轰炸的长诗）和作于一九九五年春《当敌机空袭的时候》一文中已有较详细的描述。”①

9月28日，西南联大租用的昆华师范遭到日机空袭，两位学生遇难。

10月30日，陈梦家写信胡适，述及抗战爆发后辗转浙江、长沙衡山、云南蒙自、昆明的情况，提到这五年里他主要从事宗教和历史制度研究，希望胡适对于他和妻子赵萝蕤去美国学习深造予以援助。

适之先生：

去年六月间在府上晤教之后，迄今已一年又半了，七七事变之后，我与内人离平南下，住在浙江德清县岳家，八九月间曾有一信寄教育部转先生，其后阅报，先生已渡洋赴美，那封信一定没有收到。长沙临时大学于去秋十一月开学，清华国文系教授到者尚少，即电召我去任教文字学一课，遂于十月去湘，文学院在衡山开课，又与内子同住衡山一茅庐，后有峭壁清泉，前有楮树成林，茅屋筑于一绝径的山冲上，风景甚佳，伏庐其中，温读从前所不能整读的书籍，除了写文字学讲义外，成《先秦的天道性命》一书，此书以商卜辞中所见的自然崇拜为始，追溯古代关于天道天命种种的来源和看法。南岳三月，又因为学校迁滇，从海道过安南而抵昆明，文法学院在蒙自，又达蒙自，小城生活简易，南湖而外，无处可游，所以也能多多看书，把老子思想来源和《老子》一书其自身的思想系统，略为考究一下，成《老子考释》。八月间又由蒙自撤回省城，暑中读容希白改编的《金

① 赵瑞蕻：《离乱弦歌忆旧游——纪念西南联大60周年》，湖北人民出版社，2008年，第19页。

文编》的蓝本，把金文全部看了一遍，现在着手整理《甲骨文编》，重加考订，将甲余两编附以《说文》小篆，不案[按]《说文》十四卷的分类，而以整体为主，分类为系的谱系，作成一表，可由古文字之形以定形声，因此对于上古音系也得一材料上的资源。本学期我还是教文字学和卜辞研究两班，课余或者可以把上述的计划逐渐作成，此是一年半以来东奔西走和读书研究的大概。

这五年以来，我埋首于甲骨辑录和古籍之中，知道了清代人的考据，和如何应用古文字以窥探古代的历史、社会、制度、宗教。我的兴趣在古代，而尤集中于宗教和历史制度，因古文字的研究，常常把经历中所埋沉的发掘出来。这五年的苦愤，救疗了我从前的空疏不学，我从研究古代文化，深深的树立了我长久从事于学术的决心和兴趣，亦因了解古代而了解我们的祖先，使我有信心在国家危急万状之时，不悲观不动摇，在别人叹气空愁之中，切切实实从事于学问。但是虽然从事国学，我自己往往感到许多缺欠，而尤其是国学，不但尽量整理旧典籍新材料，更重要的是新方法以及别国材料方法的借镜。最近看增订的《金文编》，材料加多了，编制考释一仍吴大澂之旧，而清代古文字学，自吴大澂、孙仲容、罗氏、王氏、容氏，或精于文字剖析，或博于典籍，然而由我们今日看，某一字可释而不释，某一字释而有误，其原因，（1）但释字，而不管某字在一句中之地位，即不管文修，（2）但释字，而不管此字所代表之制度，盖往往由研究一制度而发现某文字的新注释，（3）虽然注重历史，援用典籍，而不能由比较材料得征信。所以，我常时时警惕自己，我们生于吴、孙、罗、王之后，我们所从事者为古史学、古文字学、考古学、考据学的汇合，有前人为我们准备道路的（如清代的注疏，二王之学），但我们今日则不但是继承之，而是发展为新的。我们读先生的《胡适文存》，觉其最大的价值在承清俊之后而开新学之端，而我看近今的学者，承此制度而发扬的固多，仍然覆蹈清俊故辙而不改者还是不少，则是这类学问不是不增加价值，而是不变新不创造。我尝想及此，总想对于典籍材料稍以涉猎后，要注意训练自己的新方法新态度，而研究古代文化，西洋的考古学、人类学，尤为急需，因此老愿意有机会出国一次，而苦于经济，无力自费，一年半以来，消耗于行旅，而此想望更作泡影。我倘若甘心老死于中国式学者之事，倒也罢了，但我总觉得自己处此际会，也极难得，总可以尽其所能，略有贡于学术。

我今以诚恳急渴的希望，要求于先生，希望先生对于我之从事学业，有最大的援助。在过去，先生于我的爱护提携，使我铭刻不忘，而我今日想到出国深造，以为唯一可以求托者，只有先生一人而已。我想先生必能了解我的渴望，而予以同情援助。我的希望，最好能在哈佛读书，我今确受聘于清华，而燕京尚保留我的事，故若入哈佛，我可因哈佛燕京学社之同系而稍得便利，如哈佛不行，则Yale亦甚合宜。我希望能得一笔奖学金，以便专心读书，否则一半做事一半有奖学金也可以，所做之事最相宜者为博物院、图书馆（藏有中国器物书籍需人整理考证者）或汉文教员或其他。我的妻子亦同来，他可以做的事比我多。

他（名赵萝蕤Chao Lo Rui）从燕京西洋文学系毕业，即入清华研究院，凡四年所受的教育比我彻底得多，自幼即有系统的读书。在大学研究院时代，即深入英法文学，凡大家均统读其全集。所以他的文学造诣，不知比我高出多少，他对于中国文学，亦涉猎很深，也常写新诗，我不愿因他是我的妻故，而故意夸说，然他之西洋文学造诣，实在很高，可惜他以一女子的原因，虽有所作，不愿发表，除读书外，郁郁不能伸其素志，二三年前，他同时攻读英美语言学，现从罗莘田先生游，受其指导。果若我们能一同游美，则他甚愿于文学之外，兼习语言学。不然以他［她］的英语，或可得一点职业，以便同时入学读书。总之，我们并不想偷懒，能专心读书最好，否则我们得愿以工作来换到读书的权利。

希望能快得回音，而能将具体的办法告诉我，至于我的英语，看书可无问题，也可以普通会话。另邮寄上我的一些论文单行本及内子作品数种。专此敬请

秋安！

陈梦家　敬上

二十七年十月卅日　昆明

来示请寄“昆明西南联合大学　文学院”[①]

秋，陈梦家对旧文《射与郊》不满，“想要重写的心思，常不能去怀。二十七年秋，重读《史记封禅书》，《尔雅》释水、释丘、释山，并《山海经》，发愿重写，并附带写本文的上部”。[②]

10月31日，吴宓来访陈梦家住处，“偕水至登华街25号楼上，访赵紫宸君，及陈梦家赵萝蕤夫妇”[③]。

11月，陈梦家与毛子水、吴宓、顾颉刚交往频繁。11月1日，毛子水在光华街海棠春菜馆宴请赵紫宸、陈梦家夫妇、吴宓等。11月6日，吴宓在光华街海棠春菜馆宴请赵紫宸、陈梦家夫妇、陈慈、张婉英、毛子水等。11月9日，顾颉刚来访。11月10日，顾颉刚“与履安、自珍同到芝生处，又同到梦家处，看屋”[④]。

在昆明登华街一丘田，陈梦家写《五行之起源》一文《补遗三则》。

11月17日，陈梦家搬家至平政街12号。11月30日，吴宓来访陈梦家。12月21日，陈梦家去访顾颉刚。12月25日，朱自清来访陈梦家，商谈学生训练问题，认可陈梦家提出语文方面训练之必要意见十分正确。

---

① 耿云志：《胡适遗稿及秘藏书信》第35卷，黄山书社，1994年，第514—517页。

② 陈梦家：《陈梦家学术论文集》，中华书局，2016年，第280页。

③ 吴宓：《吴宓日记》第6册，三联书店，1998年，第369页。

④ 顾颉刚：《顾颉刚日记》第4卷，第160页。

12月18日，在昆明圆圆下舍写《商王名号考》。

12月，在《燕京学报》第24期发表《五行之起源》，第35—54页，并由燕京大学哈佛燕京学社出版单行本。

（三）1939年：昆明梦甲室

这年，陈梦家在西南联大中国文学系担任专任讲师（介于讲师与副教授之间），讲授文字学。1939年清华大学中文系教师名录：教授罗常培（主任）、杨振声、魏建功、罗庸、唐兰、闻一多、朱自清、陈寅恪、刘文典、王力、浦江清，专任讲师许维遹、陈梦家。

2月17日，西南联大颁布防空设备布告。

3月3日，陈梦家写《白话文与新文学》，发表在5月《今日评论》第1卷第20期。春季，陈梦家着手写《中国文字学讲义》《小盂鼎》讲稿。

4月8日，昆明发生空战，中国空军击落日机2架。

6月10日，陈梦家写唐兰新著书评《读〈天壤阁甲骨文存〉》。

夏季，陈梦家编订文字学讲义稿，初写成六章《文字学甲编》。六章内容：第一章古文字学的形成；第二章文字的开始及其基本类型；第三章汉字的结构；第四章传统的六书说；第五章字体变异的原因；第六章历史上的字体。

陈梦家在此书《历代文字学的简史》中，特别提到近代以来的文字学研究，“清末以来，孙诒让对古文字始作字形的有系统的分析，王国维则用古文字和古史互相印证；容庚继承吴氏作《金文编》，唐兰继承孙诒让对于古文字的认识更其超越前代，北大朱宗莱的《文字学》（民国十年以前，铅印）虽是一本简明扼要的讲义，但它只是传统的文字学，仍以《说文》为主。朱氏以后，开始引用新材料放到文字学内的，是容庚的《中国文字学》（民国廿一年，石印），他的叙述字体是将古器物铭文收容于内的，又于述《说文》五百四十部首时引证甲金文字。次之，是唐兰的《古文字学导论》（民国廿四年，石印），想要把文字的起源、结构，和研究古文字的方法条例完全阐发出来。这两本书，前者偏重于历史的叙述，所以是稳健的；后者志在条例的创立，所以是激进的”。

在《文字学的内容和分期》中，陈梦家依据时期和器物分古文字学为五系：“一殷商文系，纪元前十三世纪—前十一世纪（商甲骨文、商金器文）；二两周文系，纪元前十一世纪—前五世纪（西周金器文、东周金器文）；三六国文系，纪元前五世纪—前三世纪（即战国）（六国金文甲、六国金文乙、六国金币文、六国陶器文、六国印玺文、六国竹帛文）；四秦文系，纪元前三世纪（及未并六国以前）（秦金器文甲、秦金器文乙、秦玉石文、秦印玺文、秦竹帛文）；五汉文系，纪元前三世纪—纪元后二世纪（汉金器文、汉玉石文、汉印玺文、汉砖瓦文、汉竹帛文、汉漆器文）。”

陈梦家将古文字视为中国文字学的主要研究对象，把古文字的发展分为五期，系统考察文字的演变，推阐条例，富有创见地提出“新六书说”或“新三书说”；指出传统六书说只是某一时期文字结构的归纳，有许多不周密处；从时代、地域，书写的方法、材料、工具、手续及书写者身份等因素推寻字体演变之原因；并分论历史上的字体，对王静安先生籀文是秦时文字，即周秦间西土文字，壁中文字是周秦间东土六国文字之说，多有辩驳，从而构建了作者自己的文字学体系。[①]

5月至7月，陈梦家与常任侠有持续书信往来，陈梦家想要汉石棺画像拓片。

5月3日，常任侠复信陈梦家。

梦家兄如晤：

奉读手翰，不啻晤言。拙作颇有改订补充处，续稿刊出后所以未寄左右者以此。现弟处报纸已无。白华先生处容有一二份，当往索之。今正谋单印分赠友好指疵也。石棺画像全份八张，弟

① 陈梦家：《中国文字学·出版前言》，载《中国文字学》（修订本），中华书局，2013年，第8—10页。

处仅有一份，及镜片一张。昨往寻中央博物馆，李济云馆中拓片已尽，且石棺又复埋入石坎中封固存，即自拓印亦不可能。日昨商锡永兄来函，嘱弟为求一份，亦无以应也。当石棺放置中央图书馆前时，弟日过其侧，恨未拓之。拙稿引用苗瑶材料，半为自集，半为友人黄君芝冈所藏。黄君剪取广西及各地报纸杂志记述至夥，且自至苗瑶中，求其民俗材料，今俱携来重庆。弟亦尝自邀一苗人至家，学习语言，并述苗民神话，与黄君所记，无甚出入也。传说歌谣部分，多系原材料，相识中惟黄君有之。弟受英庚款协助，自拟研究大纲，为《汉唐间西域乐舞百戏东渐记》，旧向国外各博物馆所求实物照片，及弟历年所藏珍贵图片资料，存合肥二十余箱，今俱失去，重新缔构，每感困难，而重庆各大学图书馆又缺此项资料，故进度缓慢。今略写就者，惟百戏全部与舞蹈一部分耳。西域舞蹈由唐东渐日本之一节，曾发表于《学灯》，但只有文而无图。在日本所得古图数种，今亦失矣。兄如获此类材料（唐以前乐器照片或散乐石刻舞俑及乐谱等），窃愿惠助。

庚款协助研究考古艺术史同事中，有北平刘节、黄文弼、山东王献唐等。刘节今亦居重庆，想兄之所识也。昔年白华先生等组织中国艺术史学会，会员滕固、马衡、朱希祖等二十余人，在重庆者，不满十人。在此曾开年会，弟虽司会务，而无进行工作，豺虎遘患，国难方殷，学术失坠，不可胜言，何日与兄共论之乎。行李在贵阳，白华先生、九姑常见面，当为敬意，不尽一一，即颂

撰安

弟 常任侠 顿首

五.三[1]

① 常任侠：《常任侠书信集》，郑州：大象出版社，2008年，第60、61页。

7月初，陈梦家有信给常任侠。7月7日，常任侠日记“写覆函，计陈梦家、张元吉、孙望、刘碣叔（附《死城》一诗）、家信（附二十元）、张良谋、陈正平各一函”。

8月，昆明时遭日军飞机空袭，物价上涨，联大师生日常生活发生重大变化。授课时间进行改动，上午7时至10时，下午3时至6时，晚上7时至9时，每节课40分钟，一旦遇到空袭警报，一律停课疏散。[①]

8月13日，常任侠来信告知陈梦家所撰写《川中汉代崖墓与石阙》一稿情形。

梦家兄如晤：

来书及大作均收到，如续刊甚盼再寄来。川中古物诚多，汉代石刻建筑随处有之，弟曾撰《川中汉代崖墓与石阙》一稿，尚未刊出，印出后当奉教正。前论石棺画像已重加增补，所举实物传说证例多出一倍以上，仍谋再刊也。弟前曾请庚款协助旅费，拟赴全川各地调查，未获成功，今营造学社能来考察，实所深盼，主者何人，请一介绍，弟当以其所知未见著录者，贡其查考也。弟乐舞论文写成三卷三十二章，计音乐一卷，舞蹈一卷，百戏一卷，版图百余幅，大率唐以前图像及实物照片。弟重在纪元前二世纪至八世纪期间之研究。王静安氏著《宋元戏曲史》，重在唐以后；日友青木正儿著《中国戏曲史》，重在明清；弟思补写上代卷，故先撰《中国原始音乐与舞蹈》一稿，继成此编。惟力有未逮，且参考图籍亦缺耳。川中石刻画像，商锡永兄有志集印，彼正努力收访也。希常惠教，即颂

撰祺

弟　八、一三[②]

① 西南联合大学北京校友会编：《国立西南联合大学校史》（修订版），北京大学出版社，2006年，第51页。

② 常任侠：《常任侠书信集》，郑州：大象出版社，2008年，第61、62页。

9月21日，张子高致信陈梦家。

燕京大学燕东园陈梦家先生：

张具君德润趋谒。上次转存尊处之传梁私印，旧铜印一方，即温君之物，索价拾圆。留否可与温君□商。又温君云某处尚有六朝写经残本刻，拟出让。弟于此两道概为外行，公如有意亦可面议也。匆匆即颂

文祺

弟　张子高　顿首

廿八、九、廿一

10月8日，《商王名号考》在《读书周刊》新一号发表一节要。

10月13日，日机在西南联大一带投下百余枚炸弹，意欲根本毁灭学校。

10月23日，常任侠将《学灯》所刊墓阙论文赠送陈梦家。11月6日，常任侠复信陈梦家，将石棺汉画研究一稿增补后寄给陈梦家。

12月12日，陈梦家在昆明桃园写作《书语》，原载1941年2月《国文月刊》第1卷第6期。“在写白话时，最要避免的是欧语和译语的恶影响。书语在白话文中，只是一种特殊的字汇，它一点也不影响语法。我们应当以中国语的语序为白话文的文法，合乎语法便是合乎文法。”

年底，陈梦家在昆明梦甲室为金祖同编《殷契遗珠》写《评〈殷虚遗珠〉并论罗氏前编的来源》，评价罗振玉流传甲骨文的材料，便利学者研究，其功实不可没；认为“收集印行古器物的材料，罗氏乃近三十年中贡献最大的一人，我们实在不应该听信流言而抹杀他的功绩”。①

年暮，陈梦家在西南联大为商承祚《长沙古物闻见记》一书写序，忆及战前两人鉴定古物之情景恍如眼前，与此书之成不无因缘，“余受而读之。洋洋乎考释之精且详也！其间若考笵铺之制，考羽觞之原始于匴，

① 陈梦家：《陈梦家学术论文集》，中华书局，2016年，第233页。

考戈戟缚柲之制，考楚瑟之为二十五弦，考楚履之有荐与珠饰，考璩璲之制，考全剑之形制，或正旧说，或创新义，或因目验以定制度，或援经籍以名实物，其有功于考古论史，岂浅鲜哉？”陈梦家从墓制、器制、币制、地理、巫俗五方面，考证长沙楚墓古物为战国晚期之遗物，即楚怀王时代或其前后楚大夫墓中古物。[①]

这年，陈梦家作《虢仲盨盖》考释。

是年，父亲陈金镛去世，享年71岁。

（四）1940年：昆明桃园村

1940年，陈梦家续在西南联大中文系担任专任讲师，主要讲授文字学概要、铜器铭文研究、中国文学专书选读等课程。1940年西南联大中文系教师有：教授罗常培、杨振声、罗庸、唐兰、闻一多、朱自清、陈寅恪、刘文典、王力、浦江清，专任讲师许维遹、陈梦家。

2月，陈梦家在昆明平政街重录《商王名号考》。

3月6日，写《商王名号考》附记二则。

3月18日，陈梦家应宗白华之约，在《学灯》（渝版）第77期上发表《越王诸咎粤滑考》，宗白华作有编辑后语。

3月，陈梦家写的《评〈殷契遗珠〉并论罗氏前编的来源》《述方法敛所摹甲骨卜辞》发表《图书季刊》新第2卷第1期，陈梦家认为方氏的影印本优点：（1）摹下原物的整形，能注意到有关的各体部分，如骨臼、兆文、钻凿之迹、折处的裂文、龟甲上的纹路等等。（2）正反两面都摹。（3）分别甲与骨。甲的边缘皆有标明。（4）涂朱的皆有标明。（5）一片分折数段，亦有缀合（如库1065，金538、539）。（6）残折之文，亦有补足。方氏摹本的缺点，第一是真伪杂陈，第二是墨本对于文字究不如拓本复印件的存真。[②]

3月至4月，陈梦家“受北平图书馆的嘱托，编辑考古学丛书，由图书

① 陈梦家：《陈梦家学术论文集》，中华书局，2016年，第215—219页。

② 同上，第237、238页。

馆致函欧美博物馆，收集关于中国铜器的照片，我据此材料编成二集附有考释，都已交商务影印，因面临战事不能出版”[①]。

4月，写成《中国铜器概述》。分述时期、地域、国族、分类、形制、文饰、铭辞、文字、铸造、鉴定十部分。从其参考用书可知，陈梦家还著有《铜器铭文研究》（稿本）、《文字学甲编》（稿本）、《金文编校记》（稿本）。

5月28日，陈梦家在父亲忌日写《周公旦父子考》，后在《金陵学报》第10卷第1—2期合刊发表。

6月，在《燕京学报》第27期发表《商王名号考》。

6月，在平政街梦甲室写《述方法敛所摹甲骨卜辞补》，对《库方二氏藏甲骨卜辞》一书伪刻部分进行识别，发表于《图书季刊》1940年9月新第2卷第3期。

9月21日，陈梦家致信金陵大学中国文化研究所李小缘教授。

小缘先生赐鉴：

前倩商[②]先生为拙稿书端，承先至感，惟因少写一字，故特将商先生原书寄还，此间正议迁川，人心殊多不安，现闻已定一年级在川上课，其他院系亦拟逐步入川，大约仪器书籍先行，而本学期仍旧在此上课也，将来校址大约在叙永一带，近日越南之事甚紧，战事难免，则入川拜晤之期当不甚遥。北平图书馆随联大入川后，此工作又多阻难，为之奈何？知后特问，并请教安。

陈梦家谨上。

九月二十一日。昆明平政街88[③]

9月29日，陈梦家写信董作宾。

① 耿云志：《胡适遗稿及秘藏书信》第35卷，黄山书社，1994年，第520页。

② 商承祚。

③ 姜庆刚：《陈梦家先生的两封信》，《温故》第十一期，广西师范大学出版社，2008年。

（ ）（ ）先生赐鉴：

日前下乡，承殷勤款待至为感激，两日之间得聆大教，获益匪浅，甲骨书契（ ）法已从尊说，修改讲义之一部分矣。所谈写通俗书一事，梦亦有意于此。近者此间适欲出一种小丛书篇，嘱梦先写一本关于古代书契之书，凡此内容，先生久已发明于前，梦不过重作申述耳。将来写编成一小册，约一二万字，最好要有插图，不知先生可予帮助，或合作否？他日有暇再当下乡详议也。《书的故事》生活买不到，可否见假一用。大作因公，测量台报，告已经（ ）（ ）至乡下。祭祀研究不知何日告成，亟思一知其概略。梦近根据算法，自上甲至文丁之祭，约十四旬而毕事，不知尊意以为三百六十日一祀之说如何，如也闻四郊有小。近购自行车，盼来可常乞领请益也。专此并颂

撰安

陈梦家　谨启

九月廿九日[①]

9月，陈梦家在《国文月刊》第1卷第2期发表《梦甲室字话》。“象形字，声假字，形声字，是中国文字的三种主要的形式，也是中国文字演进的三个阶段。”

本月，陈梦家在昆明平政街对刚出版的《商王名号考》作批改。

9月底，敌机轰炸昆明城区。10月1日，敌机轰炸开远。10月3日，写《孟子养气章的几点解释》。10月7日，昆明再次受到敌机轰炸。为躲避空炸，10月9日至10日，陈梦家到昆明郊外龙泉镇桃园村选房。10月15日，陈梦家夫妇搬家至龙泉镇北二里的桃园村。

入住桃园村后，陈梦家与中央博物院筹备处曾昭燏来往较多。10月10日，陈梦家与袁守和共访曾昭燏，谈编《考古丛刊》事。10月12日，陈梦

① 引自上海鸿盛2016年6月29日春拍第8260号作品之陈梦家致董作宾信，一通二页。

家访曾昭燏，再谈《考古丛刊》事。10月14日，曾昭燏、胡小石来访。10月17日、19日，曾昭燏再次来访。10月22日，曾昭燏来借书。“往陈梦家处午餐，借得《北京大学国学季刊》四本。”[①]10月25日，曾昭燏来访。

由于日军敌机轰炸昆明，联大师生正常生活、工作和学习受到严重干扰。11月13日，西南联大常委会决议，成立叙永分校，杨振声任分校主任。

11月（？），陈梦家写信董作宾。

彦堂先生赐鉴：

外编及其他两书于上星期日送蓝靛巷转上，想已收到。外编已着手写概说及考释否？至以为念。贵院迁川虽急如星火，但诸公成行，当尚有待也，盼能于行前告我，因将来邮寄亦至不便也。今日邮局暂不收航寄香港之邮包，将来困难当更多。

梦[②]

□□明义士《甲骨研究》讲义，尊处倘有，可否见假数日，以便抄录数事。

约11月下旬，中央研究院史语所、中央博物院筹备处、中国营造学会等机构搬迁四川李庄。

12月23日，陈梦家致信时在四川川康古迹调查团的曾昭燏。

昭燏学兄：

途中想极劳苦，前闻卡车眷车已先客车到泸，欣慰之至。不知近日生活已就绪否，念念。卡车同行之日，梦等即由楼下搬上（大忙了半天）。是日晚间车子俟至，黄昏始开，悔不曾到镇相送也。丁大妈仍为厨师，彼此略觉清闲。屡次入城均拜小石先

① 曾昭燏：《曾昭燏文集·日记书信卷》，文物出版社，2013年，第105页。

② 引自上海鸿盛2016年6月29日春拍第8260号作品陈梦家致董作宾信，一通二页。

生，惟每次均有人在左右，未尝独谈，其左右仍怂恿其回渝。或寒假中离此亦未可知。守和先生日内赴港转美。《考古丛刊》仍照常刊行。

大著大约何日可以完稿？胡先生《书法史》引用材料最好用《书道全集》，只需注明卷页，可令人在沪制板[版]也。禹铭先生《陶器》亦盼早日寄下，便中请代致意。梦近日考貉子卣及洹子孟姜壶略有新获，前都读"王各于吕畋，王牢于陆"，后者则阮元所藏，一器多出二十余字，实为伪作也（此从缀遗斋）。另一器一百四十二器不伪。小石先生近读方浚益《缀遗斋彝器考释》甚得意，以为先获我心，盖其卷前《彝器说》中论文字派别与小石先生说不谋而合。便中请参阅之，方氏考释颇多精审，郭沫若所发明诸条，方氏亦有同说，惜其书晚出（貉子卣述王馈貉子以鹿三，而卣上绘鹿形，此花纹与铭辞相应之例，郭沫若已言之）。

此间一切就绪。梦等住楼上，楼下储书，大殿分作两间，一间范红南，一间万赵，南厢住胡氏夫妇。楼上与人隔离，有地板，此其好处与惟少阳光，暗而冷，此其弊也。现仍于每周星期二入城，星期四回乡。一切渐渐有序。近日桃园萝卜出土，果甚可口。到川后生活如何，便请示一二，匆此即请

撰安

陈梦家　谨启

十二月二十三日

萝蕤附笔问好[①]

在此期间，陈梦家仍不忘学术研究。10月3日，陈梦家在昆明平政街写

① 张蔚星：《南京博物院藏曾昭燏师友书札考略（上）》，《收藏家》2010年第1期，第21—22页。

《孟子养气章的几点解释》。10月10日，写《认字的方法》，原载1941年1月《国文月刊》第1卷第5期。陈梦家认为克服认字的困难，大约有三种方法。第一是查字典，第二是留心文字的组织，第三是文字学的方法。

是年，二姐陈调盐在上海因患肺病去世。

（五）1941年：昆明龙泉镇

1941年，陈梦家在西南联大担任中文系副教授，主要讲授文字学概要、铜器铭文研究、中国文学专书选读（《说文古籀补》）等课程。1941年西南联大中文系教师有：教授罗常培（主任）、朱自清、罗庸、闻一多、王力、杨振声、浦江清、唐兰、游国恩、刘文典、魏建功（名誉）、陈寅恪（合聘），副教授许维遹、陈梦家。

1月，陈梦家在龙泉镇写《介绍王了一先生的汉字改革》，“我们看完了这本书，不免在心中下了这样一个判断：改革汉字的困难太多，不如不改革的好。所谓改是改良，革是革新。从简体字到复音字无非要改现行的汉字使它好些，而实际上并不好些，至少有了这种好处，又生出别种缺点。从注音字母至类符新字无非要革除汉字而以拼音文字替代之，这个替代品的本身不能圆满的制成，即便制作得很圆满，而其施行上又很有毛病，此与汉字的难写难认是一样的。况且由拼音文字而引起的问题，是方言和声调的难以抉择，是辞汇和语法的不一致，改良汉字先要促进辞汇和语法的合理性，困难也是重重。我们中国先哲，何以明知道汉字的不便于用而从没有改革者，这自然有其理存在。拼音文字的国家之所以用拼音，也不是靠一些人提倡出来的，它们大都是自然而然生出来的。一种语言的范畴再加上地域和文化的累积，早已命定了中国文字的范畴，我们不必去矫枉过正”。此文原载1942年2月《国文月刊》第19期。

年初，陈梦家写《海外中国铜器图录第二集编后附言》，提到1940年春受袁守和先生委托，整理海外所藏中国铜器照片，成《海外中国铜器图录第一集》，共计铜器150件。后美国华盛顿弗雷亚美术陈列馆、波士顿美术博物馆、纽约美术博物馆、芝加哥自然历史田野博物馆、费城本雪文尼大学博物馆等，纷纷寄送所藏中国铜器照片，陈梦家对此进行续编，又得德国欧德博士夫人及柏林国立博物馆藏器照片，共计铜器260件，作为图录第二集。[①]

2月，陈梦家在龙泉镇起凤庵写《射与郊》，“今年适逢国立清华大学三十周年纪念，因述古代学校的起源并附郊祀典礼，谨以为谢”[②]。此文分上、下篇，上篇分述研究古学制的困难，载籍上的学制，序的起源——陆射、庠、学、校、米廪、塾、堂。下篇分述研究古礼俗的要点、畤的起源、释丘与五藏山经、所谓灵台、所谓明堂、所谓圜丘方丘、社与四方的分合、社制分论、高禖的起源、高禖与社、述祷儿门制、高禖散布地域、高禖与巫风淫俗、商卜辞中的三户、南单与兆于南郊、明堂与昆仑、帝、结论，附录一、二、三。[③]

陈梦家在3月初写的附记中提到，“这一篇的下部可以说是该文的重写”，该文指的是1937年5月写的《高禖郊社祖庙通考》。1938年秋，陈梦家重写，并附带作了此文的上编。1939年，他又重写一遍。1940年秋，他又重写两遍，前后更稿凡五次，可谓为之消得人憔悴。[④]

3月，方令孺女儿陈庆纹转学来西南联大，3月25日晚，吴宓在状元楼宴请陈庆纹等。

3月31日，在昆明桃园写《中国铜器概述》校后附记。

4月2日，陈梦家在校内遇见吴宓，托其转信给陈庆纹。4月9日，陈梦家请吴宓、陈庆纹至凤翥街京沪面馆午餐。4月15日，吴宓“遇梦家，偕至云大邀萝蕤，同至家庭食社晚饭”[⑤]。4月30日，吴宓到云南大学将陈庆纹信送陈梦家夫妇。

4月，在昆明桃园村，陈梦家接获乍册大方鼎拓本，作《乍册大方鼎》

---

① 陈梦家：《陈梦家学术论文集》，中华书局，2016年，第632页。

② 同上，第243页。

③ 同上，第243—280页。

④ 同上，第280页。

⑤ 吴宓：《吴宓日记》第8册，三联书店，1998年，第71页。

考释："（乍册大方鼎）铭8行41字。此鼎与令器同出。""善彝第二器。铭文笔划与其他三器有所不同，若非伪作，则系剔误，但器是真的。"①

5月28日，闻一多为许维遹、陈梦家两人申请晋升副教授，致函清华大学聘任委员会。"本系讲师陈梦家先生，研究甲骨、铜器文字及相关问题，成绩卓著，历年所撰论文十余篇，释疑、解惑，发明甚多，拟请升任为副教授，以示尊异，而符校章。"②

5月29日，清华大学聘任委员会第十二次会议议决，续聘许维遹、陈梦家为副教授。

7月，清华大学文科研究所成立，所长冯友兰，中国文学部主任闻一多。

8月，陈梦家潜心研究甲骨文。当时来访的老舍在《滇行短记》里这样描述："查阜西先生精于古乐。虽然他与我是新识，却一见如故，他的音乐好，为人也好。他有时候也作点诗——即使不作诗，我也要称他为诗人呵！与他同院住的是陈梦家先生夫妇，梦家现在正研究甲骨文。他的夫人，会几种外国语言，也长于音乐，正和查先生学习古琴。"③8月26日起，老舍来昆明待了两个月，与罗常培住青云街靛花巷。罗常培的《老舍在云南》说"住在乡下的几家朋友轮流'布施'他，像芝生、阜西、了一、膺中、萝蕤、梦家，都曾经给这位'油脚僧'设过斋。"

9月，闻一多与助教何善周一起到昆明北郊选择清华大学文科研究所的所址，陈梦家为他们选定龙泉镇司家营17号一幢两层土木结构的小楼。

10月7日，吴宓在学校遇陈梦家夫妇，请昆华午饭。10月28日，吴宓"请陈梦家文林午饭。遇沈有鼎。梦家述谢扶雅④事"⑤。晚，在毛子水家吴宓陪陈梦家晚饭。

11月，陈梦家夫妇搬家至龙头街棕皮营村。11月12日，查阜西迁居龙

---

① 陈梦家：《西周铜器断代》上册，中华书局，2004年，第93页。

② 闻黎明、侯菊坤编：《闻一多年谱长编》，湖北人民出版社，1994年，第611页。

③ 老舍：《滇行短记》，北岳文艺出版社，2008年，第134页。

④ 谢扶雅（1892—1991），浙江绍兴人，哲学家、文学家、基督教思想家。

⑤ 吴宓：《吴宓日记》第8册，三联书店，1998年，第194页。

头村，赵萝蕤向他学琴。11月20日，朱自清邀请陈梦家午餐。11月27日，朱自清“在梦家处用餐，读其所写关于书写形式的散文出现在诗以前的文言文文章，文章虽有趣，却并未解决在我们历史上，诗是否首先出现这个基本问题”[①]。11月28日，陈梦家与朱自清谈及“卡尔格林谓《尚书》之《无逸》《多方》《康诰》中皆为韵文”[②]。11月30日，陈梦家夫妇参加郭太太邀请的午餐，话题为谈清华大学女生。

12月8日，赵紫宸因怀疑具有抗日倾向被日寇被捕。燕京大学被迫关闭。12月13日，陈梦家访朱自清。

12月16日，陈梦家在《国文月刊》第11期发表《释“国”“文”》，“‘国’最初只是疆域之义，后来才变为‘邦国’之义。……‘文’的原义，可有三种推测：一、古代有断发文身的习俗，文即文身。二、古金文‘文’字常于胸中画一‘心’字形，疑象佩饰形，文即文饰。三、‘文’字象人温雅而立的姿态，文即文雅”。

12月29日，毛子水请吴宓同陈梦家适园晚饭。

月底，陈梦家在龙泉镇写《评张荫麟先生〈中国史纲〉第一册》，原载1943年1月《思想与时代》第18期。陈梦家认为“这是我最近所看到历史教科书中最好的一本‘创作’……这本书的作者既详细利用所有的材料，并且遵守若干预立的原则，有条不紊的把融化了的史实用清楚明白而动人的文字写出来，使读者在优美的行文中浏览古代社会的大略。”陈梦家还推荐了同时期新出版的另两本通史著作，“一是钱穆先生的《国史大纲》（商务印书馆出版，上下两册），一是顾颉刚先生的《上古史》（云南大学讲义，分章载《文史杂志》），这两本书都是值得读者们再去参考的”。[③]

12月，陈梦家在昆明写《关于上古音系的讨论》，在《清华学报》第13卷第2期发表。

---

① 朱自清：《朱自清全集》第十卷，江苏教育出版社，1998年，第134页。

② 同上，第134、135页。

③ 陈梦家：《评张荫麟先生〈中国史纲〉第一册》，载《梦甲室存文》，中华书局，2006年，第252页。

这年年终，陈梦家在昆明东郊棕皮营作《毛公鼎》考释："此鼎于道光末年（1850年）出土陕西岐山县。通耳高53.8，腹深27.8，口径47.9厘米，重34705克。初为陈介祺所藏，后归端方、叶恭绰，南京解放前夕被国民党政府中央博物院运往台湾。陈氏咸丰二年（1852年）所作释文后题记云：'右周父厝鼎铭两段，三十二行，四百八十五字，重文十一字，共四百九十六字。每字界以阳文方格，中空二格，近出关中岐山县。'（《文物》1964：4：58）据此，则此鼎铭文分为两个十六行，如近出禹鼎；既分两段，又有阳文方格则同于大克鼎。所谓'中空二格'者指第八行第五格和第十九行第十三格原本无字。此鼎字数凡486字，加重文11，共497字，其中合文7。此铭所记王命甚长，共分五段，第一段称'王若曰'，以下四段则作'王曰'，最后为毛公的答辞。康王时大盂鼎王命四段，亦同此例。此二铭为西周命书的最长者，和《尚书》诸诰相若，详'王若曰考'，见本书下编《西周铜器总论》中《周礼部分》的《册命篇》及《尚书通论》。"[①]

本年，陈梦家开始写作关于西周年代的考证文章。

本年，陈梦家写有《甲骨摄影考释》。[②]

（六）1942年：昆明龙头村棕皮营

1942年，陈梦家继续在西南联大教授文字学概要、铜器铭文研究和中国文学专书通论。1942年清华大学中文系教师名录：教授罗常培（主任）、罗庸、唐兰、杨振声、游国恩、朱自清、闻一多、刘文典、王力、浦江清，副教授许维遹、陈梦家。据1942年1月14日第204次常委会议通过的《西南联大教师薪俸等级》，"副教授薪俸由240元起至400元止"，"教授薪俸由300元起至600元止"。

① 陈梦家：《西周铜器断代》上册，中华书局，2004年，第292—302页，图录见下册，第841—843页。

② 陈梦家：《殷虚卜辞综述》，中华书局，2004年，第663页。

1月1日，陈梦家夫妇访毛子水。9日、16日、17日，朱自清三次来访陈梦家。

2月4日，朱自清读陈梦家的《高本汉中国文法之批判》，认为陈梦家“对古音的意见颇可贵”[①]。2月12日，陈梦家访朱自清，“其夫人因胃病不得不休养，此在意料之中，……将《中国文法绪论》[②]的翻译稿归还陈”。[③]2月15日（大年初一），陈梦家邀朱自清午餐。

3月5日，朱自清“访陈梦家。其夫妇二人对我不如过去友善。我理解这是他们好客的多面性，但我可能未猜中。今天陈太太不在家，陈君暗示我向大学推荐他，我表示注意到这一暗示，但未作任何承诺。我要考虑一下是否插手此事”[④]。3月10日，吴宓“荐萝蕤于F.T.[⑤]，即聘任。正午访水，托函梦家”[⑥]。3月11日，赵萝蕤经吴宓推荐获准在西南联大教授一年级英语。

3月中旬，陈梦家在昆明棕皮营作《不嬰𣪘盖》考释，“铭文13行152字（内合文1，重文3）。吴廷康、陆心源、罗振玉旧藏。后归上海博物馆，现陈列于北京中国历史博物馆。此器是西周晚期秦人所作”[⑦]。

4月3日，朱自清“参加陈（陈梦家）君夫妇餐会。烫面饺很好吃，菜肴亦好，我很满意”[⑧]。4月6日，毛子水“请梦家、铮、宓、文林晚饭”[⑨]。4月7日，陈梦家请吴宓新新午饭。4月14日，陈梦家请吴宓午饭。4月20日，“3：00萝蕤来，水斋中茗坐。4—5导萝蕤英领事馆见Reicher。荐

---

① 朱自清：《朱自清全集》第十卷，江苏教育出版社，1998年，第148页。

② 赵萝蕤翻译的高本汉著作。

③ 同上，第151页。

④ 同上，第156页。

⑤ 即时任西南联大外文系主任陈福田。

⑥ 吴宓：《吴宓日记》第8册，三联书店，1998年，第262页。

⑦ 陈梦家：《西周铜器断代》上册，中华书局，2004年，第318—323页，图录见下册，第861页。

⑧ 朱自清：《朱自清全集》第十卷，江苏教育出版社，1998年，第162页。

⑨ 吴宓：《吴宓日记》第8册，三联书店，1998年，第276页。

职，考译事。”[①]

4月（？），陈梦家写信穆济波，托其求购《图书集刊》。

济波吾师：

金陵一别，忽已十载，前年小缘先生来滇，曾过余下，得悉吾师近况，至为欣慰。其后同事罗先生[②]、卞先生[③]来此，亦皆道及一二。生自七七战后，由平南归，继受清华之聘，入湘授课，自湘而滇，至今已五年，在此任文字学诸课，钟点不多，乡居尚多暇日。日前偶阅四川省《图书集刊》，有廖平先生著作表，内有《高唐赋新释》《楚辞新释》《楚辞讲义》《文字源流考》及《六书新义》等，尚祈师便中代为购致邮下，不胜感激之至矣。专此，并请教安。

生　梦家　敬上

昆明西南联合大学文学院[④]

4月下旬，陈梦家续作《文字学甲编》第七章《古文字材料》，至第一节“甲骨文”即未完而辍。5月22日，朱自清来访陈梦家。

春，陈梦家作《同卣》考释。“将‘矢王’连读，而徘徊于矢国之王或周某王的对比，十余年中屡思不得其解。《王制》曰‘诸侯赐弓矢然后征’，《觐礼》曰‘天子赐侯氏以车服’，此器王所赐正是车服弓矢。”（陈梦家1966年在此手稿上眉批：“应据《零篇》（二）补矢王诸器，仍是矢王之器。参《不嬰毁》。”）《金文考释零篇》是作者1942年手稿，后未能补作。[⑤]

---

① 吴宓：《吴宓日记》第8册，三联书店，1998年，第283页。

② 罗常培。

③ 卞之琳。

④ 姜庆刚：《陈梦家先生书信考释》，《中国社会科学报》2017年1月19日，第7版。

⑤ 陈梦家：《西周铜器断代》上册，中华书局，2004年，第140页。

6月1日，赵紫宸出狱。6月9日，“梦家请水、文林午饭。……饭时，梦家述宸在平被捕后，受日人严刑（陆志韦牙齿尽落）拷问。下陆军监狱，今已分别判刑云云”[①]。6月30日，“宸六月三十日有亲笔函萝蕤。谓在寓休养，并可著作。惟经济甚窘，当俭省过日”[②]。

6月，陈梦熊西南联大毕业，考入地质研究所。

7月9日，朱自清来访陈梦家。7月18日，陈梦家邀朱自清晚饭，听查阜西弹琴。7月31日，陈梦家与毛子水同访吴宓，劝吴宓留任西南联大。

8月29日，朱自清访陈梦家，“陈太太始终在厨房里。吃面包、黄油”。[③]

8月，陈梦家在昆明龙泉镇写作《尚书通论》。他在《重版自叙》中说：“在经典中号称难读，而以《尚书》尤甚。一则《尚书》本身的文字艰涩难以通读；二则关于《尚书》在经学史上的纠纷及其书篇的流传、结集的许多问题，历来论述之书为数浩繁，而又琐碎。为了便于初学入门，我曾于一九四二年秋在昆明乡下开始写此书的第一、三两部分，数次试教于西南联合大学。这两部分，“通论”是企图从明、清以来学者对于《尚书》一书诸多问题中，清理出来若干比较简明的答案，使后来者不必再从古籍中多费力气。”[④]

夏，陈梦家在昆明龙泉镇写作《六国纪年表》。此文发表在1948年《燕京学报》第34期，陈梦家为此写的“叙文”：“九年前在昆明国立西南联合大学，曾设立东周铜器铭文一课。于战国时期铜器，常感《史记·六国年表》的不能适用，遂有意据金文和《竹书纪年》重作一种年表。当时参考书籍甚不完备，即清人所考校的《竹书纪年》各书，也不容易读到。不得已从宋代及其前诸书所引古本《竹书纪年》，重为一一辑录出来，据此试为谱成《六国纪年表》。此是民国卅一年间夏日所作。”[⑤]

---

① 吴宓：《吴宓日记》第8册，三联书店，1998年，第311页。

② 同上，第369页。

③ 朱自清：《朱自清全集》第十卷，江苏教育出版社，1998年，第194页。

④ 陈梦家：《尚书通论·重版自叙》，载《尚书通论》，中华书局，2005年，第1页。

⑤ 陈梦家：《六国纪年表》，《燕京学报》1948年6月第34期。

8月，陈梦家在昆明写成《尚书》研究文章五篇，即《先秦引书篇》《汉世传本篇》《篇目篇》《书序篇》《考实篇》，作为联大讲课书稿，后作为《尚书通论》第一部分《尚书通论》。《先秦引书篇》分述《论语》《孟子》《左传》《国语》《墨子》《礼记》《荀子》《韩非子》《吕氏春秋》“九种书中，共引书168条。此九种书，《论语》与《韩非子》只引了一二条；其他七书引《书》较多。在169条中，有少数重复的，也有少数泛论《书》而未引《书》中的字句的；其不见于今文《尚书》者共111条。这些佚文，大都可以看作与《尚书》有同等价值的史料。”①《汉世传本篇》分述伏生本、壁中本、孔氏本、献王本、中秘本、杜林本、孔传本，陈梦家认为，伏生本属西汉今文本，壁中本、孔氏本、献王本、中秘本属西汉古文本，杜林本属东汉古文本，孔传本属东晋古文本。后六者统称古文本。《篇目篇》分述伏生篇目复元、《大誓》后得、《舜典》及其他的分合、三家今文、东汉古文、东晋古文、所谓百篇、百篇书序的编次、篇名。《书序篇》分述熹平石经书序残石，今文、古文和孔传本书序，书序的年代。《考实篇》分述宋、元、明、清诸家疑古文、西汉古文十六篇。

9月16日，陈梦家在龙泉镇写《古文尚书作者考》，分上篇皇甫谧、梅颐、王肃不是古文尚书作者，下篇东晋的孔安国可能是古文尚书作者，后收入《尚书通论》第二部分的第一考。

9月21日，吴宓请陈梦家午饭。9月27日，朱自清来访陈梦家。

10月12日，陈梦家夫妇访吴宓。

秋，陈梦家在龙泉镇据罗振玉《三代吉金文存》拓本，将小盂鼎铭文复写一遍。②

11月24日，刚到昆明的清华大学中文系教授浦江清来陈梦家住处探望。浦江清11月24日日记载：留研究所中看书。又至梦家处、游国恩处。③

---

① 陈梦家：《尚书通论》，中华书局，2005年，第29页。

② 陈梦家：《西周铜器断代》上册，中华书局，2004年，第105、113页。

③ 浦江清：《清华园日记 西行日记》，三联书店，1987年，第200页。

12月7日，朱自清"访陈太太，取一本《汉书》归"。12月12日，朱自清来访陈梦家。12月14日，陈梦家夫妇约请浦江清。12月26日，朱自清来访陈梦家。

12月，在《责善》第2卷第23期发表《陈骍壶考释》。

（七）1943年：昆明龙泉镇棕皮营

1943年，陈梦家在西南联大中文系继续任副教授，主要讲授文字学概要、铜器铭文研究、文字学史。1943年西南联大中文系教师有，教授罗常培（主任）、罗庸、唐兰、杨振声、朱自清、闻一多、浦江清、王力、游国恩，副教授许维遹、陈梦家。

1月17日，陈梦家、赵萝蕤参加闻一多、朱自清等五人组织的为冯友兰夫妇饯行的宴请。浦江清1月17日日记载："是日，余等宴请冯芝生夫妇、陈梦家夫妇、余冠英夫妇、郭先生。主人为闻一多、朱佩弦、许骏斋、何善周及余五人。借郭家厨子，骏斋为提调。……是晚宾主甚欢。冯先生夫妇将有重庆之行，为设饯也。一席费约千元。"①

1月，陈梦家在龙泉镇棕皮营写《上古天文材料》。分述夏历、三正、祭祀年、四时、生霸死霸、昧爽、纪时法、岁星纪年、六历、星象、日食与日变。原文发表在1947年《学原》第1卷第6期。

2月6日（新年初二），浦江清、朱自清来访陈梦家。浦江清2月6日日记载："饭后，至棕皮营陈梦家、游泽承②及钱端升、金岳霖家，均有茶点。"③2月15日，朱自清来访陈梦家。

2月，《孟子养气章的几点辨释》在《理想与文化》月刊第5期发表。

3月6日，朱自清来访陈梦家。3月16日，陈梦家"邀一多与余午餐，毓棠系主宾。访陈之房东并赏花"④。3月30日，陈梦家与朱自清"谈及古代

---

① 浦江清：《清华园日记 西行日记》，三联书店，1987年，第208、209页。

② 游国恩。

③ 浦江清：《清华园日记 西行日记》，三联书店，1987年，第213页。

④ 朱自清：《朱自清全集》第十卷，江苏教育出版社，1998年，第230页。

中文句读，非常有趣”[①]。

3月，陈梦家夫妇搬到昆明东郊龙泉镇棕皮营李氏园中。“在最近的半年，找到了一个比较满意的地方，又搬了一次家。在这家的外幅有一片菜园，至今成了我的工作及游戏的场所。”[②]

本月，陈梦家在昆明作《金文零篇》，内有“赏赐分期”，计分货币、命服、武器、车马、玉器、其他六项。初步划分前后两期，前期的至穆王为止。[③]

此时，陈梦家于昆明东郊龙泉镇棕皮营李氏园中潜心写作《尚书讲义》。陈梦家在1963年《重版自叙》中提到，“通论”是企图从明、清以来学者对于《尚书》一书诸多问题中，清理出来若干简明的答案，使后来者不必再从古籍中多费力气；“讲义”则选取金文数篇，研究其书序、传本，于文字上稍加诠释而分别定其时代，俾得略窥《尚书》面目。至于《尚书》一些专门问题，如《孔传》本形成的时代，《尧典》与秦制的关系，《尚书》中“王若曰”与金文命书的制度等，则另为专篇以考之，是为第三部分。写此书稿，陈梦家经常前往半里处的司家营清华大学文学研究所借书，并与闻一多、朱自清、许维遹、浦江清、刘文典等先生探讨，他还与杨树达先生函牍往来，感觉颇获教益。[④]

4月11日，陈梦家在昆明棕皮营写作《孟子洚水考》。另有《犬夷考》《太原考》《汤都亳考》《瓜州九州考》等。陈梦家在《孟子洚水考》附记中，提到《孟子洚水考》“此篇与《犬夷考》《太原考》《汤都亳考》《瓜州九州牢考》等篇（未刊）皆同时所作。当时曾抄寄顾颉刚先生于成都，后来听说在一史学杂志上发表，迄未见到。此篇因《太原考》而作，只想说明禹治水事发生在晋南夏虚范围以内，而洚水、洪水由于洚水为患

---

① 朱自清：《朱自清全集》第十卷，江苏教育出版社，1998年，第232页。

② 赵萝蕤：《龙泉杂记》，载《读书生活散札》，南京师范大学出版社，2009年，第41页。

③ 陈梦家：《西周铜器断代》上册，中华书局，2004年，第415页。

④ 陈梦家：《尚书通论·重版自叙》，载《尚书通论》，中华书局，2005年，第1、2页。

而引申。”[①]

4月13日，陈梦家邀朱自清晚餐。4月15日—16日，写《尚书讲义》第一篇《甘誓》。4月23日—24日，写《尚书讲义》第二篇《汤誓》。4月30日—5月4日，写《尚书讲义》第三篇《盘庚上》。

5月2日，朱自清来访陈梦家。5月13日，在昆明龙泉镇写《尚书讲义》第四篇《大诰》。

此月，陈梦家作《尚书专论》第二考《尧典为秦官本尚书考》。

另，陈梦家续作《中国文字学》两章，自称为“重订本”，内容与1939年本略有重复，改题名《中国文字学》。《中国文字学》作为讲义的稿本形式一直没有出版。

6月6日、13日，朱自清两次来访陈梦家。

8月14日，朱自清来访。8月21日，请朱自清午餐。8月23日，陈梦家访朱自清，“梦家来，他正在写一篇《尚书》与秦始皇关系的文章”[②]。8月29日，朱自清“承梦家情，借二千七百元交钱太太”[③]。

9月7日，陈梦家招待朱自清午餐。9月18日，陈梦家写信陶云逵[④]，请教倮倮造字故事是否有较详记载。9月25日，朱自清来访陈梦家。9月29日，吴宓“11：30同梦家及淑京沪午饭”[⑤]。

10月20日，陈梦家请吴宓京沪午饭。

秋，陈梦家作《尚书专论》第三考《王若曰考》，发表古代策命制度的推测。另作《尚书补述》第四篇《论尚书体例》。陈梦家对二十九篇今文《尚书》的时代，作了初步的推断：“第一类诰命，除了《殷庚》和《文侯之命》作于西周以后外，大致上可以认为西周初期的，这一类最

---

① 陈梦家：《尚书通论》，中华书局，2005年，第352页。

② 朱自清：《朱自清全集》第十卷，江苏教育出版社，1998年，第257页。

③ 同上，第257页。

④ 陶云逵（1904—1944），民族学家、人类学家。江苏武进人。抗战期间，先后任云南大学社会学系主任、西南联大教授。代表作《西南部族之鸡骨卜》。

⑤ 吴宓：《吴宓日记》第9册，三联书店，1999年，第127页。

早。第二类誓祝，一部分是拟作如《甘誓》《汤誓》《牧誓》等。先秦书已引及《甘誓》、《汤誓》和《大誓》，应属于战国初期，而《牧誓》产生于《大誓》之后，应晚到战国晚期。《费誓》、《秦誓》和《金縢》，比《甘誓》等三篇稍早，可能是西周中期以后的。第三类中的《尧典》、《皋陶谟》、《洪范》和《吕刑》，见引于《左传》和《孟子》，应不晚于战国初期，《禹贡》在《孟子》之后应晚到战国晚期。《高宗肜日》、《西伯戡黎》和《微子》，先秦书所未引及，可能属于战国较晚时期。”[①]

11月9日，陈梦家转赵紫宸信给吴宓。

12月26日，陈梦家夫妇访吴宓。

这年，陈梦家作《䣄钟》考释，“阮（元）云：‘山阴陈默斋都尉广宁所藏’，《攈》（作者按：《攈古录》）同。《著录表》云‘山阴陈氏’藏。《周金文存》卷一补遗及《小校》1.94—95所录一器，拓本有‘阮元所藏’小印。邹安以为即阮元得自吴侃叔之拓本”[②]。

此年，陈梦家考释师斆𣪘器，认定此器及白龢父、师龢父、龢父，即为卫共伯和。后来，陈梦家认为考释有错误。[③]

陈梦家另作《敦煌写本尚书经典释文校记》，就写本《释文》中《尧典》一卷，考述其撰作时代和抄写时代。可惜此稿存放昆明乡村，时局混乱，最终失落。

（八）1944年：联大最后一年

1944年，陈梦家在西南联大中文系升任教授。1944年清华大学中文系教师名录，教授罗庸（主任）、朱自清、浦江清、王力、闻一多、罗常培、杨振声、唐兰、游国恩、许维遹、陈梦家（休假）。

1月16日，朱自清来访陈梦家。1月29日，陈梦家夫妇邀朱自清午餐。

① 陈梦家：《尚书通论》，中华书局，2005年，第324页。

② 陈梦家：《西周铜器断代》上册，中华书局，2004年，第310页，图录见下册，第854页。

③ 同上，上册，第238页。

2月，《孟子养气章的几点解释》在《理想与文化》第5期发表。

5月，陈梦家在昆明龙泉镇写作《汲冢竹书考》，发表于1944年北京图书馆所编《图书季刊》新五卷二、三期。陈梦家在“结语”中综述：“汲冢所出竹书，大约有以下之情形。出土年代当在晋太康二年，即公元二八一年。出土地点在战国时魏地之汲，出土之冢当为魏国之古冢。出土之竹书，其中《纪年》一种成于公元前二九七至前二九六年之间，即《汲冢竹书》定为公元前三世纪初之写本，当为差近。出土竹简，长二尺四寸（王莽尺），墨书，编以素丝。每简四十字。汲冢所出竹书共七十五篇，约为十万字。其中《纪年》十二卷约为一万六千字，《穆天子传》六卷约为八千字。今存《穆天子传》七千字不足，而诸书所引《纪年》佚文约在万字以上。……《汲冢》书可分为史书、地理书、卜筮书、小说及杂项（历、戈、食田法）等五类。史书中之《纪年》与小说中之《穆天子传》，最为重要。”①

6月6日，闻一多为许维遹、陈梦家晋升教授写信给梅贻琦。

涵师校长道席：

敬启者，本系副教授许维遹、陈梦家二先生升任现职已届三年，并于教课之余肆力著述，初不以物质生活之清苦、图书设备之简陋稍改其志。许先生除已完成其巨著《管子集释》二十四卷、《韩诗外传集释》十卷外。又尝致力于《尚书义证》一种，会通辞旨，諟正文字，创获之多，盖自晚清瑞安孙氏以来，罕有其匹。至期《释蚧》《飨礼考》二文，于石代礼俗之研究亦能辟一新途径。陈先生于研究金文之余，亦尝兼及《尚书》，而于两周年代及史实之考证，贡献尤大。“年历学”为治理古文之基础，晚近学者渐加注意，实迩来史学界之一新进步。陈先生本其研究金文之心得，致力所学，不啻异军突起，凡时贤所不能解决

① 陈梦家：《西周年代考·六国纪年》，中华书局，2005年，第188、189页。

之问题，往往一经陈氏之处理，辄能怡然理顺，豁然贯通。要之，二先生数年来，不但于先秦典籍沉潜日深，且能处处利用新材料与新方法，故其成就乃得如此，一多于二先生之工作，深所钦佩，特征得本系教授同仁之同意，拟请师座转呈聘任委员会，自下学年起升任二先生为正教授，用励贤劳，而崇硕学，如何之处，敬竢卓裁。

专此布达，祇颂道祺。①

6月8日，清华大学第二十一次聘任委员会议通过闻一多提议，7月28日梅贻琦核准决聘许维遹、陈梦家为教授。对于陈梦家的升迁，联大众儒们皆心知肚明，假如没有闻一多或明或暗的提携相助，就凭陈梦家的骄狂性格和目中无人的处事方式，其命运和下场恐怕比钱钟书还要狼狈（岳南按：任教于联大外文系的钱钟书，因性格骄狂被陈福田等一帮实力派教授挤出校门而远走他乡）。由诗人而学者的陈梦家才气逼人，风流洒脱是一个不争的事实。但此等人物在生活中又往往欠缺自律，且好骄傲自负，平时走路仰头挺胸，而且步子迈得很大，不把一般人甚至同事放在眼里，这就不免使身边的人感到不快甚至产生怨恨。②

6月底，在昆明作《秦刻石杂考》，遗作整理稿未刊。

夏，陈梦家在昆明东乡写作《六国纪年表考证》（上、下篇），此文发表于1949年《燕京学报》第37期。陈梦家在1948年7月15日于清华园所写的跋记："上读《竹书纪年》札记若干事，一九四四年夏日所作也。时客昆明东乡，取《纪年》佚文重谱《史记六国表》，命之曰《六国纪年表》。"③

8月21日，吴宓陪同陈梦家夫妇"往英领事馆签护照……梦家、萝蕤请

---

① 闻黎明、侯菊坤编：《闻一多年谱长编》，湖北人民出版社，1994年，第717页。

② 岳南：《血性男儿》，载《南渡北归》第二部《北归》第十一章，湖南文艺出版社，2011年，第322、323页。

③ 陈梦家：《西周年代考·六国纪年》，中华书局，2005年，第171、201页。

宓约而精午饭。”[①]

9月5日，闻一多致信梅贻琦，“陈梦家应美国芝加哥大学之约将前往讲学并主持研究工作”。[②]据《闻一多年谱长编》说，闻一多“明确表示不赞成陈此时出国，认为国内的事更紧要，但陈觉得机会难得，执意赴美，先生便不再说什么”。……这个时候闻一多、潘光旦、吴晗等人都已加入了民盟组织，走上了反对国民党政府的道路，他们自然希望陈梦家、罗常培等人也与自己一起行动，把昆明或整个中国弄一个天翻地覆的局面出来。但人各有志，陈、罗二人对此等政治蛊惑、宣传之事，从心底里不感兴趣，闻一多也就不能勉为其难。况且对于没有留过洋的学者来说，在一个“海龟”满池走的小环境里，压抑憋屈了如此之久，捂得人脸色发青，两腿打晃，若能到太平洋东西海岸呼吸一下新鲜空气，远比要在国内乌烟瘴气的氛围中扑腾，更令人神清气爽和心向往之。更何况，陈梦家此次美国之行，其夫人——前燕大校花赵萝蕤还可一道前往（岳南按：因清华有夫妇不能在一校任教的规定，赵萝蕤随陈梦家至昆明后一直在家中待业与自修），并入该校攻读硕士、博士学位，如此美事岂有放弃的道理？陈梦家此次是走定了。[③]

9月8日，陈梦家在龙泉镇棕庐写《老子分释》自序，“此稿曾先后经冯友兰、金岳霖、钱穆、闻一多、沈有鼎、许维遹诸位先生看过，承赐予批评，对于文字训诂思想系统都有很多见教之处”，“回想当年住在桂林街的时候，先父尚在人间，曾将此稿述作大意告诉过他。今日重睹此稿，而老人谢世亦已五易寒暑。现在印行此稿，就用它来纪念先父陈金镛先生”。

9月13日，陈梦家夫妇向吴宓道别。9月15日晚，梅贻琦在他的西仓坡寓所设宴欢送陈梦家赵萝蕤夫妇，梅贻琦日记载：“9月15日，晚约莫泮芹

① 吴宓：《吴宓日记》第9册，三联书店，1999年，第326页。

② 闻黎明、侯菊坤编：《闻一多年谱长编》，湖北人民出版社，1994年，第743页。

③ 岳南：《血性男儿》，载《南渡北归》第二部《北归》第十一章，湖南文艺出版社，2011年，第323、324页。

夫妇[①]、陈梦家夫妇（将赴美者）、吴雨僧（将休假赴川）、冯友兰夫妇、王了一夫妇、闻一多、吴辰伯便饭。”[②]自此，陈梦家与老师闻一多先生之缘就此永诀。

9月中旬，由美国哈佛大学费正清教授、清华大学哲学系金岳霖教授介绍，得到洛克菲勒基金会经济资助，陈梦家到美国芝加哥大学教授古文字学，合同期一年。赵萝蕤在芝加哥大学英语系攻读研究生。赵萝蕤后来在其文章中回忆说：“1944年秋，他由美国哈佛大学教授费正清和清华大学哲学系教授金岳霖介绍，到美国芝加哥大学教授古文字学。选读他这门课的美国学生寥寥无几，只四五人，但正像他初到纽约答一家小报的记者问时说的，他到美国来主要是要编一部全美所藏中国铜器图录。”

9月下旬，陈梦家夫妇从昆明机场出发，越喜马拉雅山，在印度短暂停留。9月22日，陈梦家在印度加尔各答旅次写《西周年代考》自序。

10月7日，陈梦家夫妇在孟买上运兵船，经澳洲前往美国。10月24日，乘船18天，陈梦家夫妇抵达美国西海岸洛杉矶。10月底，他们抵达芝加哥，并在此安顿。

11月，“我们初到芝加哥，当时张仲述[③]夫妇已由土耳其到纽约，约我们去纽约一游”[④]。

12月7日，胡适写信陈梦家。12月23日，由张仲述夫妇介绍前往纽约市东五十七条街，拜访卢芹斋先生。卢对陈梦家在美期间进行的青铜器研究给予很多帮助。卢芹斋慷慨为他的研究提供便利，为他在各地参观私人和公共博物馆打开方便之门，还把自己的摄影师和摄影棚都交给陈梦家，拍

---

① 莫泮芹原为北大英文教师，时任联大外文系教授，讲授《圣经》，1944年赴美。

② 梅贻琦：《梅贻琦日记1941—1946》，清华大学出版社，2001年，第163页。

③ 张彭春（1892—1957），字仲述，天津人，张伯苓的胞弟，教育家、外交家。1929年赴美，1931年任教芝加哥大学。1940年起，正式担任国民政府外交官。1946年联合国大会期间任联合国经济社会理事会中国代表。1947年7月任联合国安全理事会中国代表。1948年任联合国人权委员会副主席。

④ 陈梦家：《洛阳出土嗣子壶归国记》，载《梦甲室存文》，中华书局，2006年，第310、311页，原载1997年《文物天地》双月刊第2期。

了八百五十张图片。[①]

12月26日，陈梦家参观纽约市博物馆，“实为我在美国工作的开始。自此以后，除跑各码头外，经常到纽约总是消磨在古董铺中，而纽约的琉璃厂遂成为极熟悉之地。东区四十九街离开这个琉璃厂不远，而有较好的旅馆，故常下榻于此”[②]。

陈梦家在《中国古代铜器怎样到美国去的》文中，介绍了铜器收藏在美国的分布情形，“可以分为在博物馆的、在私人收藏家的和在古物商的，三者各自形成一个很大的数目。博物馆以东部的华盛顿、纽约和波士顿（包括康桥）为重心，中部以芝加哥、坎萨市和米里阿波里斯为重心，西部只是少数。……全国约有四十个博物馆藏有中国铜器，约有近一百个收藏家（包括流亡的欧洲人）藏有中国铜器。集中在纽约的古董家，约有十家出售中国铜器。……这三类加起来，大约有一千到一千二百件大铜器（不包括兵器、车器、镜、钩等等小铜器和汉以后铜器）。在这中间，至少可以选出一百件出类拔萃的精品，是在国内不容易看到的”[③]。

赵萝蕤进入芝加哥大学英语系学习，开启了一生中非常重要的四年。当时芝加哥大学的英语系正值全盛时期，堪称全美第一流，世界知名的克莱恩教授开设理论与实践一课，领导着当时的“芝加哥学派”（或称“新亚里士多德学派”）。当时的系主任兼文学院院长维尔特教授是赵萝蕤在清华外文所的老师温德先生的好友，温德曾向他介绍过这名得意门生，维尔特教授问她，打算学三年还是四年：“若是你跳过硕士学位这一关，可能三年就得到博士学位，不然就至少用四年。”这一时刻，她想起了10岁那年对祖父的夸口：“我只想当一个什么学位也没有的第一流学者。”她犹豫了，梦家则竭力说服妻子：“一定要取得博士学位。”于是她对维尔特教授说，那还是四年吧，还是想多学一点。师从各位名家，使赵萝蕤收

① （法）罗拉：《卢芹斋传》，香港新世纪出版及传媒有限公司，2013年，第145页。

② 陈梦家：《记纽约五十七街中国古董铺》，《周论》第2卷第6期，1948年8月20日，第4页。

③ 陈梦家：《中国古代铜器怎样到美国去的》，载《梦甲室存文》，中华书局，2006年，第315页。

获良多，她一生的严谨学风和学院派的扎实功底获益于此。以克莱恩教授的文艺理论课为例，他不但学识渊博，讲解精湛，而且每一命题必反复举例，详细剖析，要求学生每周交一篇学习心得。赵萝蕤50年后回顾这段治学经历，“若我的学识还有起码的深度的话，得益于克莱恩教授的启迪与谆谆教诲”。对这位教授的课，有着同样深刻感受的中国留学生还有周珏良、巫宁坤、查良铮（穆旦）。[①]

① 《萋萋葳蕤明明月——赵萝蕤》，载《水滴》2003年9月7日。

第四章　留美三年（1945—1947年）

正像他初到纽约答一家小报的记者问时说的，他到美国来主要是要编一部全美所藏中国铜器图录。在美国三年中，他就是为了这个目标而努力奋斗。

——赵萝蕤《忆梦家》

为了能够得到每一件铜器的资料，他遍访了美国藏有铜器的人家、博物馆，乃至古董商肆。他以极大的爱国热情与惊人的治学毅力，艰辛备尝，为祖国赢得了一大批可贵的资料。

——周永珍《悼念陈梦家先生》

一、1945年：芝加哥大学访学

1月8日，陈梦家写信给胡适，简述自己在芝加哥大学学习工作情况。

适之先生：

此次到纽约得以拜见，很觉愉快，可惜你那里客人太多，不能尽兴畅谈，希望以后到哈佛再得领教。

回芝以后，业已正式工作。此地有一个研究生，对于中国古文字略有根底，他很想努力一下。我和Wilson先生又谈过一次，决定今年六月以前的工作由我和萝蕤合作教书与研究，但萝蕤另外在研究院选习三门功课，所以很忙。我们在此没有什么固定的名义，七个月薪水及二人来回川资共七千七百元（其中另需抽去百分之三十所得税），这笔钱十分之八九由罗氏基金出，芝大只出一小部分。此地中文系附设在文字院内的东方语文学系内，它和东方学院的关系也不很确定（只借用东方学院的房作图书室及办公室，东方学院内的博物馆是不放中国古物的）。其实照道理说，中国古文字和考古学，应该和近东的古文字和考古学发生联系才对，此地中文系也不介绍中国思想，它的自身和它和东方学院的关系都有些不伦不类，故与老威谈话时并未提到我的未来工作，希望你去信给John A.Wilson说说中国学问的重要，也请为我的事提醒他一声，如此一定有很大的效果。这里的图书室没有《藏晖室札记》，可否寄一部来。朱汝华[1]还没有把毛公的书寄

① 华裔科学家，中国第一代化学家，江苏太仓人。1930年毕业于国立中央大学［1949年更名为南京大学］化学系。后赴美国，曾任芝加哥大学化学工程系教授，被推为美国化学家协会主席。

来，我离纽约时已经看到你在中国艺术学会的讲辞，十分钦佩。

芝大课程小册稍后即寄上　专此并请

文安

梦家　敬上　一月八日

萝蕤附候①

2月15日，陈梦家收悉胡适来信。2月17 日，陈梦家写信给胡适，谈了自己对学术研究的看法，以及在古文字学、尚书、青铜器研究方面的一些进展情况。

适之先生：

前天收到先生十二月七日手教，异常欢喜，使我对于治学的前途更多一点鼓励，你来信中对我所担忧的正是我近年来自己感到的，正是我想要出来重新学习的缘故。这七年中我在昆明得有更多的机会和北大清华同系的先生们常常谈论，并且因为教学之故，自己也多能专心研究一些，渐渐感觉，我们这训导国学的前头还有不少危机，就是在有些方面走回清代考据家的旧径，并且更走在较狭隘的路上，而西洋的汉学家在有些方面超过我们了。在我们中间有两种相反而并存的趋向，一种是守旧的倾向，一种是新奇的探险，而对于所谓科学方法以及西法学者治学的方法和精神没有充分的利用。在昆明时我常常翻读先生的总集，发现有许多地方我们正在讨论的，先生早已看到，又由现在过重分析，而忽略了普遍而广博的发现与综合的研究，常常钦佩先生在这些方面的超越。

现在我在此地的工作非常清闲，下学期（正月二日起）只教一门文字学，其他自己研究，我想整理一下旧稿以外，多去听一

① 耿云志编：《胡适遗稿及秘藏书信》第35卷，黄山书社，1994年，第522页。

点历史学、人类学和普及学的课。我自己想要做的事大致有三项，一把我的文字学讲义改编成一本英文的课本；二把我研究上古史（偏重金文，尚书和古年代的）写成一个英文本；三看一看所有在美国的古铜器，作详尽的记录和考订。这三件事和我近年的工作有关，我可以简略说一说。

我的文字学讲义是用白话写的，教过七次，改过三四次，因为总不能满意和印刷的困难，一直没有印过，到此地后看了许多外国学者所写的关于此类的书，觉得很需要一本简单而新的文字学导论，现在打算先做它，对于治汉学的外国学者，或者有一点利益。

我现在觉得我们要援引很零星的甲骨材料来治史，治文字学都嫌过早，一则因为甲骨本身的技术问题（如定时代、配合□□□、天文等等）待解决的正多；其次，我们对于商代的语言系统和文法例还不大明了，所以我近来总偏重西周金文和尚书的比较研究，对于周初历史和《尚书》的年代可以稍稍清楚一些。譬如《尚书》里的“王若曰”，从西周金文可知其为史官代宣王命的一种形式，凡王将策命交史官宣读的，有时写“王若曰”云云，如此我们可以看到现在《尚书》凡一篇之中，有两个“王若曰”的，必是两个不同的策命，后来附合而成一篇；又如西周金文以穆王为界，穆王以后属于后期，凡在前期金文只有“作册”而无“内史”，只有“拜稽首”而无“拜手稽首”，那末如今《酒诰》里的“内史友”、《益稷》里的“拜手稽首”一定经过西周后期的修改，以上二例可以推测现今的《尚书》有不少的西周文献，是经过西周后期的改编的。

四年以前我受北平图书馆的嘱托，编辑考古学丛书，由图书馆致函欧美博物馆，收集关于中国铜器的照片，我据此材料编成二集附有考释，都已交商务影印，因面临战事不能出版，很想乘我在美之便继续做此工作，附上旧作的英文节略，请先生看过后再寄回我。我前此和邓君谈起请人来此讲演，想请你放第一炮，不知还有兴趣再来玩几天否，有什么别的人可一请的。

我查了一下，此地只有《胡适文存》，而无《藏晖室札记》，后者尊处若有多的，可否寄一份来。《说文月刊》“吴稚晖纪念号”上有拙作“王若曰考”，因未带底稿来，可不可以照一份（与董作宾的一同照）寄下，或将杂志寄下借用两星期。听说董氏的《殷历谱》托人带了一份给你，我很想一看，因为他到四川后，历次和我讨论及此而均语焉不详，他的结论似乎近于刘歆（和新城、吴其昌相似），而我却比较信《竹书》（我只做了西周的一部分）。

朱汝华还没有把毛公的书寄来，希望便中告诉他一声，我最近在东方学院占了一个研究室，七年来这是最阔气的书房了，另寄Time Schedules一份，此请

撰安

梦家　敬上

二月十七日

萝蕤附笔问候[①]

4月27日，吴有训写信给陈梦家。

梦家兄：

别后时在念中。去年年底，弟已搬入学校新盖宿舍，地点在西仓坡，对于弟及诸儿甚便当，房子似较小东城乡为佳，租金每月七千。因弟自己装修，费四万元，实租近万元。然较外间已属最低价格矣！最近物价飞涨，米已到六万，弟等每日菜米千五百元，简直吃得苦不堪言，诸儿嗷嗷，有时殊令人心酸也。好在本年为最后关头，总可胡涂过去，内人绣花业不佳，因卖价不易加，而原料

① 耿云志编：《胡适遗稿及秘藏书信》第35卷，黄山书社，1994年，第518—520页。

价格已数倍，且做者更多，惟寒家维持，仍靠此业，亦可叹也。

吾兄托端升兄带来之物品三色，早经收到，谢谢。如有便人，盼代内人购手表一只，或派克51式水笔及铅笔一套。校中一切如恒。每日所急者，为同人生活，其他无法顾到。弟最近到渝一次，中研院事旧事重提，仍不敢就，另一事体更不敢自讨苦吃。

吾兄在芝，想能安心工作，内人极羡，嫂夫人能有机进修，将来多一女教授，彼极言之得意，彼意嫂夫人多才多艺，应有此一机会也。专此　敬请

俪安

弟　训上　四廿七日

内人嘱代候

嫂夫人未另。茶叶有便当带上些，又及。[①]

4月28日，吴有训女儿吴湘如给陈梦家、赵萝蕤写信。

新爱的干爹干妈：

自从您们离开我之后，我非常想念。前天钱伯伯[②]从外国回来，带了一个别针给我，说是干爹干妈给我的，我高兴极了，我别在头上真是美丽。谢谢干妈干爹。从前干妈送我的衣料，妈妈还没有替我做衣服，说我太小，长大了再帮我做。现在我们搬到西仓坡联大教职员宿舍十七号，离学校很近。我现在上联大附小二年级，功课很容易，第一个月考，我考得很好，国语96分，常识90分，算术83分，音乐85分，都没有下80分的，妈妈爸爸都很高兴。我希望干爹干妈快点回来。再会

敬祝

---

① 方继孝：《陈梦家往事》，载《碎锦零笺：文化名人的墨迹与往事》，山东画报出版社，2009年，第51页。

② 钱端升。

金安

干女　湘如　躬鞠

四月廿八日[1]

春，陈梦家向哈佛燕京学社申请经费，开始为编写美国所藏中国青铜器目录做资料准备，并给美国各大博物馆寄去所咨询青铜器的资料表格。此间，陈梦家得到了古董商卢芹斋帮助，与很多青铜器藏家建立沟通的情谊。在美国米里阿波里斯市皮斯百A.F.Pillsbury处，陈梦家见到貉子卣，“一再审视原器，定其盖是第一器之盖，是真的；其器是第二器之器，乃是伪作”[2]。

5月28日，陈梦家致信休斯小姐，拟到堪萨斯城参观博物馆。6月上旬，陈梦家参观堪萨斯城博物馆藏铜器。

7月2日至5日，华盛顿弗利尔美术馆。7月5日至6日，宾夕法尼亚州费城宾夕法尼亚大学博物馆和费城艺术博物馆。7月7日至20日，纽约中国画廊。[3]

7月，陈梦家芝加哥大学访学一年期限将至，他想继续留美进行青铜器考察及研究。为此，他给留在西南联大的旧友冯友兰去信，试图向清华大学申请一年的休假：“……今年哈佛燕京社赞助梦编制《全美中国青铜器》之计划，原以印刷需费甚巨，而收集材料有美国学术机关合作较为方便，故除由该社担任印刷外，仅略补助旅费及购取书籍之费，并不计薪水在此……梦之请求休假，系欲学校发给生活费用，俾得留美一年。在此期间，除收集材料外并加整理研究，明秋即可返校。以上经过尚祈先生转商一多先生，再向学校申请。”

---

① 方继孝：《陈梦家往事》，载《碎锦零笺：文化名人的墨迹与往事》，山东画报出版社，2009年，第52页。

② 陈梦家：《西周铜器断代》上册，中华书局，2004年，第123页。

③ 潘恩婷：《陈梦家：中国铜器，西方收藏，国际视野》，载陈梦家《中国铜器综述》，中华书局，2019年，第383—384页。

陈梦家向冯友兰设想了自己的计划：除了继续学习考古学，还将寻访全美40多家藏有中国青铜器的博物馆（和私人藏家），系统性编一册青铜器图录。写这封信前不久，他向芝加哥大学东方学院申请续聘一年的提议未被批准，而哈佛燕京学社只能承担他编制《全美中国青铜器》一书的印刷、旅费和书籍费用。据收藏家方继孝先生考证，在给冯友兰的正式信件里，陈梦家将“以上经过尚祈先生转商一多先生，再向学校申请”这句删去，而冯友兰和梅贻琦商谈的结果也并不尽如人意：陈梦家才成为清华大学（西南联大时期）国文系正教授一年，无法享受清华大学“宽松休假制度”。这也意味着，1945年7月到1946年7月，甚至是再往后的日子，他将陷入困窘。[①]

7月31日，查阜西写信陈梦家夫妇，告知他即将赴美。

7月下旬至8月初，陈梦家集中访问了哈佛大学的福格美术博物馆。

9月9日，朱自清回信陈梦家，告知学校评议会已通过让其休假。

梦家先生：

暑假前奉手教敬悉一一。彼时曾开评议会一次，未及讨论休假研究事。嗣清即回成都。上月底返回昆。询知先生休假事尚待决定。前日又开评议会，通过此事。但附一条件，即本年学校已请陈福田先生先赴北平，梅先生或亦拟往视察，又及，先生在美所得三项津贴须不超过美金二千四百元。学校想已有正式通知矣。学校复员恐须俟滇越路畅通，当在明夏。燕大已在北平招生，定双十节开学。学校明春或即可北迁。闻先生已将须剃去。夫人均此致意。即颂俪祉！

朱自清　谨启

九.九[②]

① 索马里：《陈梦家：考古学家之陨》，《三联生活周刊》2014年第21期。

② 方继孝：《陈梦家往来书札谈》，《收藏家》2003年第5期。

10月29日，陈梦家在芝加哥写信给高本汉。

尊敬的高本汉先生：

我已经八九年没有和您通信了，此间我任教清华大学，并在昆明滞留七年。在这个时期，我们系对云南及中国西南各地的非汉族语言做过许多考察。我相信您知道并已经收到您关于中国音韵学大作的中译本，这对我们的学生阅读您的大作有很大的帮助，作为《中国考古丛刊》（Chinese Archaeological Series）的编辑，我很幸运可以借助北平国立图书馆提供的方便，阅读您的《汉文典》（Grammata Serica）。我的妻子翻译了《汉文典》的前言部分和我在《清华学报》（Ts'ing Hua Journal）第十三卷第二期上发表的很长的评论。我相信您已经有一份副本，不过我过会再给您寄一份。

我于一九四四年秋天应洛克菲勒基金会和芝加哥大学东方语言系的邀请来到美国短期教书，我也在哈佛燕京学社的帮助下完成美国收藏中国青铜器的图录的编纂计划。我在此附上一张工作草案，它可能会引起您的兴趣。

我们在北平丢失了所有的图书，我渴望得到一整套东方博物馆馆刊。直到昨天，我只看到了该刊的前十卷，我很高兴今天在芝加哥美术研究所看到该刊第十四至十七卷。能否请您费心寄给我一整套馆刊，它不仅对我个人也会对整个清华大学有极大帮助。我下月会寄给您一篇讨论中国青铜器器形的拙作，明年春天再为您寄一份白金汉（Buckingham）收藏中国青铜器的图录。如果您能给我提些建议，我会很高兴。

我现在非常需要照片来帮助我的比较研究，我想知道您能否从瑞典各种收藏里寄给我一些相关材料。非常感谢您就此研究提出的任何建议。当然，我愿意出钱收购我需要的照片。

您最忠诚的陈梦家

一九四五年十月二十九日[1]

此时，陈梦家在芝加哥大学东方语言系教授论语、文字学两门课程，并和芝加哥美术馆东方艺术部主任凯莱合编《白金汉所藏中国铜器图录》，已经准备交付出版。

11月4日，陈梦家写信给胡适，提及在芝加哥大学教课、开始编写《美国收藏中国青铜器集录》，并准备从青铜器的形制花纹、年代和地域分布三方面入手，对青铜器作一系统研究。

适之先生：

好久没有写信问候，先生想必一切都好，前闻先生将回国主持北京大学，不胜欢喜。我今年秋季仍旧在芝加哥大学教两门课，一门论语，一门文字学，每班有六七个学生，程度都不坏，因此兴趣尚佳。为哈佛燕京社所作的铜器目录，也已开始，所得材料比意料的好，且有许多重要之器，我想乘此机会对于形制花纹、年代和地域分布三事，特别注重，作一有系统的研究，十一月底到纽约时再要当面请教。

先生虽则你常谦虚的以外行自居，但我以为先生的批评与指教必大有益于我的计划。

联大准备复原后，明春四月迁回北平，想你早已知道，我们都盼望早日回到那里。萝蕤去年对美国文学大大用了一番功夫，今年选了版本学和古英文，读得很有滋味，只是太忙一点，我希望他[她]圣诞节来纽约、波士登玩几天。专此并请

撰安

梦家　敬上

① 陈星灿、马思中：《陈梦家致高本汉的两封信》，《万象》第7卷第12期，辽宁教育出版社，2005年。

十一月四日

我想借用先生的《六同别录》和《殷历谱》不知方便否？[①]

1945年下半年，陈梦家为寻求获取青铜器资料，继续频繁给友人写信帮助。在求助的名单里，有他还是新月派诗人时就认识的胡适，胡适为他寄来傅斯年等人在李庄编著的《六同别录》和“甲骨四堂”之一董作宾新出的《殷历谱》；当时驻英国的使节陈源帮助陈梦家解决了去英国的障碍；汉学家高本汉热心帮他联络了欧洲各大博物馆；时任北平图书馆馆长的袁同礼决定支持陈梦家的计划，“照片费用参考用书等可由北平馆担任，不必列入预算”，这解决了昂贵的拍摄、翻印费用——因为陈梦家当时需要拍摄B5大小的照片，而且按计划他将会拍摄上千张。[②]

11月30日，在纽约市大都会博物馆举行的全美中国艺术学会第六次大会上，陈梦家作题为《中国青铜器的形制》的讲演。原载全美中国艺术学会年报（Archires of the Chinese Art Society of America）第1期，第26—52页，1945—1946年。由张长寿译成中文。陈梦家认为“对器形和式样的复杂变化作出系统的整理。这对于确定它们的真伪，了解当时的社会习俗，揭示它们所受到的地形影响，以及重建、核对、补充不完整的历史文献，将大有裨益。”[③]

11月，《西周年代考》由商务印书馆出版，土纸印行。

冬，陈梦家在纽约一古董店遇见趞卣“铭4行28字，器、盖同铭，《三代》（罗振玉《三代吉金文存》）误以为尊。器高24.2，口16.3×22厘米。潘祖荫旧藏，1945年冬见于纽约古肆。”[④]

本年，在纽约古肆见妊小毁，“铭4行30字。器口径18.2，宽31.5厘米”。“此器所随一盖（A238），形制花纹与器相同，盖与器亦完全吻

① 耿云志编：《胡适遗稿及秘藏书信》第35卷，黄山书社，1994年，第521页。

② 索马里：《陈梦家：考古学家之陨》，《三联生活周刊》2014年第21期。

③ 陈梦家：《西周铜器断代》上册，中华书局，2004年，第525页。

④ 同上，第60页。

合，但其铭文字体稍异，铭曰：辰乍饙毁，其子子孙孙永宝用。”[①]

本年，在海外“见大和编钟的无射钟，曾据《金史·乐志》考订为宋铸大晟编钟而为金人改款者。”[②]

二、1946年：“徘徊在中国古代青铜器和美国现代文明之间”

1946年2月15日，陈梦家致函马衡，介绍他在美国的观感时说，“（在美国）城市无分大小。其博物馆皆为艺术文化中心”[③]。

2月17日，陈梦家写信给胡适，请求胡适帮助寄上研究所需的《六同别录》《殷历谱》。

适之先生：

纽约告别，差不多又近两个月了，我在康桥住一月，沿Buffalo（布法罗）而至Detroit（底特律），沿途看了不少公私藏家，回来后，满架的像片还没有工夫仔细去整理，其中有许多意外的收获。最近拟将自新郑出土，以及历次史语所的发掘，依照年代地域作一简明的叙述，看看近二十年来的考古工作究竟到了怎样程度。中央研究院的安阳总报告尚未出版，只能就零星发表的记载试作一作，因此急于要用《六同别录》上的石璋如君的报告，今天特地写了封信给转寿萱君，若他到府上，把此书与《殷历谱》一并取下寄来，要是这两本书都尚未收回，要劳先生的神催一催，先生定能谅解“缺少”一本要查的书的苦恼的。我们甚愿知道，先生何日荣行归国，说不定也可一来纽约送一送，务请拨冗写几个字让我知道，萝蕤要我附笔　敬祝

① 陈梦家：《西周铜器断代》上册，中华书局，2004年，第332、333页。

② 陈梦家：《陈梦家学术论文集》，中华书局，2016年，第533页。

③ 段勇：《当代美国图书馆》，科学出版社，2003年。

起居安顺

梦家敬上　二月十七日[1]

3月至4月间陈梦家前往加拿大多伦多的安大略博物馆寻访青铜器资料，主要是安阳、洛阳出土铜器，期间写信胡适。

3月，陈梦家在加拿大的多伦多博物馆见到1926年或其前一年出土于洛阳邙山庙沟的羉组铜器的大部分，但该馆所称一墓所出共14件之说，并不可信。[2]

4月9日，于省吾致信陈梦家，请他代询儿子于世正留美求学事宜。

梦家仁兄阁下：

别来已久，驰系为劳。顷奉台笺，就□雅况胜常，至慰远怀。存美彝器得大笔编著，诚不朽之盛业，拙作《古器物图录》存书甚少，兹检出一部，已遵交顾君子刚转寄矣。兹有恳者，小儿世正去年在辅大经济系毕业，今年暑假拟留美，兹有三事□询，祈早日见覆（愈速愈好）为感。（一）留学生每人一年学费书籍衣食住行共需美金若干；（二）报考大学或研究院之手续如何；（三）芝加哥大学入学简章及大学一览，能寄来一份为盼。如不便邮寄，写一概览亦可。烦渎惟希见谅。希白在广西大学任职，胡厚宣有甲骨论丛一书已出版。专此遥颂

著祺

弟　于省吾　顿首

卅五年四月九日

现住北平东城大佛寺西街卅七号[3]

① 耿云志编：《胡适遗稿及秘藏书信》第35卷，黄山书社，1994年，第523页。

② 陈梦家：《西周铜器断代》上册，中华书局，2004年，第119页。

③ 方继孝：《耿介敢言忠诚于学术的一代学人——于省吾与陈梦家》，《关东学刊》2017年第10期，第142页。

4月21日，陈梦家写信胡适，告知自己在美时间将延长一年，集中精力完成存美中国青铜器一书的编写。本学期在芝加哥大学开讲《孟子》一门课。

适之先生：

在Toronto（多伦多）曾寄上一信，谅已收到。日前承寿萱兄将先生的《六同别录》寄下，谢谢。上有先生的批点，尤觉可贵。闻《殷历谱》已转赠它人，所幸此处最近到一整部，可以应用。我拟作存美中国铜器书，想不到因材料过多，一时无法结束，已由哈佛延长一载，庶可完成。萝蕤明秋前后也可告一结束，大约要明年回北平了。我以后大半仍长住芝加哥，见到子水、泽涵诸先生，请代致候。他们托买的书多是绝板，遍访不得，无以应命。本期有一门孟子课，因此得到六月中才能去纽，不克亲送，甚以为歉。守和先生明晨到此，大约月杪前可到纽约，还来得及与先生见面，此祝

一路顺风！

梦家　敬上

四月二十一日萝蕤附笔致候[①]

春，陈梦家和芝加哥美术馆东方艺术部主任凯莱合编《白金汉所藏中国铜器图录》由芝加哥美术馆出版。

春，陈梦家在纽约见到令毁，“此两器今藏巴黎David Weill处（现藏巴黎基美博物馆），1946年春见之于纽约一仓库中，当时摄影并量其尺度如下：高25，口径17，宽28.2，方座宽19.1×19.1厘米。铭在器内底。两器俱失盖，自来著录诸书皆误以两铭为一盖一器，不知实是二器，并无盖铭”[②]。

4月26日，朱自清致信陈梦家。

① 耿云志编：《胡适遗稿及秘藏书信》第35卷，黄山书社，1994年，第524页。

② 陈梦家：《西周铜器断代》上册，中华书局，2004年，第30页。

5月8日，于省吾来信恳求陈梦家帮助其小儿子于世正、儿媳翟雅明申请芝加哥大学入学，并筹划领取护照。

梦家仁兄阁下：

前承惠书，当覆一缄，想邀公览。拙著《古器物图录》存书无多，已捡出一部交与顾君子刚转寄矣。兹有恳者，小儿世正与其媳妇翟雅明拟就学芝加哥大学，小儿在辅大经济系毕业，教育部今年在暑期考试，官费生名额仅百人，而经济只数名是官费，已无考取希望，自费优待汇总办法业经部令取消，惟有自谋出国，而出国护照亦极难领。弟之经济力量有限，千祈我兄分神，与顾立雅先生（顾系弟之旧友）商量，设法代为申请入学并筹画领取护照办法，早日示知，至所盼祷。专此奉恳，并颂
撰祺

于省吾　顿首

于世正，二十六岁辅大经济系1945班毕业，拟入研究院习工商管理

翟雅明，二十二岁辅大国文系1946班毕业，拟入经济系

如能在美谋得伪聘书二份（月薪须书百元以上方有效）寄来用以为申请护照凭证之一法也，又及。

五月八日

通讯处：北平东城大佛寺西街卅七号[①]

5月，国立清华大学校长梅贻琦签署聘书，聘陈梦家为清华大学中国文学系教授，聘期一年（1946.8—1947.7），薪金每月440元（国立清华大学用笺）。

① 方继孝：《陈梦家往事》，载《碎锦零笺：文化名人的墨迹与往事》，山东画报出版社，2009年，第62页。

兹聘请陈梦家先生为本大学中国文学系教授，即系查照后列聘约办理为荷

（一）此项聘约以一年为期（自民国三十五年八月一日起）（至民国三十六年七月三十一日止）

（二）薪金每月国币肆佰肆拾元整

（三）一切待遇照本大学教师服务及待遇规程办理

国立清华大学校长　梅贻琦

中华民国三十五年五月　日[①]

5月26日，朱自清得陈梦家美国来信，“他下学年回不来”[②]。5月27日，朱自清回信陈梦家。

7月9日，陈梦家、赵萝蕤在哈佛大学会见回美国探亲的诺贝尔文学奖获得者艾略特，诗人给赵萝蕤的印象是：他高高瘦瘦的个儿，背微驼，声音和举止有点发颤，好像他的心灵并未得到无边的平安。[③]赵萝蕤在《我与艾略特》一文回忆：“7月9日晚上艾略特请我在哈佛大学俱乐部晚餐，晚餐后他为我朗诵了《四个四重奏》中的片段，并嘱我下一个任务是翻译这首和《荒原》风格很不相同的长诗。他还为我带去的两本书《1909—1935年诗歌集》和《四个四重奏》，签上他的名字，在前者的扉页上题写了‘为赵萝蕤签署，感谢她翻译了《荒原》’。他还给了我两张照片并在上面签上了名字。这两张照片后来在多次的抄家中丢失了。梦家告诉他我写了许多诗，他听了十分高兴，建议我把它们译成英文，先在英国出版，当时我把我写的诗抄在一个本子上，但后来它遇到了照片同样的命运，没有留下片言只字。”[④]

7月15日，闻一多参加在云南大学致公堂举行的李公朴死难报告会，发

① 方继孝：《陈梦家往事》，载《碎锦零笺：文化名人的墨迹与往事》，山东画报出版社，2009年，第12页。

② 朱自清：《朱自清全集》第十卷，江苏教育出版社，1998年，第405页。

③ 杨振华：《赵萝蕤生命中的五个词条》，《古今译》2006年第1期。

④ 赵萝蕤：《我与艾略特》，载《我的读书生涯》，北京大学出版社，1998年，第242页。

表后来被称作《最后一次演讲》的即席演说。下午5点多散会后，闻一多和儿子闻立鹤一起步行回家，走到西仓坡西南联合大学教职员宿舍门口附近，遭到特务埋伏枪击，头部和身上被击中，倒地身亡。

夏，去美国访学的冯友兰为陈梦家带去梅贻琦校长新签署的聘书。

夏，陈梦家在荷兰博物馆获见洛阳西周初期墓葬出土的一组铅祭器。[①]

赵萝蕤获芝加哥大学英语语言文学硕士学位。

8月7日，陈梦家致信王重民。[②]

8月15日，王重民复信陈梦家。

梦家兄：

奉八月七日手书，迟迟作覆，为歉！守和先生（去信由巴黎大使馆转）八月初由德返巴黎，即在我和会代表团内作顾问。不知和会何时能闭幕，而他则拟于九月之间离巴黎，再到瑞士意大利稍住，即赴上海。离欧之期，约当在九月中旬也。

伊在德约两周，查知德国所藏我国图书古物均未毁，能否拿回，须看军事代表团能力如何？

吾兄所提在P（？）展览古书一节，守和先生已覆信Kowley承办。公尚未谈到如何办？弟拟乘船由纽约一直赴津，而尚有数事未了（一，我善本未装箱，二，团会日未定）。□惜如□询君形，若能回国，亦须待□今年年底或明春矣。则能延之拟日内致适之先生一信，报告此情形。明年夏矣。拙作承过奖，甚感！匆匆，即请暑安！

① 陈梦家：《陈梦家学术论文集》，中华书局，2016年，第421页。

② 王重民（1903—1975），曾化名鉴，字有三，号冷庐主人。河北高阳县人。古文献学家、目录学家、版本学家、图书馆学教育家、敦煌学家。1924年改名重民，1934年被派往国外，刻意搜求流散于国外的珍贵文献。1939年受聘于美国国会图书馆，整理馆藏中国善本古籍。1947年回国后，仍任职于北平图书馆，兼任北京大学中文系教授，主持该系图书馆学组的教学，创办图书馆学专科（后改本科，他任系主任）。1956年任北京大学图书馆系主任。

弟　重民　顿首

八月十五日

日来房客又捣乱，故迟迟作覆，请再宥。

11月，清华大学成立整理闻一多先生遗著委员会。朱自清为召集人，陈梦家负责文字学、古史两方面内容。

12月9日，陈梦家写信给时在美国华盛顿的王重民，述及拟去纽约。

12月11日，王重民复信给陈梦家。

梦家先生：

九日晨写的信，今天转到了。因为上信未说搬家，自九月间，我们已经搬到400. A Shut S.E.. Washington 3.D.C.来了。极希望你十六日能赶到纽约，在彼一晤。弟暂不回来，要转到Princeton住三个礼拜。守和[1]先生前往之旅馆Bellerne Hotel 15 E ST H. W.离Fren最近，离车站也近。总是礼拜六以前最拥挤，礼拜天晚以后，最不拥挤。所以离纽（约）之前，给他拍一电报，一定可有房子，不必订。我劝公赴纽（约）亦因此。（如十五日来此，找不着房子。）即请

旅安

弟　重民

十二月十一日[2]

12月15日，在《文讯》第6卷第9期发表《先秦卫有驰道考》。12月16日，陈梦家去纽约晤见王重民。

---

① 袁同礼。

② 方继孝：《陈梦家往事》，载《碎锦零笺：文化名人的墨迹与往事》，山东画报出版社，2009年，第8页。

此年，陈梦家“在华盛顿弗利亚美术馆实亲见此器[①]，字小如米，未暇细辨其真伪”[②]。

这一年间，陈梦家游历了底特律、克利夫兰、圣路易斯、明尼阿波利斯、纽约、纽黑文市、波士顿、普罗维登斯、普林斯顿和旧金山。他甚至去了檀香山。每到一个城市，他就和当地的博物馆和私人收藏家联系，研究他们的中国文物。有两年时间，他不断徘徊在中国古代青铜器和美国现代文明之间。[③]

赵萝蕤在《忆梦家》一文说：“从第二年开始他遍访美国藏有青铜器的人家、博物馆、古董商，然后回到芝加哥大学的办公室整理所收集到的资料，打出清样。就是这样，周而复始：访问、整理，再访问、再整理。凡是他可以往访的藏家，他必定敲门而入，把藏器一一仔细看过，没有照相的照相，有现成照片的记下尽可能详尽的资料。不能往访的，路途遥远的，或只藏一器的，他写信函索，务必得到他需要的一切：比如演《海狼》（杰克·伦敦小说改编）的著名电影演员爱德华·G·罗宾逊藏有一器，他远在洛杉矶，于是就给他去一封信。多数私人收藏家都是富贵之家。否则，谁买得起一件、两件，乃至数件精美绝伦、价值昂贵的中国青铜器呢？流散在美国各地的祖国瑰宝又何止成百成千成万？梦家是无所顾忌的，只要是有器之家，他是必然要叩门的。他访问了纽约赫赫有名的M夫人，因经营地产而成富豪的O.K.夫人，《华盛顿邮报》的老板某某夫人，等等。他当然也造访了纽约的所有拥有青铜器或铜器资料的古董商如卢芹斋和其他国籍不同的古董商人，也访问了美国各地藏有铜器的博物馆。只要有可能，他就要把每一件铜器拿在手里细细观察，记下必要的资料。逗留在博物馆的时候，他也顺便收集各馆的印有中国文物或其他藏品的图册。他和所有藏家、古董商、博物馆几乎都有通信关系，并留有信件的存底。所有这些资料现在都保存在科学院考古所。在美国期间他也曾

① 玉戈铭。

② 陈梦家：《西周铜器断代》上册，中华书局，2004年，第47页。

③ （美）Peter Hessler（何伟）著，赵欣译：《甲骨文：游走在中国和西方之间》，第166页。

去加拿大看了多伦多博物馆的藏器。据我所知，他胜利地完成了他尽全力想要完成的工作。”

赵萝蕤在《我的读书生涯》里还追述了她和陈梦家在美期间快乐的文化生活，“我和梦家商量，必须尽我们所能，享受美国社会所能提供的和个人文化教养有关的一切机会，不论是听音乐、看戏、参观各种博物馆等。我们听了许多音乐会，不论是交响乐、器乐、歌剧。其中最著名的如瓦格纳歌剧的著名女高音柯斯顿·弗莱格斯旦德，黑人歌唱家保罗·罗伯逊主演的莎翁名剧”①。

三、1947年：《美国所藏中国铜器集录和中国铜器综述》书稿

陈梦家决意年内回国，春时，与清华大学国文系主任朱自清多次通信，了解学校现状，以及他返校后的住所、课程安排等。2月12日，朱自清致信陈梦家。

2月14日，梁思成致信陈梦家。

梦家兄：

手示敬悉。见主编全美铜器目录，庆幸得人，不胜钦幸。弟在此上已上轨道，功课进步颇为顺利。虽弟本是木匠出身，对于石匠活，亦因调查所见摩崖不少，略可吹嘘一翻，但对于画史，则从未有系统的“研究”过，不免多抱佛脚耳。

承指示各博物馆之可看者，不胜感谢。弟最近更因被外交部强派（未征同意即已发表）为联合国新会作建筑顾问团中国代表，每周须在NY工作三天，四个月为期，一时恐更无法畅游矣。参观之举恐须在暑假中，联国工作完毕之后，沿路西行停留参观

① 赵萝蕤：《我的读书生涯》，北京大学出版社，1998年，第5页。

而已。芝城一时怕难去得，兄何时离美?弟拟八月中旬设法直航塘沽或秦皇岛，若能同舟则妙矣。

半月前弟曾上Princeton，Rowley，正以兄不能出席为失望，不知何否改变计画？Sicrman届时将去，当可会面，但弟到坎落市亦恐须在暑假中，彦老亦被请，不知能去否？

附上彦老函，乞转交，耑此敬颂俪福。

弟　思成　拜上

二月十四日

3月5日，陈梦家写信朱自清，告知9月内回校。

4月，美国普林斯顿大学为纪念建校二百周年举行国际的东方学术会议。该会分社会经济、艺术考古两组，后者特别提出中国的铜器、绘画与建筑为讨论的中心。清华大学美术系邓以蛰因时间仓卒没有参加，陈梦家与同校的冯芝生（友兰）、梁思成参加。他们当时深感中国艺术在国际上有超越的地位，而沟通中西文化，介绍中国的精粹于西方，中国艺术实为最好的媒介。近数十年来，我国古物流传海外，为数甚巨。反顾国内大学，曾无一校有中国美术的专系。他们深感有自负此责任的需要，在大学中设立专系，并创办大学博物馆。这成为日后成立清华大学文物陈列室的缘起。①

4月18日，陈梦家写信给袁同礼，联系飞赴英国事宜。

5月2日，袁同礼复信给陈梦家。

梦家吾兄：

奉到四月十八日手启，欣喜种切。中德外交关系一时不易恢复，前曾建议由政府派台端赴德接收铜器，此时尚嫌过早，敝意不如先行返国，俟将来有机会时再行赴欧。如此时愿由美短期赴

① 陈梦家：《清华大学文物陈列室成立经过》，载《梦甲室存文》，中华书局，2006年，262页。

英，一行往返川资约四万元，及在英两万，住宿旅行约四万元，可托人向British Council（英国对外文化协会）设法补助，似可由尊处函（附介绍函）陈通伯（源）先生，以前杨金甫汪敬熙赴英均British council招待。惟目前由美赴英及由英返美，订购船票均属不易，似宜早办是荷，鄙馆经费困难已向北大借款，勉维现状，更不易购到外汇也，余容再陈，顺颂

旅安

弟　同礼拜

五月二日

陈通伯通讯处：Dr. Chen Yuan

Sino British cultural Assrciation 62 New Caren dish Street, London，w.L.[①]

5月13日，时任清华大学国文系主任的朱自清先生对陈梦家提出或询问的问题一一回复，详细告诉他到清华后的课程安排和住宿等情况。

梦家先生惠鉴：

前接三月五日手示，欣悉。先生九月内决可到校，至慰。所开学程，除文字学（二小时）外，尚拟请开卜辞研究（三小时，下学期），铜器铭文研究（三小时，下学期），及说文（二小时），古文字学及尚书，本年已开过，拟隔年再开。其说文一科，至希惠允开讲，俾可一新陈容，并盼早日惠覆。至住宅事，已请校长特许保留一所，与战前在校园同人同例。至何处住宅现尚未定，惟盼台端务于九月内到校，免生枝节。

高本汉来平事不知能提前否？至念。冯先生有去檀岛一年之意，此间却切盼其回校，除另行去信外，并请函劝其打消去檀岛

① 方继孝：《陈梦家往事》，载《碎锦零笺：文化名人的墨迹与往事》，山东画报出版社，2009年，第9页。

之原议。至托。

了一先生[1]同校与否，尚无确信，下年度系中新聘李广田先生，任现代文学方面课程。并拟聘张清常先生[2]任音韵训诂等课，尚未大定。

系中学生本年度共二十七人，语文组只四人。二十七人中联大分发者甚多，联大无语文组，亦语文组人少之一原因，但主因实在教授方面，无专授语文者。下年度先生回校，好极。了一如若亦能回，则更圆满矣。

清华复员情节尚称迅速。昆明文科研究所书籍大部到平。先生一小部分书籍亦已到此，至存毛先生处之等书，前晤毛先生谈及，据云尚存昆明，想毛先生已有信奉告矣。系中下年度许骏斋兄拟休假在国内研究。匆此即颂

近安！

又在美购书，中文系约有三千美金，请酌购汉学、语言学、文字理论及批评，英译中国文学名著四方面书籍，但校中正式信恐尚未寄出，Waley[3]译《诗经》二部，Stern Meaning，chang of meaning一部，Lowes，Road to Xanadu[4]一部，Meucken美国语言的Sapplement一部。

自清　顿首

卅六、五、十三

现所想到者，又著者名忘记，书名Gusta Word一部，夫人均

① 王力。

② 张清常（1915—1998），语言学家。贵州省安顺县人。1937年毕业于清华大学研究院中文系。曾任教于浙江大学、西南联合大学、内蒙古大学、南开大学、清华大学、北京师范大学、北京语言学院等校。

③ Arthur Waley（1888—1966），即亚瑟·威利，著名英国汉学家、文学翻译家。

④ 1927年，约翰·利文斯通·洛斯John Livingston Lowes出版《仙那度之路》，是一本博学又有侦探风味，颇有超文字概念的书。

此致意。闻先生集已定交开明印，现在编辑中。[①]

6月5日，朱自清亲自为陈梦家选定胜因院平房十二号作为回校后住处。

6月6日，朱自清写信给陈梦家。

梦家先生大鉴：

前寄一书，计已达览。住宅已于昨日代为选定，系新建胜因院平房十二号，较近学校中心，在旧大门外河南岸偏西。聘约兹寄奉，应聘书乞早日寄回秘书处。国内近有学潮，现虽略平静，但一切仍在动荡中。北平情形表面如常，但物价涨，人心殊不安也。匆此即颂

俪安

朱自清顿首

卅六、六、六

又，英文翻译的中国文学作品，请尽量代为购储，本系有美金三千元作购书之用，请与孟治先生接洽。又及六、十[②]

6月，陈梦家完成《美国所藏中国铜器集录》编辑。

7月12日，朱自清去信陈梦家。7月15日，朱自清去信告知陈梦家所任课程。

梦家先生：

日前一信计可先承惠览。关于先生所任课程，兹拟略加变动，除说文及文字学概要照原议外，拟加古文字学三学分，在下

① 方继孝：《陈梦家往事》，载《碎锦零笺：文化名人的墨迹与往事》，山东画报出版社，2009年，第11页。

② 同上，第10页。

学期讲授。此系语文组必修学程，下年度至少有四年级语文组学生一人，故必须开设，至铜器铭文一科，仍拟开在上学期。卜辞研究一科，下年度可暂不开设。至希惠允，为感！致颂旅祺！

朱自清请启

卅六、七、十五

又，先生住宅暂由李广田先生借住，李先生住宅在达园，俟修理竣工即迁入，附一奉闻。又及。[①]

1947年上半年，陈梦家在美国波士顿美术馆见到鲁侯熙鬲，作《鲁侯熙鬲考释》，“铭3行13字。器高至口17.1，腹径14.5厘米”，刊于ARTBUS ASLAE 10：2。[②]他“在纽约见抗战间出土‘燕医作旅盂’一对，有盖，口径19、高19厘米；惜不记其形制”，有铭文。[③]

陈梦家“1947年在一次讲演中，曾特别提到铜器区域分组的重要性，以为燕、赵接壤，所以燕、赵铜器自成一系（《学报》7：16）。当时实未见到燕器实物，不过作此推想而已”[④]。

上半年，陈梦家在纽约市古肆中见到公姞鬲，“铭6行38字。器通高31厘米，高至口25，口径27，宽35厘米”[⑤]。

8月14日，北京大学教授罗常培在致董作宾的信末记“晤梦家萝蕤时也替我道歉，恕我没能去看他们”。

8月，陈梦家从纽约飞往欧洲，临行之际他向卢芹斋告别，希望后者对自己回清华筹备博物馆有所帮助，后者也同意捐献几件铜器。陈一眼就选中了卢的收藏里那件编号a714的“命瓜壶”（后改名为嗣子壶，现为一级文物存放于国家博物馆），至于他如何打动老谋深算的卢芹斋今人很难得

① 朱自清：《朱自清全集》第十卷，江苏教育出版社，1998年，第466页。
② 陈梦家：《西周铜器断代》上册，中华书局，2004年，第92页。
③ 同上，上册，第49页。
④ 同上，上册，第51页。
⑤ 同上，上册，第136页。

知。方继孝说："他后来在信件里对赵萝蕤提到一些当时的细节，卢说自己对祖国有愧，不愿意见国人。陈梦家说你要取得人民、国民政府谅解，不让别人觉得你是坏人，就捐献一样东西给国家。"

8月至9月间，陈梦家游历英国、法国、丹麦、荷兰四国首都，收集流散国外的青铜器资料。"为了搜集这些照片，也曾跋涉了许多路程，历经艰难，颇费口舌之劳。许多照象，虽皆假手它人，但有若干部分是我自己在场的。"①

在巴黎停留一周，他先后参观奇美、卢浮宫博物馆，还去卢芹斋公司的巴黎老号即卢公司巴黎总店，"看不到太多的铜器，但是那间书房内还有不少考古书，那是伯希和教授生前常去的地方"②。

在英国伦敦3天，陈梦家参观大英博物馆。在汉学家高本汉陪同下，瑞典国王接见他。在瑞典京城远东博物馆见到罗振玉旧藏的己姜毁盖，"铭4行19字。器失，存盖，口径15.5厘米""此盖作大鸟纹，应是康王时器"③。另还见到一盉作鼎足盉形，铭曰"师转乍宝""，与转盘为一对。因此，知盉又名鎣，而鼎足与短尖足之盉或名鎣或名盉，并无分别。④

在陈梦家《西周铜器断代》书中，留下了他寻访青铜器的两则记载，"器⑤在英国Neill Malcolm处，1947年夏见于伦敦（此毁曾由英国伦敦大学的大维德基金会保管，1977年归不列颠博物馆）"⑥。

8月，陈梦家在伦敦Mrs.Walter Sedgwick家中，见到守宫盘，"铭7行67字。旧日著录者，均以为尊，高本汉《殷周铜器》录其盘形而未录拓本。……口径在50厘米以上，圈足内有一阳纹的龟"⑦。

9月1日，朱自清写信陈梦家。9月3日，陈梦家"在离伦敦不远有一

---

① 陈梦家：《陈梦家学术论文集》，中华书局，2016年，第653页。
② 陈梦家：《记纽约五十七街中国古董铺》，《周论》1948年第2卷第6期，第4页。
③ 陈梦家：《西周铜器断代》上册，中华书局，2004年，第130页。
④ 同上，上册，第213页。
⑤ 康侯毁。
⑥ 陈梦家：《西周铜器断代》上册，中华书局，2004年，第11页。
⑦ 同上，上册，第185页。

家很好的私人收藏（Herbert Ingram爵士旧藏），我在那里看了整整一天”[①]。9月4日，陈梦家在伦敦机场写信高本汉，飞赴芝加哥。

9月19日，陈梦家谢绝美国罗氏基金某负责人关于留美定居的申请，离开旧金山乘船回国，赵萝蕤继续留在芝加哥，以完成她的博士论文。索马里的《陈梦家：考古学家之陨》描述，1947年9月，陈梦家带着成堆的文献资料回国时，身上只剩10元，还要借垫付税。这里的税款是指他要为超重的文献书籍补税。在外三载有余，收入之外，尚欠债数千元。所幸之前他先取道香港，去找开药店的二哥陈梦士，二哥赠他港币40元（他用来买了一件羊毛衬衣，理发），国币100万。一到上海，他就去拜见时任中央航空公司副总经理的查阜西，请他为自己购置一张从上海回北京的机票。[②]

自1944年9月至1947年9月整三年中，在多方帮助下，陈梦家将寻访青铜器的资料最终汇编成英文书稿《美国所藏中国青铜器集录和中国铜器综述》，其中图录部分《美国所藏中国铜器集录》一书，共收入37家博物馆、图书馆和大学等公家收藏机构，以及62位私人藏家、13家古董店所藏共845件青铜礼器，其中尚未包含青铜乐、兵、车马和日用器具及欧洲、加拿大所藏铜器。在这一过程中，陈梦家所见铜器估计在三千件以上，他亲手摩挲了其中绝大部分，并摄影存档。1962 年，《美国所藏中国铜器集录》被改名为《美帝国主义劫掠的我国殷周铜器集录》后终于得以内部出版该书所收器物，首先按照器物名称分类，在每一大类之下，又据实际情况按照器物形制分以小类，比如鼎分九小类，觯分四小类，壶分十小类等。每器著录八项，各项有则著录，无则阙如。第一项，器物图像的既有著录。第二项，铭文的既有著录，以及铭文拓片在该书中的编号。这两项著录，陈梦家下了相当的材料功夫，考察是否有著录，著录在何处，为使用者提供了很大的便利。第三项，著录器物的尺寸，包括通高、口径、

① 陈星灿、马思中：《陈梦家致高本汉的两封信》，《万象》第7卷第12期，辽宁教育出版社，2005年。

② 索马里：《陈梦家：考古学家之陨》，《三联生活周刊》2014年第21期。

宽度和长度。这一项是前人著录中固有的，不过，前人多以旧制的尺、寸为单位，该书则以厘米为单位，为新制。第四项，按原款式著录铭文的行数、字数及隶定后的释文。这也是沿袭前人的著录，不过，陈梦家有着出色的古文字功底，文字隶定较前人更为准确。第五项，著录器物的大致年代。陈梦家主要根据形制、纹饰、铭文、出土地点以及与同类型器物相对照来判断，较前人更加科学。第六项，器物的递藏情况。第七项，器物当时收藏的所在之处。陈梦家特别说明，此项著录的截止时间是1947 年夏，也就是他归国之前。第六、七两项所具的学术价值，不为前贤的著录所重视，该书特意指出，这也是该书体例上超越前贤著录之处。第八项，著录其他事项，如器物现状、相传的出土年代与地点、铭文的简要考释、器物形制与纹饰特点的说明等。

采用这样的体例，可以完整反映出青铜器相关信息，这是陈梦家对青铜器著录方式的思考与实践：一是分类。著录时，应该分别部居，以类相从。同类器物，还要再按照是否同族而分不同组别。二是分期断代。著录时应该注重年代学，而分期又不宜过细，要注重器物纹饰、形制演变在断代中的意义。三是地域特征。这种基于考古学视野之下的更为科学的著录方式，是陈梦家对于考古类型学的自觉实践。当然，陈梦家的这些思考，是以他对于器物本身有着精深研究为前提的。此后，学者所作古器物著录之书，在细节上可以做到更精密，考证上可以做到更科学，而大体内容则是沿袭《美国所藏中国铜器集录》的著录体例。如2012年出版的吴镇烽《商周青铜器铭文暨图像集成》，其著录体例也基本上是在沿用该书体例。也就是说，该书作为一部典范的古器物著录之作，不但在青铜器研究领域有重要意义，而且在古器物著录体例上有奠基之功。在当时历史条件下交通、通讯、摄影等技术远没今日发达便利，陈梦家独自完成这种艰巨浩大的工程，其中付出的努力与艰辛是难以想象的。

北京大学历史学系副教授韩巍说："陈梦家去美国的前后，他的学术体系有了一个质的飞跃。他的特点之一就是系统化。比如研究甲骨文或者青铜器，有哪些重要的材料，以往的研究到了什么水平，有哪些问题现在要去推进。他的书等于是一个学术指南，比较符合西方考古学界的思维方式。”

10月21日，陈梦家回国后，在时任清华大学国文系主任朱自清帮助下，任教清华大学中文系教授。住清华园内胜因院12号。同日，赵萝蕤写信陈梦家。

10月22日，朱自清致信陈梦家。10月24日，陈梦家参加中国文学会的迎新会。10月29日，陈梦家出席吴泽霖迎接新同仁的宴会。

10月31日，陈梦家收悉赵萝蕤21日的信，“知道德文考过了，正在大读HJ，极为欢喜”。陈梦家“上一天课，去谢了范天祥①，他自己运了三十多件。我请带六件为小数，不要我付钱，甚客气。顺便看了包贵思②，正在院中与老木wood吃茶，坐在曾经借过我们的小方桌上。老包与在纽时差不多，房子一点未变，木头老了。将告老，或将住到包处。包送我Desk pad一张。口口声声念你不止。晚间吴泽霖（现作教务长）请饭，朱自清也去了。我已见过林徽音，他腰子有TB（注，即肺结核），将入院。”③

本月，在《学原》第1卷第6期发表《上古天文材料》，在《清华学报》第14卷第1期发表《尧典为秦官本尚书说》。

11月1日，陈梦家写信给在美国的赵萝蕤。

> 今日再入城，中央公园小坐春明馆。于胡适处见到端公，他明日飞沪，未托带物，不知其突然走了。胡欢迎你回，将提出北大请你，给路费四百。我请他帮忙赴英之事，他说希望极小，因英国人要自己安排，排定某人去某校住一年半载，不能请人去

---

① 范天祥，美国传教士，英文名Bilss Wiant，1895年圣域卫理公会一牧师家。1923年来中国任教燕京大学。擅长弹钢琴，1931年与赵紫宸合著《团契圣歌集》。1936年出版《普天颂歌》。

② 包贵思，英文名Crace M.Boynton，燕京大学英文系的美籍女教授。

③ 方继孝：《陈梦家往事》，载《碎锦零笺：文化名人的墨迹与往事》，山东画报出版社，2009年，第53页。

二三个月，他希望你即回，此事令人失望。去看印度教授及汤太太，均在胡宅后，皆未遇。与仁政午饭之后上天桥买定八仙桌二，一黄花梨者，一红木。如此大件已定，尚缺凳子，柜子，书架，须我自己买，不能劳他再买，因他已填了千万左右。

闻你欲作衣，在其店中挑一件古铜色的缎子（世货）并里子（他说算是吴保送的，你收到后，照例谢他一谢），即交□子作了交老三带，那里无深（蓝紫）的，只可取古铜者，市价约七八十万。硬木货皆能相配合（尺寸太大一些），请放心。北大文科研究所甚努力，进展极快，而清华国文系死气沉沉，殊可虑，今年李广田加入为副教授，王瑶讲师，教员何[①]、冯[②]、季[③]、毕奂午、赵仲邑，助教范宁、马汉麟、叶金根、朱德熙、王宾阳、陆永俊（以下缺）。[④]

10—11月间，陈梦家回国后安排空闲走访了在京的师友。当时，容庚在抗战胜利北大被教育部接管后，被傅斯年轰出北大去往岭南大学。唐兰在复校后的北大任教，于省吾在辅仁大学任教。陈梦家见到了分别十年的于省吾，向他述说了在美四年中所见我国流失欧美青铜器的大致情况，以及早些年河南某些地区出土的青铜器的下落。于省吾对此大加赞扬，鼓励他抓紧将在欧美搜集到的资料尽快整理出来，以供国内学者研究之用。陈梦家告知已经着手整理编撰。

陈梦家还与于省吾一起到故宫博物院看望马衡，参观德国杨宁史所送的铜器，陈梦家对铜器器型、名称、断代及铭文的精准辨识，令于省吾、

① 何善周。

② 冯钟芸。

③ 季镇海。

④ 方继孝：《陈梦家往事》，载《碎锦零笺：文化名人的墨迹与往事》，山东画报出版社，2009年，第53页。

马衡刮目相看。自此，马衡常邀请陈梦家来故宫协助鉴定。[①]

清华大学决议“筹设文物陈列室以作大学文物馆的基础。第一步为利用校中购书特款，移作购买古物”。梅贻琦委任陈梦家为筹委会的主任。11月9日，朱自清来访。11月21日，陈梦家作客朱自清家。11月22日，校长梅贻琦为梁思成、陈梦家举行茶会。11月27日，陈梦家与朱自清、潘光旦去法文图书馆选书。11月28日，系内同仁聚餐会。“梦家建议买些古铜器（系秘书忘了邀请他，直到会餐前才打电话请他来）。”[②]

12月5日，陈梦家致信胡适。

适之先生：

我的那篇关于孔安国的文章，叫作《古文尚书作者考》登在内地出版的《图书季刊》（北平图）新四卷第三四期合刊本。经你的一提，我遂把另外一篇《尧典为秦官本尚书说》钞出来了，预备在清华学报登，你想必已有了陆志韦先生的《古韵略说》。我的岳父最近继《耶稣传》之后出版了《保罗传》，不知你爱看一看吗？

报上说你主张明春组织教育团体到日本去考察，这真是很紧要的事。我自己极想寒假内有什么机会去看看那里的中国古物，所以盼望你的计划实现，此请

撰安

梦家上

十二月五日[③]

12月上旬，陈梦家与梁思成、邓以蛰联名致信梅贻琦校长，题为“设

---

① 方继孝：《耿介敢言忠诚于学术的一代学人——于省吾与陈梦家》，《关东学刊》2017年第10期，第143页。

② 朱自清：《朱自清全集》第十卷，江苏教育出版社，1998年，第482页。

③ 耿云志主编：《胡适遗稿及秘藏书信》第35卷，黄山书社，1994年，第525页。

立艺术史研究室计划书”，建议清华大学设立艺术史系及研究室。

12月18日，清华大学校评议会议决：“原则通过为促进中国艺术史研究，该校筹设艺术史研究室，并由有关系商设选修学程，以增进学生对于艺术之欣赏。”陈梦家到黄伯川古玩店，为学校买古铜器。

本月，陈梦家在清华园写作《论习文史》，原载1948年1月31日《观察》第3卷第23期。对抗战后“文史少人问津”的现状表示忧虑，“应有文史知识，藉此知所以为政，藉此知所以修身成一良好的公仆”，“凡为中国人，必须对他自己的历史文化有所了解，必须由研究此等文化而发生真正爱国之心，而至使其人有理想怀抱而不作恶败坏国家”[①]。本月，陈梦家作《世本考略》。

这年，陈梦家作《中国铜器概述》英文稿本。

① 陈梦家：《论习文史》，载《梦甲室存文》，中华书局，2006年，第260页。

第五章　醉心古物（1948—1950年）

王世襄曾评价陈梦家是他从事明清家具收藏的启蒙者。

一、清华文物陈列室、中国博物馆协会理事

（一）古物购买及研究

1月元旦，陈梦家整理《六国纪年表》补考证。

1月10日，陈梦家在清华大学胜因院写作《海外中国铜器的收藏与研究》，原载1948年2月6日《天津民国日报》。文中“提出研究中国青铜器的意见：第一，是铜器时代，应该分成比较少的时期，这要靠年代学者的研究。第二，是花纹形制的发展踪迹，可以作定时代的标准，然而它必需和铭文的字体、文法内容的时代，相辅而行。第三，是应该注意铜器的地域分布，即铜器出土地和铜器所属的国别，此可以从铭文所说明的国别，发掘以及传说上的出土地得到。第四，依照铭文或同时出土者，将铜器由其属于或作于某一家族而分为若干组。简言之，对于铜器，需注意其本身的各方面，即花文、形制、铭文、字体、出土地、组属、表面处理，与铸造技术等，又同时注意其与书籍的互相印证。”“过去四年的功夫所见到重器约二千件左右，车器用器等约数千，尚不计汉以后佛教铜器在内。”[①]

1月11日，陈梦家在北平历史博物馆联合中国文物照片特展的学术演讲会上发表演讲。

1月19日，文学系王瑶对朱自清反映“陈梦家对系内意见颇多，并提出批评。……认为整个中文界之研究工作过于陈腐”[②]。

---

① 陈梦家：《海外中国铜器的收藏与研究》，载《梦甲室存文》，中华书局，2006年，第303—309页。

② 朱自清：《朱自清全集》第十卷，江苏教育出版社，1998年，第489页。

1月20日、24日，朱自清写信陈梦家。

本月，陈梦家在清华园写作《孙诒让先生百年诞纪念》，原载1948年1月24日《申报·文史》第七期，“我十余年来常读孙氏的书，大大的佩服他的治学的方法，以为晚清治文字学者第一人”“今日金文甲骨已成为史学文字学中最重要的材料，而古文字学亦方兴未艾，我们不得不归功于孙仲容先生”①。

陈梦家收藏明清家具最为痴迷的时期是1947年他回国之后，清华大学给了他一处住宅，他开始买家具是为了家庭起居生活的需要。陈梦家常单独或与潘光旦、吴泽霖等同仁，进城到德胜外、鼓楼、后门大街、隆福寺、东四、瓷器口、鲁班馆、东晓市、天桥西大街等古董店、旧书铺和木器店，寻觅有价值的文物、家具。有时还联络于省吾或唐兰，于省吾会设家宴，或约上唐兰在烤肉季等饭馆吃饭。②

1947年底至1948年春，是陈梦家购藏颇为丰富的时期。

1948年后，赵萝蕤已决定提前回国。陈梦家为了爱妻的归来，几乎每周休息日都要到城里的古旧家具店去寻觅称心的家具。每购置到一件如意的家具，他都要写信告诉远在异国他乡的妻子。

1月30日，陈梦家写信赵萝蕤。

> 我以年关之故，颇拟收买小物，以备他日不时之需。故忍痛托来薰阁代卖普喜伦“石刻”（我有二本）及北平图书馆之《海外铜器》（尚存二部），约可得四五万，用此买物。在于省吾介绍（乔姓）小铺（此人在琉璃厂铜器好手）买商平勺一，鸮尾一（白石的）合150万，未付。在卡白克介绍的袁世香处买小鹿（极小极精），小猪（以上两个实心的），蜷卧兽片各一，皆绥远陕北出土（英文），洋人心目中之上品，极为难得。尚未付。袁送

---

① 陈梦家：《孙诒让先生百年诞纪念》，载《梦甲室存文》，中华书局，2006年，第232页。

② 方继孝：《耿介敢言忠诚于学术的一代学人——于省吾与陈梦家》，《关东学刊》2017年第10期，第143页。

宋瓷三件，寄存定州窑的盆子一个。

今日在东单小市买喷银小碟（烟碟或茶托的样子）八个，红木扁方文具架，附一对活动小扁抽斗，好玩。今日书桌上陈列，甚觉可观。所买小古董，除陶镜（200万）（前几天送来的）已付外，其他未付。陶镜（墓葬用的）极稀，所见纽约法人（英文名）有一秘不示人，我的又胜过他的，战国晚期，又与漆器相比，上有朱绘极精花文。

近日现款奇紧，而又拼命收买小物，因价格太便宜，失去可惜。此等东西，别人未必懂得它的妙处，而我们将来万一有窘迫，可换大价钱也。若不需如此，自己留着亦极可贵，我实愿自留赏玩。你看了必高兴，稍等拍照给你。

我又三万五万买了些旧书，来薰阁送宋版一页，框子不佳，可以暂挂，亦尚有趣。我因受潘光旦之托，收买高价的好版（宋元明）书，以资救济书商，故书商大为捧我。可惜无现款，此时买书太便宜，尤以线装书比白纸本子都便宜几倍，可谓惨极了。[①]

2月1日，朱自清来访。2月3日，陈梦家与吴晗、朱自清、潘光旦入城，先至西湖营买宫衣十余件。次至尊古斋同吃饭，买古物四千万。陈梦家买紫檀笔筒一个、小瓷碗四个。[②]

2月5日，梅贻琦校长拨五千万，叫陈梦家年前买古物，哲学系送来一千三百万。为学校购买许多文物，并成立“文物陈列室”。陈梦家多次与朱自清、潘光旦、吴晗等同事到琉璃厂等古董店为学校选购古物。

2月20日，陈梦家在给赵萝蕤信中说，“昨晚住郑家，在于省吾家晚

① 方继孝：《耿介敢言忠诚于学术的一代学人——于省吾与陈梦家》，《关东学刊》2017年总第10期，第144页。

② 方继孝：《陈梦家往事》，载《碎锦零笺：文化名人的墨迹与往事》，山东画报出版社，2009年，第13页。

饭，也有唐兰，于见了面也是托卖古物”。[①]

2月25日，陈梦家购买一张明代小方桌，“愈看愈爱，邓叔存[②]、王宪钧[③]来看，均羡慕不已。邓叔存又要我让。他们居然估价一千万。现在我在清华的家具，要算是最好的”[④]。

2月29日，陈梦家写《美国的汉学研究》。

2月，冯友兰“返校主持此会，遂决议于本年四月二十九日清华三十七周纪念日，将文物陈列室正式成立，公开展览”。

3月6日，于省吾写信托卖所藏甲骨。

梦家仁兄左右：

前收一缄，相邀台览。燕王剑可令高有声来取。舍下甲骨在私人收藏方面略有可观，为弟十余年之所聚，兹因小儿第二期结汇为时所迫，需款孔棘，务恳分神向贵校当局关说俾庇可成，至以为感，并请暂守秘密，勿向他人道及为荷。专此奉□，即颂撰祺。

弟　于省吾　顿首

六日[⑤]

3月8日，陈梦家写信赵萝蕤：“学校将大举买物，使我更忙碌。今日上午购书闹到午后一时才止。于省吾将以全部甲骨自己送来代售。对于古董贩子，经三月训练，已略知对付，这班人其实简单，故弄玄虚而已。希

① 方继孝：《耿介敢言忠诚于学术的一代学人——于省吾与陈梦家》，《关东学刊》2017年总第10期，第144页。

② 邓以蛰（1892—1973），安徽怀宁人，中国现代美学的奠基人之一，两弹元勋邓稼先之父。

③ 王宪钧（1910—1993），逻辑学家。祖籍山东福山，1933年清华大学哲学系毕业后考取系研究生，师从金岳霖。1938年回国任教西南联大，1946年起任教清华大学。

④ 方继孝：《陈梦家往事》，载《碎锦零笺：文化名人的墨迹与往事》，山东画报出版社，2009年，第68页。

⑤ 方继孝：《耿介敢言忠诚学术的一代学人——于省吾与陈梦家》，《关东学刊》2017年总第10期，第144页。

望你搬家以前把书全部寄出。”[①]

3月10日，启功致信陈梦家。

梦家先生：

前承询辅仁所藏甲骨，据图书馆负责人谈，天壤阁已印者外尚有卅一片，现在本馆所存全份拓本，只胜[剩]一份，故不便投赠。此外有残本两份，一存世廿八片，一存两片，如不嫌残缺，可以交换，无论书籍图片均所欢迎，如无可取，尚希示复，俾不专为我公保留也。专此即颂

撰安

弟　启功　拜

三月十日[②]

3月13日，在《观察》第4卷第3期发表《敬悼甘地先生》。3月18日，朱自清写信陈梦家。3月22日，陈梦家访朱自清。

1948年，陈梦家在北京见到召尊，“铭7行46字。同出者尚有一同铭之卣，……1951年7月归上海市文物管理委员会，徐森玉先生见赐两器的拓本及照片”[③]。

（二）清华文物陈列室

陈梦家回到清华大学时，清华中文系的氛围整体已经“左倾”。私底下，在陈梦家的眼里，除了朱自清还算是学问家外，李广田、吴晗等人的政治激情都盖过了他们的学术造诣。而冯友兰也要到1948年下半年才回

① 方继孝：《耿介敢言忠诚学术的一代学人——于省吾与陈梦家》，《关东学刊》2017年总第10期，第144页。

② 方继孝：《陈梦家往事》，载《碎锦零笺：文化名人的墨迹与往事》，山东画报出版社，2009年，第65页。

③ 陈梦家：《西周铜器断代》上册，中华书局，2004年，第32页。

国。这段时间，陈梦家的精神相对而言是比较寂寞的，他的性情依然对政治很冷淡，这在客观上迫使他将精力投向清华文物陈列室的筹备。①

4月3日，朱自清“与芝生、梦家共同察看图书馆北侧，计划作为博物馆址。下午访梦家，看甲骨”。②

4月10日，陈梦家在清华园剩殷书房写作《六国纪年表叙》，“此表之作，于选用《纪年》材料力求审慎抉别，于不解之处或材料不备之处，皆本阙疑之义，不敢妄加推测，庶几为利用古材料以复原古年代的一种试探”。此文发表于1948年《燕京学报》第36期。③

4月13日，清华大学校务会议议决：通过美术史研究委员会请拨图书馆书库北之楼梯间，设立文物陈列室，由陈梦家主持采购一批文物。

4月25日，陈梦家在清华园写作《清华大学文物陈列室成立经过》，原载1948年5月1日天津《大公报》。“去夏（1947年）梁先生（梁思成）回校，与郑先生（郑以蛰）共同提倡，十一月间遂成立了中国美术史研究委员会，由有关的中国文学系、哲学系、人类学系、历史系、地质系、外国语文学系等教授十人组成。第一步工作为利用校中购书特款，移作购买古物。……今年二月间冯先生返校主持此会，遂决议于本年四月二十九日清华三十七周纪念日，将文物陈列室正式成立，公开展览，使校内外人士得随时观摩。”“因款项有限，而我们的目的不在求精品而在求示范的佳品。所以在三四月当中，搜集已小有可观。其中以商周铜器较多，其他玉器、陶器、骨器（包括一大宗私藏甲骨）、石器、漆木器以及汉以后的磁木瓦器等等，亦分门采集。”④

经过1947年12月到1948年4月，清华大学所有的文物已初具规模，其中商周铜器122件，玉器15件，石器29件，陶器73件，骨器（包括一大宗私藏甲

---

① 索马里：《陈梦家：考古学家之陨》，《三联生活周刊》2014年第21期。

② 朱自清：《朱自清全集》第十卷，江苏教育出版社，1998年，第500页。

③ 陈梦家：《西周年代考·六国纪年》，中华书局，2005年，第81、201页。

④ 陈梦家：《清华大学文物陈列室成立经过》，载《梦甲室存文》，中华书局，2006年，第263页。

骨）730件，瓷器4件，木器8件，杂器（漆器铅器等）10件，共计1000件。

4月29日，清华大学文物陈列室正式成立，公开展览。是日为清华大学建校37周年纪念日。冯友兰任主席，展室设在清华大学图书馆第二阅览室。作为艺术系成立的必备条件之一，文物陈列室的成立标志着清华大学文物收藏与艺术史研究事业“从此发轫，渐图开拓”。

5月21日，梅贻琦校长在清华大学校评议会上报告“该校成立艺术史研究委员会及由该会筹设文物陈列室经过”。

（三）中国博物馆协会理事

1935年中国博物馆协会成立。1937年遭受“七七”事变战争影响，中国博物馆事业遭受严重损失。韩寿萱（1899—1974），是近代留学的学人中唯一受到欧美博物馆学专业训练的学者，1931年留学美国，先后在华盛顿大学、纽约哥伦比亚大学攻读博物馆学，获硕士学位。1937—1946年，在纽约大都会艺术博物馆工作。1947年回国任北京大学教授。1947年，他在《教育杂志》第32卷第6号发表《中国博物馆的展望》，洋洋洒洒，半文半白，旁征博引，介绍了二战后国际博物馆学界前沿观点，阐明了作者对博物馆的期望，“对于此等重要事业，关系文化，关系教育，于此艰苦困难之境，亦不能不急起直追，展望将来，奠一良基”。文中韩寿萱提出了改善中国博物馆的建议，博物馆收藏的合理化、教育的必要性、陈列的意义化和人才的专门化。

1948年，北京大学历史系下设博物馆学专修科，讲授博物馆学课程，学制2年，韩寿萱任主任，裴文中、唐兰、沈从文、陈梦家、张政烺等知名学者都兼职该科授课。正是在韩寿萱等有识之士的倡导下，1948年中国博物馆协会恢复工作。

5月3日，韩寿萱、沈从文、唐兰一起发函邀请陈梦家参观北京大学博物馆筹备情况。

梦家兄：

昨天得看好东西，谢谢。博物馆筹备尚无甚成绩，明日五四希望约同好来参观指导。此颂□安。

韩寿萱、沈从文、唐兰 顿首

五．三[1]

6月4日下午4时，陈梦家参加在北京大学孑民纪念堂举行的中印绘画联合展茶会，故都文化界冯友兰、徐悲鸿、沈从文、叶浅予、季羡林、王青芳、朱光潜等中外人士八十余人出席。陈梦家与他们合影留念。

7月22日，中国博物馆协会发函邀请陈梦家参加会议。

敬启者：

兹定于七月二十六日（星期一）下午四时假故宫博物院会议室（由神武门入）举行会议，届时即请，莅席为荷。此致

梦家先生

中国博物馆协会谨启 七月廿二日

梦家兄：是日午晚两餐，弟已备妥，届时请莅舍便谈，万勿客气。

弟寿萱附言

7月26日，陈梦家参加中国博物馆协会会议。7月，陈梦家当选中国博物馆协会理事。同时当选理事的有马衡、袁同礼、徐炳昶、韩寿萱、徐鸿宝、向达、梁思成、李书华、李济、唐兰、金毓黻、傅斯年、袁复礼、杭立武、裴文中、庄严、张元济、黄文弼、王世襄、郑振铎、常惠、叶德礼。

8月3日，中国博物馆协会发函邀请陈梦家参加理事会议。

① 见2016年5月22日浙江六通拍卖春拍，第111号拍品，国立北京大学博物馆筹备处用笺。

谨启者：

兹定于八月六日（星期五）下午四时半在故宫博物院会议室（由神武门入）开理事会，讨论本会重要事宜，届时务请台端出席。因法定人数关系，倘因事不能列席，乞请托其他理事代表，是荷。

此上陈梦家先生。

中国博物馆协会谨启　八月三日

星四□卷有特别列入款，务请午三点到舍下，有肉可吃，乞勿却。

萱　敬上

8月5日，马衡致信陈梦家。

梦家先生大鉴：

前得惠书以俗冗未即裁答，歉甚歉甚，杨宁史铜器铭文拓本前经商定，审查人各送一分，此外别无赠送。承示允赠一节，恐系涉及秦公簋拓本而误，台端在冯家审查铜器时曾谈及，后泛者离平，遂即阁置，兹特附呈，专复敬颂著祺。

马衡　上言

八月五日

8月10日，在清华园写《记纽约五十七街中国古董铺》，提到1944年12月参观卢芹斋公司，以及卢公司推销古物的方法。

8月12日，对陈梦家有知遇之恩的清华大学中文系主任朱自清教授贫病交加，在北平府右街北京大学附属医院病逝。8月16日，遗体在广济寺下院火化。

10月24日，清华校方将闻一多的骨灰坛送往西郊香山万安公墓入土安葬。据闻立树回忆，鉴于当时北平更趋紧张的局势，闻一多骨灰坛存放问题引起朋友们的关注和思虑。时已回国的冯友兰同清华大学中文系几位先生商议，大家提出将闻一多骨灰坛也在万安公墓入土安葬。为此，他们请居住在城内东四钱粮胡同8号的陈梦家就近向闻家驷提出上述建议。闻家驷经过慎重考虑，复信陈述了自己的看法：（一）一多兄遗骨在朋友们的关怀下得到妥善保存，遗属对此十分感谢！多嫂现在已回湖北老家治病（高真全家去解放区一事，在亲友和同事中是心照不宣的，所谓回老家治病不过是一种托辞），一多兄骨灰入土安葬问题，弟无法代她作出决定。（二）家兄展民先生曾有明确表示，一多兄遗骨将来要归葬祖茔。此事指闻展民在《哭四弟一多》中提到的“俟汝遗骨迎归，定当葬于父母之旁，以补汝疏省之憾”的想法。（三）北平西郊现有军警重兵驻守，万安公墓是私人经营的墓地，其安全无法得到保障。一多兄骨灰安葬于此，如果遭到破坏，弟无法向多嫂和诸侄作出交待。①

（四）与丁惠康接洽高山族文物

丁惠康（1904—1979），江苏无锡人，自幼受父亲丁福保的影响，中学毕业后一心攻读医学，1927年毕业于上海同济大学医科，1925年开始担任《中西医学报》主编，1926年担任《德华医学杂志》《早报医学大纲》主编，1928年和1934年，先后在上海创办肺病疗养院和虹桥疗养院。1935年底，德国汉堡大学授予医学士博士学位。1936年初，丁惠康回国，兼任上海医学院教授和《时事医学周刊》主编。1939和1940年，丁惠康先后发起上海市第一、第二届防痨运动，为病人提供免费摄片。1947年2月，丁惠康和上海医学院院长颜福庆同船赴美作医事访问，参观了纽约克菲勒医学中心、洛杉矶市医院和不少博物馆、美术馆，看到珍贵文物被大量盗卖出国，丁惠康痛心之余，尽量收集。1948年春，丁惠康在南昌路法文协会（今科学会堂）举办台湾高山族文化展览会，由蔡元培夫人周俊持剪彩，当年报纸上有详细报道，参观人数甚多。

① 韦庆媛：《潘光旦与闻一多遗骨保存之谜》，《中国档案》2011年第12期。

丁惠康收藏的台湾高山族文物非常丰富，武器类有火箭筒、弓箭、盾、枪、佩刀和匕首，还有大量劳动工具和生活用具，如陶器、藤竹器、梳、枕、盘、杯等；艺术品则有人像、祈祷用品、祭器、屏风等，此外还有高山族的服饰等。这些珍贵文物是丁惠康请金祖同在台湾采集的，在国内尚属仅见。

8月13日，潘光旦“看努生，促其函上海丁惠康兄商捐赠或贱让台湾高山族文物与清华一事，将交梦家带沪面洽”[①]。

8月14日，潘光旦写信给陈梦家。[②]

梦家兄：

昨入城，取得努生致丁惠康兄函一件，说明由兄面交并洽。据努生云，此批文物原系金某（金祖同）收集，惟金以寄食丁处，此批文物即存丁处。主权究谁属，事实上不甚清楚，是则洽商仍然不易耳。

光旦　八、十四

在沪期间，陈梦家与郑振铎、徐森玉、叶圣陶、周予同、顾廷龙、潘光旦等学者有所交往。8月25日，陈梦家应约赴郑振铎晚宴。在王湜华《王伯祥传》中有记载：“散馆后应西谛之约，与圣陶、予同共载以赴之。有顷默存至、森玉至、潘光旦至、起潜至、陈梦家至、达君至、祖文至，最后孙瑞璜至，七时半始入坐，且饮且谈，观默存与梦家斗口，致趣也。九时许乃罢，又坐至近十时始与予同共乘以归。”9月23日，高名凯宴请，陈梦家初识邓之诚。

8、9月间，陈梦家“奉学校之命到沪商洽收购。因收藏者不在，竟不

① 潘光旦：《潘光旦文集》第11卷，北京大学出版社，2000年，第287页。

② 方继孝：《陈梦家往事》，载《碎锦零笺：文化名人的墨迹与往事》，山东画报出版社，2009年，第14页。

能如愿”[①]。此处收购即指丁惠康收藏的高山族文物。

在此期间，陈梦家“为清华大学文物馆到上海购买甲骨”。关于清华收购甲骨，陈梦家在《〈殷契拾掇〉序》提到：“抗战期间我们在昆明听说安阳小屯村中出了一批相当完整的卜骨，归于叶叔重先生。一九四八年夏，我来沪向叶先生问起，他说他原盼望这批材料能归到公家，无奈他已先让给胡厚宣先生了。”后来，“遂由他（叶叔重）邀集潘光旦、胡厚宣先生和我一同商谈，将这整批甲骨让归清华大学；除由清华大学付款一半外，又由友人刘仁政、孙冰如和叶叔重先生各捐赠一部分”。[②]

（五）初识兰州

10月下旬至11月中旬，陈梦家因陪同美国斯丹佛大学艺术教授乐及士（Millard Buxton Rogers），第一次踏上兰州之旅。

10月21日，陈梦家陪同乐及士夫妇从北平出发到兰州，晤见顾颉刚。顾颉刚在当天日记载：“美国斯丹佛大学艺术教授乐及士（Millard Buxton Rogers）来中国研究半年，已游泉州、北平，兹来游敦煌，梦家伴之来。”[③]

10月22日，陪乐及士夫妇到西北大厦，由顾颉刚陪同到图书馆访刘衡如[④]，“同到省府，访郭主席[⑤]及丁宜中[⑥]，商车事”。中午，由兰州大学校长辛树帜作东，到义顺林午宴，“今午同席：乐及士夫妇　陈梦家　刘玉霞　周传儒　段子美　董爽秋[⑦]　乔树民[⑧]　刘衡如　王德基（以上

---

① 陈梦家：《清华大学少数民族文物展后感——并论大学博物馆的前途》，原载1949年12月14日《人民日报》。

② 陈梦家：《〈殷契拾掇〉序》，载郭若愚《殷契拾掇》，上海古籍出版社，2005年。

③ 顾颉刚：《顾颉刚日记》第6卷，第361页。

④ 刘国钧（1899—1980），字衡如，时任西北图书馆馆长。

⑤ 郭寄峤（1899—1998），当时代理西北军政长官兼甘肃省政府主席。

⑥ 丁宜中（1889—1973），时任甘肃省政府秘书长。

⑦ 董爽秋（1896—1980），兰州大学教师。

⑧ 乔树民（1913—1989），时任兰州大学医学院院长。

客） 树帜（主）”。午后“与梦家等到民众教育馆参观，晤吴宪。”[1]

10月24日，辛树帜、顾颉刚、乔树民来西北大厦，陪同陈梦家、乐及士夫妇“访上官业佑[2]，不晤。到中山林，吃茶。到颜家沟煦园，晤楚琴[3]，同游园”。“煦园为楚青于民国五年所筑，牡丹、梨、苹果、竹、菊满之，地约十亩，有五泉山水灌之。堂上一额，曰‘万花拥护读书堂’。可爱也。”[4]中午，由时任兰州大学文学院院长水天同教授[5]宴请，“今午同席：乐及士夫妇 梦家 易静正 何乐夫 冯仲翔[6] 段子美 董爽秋 陈祖炳 乔树民 树帜（以上客） 水天同（主）”。下午，与顾颉刚、辛树帜、乔树民“到韩乐然[7]夫人处，观韩君遗画”。

10月25日，在兰州大学作演讲，“讲毕，与同参观各院及图书馆。到会议室小坐”。顾颉刚和校长辛树帜、刘寿嵩[8]教授作东，在厚德福午餐，“今午同席：乐及士夫妇 陈梦家 董爽秋 钱青选 张鸿欣 牛得林 王伟（以上客）”。[9]

10月29日，在“甘肃道中”写短诗《过高台县往安西——“高台多悲风”》。诗中描述去往安西的景象，“感谢两旁的白杨，送我们到高台，虽然没有风，已经够苍凉。/感谢温和的太阳，送我们往西走，面对着沙里的远山，喝一杯暖酒”[10]。

在陈梦家1951年4月写的《敦煌在中国考古艺术史上的重要》一文中，他畅想在北京成立联合性的敦煌学研究中心，在兰州成立大西北考古中

---

① 顾颉刚：《顾颉刚日记》第6卷，第361页。

② 上官业佑（1909—2002），时任西北军政长官公署政务处长。

③ 水梓（1884—1973），兰州人，字楚琴，甘肃著名教育家，水天同之父。

④ 顾颉刚：《顾颉刚日记》第6卷，第362页。

⑤ 水天同（1909—1988），翻译家、莎士比亚研究专家。

⑥ 原名冯国瑞（1901—1963），学者，字仲翔，天水人。1926年清华国学研究院毕业，历任兰州大学教授，兰州文史馆馆员。

⑦ 韩乐然（1898—1947），其夫人为刘玉霞。

⑧ 刘寿嵩（1912—1969），又名刘绶松，时任兰州大学讲师。

⑨ 顾颉刚：《顾颉刚日记》第6卷，第363页。

⑩ 陈梦家：《梦家诗集》，中华书局，2007年，第211、212页。

心，他的心底还藏着当年的记忆和感动。“一九四八年十一月，曾出嘉峪关而至敦煌作数日之游”，“塞外的太阳正像杜甫诗中所说的‘边日少光晖’，正午的时候仿佛已是黄昏。出今玉门县，一片大漠，戈壁滩上的公路经布隆吉后笔直朝西，那时候正在下午二点左右。落日迎面，路上无人无树无物，只有沙漠。正应了古诗的‘天似穹庐，笼盖四野’”。“当时北京正待解放，匆匆赶去又匆匆离去，实为平生的憾事。但是身历其境，觉宝山的庄严灿烂，其愉快不可以笔宣。当时看到敦煌艺术研究所常书鸿先生和工作同人的生活与精神，深为钦佩。”①

11月15日，陈梦家“以时局骤变不克进入新疆”，“自敦煌归，辞别”。顾颉刚为陈梦家返途拟拜访的胡宗南、马雅堂②写信介绍。③

11月18日，胡宗南在六谷庄宴请陈梦家。应胡宗南邀请彻夜长谈三个晚上，胡宗南极为欣赏学识渊博、头脑清醒的浙江同乡，临别时赠陈梦家黑羊羔皮袍一件，陈梦家回赠芬兰小刀一把。

11月26日、27日，赵萝蕤写信陈梦家。

（六）鬲子壶、赵萝蕤归国

12月5日，陈梦家致信赵萝蕤。面临日益紧张的平津局势，陈梦家担心万一南北交通受阻，会影响赵萝蕤回国。

12月7日，写作《洛阳出土鬲子壶归国记》，叙述了卢芹斋捐赠鬲子壶以及此壶运输、提取的经过。“三十六年（1947年）八月初，我由纽约飞往欧洲，旅行之际，我向卢先生（卢芹斋）告别并希望他对于我回清华筹备博物馆有所赞助，他一口答应了。他并且说凡有铭文的重要铜器，他很愿意它们回国。我当时即指名要鬲子壶，他说一等我们的博物馆稍有眉下，他即寄来。我于十月间回国，十一月间清华大学设立美术史研究委员

① 陈梦家：《敦煌在中国考古艺术史上的重要》，载《梦甲室存文》，中华书局，2006年，第276—280页。原载1951年5月《文物参考资料》第2卷第4期。

② 顾颉刚：西北大学教授。

③ 顾颉刚：《顾颉刚日记》第6卷，第374页。

会，筹备博物馆（后来定名为文物陈列室）和美术系。今年春天我写信告诉他壶可以寄来了，我们自己也有了几百件的铜器。因为接洽运输，此壶于八月初由纽约航空运来，八月底到了北平，在海关存了达三月之久。卢先生在运物单上估了五千美金的价值，海关要这件回国的铜器付税。十月间叶公超先生过北平小游，我们拜托他疏通，十一月间我们听说可以免税提取。一直到十二月初，这件铜器才到了清华大学。我们几乎费了一年的功夫接洽捐赠、运输、提取。"①

12月8日，国立中山大学中文系教授王起致信陈梦家。

梦家吾兄：

四日前寄去信，想已收及。兄语言概论讲稿修订后，如有油印本，极盼惠寄一份，供中大中文语言二系同人参考。中大语言系同事□学□教授主讲语言概要等课，深得同学信仰，于兄台景仰钦佩，兹拟与兄通函商讨中国文字构造问题，敬为介绍，专此顺颂

教安

弟　王起　顿首

十二. 八②

12月12日，对于添聘孙蜀丞事，陈梦家和清华大学中文系代理主任浦江清"都赞成慎重，不宜在此刻提，使学校觉得突兀，而多添麻烦，对于中文系有讥评"。③孙蜀丞即孙人和（1894—1966），文献学家、词学家、词人。江苏盐城人。毕业于国立北京大学，时任上海暨南大学文学院院长。浦江清在12日写给施蛰存的信："孙蜀丞事许骏斋力为介绍，彼在北

---

① 陈梦家：《洛阳出土嗣子壶归国记》，载《梦甲室存文》，中华书局，2006年，第310、311页。原载1997年《文物天地》第2期。

② 见2016年5月22日浙江六通拍卖公司春拍，第111号拍品，国立中山大学用笺。

③ 浦江清：《清华园日记 西行日记》，三联书店，1987年，第223页。

方教学多年，原为名教授之一，冯芝老亦尊重老辈，是以易成。系中同人因人数缺少，功课排不过来，多半同意。原则上通过定下年度致聘。此刻不便中途提出。北地风云甚紧，校局飘摇不定，巨头自身行动如何，皆不能决。中文系则佩公休假之薪水仍照支至明夏方毕。此刻中间要提出新聘人，将遭讥评，或搁置不决也。（至于明春提出，复不知明春清华成如何一个局面，所以也还渺茫。）”①

1948年底，北平已然成为一座危城。蒋介石知道国民党在华北大势已去，他决心把留在北平的学术界和文化界主要人士接到南方。在当时南下的少数人中间，清华校长梅贻琦是其中一位。除了政治原因外，梅贻琦选择南下还想保护清华庚子赔款基金。

此时平津战役正在激烈开展。陈梦家和清华很多师生坚持留在北平。12月13日，陈梦家和浦江清等许多同事为避战事搬进清华中文系图书馆地下室。“下午炮声很紧，且闻机枪声。火线在清华园北边”，入夜，“陈梦家来，说胜因院、新林院同人镇静如常，很少迁动，园内静悄悄地，月色如画云云。梦家态度很安闲，说得很有诗意”。②

12月14日，梅贻琦与冯友兰见最后一面，托以大任。

12月15日，大批解放军正式宣布围城，梅贻琦无法返校，只能电话通知，请校务会议代理校务，冯友兰为主席，暂时主持校内事务，设法维护校产及师生安全。清华大学在原陈福田住所设立学校巡防委员会办事处。12月16日，“城内交通断绝。邮信电话都不通”。

12月20日起，清华正常上课，成立学校保卫委员会，周培源为主任，率领校卫队维持治安。

12月22日，中文系学生邀集师生座谈会，在胜因院十三号许骏斋家里举行。“同学表现解放后的乐观气氛。讨论如何走向光明的道路，检讨自己的生活，讨论大学教育的方针，中文系课程的完善。”12月24日，“上

---

① 沐先生的博客：《“二清”与“三清”》。

② 浦江清：《清华园日记 西行日记》，三联书店，1987年，第227页。

午十时开教授会。通过议案二个：一，挽留梅校长，请继续为本校服务；二，建议学校联合讲教助会、学生会、职员会、工警等组织本校同人应变生活维持委员会”。[①]

年底，赵萝蕤的博士论文《〈鸽哨〉（The Wings of the Dove，1902）源流考》公认为对Henry James最深刻敏锐的解读，被评为成绩最佳，顺利通过博士论文答辩。完成学业的她决定年底回国。“那时美国码头工人正闹罢工，罢工结束，我搭乘第一条运兵船离开西海岸驶向上海。船上有三个人的目的地是北京。登船时听到广播，北京西郊清华大学与燕京大学已经解放，傅作义部队已陷入重围。1948年12月31日，梅格斯将军号进泊上海港，这时去北京的火车与海轮已停驶。我在昆明郊外居住时熟识了欧亚航空公司经理查阜西先生，我就找到他想办法。果然，有一架给傅作义运粮食的飞机正要飞往北京。我们三人便搭乘这架完全没有座位的简陋飞行器飞到了北京，在天坛的柏树丛中降落，过天津时解放军的高射炮向我们射击，但是我们平安抵达了目的地。飞机没有扶梯可以使乘坐者下到地上，遂找来一个带着铁钩的竹梯，钩在机门口，但离地还有一米多，那就往铺设在地上的两床棉被上跳吧。进入市区，我先到北大的汤用彤先生家里。厨房里有两三棵大白菜，几个鸡蛋。我发明了每家住一夜的办法。在昆明的八年中，我们结下了无数心照不宣的朋友，可以轮流住上一个月的。我又到骑河楼清华办事处托人带信给梦家，告诉他我已平安抵京，哪天开城门，哪天就来接我回家。三周后城门开了，北京已和平解放。于是我回到了清华园，也回到了燕京大学我即将任职的母校。”[②]

---

① 浦江清：《清华园日记 西行日记》，三联书店，1987年，第241、243页。。

② 方继孝：《陈梦家往事》，载《碎锦零笺：文化名人的墨迹与往事》，山东画报出版社，2009年，第54页。

二、全国少数民族文物展览会

（一）迎接北平解放

1月1日，清华大学学校大礼堂组织团体游艺会，有工友魔术，教职会、学生会话剧等。

1月2日下午二时半，陈梦家与浦江清、许维遹、余冠英[①]、李广田座谈，讨论中文系计划及课程改订。浦江清当天日记载："下午二时半，骏斋、梦家、冠英、广田来，开座谈会，讨论中文系计划及课程改订。冯（友兰）院长来函要在本星期三邀集文学院全体教授商讨课程，希望各系草拟方案。我们五人集议中文系拟分四组：（1）古代经典组，（2）语言文字组，（3）古文字组，（4）近代文学组。"[②]

1月3日，陈梦家和中文系同人，在余冠英家共同讨论中文系课程改订方案，但因彼此意见不合，陈梦家"不终席而行"。浦江清当天日记载："晚间至余绍生家，与中文系同人（包括教联会诸君，即讲师、教员、助教）共同讨论中文系课程改方案。讲教助诸君认为中文系不必分组，而古代经典、语言文字两项，可设研究室。他们思想本来多左倾，认为古文学的研究也要现代化。议论固然也有立场，惟言语之间颇有攻击私人之处，并非平心静气的讨论。梦家不终席而行。绍生及广田要求考古室即时迁移，颇窘。（甲骨古器物为中文系、历史系、哲学系三系之图书费中设法购买者，梦家一手所办，本来冯芝老有意于成立一个美术史系，而图书馆亦已计划好一间考古陈列室，梦家乃借用中文系教授研究室以陈列古物，原为不当。）"[③]

1月6日，针对中文系激烈又不同意见的有关课程讨论，陈梦家对浦江清反映说，"系中某某等有阴谋，渐渐败露云云。他不大好明说"，对此

---

① 余冠英（1906—1995），字绍生，中国古典文学专家，民盟成员。时任清华大学中文系教授。

② 浦江清：《清华园日记 西行日记》，三联书店，1987年，第249页。

③ 同上，第250、251页。

浦江清“也不愿知其究竟”。[①]

1月10日，“下午二时，共方北平区军事管制委员会文化接管委员会主任钱俊瑞氏偕同教育委员会张宗麟氏来校正式接收”[②]。

1月11日，已回到北平的赵萝蕤给陈梦家写信。

梦家：

我已于今日（十一日）下午一时平安到了北平，暂住在汤公家里，因郑公夫人已入医院，我独自去住为不便也。我即当与各方接洽，设法尽早步行出城。惟近日近郊不靖，你千万勿进城来接我，免多意外枝节及危险，若有信，可设法带交郑公或汤公，余不一一，即祝近好。

萝蕤

一月十一日晚[③]

1月17日，冯友兰主持教授会，决定成立教授联谊会，商讨校委员会所拟的校务大纲。

1月19日，陈梦家出席教授联谊会。

1月22日，傅作义开始执行与中共方面秘密商定并签署的《关于北平和平解放问题的协议书》。

1月30日，解放军二千人来清华参观。

1月31日，北平城内国民党军队全部开出城外接受整编，平津战役胜利结束，解放军进驻北平城，北平宣告和平解放。下午，钱俊瑞来清华大礼堂演讲新民主主义及共产党政策，听者有二千余人。

对于清华、燕京的解放，赵萝蕤曾说“在解放战争即将获得决定性胜利的时刻，梦家的立场是不够明朗的，至少极端缺乏成熟的政治识见。但

① 浦江清：《清华园日记 西行日记》，三联书店，1987年，第255页。

② 同上，第257页。

③ 方继孝：《陈梦家往事》，载《碎锦零笺：文化名人的墨迹与往事》，山东画报出版社，2009年，第55页。

是在清华大学解放的前夕，他曾经劝告那些即将乘蒋帮派来的飞机出走的朋友不要离开北平，他怀着十分欣喜的心情迎接清华、燕京的解放，并在解放军正式入城的前夕就和朋友们骑车进了城”。[①]

2月3日（正月初六），解放军在正阳门举行盛大的入城阅兵式。清华学生进城工作大队集中体育广场出发，至城中游行。清华大学的学生爬到坦克上和解放军共同庆祝北平解放。

2月4日（正月初七），教联会及职员会邀请翦伯赞来谈话。

2月5日，清华学校发薪，“教授约可得人民券千元，此外每个同人得小米六十斤”。[②]当时，北平军管会在接管清华大学后的发薪是按照以人民币为主、以实物（粮食）为辅的原则实施的，但效果很不理想。原因是国内和平没有最终实现，任何钞票都得不到人民信任，物价稳定无从谈起。为保障清华教职员的基本生活，军管会下令，清华园暂实行战时供给制，薪水改为完全按照实物发放。

3月3日，清华新的学期开学。3月15日，军管会代表张宗麟、吴晗开始驻校办公。此后一年中，清华大学治校体制发生根本变化，校务委员和各学院院长不再经过教授会推选，改由中央政府教育主管机关直接任命。

3月5日，郭沫若在清华晤见陈梦家，约定次日去于省吾家参观铜器。

3月6日，陈梦家与唐兰、马衡“至思泊家。沫若已先在，畅谈至六时，同赴森隆晚餐。偕沫若至美琪观程砚秋之《荒山泪》”[③]。

春，陈梦家与朱德熙、马汉麟再三讨论，确认《库、方二氏藏甲骨卜辞》第1506片甲骨为原刻。张政烺见告，他也早已肯定它是真确的。[④]过去，在甲骨学界一直存在着有关真伪问题的争论。主张是伪刻的学者有郭沫若、容庚、唐兰、胡厚宣、徐中舒、陈邦怀、丁骕等先生。但是，陈梦家等先生主张是真品。近年以来，越来越多的甲骨学家认为它是真品。上述家谱刻辞历史年代和殷商历史年代的一致性，是我们判定第1506片甲骨

① 赵萝蕤：《忆梦家》，《新文学史料》1979年第3期，第150页。

② 浦江清：《清华园日记 西行日记》，三联书店，1987年，第272页。

③ 马衡：《马衡日记》，北京：紫禁城出版社，2006年，第48页。

④ 陈梦家：《殷虚卜辞综述》，中华书局，1988年，第499页。

文家谱刻辞和骨片皆为真品的最为重要的年代学证据。

5月3日，清华大学评议会召开最后一次会议，宣布解散。

5月4日，北平市军事管制委员会文化接管委员会（主任周扬，副主任陈微明）通知："奉军管会决定，成立清华大学校务委员会，任命叶企孙等二十一人为校务委员会委员，并以叶企孙等九人为主席、常务委员。自校务委员会成立之日起，旧有行政组织即行停止活动。"同一天下发通知，任命周培源为清华大学教务长，陈新民为秘书长，冯友兰为文学院院长，叶企孙为理学院院长，陈岱孙为法学院院长，施嘉炀为工学院院长，汤佩松为农学院院长，潘光旦为图书馆馆长。

9月初，冯友兰向校务委员会请辞哲学系主任、雷海宗请辞历史学系主任，获准。校务委员会聘金岳霖为哲学系主任、吴晗为历史学系主任。冯友兰另向华北高等教育委员会请辞清华大学文学院院长、校务委员职务。9月26日，华北高等教育委员会（主任委员董必武，副主任委员张奚若、钱俊瑞）任命吴晗为清华大学文学院院长。

（二）协调丁惠康参加北京"全国少数民族文物展览会"

1948年，陈梦家遵照清华校方安排，去上海找丁惠康商洽收购高山族文物，但与丁惠康不曾谋面。

1949年初，陈梦家代表清华大学邀请丁惠康携带所藏台湾高山族文物赴京参加"全国少数民族文物展览会"。为"全国少数民族文物展览会"陈梦家付出了许多心血。同时，得到了清华大学同事潘光旦、吴晗和他的朋友金祖同、丁惠康等人的帮助。

夏天，陈梦家"在上海与丁氏初次见面，告诉他，我们还需要借用研究他的藏品，并且这批材料的公开展览，在目前有其特殊的意义。丁氏了解我们经济情形，并承推许清华的成绩，慨然先予借藏"[①]。

① 陈梦家：《清华大学少数民族文物展后感——并论大学博物馆的前途》，原载1949年12月14日《人民日报》。

9月5日，陈梦家在丁惠康藏高山族文物中提取86件。在2016年12月16日西泠印社秋季拍卖上，有一册《丁惠康博士珍藏高山族蕃品目》，文末有陈梦家跋“卅八年九月五日由陈梦家提取共八十六号，梦家祖同”，“九月七日又加入二件共八十八件梦家”，在目录上标明“凡取走者皆有√号”。

9月7日，陈梦家又提取2件文物，共88件。

9月11日，陈梦家去潘光旦寓所。

9月12日，陈梦家去清华大学图书馆见潘光旦，商量去沪与丁惠康洽谈捐赠台湾高山族文物事。潘光旦当天日记载：“梦家自沪归，昨曾来寓，今复来馆；濒去沪前曾托其与丁惠康兄恳商，以其台湾高山族之大批文物见赠清华；五日获梦家自沪来书，谓已有或议，惟先用借藏名义，终将赠送，昨今晤谈，更知其交涉经过并今后应洽办各节。此事去岁亦曾在沪商及之，初拟用购让方式，因有中间人在，索价至美金五千，只有作罢。今日此结果，自极可喜。”[①]

9月13日，潘光旦当天日记载：“高山族文物梦家携较精之一部分百余件同归，暂存其研究室，往观大略。潘梓年氏等来馆参观。”[②]

9月15日，陈梦家去潘光旦寓所。潘光旦当天日记载：“下午假寐不成。梦家来寓同饭后，泽霖[③]来谈。”[④]

9月21日，时任清华大学化学系主任张子高教授致信陈梦家。

燕京大学燕东园

陈梦家先生

君德润[⑤]趋谒。上次转存尊处之傅□梁私印旧铜印一方，即

---

① 潘光旦：《潘光旦文集》第11卷，北京大学出版社，2000年，第295、296页。

② 同上，第296页。

③ 吴泽霖，时任清华大学人类学系主任兼教务长。

④ 潘光旦：《潘光旦文集》第11卷，北京大学出版社，2000年，第297页。

⑤ 1941年玉绸斋马振卿徒弟温德润开设经营学古斋，以古墨为主。温德润在古墨上刻假款技艺高超，特别仿明代墨的款识文字惟妙惟肖。

温君之物，索价拾圆留否？可与温君径商。又温君云某处尚有六朝写经残本刻拟出让。弟于此两道概为外行，公如有意亦可面议也。匆匆即颂文祺。

弟　张子高　顿首

卅八、九、廿一[1]

9月24日，金祖同致信陈梦家，告知高山族文物款项未到账、未包装，并将与丁惠康10月7日进京。

梦家先生左右：

前寄清华大学二函未蒙赐覆，不知何故。后于丁医生处见大札，知信函东园。甚望接函后饬人去清华取信，内附有新闻数例也。弟曾去杭州取回全部参考书，附上目录一纸。书极沉重，装箱化费极大，是否必须展览，尚祈斟酌。浙大误取各件已追回。惟大件匆匆无法装运。弟随身带回最名贵之蕃珠二分，贝衣一袭及小□数件，口琴当带上不误。弟北来旨在□□非北大，学习展览会事恐将偏劳。倘有所命当□不避劳率也。车票已定在七日，此间所存各件以候款，故尚未包装，奈何奈何！

专此即颂著安。

弟金祖同　叩

廿四日

9月27日，丁惠康就高山族文物北运之事写信给陈梦家。

梦家先生：

昨奉尊阅，敬悉一切。金祖同君已由杭返沪，书籍与小件均已带来。昨访李正文先生，据云北运事无能尽力，须我们自己设

① 方继孝：《陈梦家往来书札谈》，《收藏家》2003年第5期，第12页。

法，对于弟之保藏台高文物，则表示钦佩云云。如是一切北运事宜，均须积极进行矣。尊函谓可拨付五十万元，请火速汇下，以便进行。弟与金（祖同）君准下月内北上，以领教益。不多及。

专此即颂

吉安

弟　丁惠康　上

九月二十七日[①]

9月30日，时任清华大学校务委员会副主任的吴晗同意汇款50万元用于高山族文物北运。

10月6日，吴晗写信陈梦家。

梦家兄：

五十万元已于上月卅日汇出，并已函思成兄请召集开会矣。

匆覆乞伏大安。

弟　吴晗

十、六[②]

10月9日，陈梦家去北京东车站接迎丁惠康，是夜丁惠康留宿陈家。潘光旦当天日记载："饭后入城，与泽霖、梦家至东车站迓自沪来之丁惠康；惠康近以台湾高山族之文物数百件借与学校作研究之用，终将见赠，归社会学系收藏，雅意可感。接到后先至骑河楼同学会订定住房，近晚同出城，惠康先至梦家寓一宿，明日来清华参观。"[③]

10月10日，丁惠康"带来口琴一　石块三　勺一　千枚岩石刀三个

① 方继孝：《陈梦家往事》，载《碎锦零笺：文化名人的墨迹与往事》，山东画报出版社，2009年，第15页。

② 方继孝：《陈梦家往来书札谈》，《收藏家》2003年第5期，第14页。

③ 潘光旦：《潘光旦文集》第11卷，北京大学出版社，2000年，第303、304页。

（新石器时代）”。陈梦家陪丁午餐。潘光旦当天日记载：“惠康来，陪其在馆中巡行一周。午约其同饭。泽霖、梦家作陪。”[①]

10月16日，陈梦家陪丁惠康晚餐。潘光旦当天日记载：“夜泽霖招饮，主客为惠康，企孙、梦家、觉民兄嫂[②]、云[③]亦在座。”[④]

10月17日，清华大学邀请陈梦家协调丁惠康参加北京“全国少数民族文物展览会”，丁惠康“承许以图书设备及人力为适宜于研究此批材料的环境，慨然于十月十七日正式捐赠清华，以提倡文物公有及引起对于少数民族研究的兴趣”。[⑤]这批高山族文物和书籍五百余种现存中央民族大学。

10月22日，王重民致信陈梦家，答复对少数民族文物展举办地的请求。

梦家兄：

昨日来信展览股开会，议决鲁迅展览要延至十一月十五日以后，故该展仍不能借用。同时晤王冶秋先生，他赞成贵展览在午门举行，而主张新文化阅览室根本不许外借。

专此，即请著安！

弟　重民　顿首

十月廿二日

在1949年10月《台湾西藏西南少数民族文物展览特刊》上，陈梦家发表《清华大学搜集文物的经过及此次展览的意义》，他满怀激情，“我们现在正面临一个历史上从未有过的新局面，在建立富强独立自由的新中国的时候，确信对于文物的研究一定会更积极地进行起来。此等工作将使我

① 潘光旦：《潘光旦文集》第11卷，北京大学出版社，2000年，第304页。

② 刘崇乐，字觉民，时任北京农业大学昆虫学系教授、系主任及该校昆虫研究所所长。

③ 潘光旦妻子赵瑞云。

④ 潘光旦：《潘光旦文集》第11卷，北京大学出版社，2000年，第305、306页。

⑤ 陈梦家：《清华大学少数民族文物展后感——并论大学博物馆的前途》，原载1949年12月14日《人民日报》。

们正确地了解古代，了解中国社会发展的实际，了解中国境内各民族的历史与现状，了解自古以来中国与接壤诸国工艺艺术交往的踪迹，从而团结起来，消除民族间不必要隔阂。……我们愿乘台湾、西藏及西南全部即将解放的前夕，将我们搜集到的尚未整理完毕的文物，先行公开展览，以引起大众的注意与认识，同时亦用来迎接光明的新时代”[①]。

11月4日下午至7日，经过六小时的会场布置，用了八匹布和几盒图钉，并借艺专礼堂的充分光线和较大的场面，十二位工作人员终于把五百件以上的文物陈列出来。在北京城内艺专，举行了三天半的台湾、西藏及西南少数民族文物展览，得到了社会人士的注意，并接收了很多宝贵的批评。[②]潘光旦在11月4日记载：“三时至帅府园艺专展览会场。场面甚大，布置亦周当，展览物品目前属社会学系，将来属大学文物馆，故文物馆筹备委员会同人皆甚出力，泽霖而外，梦家及建筑系之高庄[③]尤辛苦。”[④]

11月5日，陈梦家赴丁惠康邀约晚餐，与潘光旦从中斡旋，为丁惠康协议买下通古斋所存的西周大鼎。潘光旦当天日记载：“（丁）惠康约至泰丰楼饭，梦家、通古斋小主人黄君[⑤]同席。惠康将购通古斋所存匋斋旧藏西周大鼎一具，以赠清华，作为纪念其尊人福保先生之用，议价未妥，欲梦家与余从中斡旋；席间终获协议，以一千八百个折实储蓄单位成交。”[⑥]

11月11日，陈梦家在燕东园写《清华大学少数民族文物展后感——并论大学博物馆的前途》，“此次展览对于迎接广大边疆解放，发扬少数民族文化有着重大的意义”。

---

① 陈梦家：《清华大学搜集文物的经过及此次展览的意义》，载《梦甲室存文》，中华书局，2006年，第269、270页。

② 陈梦家：《清华大学少数民族文物展后感——并论大学博物馆的前途》，原载1949年12月14日《人民日报》。

③ 高庄（1905—1986），时任清华大学营建系副教授。

④ 潘光旦：《潘光旦文集》第11卷，北京大学出版社，2000年，第311页。

⑤ 黄金鉴，字镜涵，生于1904年，琉璃厂巨商、尊古斋掌柜黄伯川之子，1945年黄镜涵正式接任通古斋古玩铺经理。1966年病逝。

⑥ 潘光旦：《潘光旦文集》第11卷，北京大学出版社，2000年，第311页。

（三）收买硬木家具

王世襄曾评价陈梦家是他从事明清家具收藏的启蒙者，他说自己买的家具和陈梦家的没法比，自己买的是边边角角，不成系列，陈梦家买家具是一堂一堂地买，大到八仙桌画案，小到首饰盒笔筒，一应俱全。

1949年8月，陈梦家与刘仁政在天桥看中一张明黄花梨小八仙。

11月8日，陈梦家一早入城，与等在青年会门口的刘仁政，“一同逛私宅、隆福寺、东四、天桥北大街等小市访硬木家具，奔走到晚，中间到振德兴看绣衣，甚可观。今日买到大明紫檀大琴桌（如画桌，而无屜，伍佰三十万），两半月形红木小圆矮桌（作咖啡桌用，伍拾伍万），长方小茶几（花梨木，二十伍万），长条琴桌板（需配两茶几作腿，板六十伍万），各款除琴板外均由刘付，紫檀琴桌为难得之明器，刘说存我处，算作他的。其他的送我。琴桌、琴桌板均在小器作修理，两星期后一切由振德兴雇车运来。此外又订好紫檀的八仙桌和小琴桌各一，约需三百万，托一人去办，我星期四（后天）再入城与刘跑一跑，非常费劲，然亦有趣。各物若合美金非常便宜”[①]。

11月9日，陈梦家在“四月前与仁政看好的大明黄花梨小八仙，居然尚在天桥，以三百五十万买下，后日送来”。“又跑了木器店，德胜门外、鼓楼、后门大街、隆福寺、东四、瓷器口、鲁班馆、东晓市、天桥西大街等。大看从前未看到的北平，但家具近大缺货，只买到大椅二，方凳二（一百四十万）。”[②]

11月14日，陈梦家陪同赵万里前往清华大学图书馆，察看馆中善本图书。潘光旦当天日记载：“梦家约赵万里兄来校看馆中所藏善本书，并续加鉴定，午约其同至寓中共饭。”[③]

11月17日，陈梦家“与刘仁政跑了一天鲁班馆与琉璃厂，买黄花梨橱

---

① 方继孝：《陈梦家往事》，载《碎锦零笺：文化名人的墨迹与往事》，山东画报出版社，2009年，第68页。

② 同上，第69页。

③ 潘光旦：《潘光旦文集》第11卷，北京大学出版社，2000年，第315页。

柜一个，又看了一个绝好的极小尺寸的黄花梨方桌，索价一千万，少了不卖。前日所看毯子，价不贵，可买到。花伍拾万买宋代破瓷片，回家自己粘起来，别有情趣”。

11月20日，陈梦家去潘光旦寓所小坐。潘光旦当天日记载：“夜梦家、茀斋兄嫂①、国衡②、世海先后来小坐。”③

1949年前后，陈梦家在北京厂肆购得小臣逋鼎，“此鼎今在清华大学，……器残破，铭文填以黑色物，不能施拓，此据照像本”④。陈梦家在琉璃厂见趩觶的仿制者，其器口径与高度约为15厘米。

王世襄那时常和陈梦家一起去购买旧家具，逐渐窥得古典家具的堂奥。在《明式家具珍赏》序言里，他回顾：梦家此时已有鸿篇巨著问世，稿酬收入比我多，可以买我买不起的家具。例如那对明紫檀直棂架格，在鲁班馆南口路东的家具店里摆了一两年，我去看过多次，力不能致，终为梦家所得。但我不像他那样把大量精力倾注到学术研究中，经常骑辆破车，叩故家门，逛鬼市摊，不惜费工夫，所以能买到梦家未能见到的东西。

本年，陈梦家初步整理自、子两组卜辞，曾据两组卜辞本身定其为武丁卜辞。⑤

三、雁北文物勘查团

1月14日，时任中科院编译局长杨钟健致信陈梦家。

梦家吾兄赐鉴：

顷奉赐函，欣悉种切。弟来系已旬余，以出城不便尚未造访

① 沈履，字茀斋，时任清华大学心理系教授，曾任梅贻琦的秘书长。

② 史国衡（1912—1995），社会学家，时任清华大学社会学系教授。

③ 潘光旦：《潘光旦文集》第11卷，北京大学出版社，2000年，第326页。

④ 陈梦家：《西周铜器断代》上册，中华书局，2004年，第56页。

⑤ 陈梦家：《殷虚卜辞综述》，中华书局，1988年，第158页。

为歉。承询小屯殷墟文字乙编发售事，顷据史语所丁树声先生面告，该书虽已印成，定价尚在商定中，一俟定妥，即可发售云云。至赠与及致借办法亦待商酌。除嘱早日决定外，先为奉告。敬请刻安。

弟　杨钟健　上

一月十四日[①]

2月6日，商承祚致信陈梦家，言及国立中山大学成立临时校委会，人事变动等情况。

梦家吾兄大鉴：

上月奉手教至为欣忭，时时与思泊聚首畅谈金石，乐如往昔，令人健羡。弟与希白一江之隔，以海珠桥被炸交通至为不便，咫尺天涯，自解放后未能与之一晤。新收甲骨金文必多异字，若能拓，示一二纸，则感谢无既矣。中大上月下旬已成立临时校委会，重新发聘，人事更动不少，固在意中。弟株守家园见闻固陋，非其所愿。振翔无力，只好耐心以待缘也。北京古物及金石书籍日下价格如何，如尊古斋《吉金图》二集价若干，望见告，以此可概其余矣。珠海大学维持维艰，仅百余人，为学子不忍委而去之。现正物色爪代，尚未得适当之人。《珠大特刊》燕大清华图书馆方面皆曾寄去，想已寓目。寒假匆匆将过，弟并未得一日闲，可笑。顺便示之金石以破枯索，企盼。敬颂教祺。

弟　祚拜

二月六日

晤思泊立厂为道意。

广州惠爱东路中大平山堂201病房[②]

① 方继孝：《陈梦家往来书札谈》，《收藏家》2003年第5期，第15页。

② 同上，第17页。

春，自1949年初梅贻琦校长离开清华大学，冯友兰辞去校务委员会主席后，继续留在清华的陈梦家感觉到了前所未有的孤单，工作也不再像以往那样顺风顺手。遭到排挤之下，他无奈辞去了花费很多心力的清华文物陈列室职务。

建国后，中央人民政府文化部成立，设一厅六局，其中文物局负责指导与管理全国的文物、博物馆和图书馆事业。共和国成立之初，百废待兴，国民经济尚处于恢复时期，即便如此，国家还是对文化遗产保护事业给予政策上的积极关注与支持，开始酝酿起草《为禁运文物图书出口令》《为保护全国各地公私有古迹文物图书令》《保护有关革命历史文化建筑物暂行办法》及《古文化遗址及墓葬发掘暂行办法》等文物法令。1950年5月，中央人民政府政务院颁布《禁止珍贵文物图书出口暂行办法》《古文化遗址及古墓葬之调查发掘暂行办法》。7月6日，政务院又颁布《为保护古文物建筑的指示》，其中明确规定“凡全国各地具有历史价值及革命史实的文物建筑，如革命遗迹及古城廓、宫阙、关塞、堡垒、陵墓、楼台、书院、庙宇、园林、废墟、住宅、碑、塔、雕塑、石刻等等，以及上述各建筑物内之原有附属物，均应加以保护，严禁毁坏”。

随着大规模经济建设全面展开，国家财政经济状况逐步改善，相关文化遗产保护的政策体系得以逐步完善，与之相应的各级文化遗产保护机构在全国范围内初步形成，文化遗产保护事业快速成长与发展起来，较大规模的考古及古建筑调查与研究工作在全国范围内扩展。以1950—1953年期间刊发在《文物参考资料》[①]上的重要古建筑调查报告为例，计有：《东北古迹古物分布图》《东北各省古迹名胜统计表》《我局组织雁北文物勘查团调查山阴故驿古城遗址及京绥线古文物建筑》《山西省各地文物古迹勘察报告》《南京市及其附近的古迹调查报告》《赴平原、河南、山东提选及考查文物工作报告》《登封文物调查》《重庆市一年来的文物调查》《川北文物调查征集工作报告》《川北乐山文物古迹调查保管工作报导》

① 《文物参考资料》创刊于1950年1月，1959年1月改名《文物》至今。

《西北区古迹名胜及文物的调查》《新疆伊犁区的文物调查》《新疆考古报告》《内蒙古自治区东部文物古迹调查记》等，可见建国之初全国范围内进行文化遗产调查的概况。[①]

1950年初，当时的察哈尔省雁北专区山阴县古驿村之北，因水利基本建设开凿河渠时发现古城遗址，并采集有陶器及古钱币等文物。经过论证，专家认为雁北山阴古城可能为汉初或战国遗址，有详加调查研究的必要。同时鉴于雁北专区的应县木塔、五台山佛光寺等重要古代建筑遗构在刚刚经历的战争期间曾遭受炮火之灾，保存现状及残损情况如何，各方传说不一，也有必要进行详细调查。因此，中央文化部文物局组织并邀请北大、清华、故宫博物院、北京历史博物馆等机构派出专家，共同合作开展雁北地区考古及重要古代建筑的调查。

7月21日，"雁北文物勘查团"正式成立，分为考古、古建两组。时任中央文化部文物局博物馆处处长的裴文中任团长，清华大学营建系刘致平教授、清华大学中国文学系陈梦家教授为副团长。考古组组长由陈梦家兼任，副组长分别由北京大学文科研究所研究员阎文儒、北京历史博物馆傅振伦担任，组员为宿白（北京大学文科研究所）、王逊（清华大学文物馆）。古建组组长由刘致平教授兼任，副组长分别由北京文物整理委员会及北京大学工学院赵正之教授，与清华大学营建系莫宗江副教授担任，组员包括清华大学营建系的朱畅中、汪国瑜、胡允敬等三人。另有北京大学工学院的李承祚（至云冈因病返京），故宫博物院的张广泉（至应县因病返京），中央文化部文物局总务科的王守中、王树林等。共计十六人。

7月21日，雁北文物勘查团出发，当晚抵达大同。7月22日，全团先至云冈共同调查云冈石窟保存现状后，考古组与古建筑组分途各地进行调查与勘测。至8月31日，考古组自阳高县，古建组自太原、石家庄返京，调查工作时间共计40天，先后调查大同云冈石窟、山阴故驿村古城、浑源李峪村出土战国铜器遗址、阳高古城堡、广武古墓群，雁北及五台、太原、正

① 温玉清：《雁北文物勘查团溯往》，《建筑创作》2009年第2期，第163页。

定等地重要古建筑遗构20余处，皆加以细致的测绘、摄影和记录，期间还进行了小规模的考古发掘。

8月22日，陈梦家参加博物馆事业座谈会，“参加者有陶孟和、向达等专家及各博物馆的工作人员。郑振铎首先报告了博物馆事业之过去与现在情况以及将来发展方向。会议讨论了博物馆的任务以及与文化馆、科学馆的区别，国立博物馆的分布与博物馆人才的培养等问题”[①]。

8月，中国科学院考古研究所成立，郑振铎兼任所长。

9月2日，郑振铎在团城设宴，为雁北文物勘查团洗尘。

9月15日，陈梦家在燕东园写《雁北考古旅行的收获》。

雁北文物勘查团考古组的调查更加注重区域性考古调查的系统性及考古类型分析，重点彰显雁北地区多种文化类型纵横交融的变迁历程。考古组报告分为《考古组旅行日志》、陈梦家《雁北考古旅行的收获》、王逊《云冈一带勘察记》、裴文中《大同云冈石佛窟对岸之史前遗址》、傅振伦《山阴县城南古城勘察记》、阎文儒《广武和古城堡的汉墓》、裴文中《浑源县李峪村庙坡之彩陶文化遗址》、宿白《浑源古建筑调查简报》等八篇。雁北文物勘查团考古组开创性的重要发现及收获，始自史前时代，迄至汉魏，及至辽金，实为开创性的区域性考古调查。上述报告运用关注文化构成的区域性与多种文化交融互动的学术视角，剖析雁北地区区域性文化遗产丰富多样性的源流及变迁的研究方法，不仅在当时具有相当的开创性，时至今日，也依然具有显著的特色及其重要的学术价值。[②]

雁北文物勘查团考察时间不长，但以其较大的规模与丰硕成果在当时颇为引人瞩目，成为建国初文化遗产保护领域具有广泛影响的重要文化事件之一。以雁北文物勘查团为契机，全国范围内的各类较大规模的考古调查及发掘工作陆续展开，对新中国文化遗产保护事业的复兴与发展奠定了极为重要的基础。

---

① 陈福康：《郑振铎年谱》下册，三晋出版社，2008年，第730页。

② 温玉清：《雁北文物勘查团溯往》，《建筑创作》2009年第2期，第167页。

1951年2月10日，《雁北考古旅行的收获》校阅五次后，补记一条。

1951年3月17日，郑振铎为《雁北文物勘查团报告》作序，后载《文物参考资料》第2卷第3期。序中指出："雁北文物勘查团是中华人民共和国成立以来第一次组织的规模较大的一个关于文物的实地调查研究的工作团体，它的这个报告也是中华人民共和国成立以来第一个出版的关于这一方面的科学的调查报告。"称赞考察团注重各学科通力合作，打破门户主见学术风气，"（过去）有一部分所谓专家学者们，往往是门户之见甚深的。谁掌握了'材料'，谁就是'权威'。彼此之间，互相嫉视，互相排斥，互相攘夺。彼此各有一个地盘，谁也不允许侵入。形成了各系各派，甚至形成了一种无形的'门阀'。他们看不见全面，只见到一点一线，不能通力合作，不能彼此打通研究的范围，永远想不到学术是公开的，这在中国科学研究的发展上是一个很大的障碍……专家们采取了深闭固拒的态度，连望一望他们的'材料'都是办不到的。至于各个学术机关的合作，那几乎是不可能了，他们是那么壁垒森严的各自独立工作着。但随着人民政权的建立，基本上已打垮了这种传统的不良的作风，干净地扫清了门户之见……一切研究的工作，都是为广大人民服务的；一切研究的结果，都是为广大的人民享用的；一切采集研究的成绩，都是要迅速而公开地传布于广大人民之间的。专家学者们之间，开始怀着坦白而公开的心情，彼此相互合作着，互相帮助着；代替了嫉视的，是亲切的友爱与热情：代替了排斥的，是高度的通力合作的精神，代替攘夺的，是彼此协商，彼此扶持，彼此批评的进步的方式。而各个学术机关也是充分表现着合作互助的精神，充分的对于应该合力以成的工作，无不协力从事，不分彼此，毫无人我之见存在，雁北文物勘查团的组织工作，便是充分地表现着这新的方向与新的作风……这个表现，正象征着新中国专家学者们无限光明的将来"。

9月26日前，周汝昌写信陈梦家。

梦甲师：

承索拙稿，本可以立即奉去，奈该物前此已为一至友持去，为日已多。生亦正思籍此取回，因去函说明原由，请其送还。乃今日得覆谓该物已转入第三人（亦系至友），该君与出版家稍有瓜葛，意欲印行，正在审读中，一时不能交回去。此事并未预（兆），生之意见□吾师知。私意该物□随未必有人皆印行，不（过）一谈而已。然一时竟不能索回，师多次嘱（询）及此，仍不能送上，实深罪疚，恐未明委曲，谨以奉闻，乞谅至幸。一俟何时取回，即当携去。请勿念。专上并候，节祺不庄。

生 汝昌再顿首

庚寅中秋前夕①

9月，陈梦家在北京陈府，重录1947年12月旧作《世本考略》，发表于《周叔弢先生六十五岁生日纪念论文集》。

10月19日，中国人民志愿军在司令员兼政治委员彭德怀率领下，跨过鸭绿江，赶赴朝鲜战场，10月25日，揭开抗美援朝战争序幕。

为配合全国上下大张声势的抗美援朝宣传，在《文物参考资料》第11期，陈梦家发表《中国古代铜器怎样到美国去的》，文中陈梦家将中国铜器怎样到美国去的，分为三个时期，“第一个时期，大概从一九一〇到一九二七年为止，这期间最要紧的出口要数端方所藏的一套柉禁（就是一组酒器和一张平案子）和齐侯四器了。……从一九二七到一九三七年止是第二时期，铜器市场中心从欧洲转移到美国，大量精美铜器都出去了。……到了第三时期，一九三七到一九四六年的抗日战争时代，其情形只有更坏。……在第三时期只有美国有力大价收买”。“过去中国海关受不平等条约的束缚，没有法子统制，使古物商很容易和海关上下其手。过去买办阶级反动政府的腐败统治和一般人民生活的痛苦，造成遍地盗掘和官吏舞弊纵容的不法局面；再加上恶官奸商一向媚外的陋习，更使得美国

① 见2016年5月22日浙江流通拍卖公司春拍，第111号拍品。

人买到好古董，可以毫无困难的带回国去。”[①]

本年，陈梦家作《梁其器》考释，“梁其组铜器，传一九四〇年二月初二，出土于扶风县三十里的任家堡（《陕西》23页：‘解放前岐山任家村发现’）。同出土者约六十余件”“此组铜器，属于夷王的时代”。[②]

此年，陈梦家在北京厂肆见过奚方鼎，“铭6行32字。此器极为难得，高不过30厘米”[③]。此鼎曾为美国艾弗里·布伦戴奇所得，现藏旧金山亚洲美术馆。

① 陈梦家：《中国古代铜器怎样到美国去的》，载《梦甲室存文》，中华书局，2006年，第312、313页。

② 陈梦家：《西周铜器断代》上册，中华书局，2004年，第277—299页。图录见下册，第825—830页。

③ 同上，上册，第55页。

第六章　风雨满楼（1951—1956年）

我们是旧社会的知识分子，好像一棵树，根有多深，枝干有多高。表现得明明白白，本来是无需掩饰的。改造思想是移花接木的工作，需要恒久地、自然地做去，操急是不行的。

——陈梦家

一、思想改造

（一）与郭若愚交往

郭若愚（1921—2012），上海市人。光华大学中国文学学士。先后从邓散木、阮性山、郭沫若几位先生学习金石、书法、绘画、篆刻、古文字及考古，后在上海市文物保管会工作。他潜心探讨中国文化，很早就在甲骨文研究方面取得可观成绩。三十多岁撰写《殷契拾掇》和《殷契拾掇二编》，均由其师郭沫若题写书名，以示肯定。对于殷墟甲骨文字研究的共同爱好和志向，陈梦家与郭若愚有段交往。

1950年11月23日，陈梦家给上海的郭若愚写信："若愚先生：前在沪上，未获识荆，至以为怅。嗣经金祖同兄转告，大著甲骨集已印成待装，至祈早日见赐邮下。"郭若愚主动通过金祖同转告其研究近状，引起陈梦家兴趣，来函致问。[①]

1951年3月16日，陈梦家写信给郭若愚，信云："欣闻先生于《甲》《乙》两编已缀五六百片以上，闻之快慰！但愿早日出版，实大有功于契学也。至于'甲骨掇拾'渴望已久，其中三四期卜辞，尤关重要。弟手下仅有明氏全份拓本及清华甲骨，所缺惟尊处一批，故恳请以已印散页先行寄下。"[②]

3月24日，陈梦家写信李小缘。

---

① 柳向春：《陈梦家先生致徐森玉先生函一封简释》，《上海文博论丛》2011年第4期。第49页。

② 同上。

小缘先生赐鉴：

圆通寺一别，忽忽七八年矣。顷奉手教，拜悉一一。承费神时，拙作寄来尤为感激。弟去秋十月初返平，公私而忙，致未先期致信，至觉歉仄。弟在美曾与哈佛、燕京合作，研究在美古铜，常得与叶理海[①]君畅谈，彼对贵所工作颇为赞赏，想为先生所乐闻者也。近来清华亦于考古一门略事扩张，稍查收藏古物，为学生观摩之用。不悉贵所最近有何发展（新出版专刊否？），尚祈见告。余下久已迁居它处，家母等现在沪上，此间工作较繁，一时未能南来，前次小石先生曾邀赴中大，亦不能如愿，甚觉怅惘也。专此并请

撰安

陈梦家拜上。三月廿四日

外汇劳转致谢扶雅先生。[②]

4月5日，陈梦家写信给徐森玉。

森老先生赐鉴：

前奉手教，敬悉一一。郭若愚君曾有信来解释"甲骨掇拾"因故未能出版，晚已再行函请其以已印散页见赐，尚未得覆。尊处所得李峪铜器，与梅原书对，知所获均属佳品（壶对最重要），惟其中"猎豆"，不见梅原书中（《战国式铜器》）。又该批铜器中，有一铜兽，亦是要紧之物，倘能罗致到，最属理想矣。晚对李峪留在太原之一批铜器关心已久，今因先生大力，得以归公，实一大功德也。敦煌摹本展览筹备已经二月，将于本月十日前后正式开幕。日前曾往参观，材料甚为丰富，惜所借用之

① 叶理海（1889—1975），哈佛燕京社首任社长。

② 姜庆刚：《陈梦家与李小缘先生交往的一些史料》，《书品》2008年第一辑。

地点（午门正殿）过于狭小耳。近来文物处购物甚少，市上亦难见精品。专此，并请（撰）安。

晚 陈梦家 敬上

四月五日[①]

5月15日，陈梦家收到郭若愚寄赠的书籍，在回信中说："若愚先生：寄来《拾掇》及大札均已收到，谢谢！其中尊藏一批，最为重要，有若干片可与清华缀合。"[②]

7月末，陈梦家写《殷契拾掇序》中说："一九四八年夏天，我为清华大学文物馆到上海购买甲骨，听说《殷契拾掇》已经付印，很盼望它能早日出版。一直到今年四五月间，我由北京写信给徐森玉先生，请他向编者借用已印未订的印本，承编者邮寄给我，甚觉材料的可贵。七月间到了上海，始识编者于衡山路华东文物处，我首即表示此书应该早日问世。"

（二）敦煌文物展览

1951年，为了配合抗美援朝运动中的爱国主义教育，周恩来指示在北京举办一次大型敦煌艺术画展。1月，常书鸿接到政务院文教委员会社会文化事业管理局局长郑振铎的电报，要他将文物研究所内历年完成的全部壁画临摹本带往北京展出。这对于刚刚成立的敦煌文物研究所来说又是一次极大的鼓舞。常书鸿和全部工作人员马上收集整理好所有的壁画临摹本，连夜赶往北京。

1月26日，遵照周恩来的指示，"敦煌艺术画展"筹备委员会组长郑振铎"邀集考古、美术专家向达、徐悲鸿、吴作人、王逊以及历史博物馆负责人、敦煌文物研究所所长常书鸿等二十余人，座谈有关筹备问题。据常书鸿回忆，该展览筹备工作由郑振铎、王冶秋二位领导主持，聘请了北京大学的向达、阎文儒、宿白、赵正之；清华大学梁思成、阴法鲁；燕京

① 柳向春：《陈梦家先生致徐森玉先生函一封简释》，《上海文博论丛》2011年第4期，第48页。

② 同上，第49页。

大学陈梦家；辅仁大学孙作云；中央美术学院徐悲鸿、王逊；故宫博物院徐邦达；历史博物馆韩寿萱和我，组成敦煌文物展览工作室，由我带潘絜兹、李承仙、常沙娜等进行具体筹备”。[①]

4月10日，敦煌文物展览在故宫午门城楼上展出。周恩来、郭沫若、沈雁冰、周扬等来参观。周恩来向常书鸿询问了他们解放前的工作和生活情况，以及敦煌艺术的历史、渊源和这次展出的有关内容。

4月13日起正式展出。这次展览取得了巨大成功，参观的人每天都有成千上万。在周恩来的亲切关怀下，外交部还专门抽出一天时间用来接待外国驻华使节和国际友人，将我国敦煌学的研究成果第一次推向世界。“这次文展的意义，是在美帝扩大侵略，重新武装日本，人民政府为唤起全中国人民对于伟大祖国文化的热爱，反帝、反封建、消灭匪特残余的运动高潮中进行的。”[②]

4月初，陈梦家在北京朗润园写《敦煌在中国考古艺术史上的重要》，原载1951年5月《文物参考资料》第2卷第4期。文末他充满激情，“这一次的敦煌壁画展览，不但表现了敦煌文物研究所数年来辛勤的收获，并将因其内容的生动与丰富吸引更多的同志们到西北去作考古艺术的工作”。“希望考古工作与敦煌艺术工作互相联系……还应该在北京成立联合性的敦煌学研究中心，我们也希望将来在兰州成立大西北考古中心，作为大西北区域考古艺术联系之处。”[③]

（三）沪浙之行

5月9日，顾颉刚致信陈梦家，有关陈梦家需要空白地图及分省地图

① 陈福康：《郑振铎年谱》下册，三晋出版社，2008年，第744页。

② 沈从文：《敦煌文物展览感想》，《文物》1951年，第5期。

③ 陈梦家：《敦煌在中国考古艺术史上的重要》，载《梦甲室存文》，中华书局，2006年，第280页。

事。[①]

6月8日，顾颉刚致信陈梦家，谈及陈梦家将来沪事。[②]

7月，陈梦家、赵萝蕤夫妇去往上海、浙江。

7月12日，顾颉刚到陈梦家处，“与其夫妇谈”。[①]

7月19日，顾颉刚给陈梦家写信。

7月22日，顾颉刚、张家驹与亚光同事凌大夏、金竹安做东，宴请陈梦家夫妇。同去的有张芝联、周谷城、胡厚宣、谭其骧等。[④]

本月，陈梦家“于徐森玉先生处见（保）卣铭拓本，以为重要，追寻原物，归上海市文管会。尊铭同于卣而行款稍异，今归河南省文管会。两器图像和拓本，均承徐先生寄赠”。[⑤]

7月，陈梦家在杭州的浙江省管理委员会看到一些铜器，“史叔隋器，铭5行字32，器盖同铭。器高19，宽（连耳）17.4×22，盖高13.5×18厘米。共一对（现藏故宫博物院）。此器杂在许多伪造的铜器中，审视再三，定为真器而佳者，其形制尤所罕见”。[⑥]另有“父己毁、史觚和一个斝是属于安阳古物保存会的，抗战间为汉奸所劫去。”[⑦]

8月4日，岭南大学中文系教授容庚致信陈梦家。

梦家仁弟：

奉手书，适余入医院割治肾石，未能作复。比出院，尊函不知放置何处，至为歉仄。回粤四年乏善还述，学习与新课程更使无暇整理旧业，奈何奈何。大作何以哈燕社不能出版，非所知

---

① 见2016年5月22日，浙江六通拍卖公司春拍，第111号拍品，顾颉刚致陈梦家信，大中国图书局用笺。

② 同上。

① 顾颉刚：《顾颉刚日记》第7卷，第85页。

④ 虞云国：《那个非常时代的学人交往：顾颉刚谭其骧笔下的张家驹》。

⑤ 陈梦家：《西周铜器断代》上册，中华书局，2004年，第7页。

⑥ 同上，第76页。

⑦ 陈梦家：《殷虚卜辞综述》，中华书局，1988年，第41页。

也。闻弟出外发掘与调查，想所得必不少，希详示。复颂俪安。

容庚 白

八月四日[①]

8月7日，顾颉刚去往上海医学院路上遇见陈梦家。

8月上旬，陈梦家“因徐森玉先生之约，前往苏州运取此鼎和大克鼎等，得以长时间的观察。鼎在抗日战争期间曾埋入地中，但再度出土后并无损蚀。原器完整无暇，未经修理”[②]。“大盂鼎很大很重，通高三市尺零二分，重三百零七市斤；一百多年前，出土陕西省眉县礼村的沟岸中；放在潘祖荫的苏州老家也有了七十多年。抗战期间，潘家把鼎埋在屋子里地下。解放以后，潘家的后人慨然捐献给上海博物馆。一九五一年夏天，（大盂）鼎从苏州运到上海，我也参预了装运，亲自为它洗刷一遍。它虽两度埋在地下将近三千年之久，但是全器完整无损。制作之精，形制花纹的完美，铭文之历史性的重要，在现存铜器中是数一数二的重器了。”[③]

8月中旬，陈梦家“在济南文管会盘桓六日”。

8月20日，陈梦家致信刘体智，咨询“将尊藏吕不韦戈捐赠上海市文管会”事宜。

惠老赐鉴：

在沪数聆教益，甚以为幸。又承厚赐种种，感激感激！尊著各书已由书店见告付邮寄出，不日当可寄到京矣。前在尊寓拜读金文考释，甚佩！至盼早日付刊，以利学者。晚十数年诠释金文，稿已盈尺，但因学力不足，不敢以问世。先生据《三礼》补

① 方继孝：《陈梦家往来书札谈》，《收藏家》2003年第5期，第16页。

② 陈梦家：《西周铜器断代》上册，中华书局，2004年，第101页。

③ 陈梦家：《铜鼎》，载《梦甲室存文》，中华书局，2006年，第332—336页。原载1954年5月《新观察》第9期。

金文之阙遗，用《说文》、声韵，通古字之音义，使难读不全之策命，豁然贯通。以七十之高龄，闭户著书，令人钦佩之极。晚在济南文管会盘桓六日，业已返京。此间秋高气爽，甚盼先生北上一游。自十月一日太和殿中将有一"伟大的祖国"艺展，搜集公私藏器，当有可观者。前允将尊藏吕不韦戈捐赠上海市文管会，不悉已捡出否？森老对此器极重视。又"左关之鍨"该会愿出价收购，至盼早日交森老，因晚急欲得一照片作研究也。另邮寄上拙作单行本两种，请教正。专此，并请撰安。

晚　陈梦家　敬上

八月廿日①

8月23日，陈梦家写信张治中。

8月25日，张治中致信陈梦家。

梦家先生：

八月廿三日来信收到。承题赠墨宝，亦早敬领，谢谢！

我从上月下旬到北京北戴河来养恙，身体是有了进步，不过很慢，而且还□□相当严重的神经衰弱症。

关于宗教学院捐款事，我惭愧□力有限，不能有任何的帮忙，特捐上五十万元，聊表□意。

搬回燕东园后地方比从前要好吧？回京后有空，再来看望您们。

顺颂□祺。

张治中　谨启

八月廿五日②

① 李宗焜：《容庚与刘体智往来函札》，《古今论衡》2005年第13期，34页。

② 见2016年5月22日，浙江六通公司春拍第111号拍品，西北军政委员会用笺。

8月30日，顾颉刚给陈梦家写信。对陈梦家来沪，苦于事忙，天又酷热，没有很好招待，表示歉疚。[1]

9月18日，清华大学数学系教授郑之蕃致信陈梦家。

梦家先生：

尊处所借运回去□湾水下物时之款20万，记不清楚。前日足下与弟谈□方法，弟意如能由学校归还办事处最为方便（即改为兄与学校借款）。敬祈惠示，高允为感。专此敬颂大安。今日午后大约在家，能惠顾一面谈更佳。

大安

弟　郑之蕃　叩　九、十八

今晚七时后弟正待办事，舍人至，弟□结账，顺告。[2]

9月28日，刘体智写信陈梦家，告知已将私藏吕不韦戈及其他兵器87件捐赠上海市文管会。

10月2日，陈梦家致信刘体智，托求《小校经阁金文》。

惠老赐鉴：

前奉手教，拜悉一一。承告吕戈及鋘不日即将捡出，甚以为慰。承赐《善斋吉金录》及《善斋玺印录》各一部，已由来薰阁送来，感谢感谢！近来整理未著录之金文拓本，需用《小校经阁金文》甚急，不悉该书已由何店邮下，至祈费神见告也。小校所录，有溢出罗氏《三代吉金文存》者，故需用此对查。尊著考释已成者，至盼早日付石印行世，暂时或无影响，将来必以此为研究金文之要籍，可预卜也。专此，并请撰安。

① 见2016年5月22日，浙江六通公司春拍第111号拍品，西北军政委员会用笺。

② 方继孝：《陈梦家往来书札谈》，《收藏家》2003年第5期，第15页。

晚　陈梦家　敬上

十月二日[①]

10月（？），收藏家张效彬[②]致信陈梦家。

梦家先生大鉴：

顷奉手示，备悉一一。弟于此三器早欲有所论别，因印刷不易，迄未如愿。如贵校视为重要之事，应请由贵校长出名用公函接洽。弟当利用哈佛燕京学社出版部发一单行本。自当一切仰仗大力，方有□循，故欲求教者正多也。弟以衰龄处艰，此之会又被马艾诸君玩弄之后，称知前人之秘不示人初非得已，虽不必因此顿易初心，而怀璧之罪则又不能防意外。中国事常令好人难做，古今无例外也，可叹可叹。不尽□缕，只颂教祺。

弟　效彬　再拜

赋闲一载，饱煖为艰。笔墨之资，心无所措，草草不能成字，幸包恕谅。□降时前一日示知即可奉候。[③]

12月4日，陈梦家致信刘体智，感谢捐赠吕不韦戈参展，并介绍赵万里将去拜访刘体智。

惠之老先生赐鉴：

前奉手教，敬悉一一。《小校经阁》已到，感谢感谢。此次森老携吕不韦戈北来，即加入太和殿中展览，声色不少，观者赞美不已。兹因老友赵万里兄南下之便，烦其到府致候；斐云兄版本之学海内第一，倘有可观者，至盼老先生多赐机缘。专此，并

---

① 李宗焜：《容庚与刘体智往来函札》，《古今论衡》2005年第13期，35页。

② 张效彬（1882—1968），河南固始人。

③ 方继孝：《陈梦家往来书札谈》，《收藏家》2003年第5期，第18页。

请撰安。

晚　陈梦家　敬上

十二月四日

正拟投邮，复奉九月廿八日手教，敬悉。尊藏吕不韦戈并其他兵器八十七件，一并捐赠上海市，化私为公，使后之从事兵器研究者多一批重要材料矣。可佩可佩！　梦家又及[①]

（四）山雨欲来风满楼：思想改造

作为接受美国基督教大学联合托事部资助办学的燕京大学，随着抗美援朝战争事态的进一步发展，其命运大大出乎校长陆志韦的预料和期望。

1950年11月15日，根据上级要求，燕大正式组成“保卫世界和平反美侵略委员会燕大工会分会委员会”，要求彻底解决教职员及学生中存在的对美国的错误认识，尤其要揭露“美国之音”的欺骗和危害，绝不允许美国的反动宣传在中国继续存在。

12月9日，陆志韦在《人民日报》上领衔发表《打碎美帝的文化侵略》的声明，以表明自己的政治立场。10天后，中共中央发布了《中央对教会学校外籍教职员处理办法的指示》，明确提出：除了有目的地留下少数政治上积极反美或确有学问技术专长者外，外籍教职员一般都应令其回国，或调离教育岗位。

1951年1月15日，在燕大工作27年的美国传教士、音乐系主任范天祥去公安局申请办理离境返国的手续。其他美籍教员也先后下决心离开。从1月中旬开始，在北京市和教育部的双重安排下，燕大接连请宣讲人员来校进行反美讲演。这些讲演着力于揭露美国政治的民主假相和黑暗内幕，与此相配合，燕大各个教工小组和学生也接连举行了揭露美帝文化侵略罪行的漫谈会。

---

① 方继孝：《陈梦家往来书札谈》，《收藏家》2003年第5期，第35页。

2月12日，教育部部长马叙伦和副部长钱俊瑞、曾昭抡等亲临燕大，在牌楼下向全校师生正式宣布政府接管燕京大学的决定。

1951年上半年，新政府全力推行土改、镇反和抗美援朝三大运动，一时还无暇顾及教会大学的进一步改造问题。因此，燕京大学除了按照教育部的部署继续揭批控诉美国教师“反动言行”，并将他们全部逐出大陆外，渡过了两年来最为平静的一个学期。①

赵萝蕤在《我的读书生涯》一文说：“1951年，西语系只剩下吴兴华和我。我又邀请了正在芝大读博士学位的巫宁坤，还聘请了新近抵京的俞大絪先生。我们的阵容似乎很齐整。我还立即得到了去湖南常德参加半年土改的机会。”赵萝蕤参加湖南常德土改时间大约在1951年9月至1952年1月中旬。

当年接受邀请来到燕大教书的巫宁坤回忆：一九五一年八月中旬，我从上海乘火车抵达北京，西语系主任赵萝蕤博士来前门车站接我。别后不过两年多，我不无好奇地看到，她的衣着起了很大变化。当年在芝大，她总爱穿一身朴实无华的西服，显得落落大方，风度宜人。眼前她身上套的却是褪了色的灰布毛服，皱皱巴巴，不伦不类，猛一看人显得有些憔悴了，但风度不减当年。到了燕园，由于我新来乍到，住房尚未分配，便先在萝蕤家作客。萝蕤是燕大宗教学院院长赵紫宸的女儿，从小受到中西文化的熏陶，不但能诗能文，而且弹一手好钢琴。燕大西语系毕业后不久，她就将当时以晦涩闻名的艾略特长诗《荒原》译成中文。她的丈夫陈梦家，当年是著名的新月派诗人，后来又以古文字学和考古学的成就蜚声中外，当时在邻近的清华大学中文系任教。他俩住在朗润园内一幢中式平房里。室外花木扶疏，荷香扑鼻。室内一色明代家具，都是陈先生亲手搜集的精品，客厅里安放着萝蕤的“斯坦威”钢琴。陈先生不过四十多岁，但又瘦又黑，经常皱着眉头，走起路来弓着背，仿佛背负着甚么无形的重载，看上去有点未老先衰了。

① 杨奎松：《燕大挽歌》，《中国新闻周刊》第762期，第27—29页。

1951年第二个学期刚开始，针对学校知识分子的思想改造运动突然发动起来。

9月24日，中共中央正式部署在重点高校开展学习运动，一方面强化思想批评，分清敌我界限，一方面从组织上展开清理工作。

9月29日，周恩来在中南海怀仁堂召集京津地区20所高校3000多名教师，以自身经历为例，做了一个关于知识分子改造问题的报告。自此，学习运动事实上变成了思想改造运动。邓之诚当天日记载，“聂（崇歧）昨入城，听周恩来报告：各校自五号起，政治学习，即忠诚老实运动，亦即整风，系北大发起，教部主持”。[①]

10月5日，依照上级布置要求，陆志韦在燕京大学思想改造学习动员会上正式传达了周的报告内容，并宣布成立燕京大学教员学习委员会。该会以陆任主席，翁独健、蒋荫恩、聂崇岐、侯仁之、佟明达，以及谢道渊（党）、阮铭（团）、童晓礼（工会）等为委员。两个月后，教育部和北京市委委派团中央书记处书记蒋南翔任组长，北京市团委副书记张大中任副组长，率队进驻西郊清华大学和燕京大学。张大中率工作组驻进燕京大学，并按照当时全国刚刚展开的“三反”（即反贪污、反浪费、反官僚主义）运动的部署，另外成立校节约检查委员会，取代学习委员会和校务委员会，事实上全面接管学校的领导权。按照节约检查委员会的规定，燕大全校教职员工被分为23个小组，每日下午学习讨论。工作组特别选派党团学生或学生积极分子分别到各个教职工小组去参加会议，点火放炮，促使教师们揭发交待，开展自我批评。同时，每日出版《三反快报》，向全校师生传递运动消息，帮助引导群众性批判斗争的大方向。

竺可桢在当年日记写道：“思想改造，首先是各种知识分子的思想改造，是我国在各方面彻底实现民主改革和逐步实行工业化的重要条件之一。……增加生产，厉行节约，以支持人民志愿军，这是中国今天的中心

① 邓之诚：《五石斋文史札记》，《中国典籍与文化》2009年第3期，第126页。

任务。”[①]

陈梦家经过认真思考和准备，11月16日，在国文系小组会上作了自我检讨。下录陈梦家自我检讨全文：

根据周总理的报告，我曾加以思考，检查了自己过去思想上的一些错误，现在还存在着的一些问题，分条提出来以供大家讨论。

（一）对人与对事。九一八事变以后，我曾参加了当时的学生运动，提出了“打倒流氓皇帝”的口号。我们痛恨的对象只是蒋介石个人，因此西安事变和抗日战争初期，我们对他又好了起来，因为我们认为他还是抵抗帝国主义的侵略的。抗日战争后期，我们不赞成他对共产党的办法，每当政府更换某些办法或更换某些人员，总是给我们新的幻想，没有想到他所领导的政治是根本上错误的。我们批评解放前的清华校政，也是对于人的温情多于事的认识。解放以后，有些人发牢骚，批评下级干部瞎干，某些个党员投机，某些个民主人士无耻，完全是错误的转移重心于个人，而忽略了共产党的大方针、大政策的正确。又有些人平常看不起工人，对于无产阶级来领导我们，认为是笑话，对于自己被认为工人阶级采取可笑的态度，这些是完全错误的。我们教育工作者若不认真地办好工会，就是放弃了我们工人阶级的光荣的资格，就是不认识无产阶级领导中国的道理。

（二）改换朝代与革命。解放后，有位朋友从南方来，他说“这是革命，不是改朝换代”，现在想起来，这句话是很正确的。我们生在辛亥以前的人，身经满清、民初共和、北洋军阀政府割据和国民党四个朝代，都逃不出半封建半殖民地的性质，只有到了1949年10月才驱逐了帝国主义，逐步消灭封建主义。回忆1948年末，清华解放之际，我们大家“迎接解放”，有多少人是迎接一个新朝代呢？我们大家坚持不走，有多少人认识到是革命？有多少人还认为这是更换朝代，“中共是中国人，还是一套老办法”？到后来看到一切要改，一切要革，有些个人就害怕起来。我想大家经过一些时间之后，总要认清这是革命，对于过去一切要彻底地否认一

① 竺可桢：《竺可桢全集》第12卷，上海科技教育出版社，2007年，第458页。

下，然后重新建立一个新分流。因此我们身为教育工作者，对于以前的教育，若不能彻底的改革，就不认识这个革命并不能把我们的教学研究作为例外可以不革的。有些人以为这样一来把我们革完了，我们还值什么？这是错误的，譬如过去制造牌九鸦片烟具的工人，现在改作纺织零件，他们还是根据一套旧本领作新事业。我们既然认定了这次解放战争是革命，那么我们知识分子的思想改造是必须的，我们当前的院系彻底调整也是急不可待的事。

（三）个人与集体。解放前有些人既已跟了国民党走，又怕共产党，他们说“年老不堪改造”，愿意回乡“种田”“养鸡”。这些人或许只是随便说说的，只有一个人真是“养鸡”去了。我以为革命以后“无所逃于天地之间”，你是没法再“个人”的。不但如此，解放以前，你“搞政治”也好，“无党派”也好，总之是消极地与现状妥协，不革命，你是为现状所支配的影响的，也逃不出什么的。但是，我们这些个人惯了的个人，要集体起来，总是不大容易的。我想个人要出头啦，要做天才啦，这种种念头应该是不大会有的了。最困难的是怎样在集体中生活？怎样和组织拉近？关于后者，我最近在天津和十五年前从事革命的学生谈了三夜，他说组织是看不见的，只有通过你自己在接触的团体中的党团员，以接近组织，因为他们是代表组织的。因此，我们对人的态度应该改一下了。未来的院系调整，将对我们是一个考验。学校和国家一样，像一列火车是要向前推进的，做火车头也好，做钢轨螺丝钉也好，做铺道的石子也好，都是使列车前进的组成分子。我们应该各因自己的能力来分流的。

（四）热情同情与参加。我们知识分子对于革命，对于人民只有热情同情是不够的。抗战期间我住在农村，一般同事瞧不起农民，我也瞧不起这些同事，自以为我总高他们一头。我也瞧不起住在镇上的人，觉得他们没有理由压迫农民，欺骗农民。自从看到土改报告以后，才知道我们当时对农民只是高高在上的同情，还是帮助统治阶级维持了现状；对于农民受压迫的事实没有分析，更没有积极地帮助他们翻身。我们的态度与根本轻视农民的，也没有很大不同，都不是站在人民的立场上的。我自己虽然参加了“一二八”上海之战，热河冷口之战，我也到前线慰劳过，好像有爱国的热诚，有民族立场。但是等到失败之后，还是老老实实做工作，一心痛恨日帝，因为他破坏了我们安定生活。我们没有勇气继续不断地参加革命工作，和帝国主义、封建主义作斗争。

（五）急进与缓进。我们是旧社会的知识分子，好像一棵树，根有多深，枝干有多高，表现得明明白白的，本来是无需乎掩饰的。改造思想是移花接木的工作，需要慢慢地、自然地做去，操急是不行的。挖根不可以，拔苗的方式也是要不得的。不改当然不对，以为现在来改太嫌晚了，也是不对的。解放以后，我们知识分子有些看不顺眼的地方，就是有些朋友变得太快，快得不能使人相信。一个人要求进步是值得我们表扬与学习的，但是只求外表进步是要不得的，只求改头换面是有害的。有些人劝我赶快把文字学马列起来，有些人说“你治古史赶紧搞奴隶社会吧”，有的说“少数民族合时啦”，这些人的劝告，你们看对不对？我们学习的时候要读文件，有些人认为你文件读得不够熟，一遍不够。我以为读熟与否是一回事，好好地想也是一回事，想过了真的实践起来又是一回事，光是生吞活剥引经据典恐怕不行罢。我们还是一步一步来，我是赞成稳稳地前进的，但是时光不等你，还是要赶快的好。不知诸君以为如何？[①]

新中国成立后，陈梦家对全国掀起的政治风浪和“思想改造运动”不以为然，且自视甚高，常以全新的重量级“海龟”自重，口无遮拦，恣意讥评时弊，不把一般的“海龟”放在眼里，更不能容忍一群头戴革命帽子的“土鳖”把持校政，对一切认为不合理的现象深恶痛绝并怒形于色。陈氏的所作所为很快成为当权者的眼中钉、肉中刺，遂成为“思想改造运动”的活靶子受到猛烈批判；但诗人气质与天生俱来的性格，使陈梦家难以改变几十年养成的习惯，依然我行我素。同奥威尔的小说并不是“反共的小册子”，而是“反对极权主义”一样，陈梦家在当时和之后没有公开

① 方继孝：《陈梦家往事》，载《碎锦零笺：文化名人的墨迹与往事》，山东画报出版社，2009年，第18—21页。

批评过共产党及推行的制度，但他的言行还是与政治以及政治当权者发生了冲突，并为此付出了生命的代价。①

解放初期，经过这一系列有系统的教育、改造，一大批“旧知识分子”纷纷与过去的知识体系决裂，由个人生命的现实遭遇而确认自我，接受命运。同时期正在参加四川土地改革的沈从文说：“新的人民时代，什么都不同过去了，但在这个过程中，恐还不免还有一些人，会从历史矛盾中而和旧时代的某种人有个相同的情形。……应当接受一切，从而学习一切。……我在改造自己和社会关系，虽努力，所能得到的或许还是那个——不可忍受而终于还是忍受了下去的痛苦！”②

11月，陈梦家有一首改旧作的短诗《忆一九四四年飞过喜马拉雅山》：“看不见喜马拉雅山，/云雾堆成山。/云海上的虹，/落日的粉红。/一切都太寂寞，/这里是天上的沙漠。”③云雾、云海、落日，一切都显得迷茫、缥缈，诗人心里感受到的是“一切都太寂寞”。正如后来接任北大西语系主任的诗人冯至的口头禅：“伟大的时代，渺小的我。”

陈梦家曾给时任上海博物馆馆长的徐森玉写信说：“近日心乱如常，甚觉痛心，只得又去买明朝高背椅子一对，相对终夕，亦寂寞中一乐事也。内人颇以晚之买笨重家具为笨事，但除此而外，更无其他更笨之消遣矣。”④

陈梦家带着落寞的心情，打发着如同外面一样严寒的岁月。冬天，他“在天津北疆博物馆看到两片甲骨，据说也是王（懿荣）家旧物”⑤。陈梦家还“由曾（毅公）处借看罗（振玉）氏所拓的陶斋甲骨拓本，共160片。据徐炳昶氏告我，1933年前后，端方的副官李虎臣拿出甲骨出售，他得了

① 岳南：《闻一多学生陈梦家之死》。

② 张新颖：《沈从文的后半生：1948—1988》，广西师范大学出版社，2015年，第80页。

③ 陈梦家：《梦家诗集》，中华书局，2007年，第211页。

④ 郑重：《陈梦家：“物我合一”的收藏境界》，《收藏十三家》，天津：百花文艺出版社，2008年，第228页。

⑤ 陈梦家：《殷虚卜辞综述》，中华书局，1988年，第647页。

15片，别人也有得的。”[①]

1951年，陈梦家得到罗振玉《殷虚书契考释》原稿本，“都是罗氏手写，其中书头上常注有某条应移应增改之处，并有罗氏致王氏（王国维）便笺请其补入某条者，称之为‘礼堂先生’。考释的纲领和分类次第，与罗氏以前诸作，实相一致，不过有所改善而已”[②]。

12月，《中国考古学报》复刊，出版了第5册。它的前身是中央研究院历史语言研究所于1936年出版的《田野考古报告》（1936—1946年）第1册。后来刊名变迁《中国考古学报》（1947—1951年），该刊在中华人民共和国成立后，由考古研究所编辑，出版了第2—4册。

（五）著述

“1951年自春至秋，因停课多暇，作了有关殷代铜器的数篇”[③]，除此，陈梦家精力主要放在甲骨文字考证，先后完成著述如下：

（1）《甲骨断代学甲编》，发表在6月《燕京学报》第40期，P1-64。

（2）《殷契拾掇序》。

（3）《甲骨断代与坑位》，发表在《考古学报》，P177—224。

（4）《甲骨断代学》，发表在《燕京学报》第40期。

（5）《文字学》，清华大学讲稿，1937—1951年。

（6）《现代中国语言学》，清华大学讲稿，1949—1951年。

9月22日，郭沫若夫人于立群致信陈梦家。

梦家先生：

您好！甚念。大函收到，您所需要的郭先生对《禹鼎》发表

---

① 陈梦家：《殷虚卜辞综述》，中华书局，1988年，第651页。

② 同上，第58页。

③ 陈梦家：《陈梦家学术论文集》，中华书局，2016年，第403页。

的文章，现在给您寄上，请查收。此致

敬礼

于立群

九月廿二日①

10月，陈梦家考释新出的禹鼎，在《禹鼎》考释文中提到，郭沫若初印本《两周金文辞大系》考释，因据宋本“穆公鼎”误释此鼎为成鼎，次于夷世，而以成与叔向父禹毁之禹为父子，后者次于厉世。又以禹为《十月之交》的师氏楀。以成为禹，自近出第二禹鼎后，郭沫若已加改订，在《禹鼎跋》改正了禹鼎的年代，“即此器与不娶毁、噩侯鼎、敔毁，余曩列为夷王时器者，均当与叔向父禹毁同属于周厉王之世”（《光明日报》1951.7.7）。②

1951年秋，主持西北冈发掘的梁思永先生曾与陈梦家谈及，要陈梦家把所搜集的西北冈铜器照片编目印行，以供研究殷代铜器的参考。③

二、调入考古所

（一）“平日死读书，缺少接近实际，脱离群众”

1952年元旦，毛泽东在中南海设宴招待各界人士，并发表重要讲话：“1952年已经开始，本年将继续抗美援朝工作为重心，增加生产，厉行节约。”为完成这些任务，“本年新增加反贪污、反浪费、反官僚主义运动”。根据毛泽东的讲话精神，中共中央于1952年1月4日发出《关于立即限期发动群众开展“三反”斗争的指示》。这样，在全国范围内很快出

① 见2016年5月22日，浙江六通拍卖公司春拍第111号拍品，中央人民政府政务院教育委员会公用笺。

② 陈梦家：《西周铜器断代》上册，中华书局，2004年，第273页。

③ 陈梦家：《陈梦家学术论文集》，中华书局，2016年，第404页。

现了一个群众性的检查、揭发贪污、浪费和官僚主义的高潮。此后，“三反”运动在全国范围内轰轰烈烈开展起来。中央在《关于宣传文教部门应无例外地进行“三反”运动的指示》中，要求全国各地各个学校以“三反”为引子，从学习马列主义、毛泽东思想入手，批判封建的、买办的、法西斯主义的思想影响，划清敌我界限，批判资产阶级思想。

1月7日，陈寅恪致信陈梦家，信由夫人唐筼代笔。

梦家兄左右：

来示及大著均读悉，佩服佩服。尊夫人已返京否？弟前寄拙著多本在一良兄处，兄可取阅也。

内子患心脏及血压高病，卧床已二月，甚不方便。永兴兄寄来款已收到。去年淑珍夫人过广州，得悉在京诸友近状，甚慰。马季明先生已见敏斋先生（事已办妥），想已有信致淑珍、永兴伉俪矣。燕大合并后兄及尊夫人当不移动，其他亲友如何请示及。弟此信请转交永兴兄一阅为感。匆覆敬请

著安

弟　寅恪　敬启

一月七日

诸亲友均候

1月10日，陈梦家按照校方要求在小组会上作了题为《补充关于中美文化合作的认识》的检讨：

1947年我将离美回校之际，罗氏基金人文科学的负责人曾到我的办公室，示意我暂时不要回国，我当时激于爱国心，以为大战已胜利应该即返祖国，同时对于清华亦有责任心，以为请假太久，不便不回。1948年该会派一副负责人到中国，到了北京后，我奉学校之命招待，当时学校是想再请求津贴的，但此人说华北即将受共党威胁，不能再从事“投资”。对于劝我不回国

的人，我初以为他对我一番好意；对于决定不再投资于华北的人，我初以为是美国人害怕共党过甚，且以做生意的态度决定事情。现在想来，完全是半官的文化侵略机关，老早的与该国的政治当局采取一致行动。1947年春在普林斯顿大学二百周年纪念中会，曾举行了一次国际东方学术会议，内容分社会科学与艺术考古两类。后者曾于事先请我去筹划并布置一铜器展览，我因与当事者意见冲突，认为他对我无礼傲慢，曾拒绝出席并作讲演。后经他的再三道歉，我于开会前数日仍决定前往。会中曾赠予冯、梁名誉学位。我的岳父则与其他各国政治家、文学家同受名誉学位。我当时觉得这些送学位是政治性的，但以为大战后，中国已成五强之一，美国有心要巴结我们学者。今天想来，才知道他对宗教家、哲学家因其有关思想领导，故加以笼络，其居心完全是帝国主义的收买人心。我之拒绝出席国际会议，乃出于狭隘的民族自尊感和学者尊严，及至人家承认错误后，我认为出席会议可以多接触一些人总是好的。在阶级敌对的形势中，常常以个人的利害个人的自尊心来作去取的标准，是不对的。

我回国后，因看到国际学术中心移至美国，我一向热心宣传中国文化，所以当时主张中美文化合作，我反对美国学生到中国留学的特殊的待遇，不主张为他们特设住室与餐室，要他们真正活在中国人中间。后来有佛勃来德法案送来的学生，当时未发觉其学生系兼作谍报工作的阴谋。但我只顾自己的想法，要学生注册上课，不许自居例外，我亲授的学生必须服从中国学生的规矩，至今想起来，我犯下了如下错误：认不清美帝的文化侵略的性质；认不清美帝与美国人民的分别（一劲儿的有教无类的旧看法）；单纯强调中国文化的重要性，有民族的自尊自大感，有学术自大狂。经过学习，才认识敌我，我知道这是立足点的错误。

我1944年以前，因不会说洋话，从不与洋人往来。1945年后始与英美人士接触，因我个人脾气固执顽强，到处不示弱，当面骂人，因此很少受到侮辱，常引以自豪。我以个人的未受侮辱，误以为帝国主义对中国也无侵略性，不知道正是敌人的糖衣，对少数无关重要的文人学士给以小惠小利，借以施行对我国的侵略。我们乃成为他们的义务代辩士，广告员。我在外期间，因痛感中国古物流传于外者，国内缺乏记录，甚为痛心。所以在短短三年内尽力搜寻材料，公私各处不使遗漏。作此工作时，很少遇到阻碍，当时比较了国外博物馆与国内博物馆与学术机关的闭门不纳，很觉得国内不行。现在想来，国内学术机关在反动政权之下，不但为反动派服务，且有在半封建残余的恶劣习惯；外国之学术机关之所以对我客气者，一则利用我的专家地位抬高他们劫夺而去的我国文物，一则利用我的知识以充实他们。在解放前，国内反动政治之黑暗腐败与□□□，确实造成一种令人媚洋的因素，但我们今日当不明白此等政治之造成，除受封建遗毒之外，实由于近百年帝国主义之侵略，使我们不能翻身。

我在国外，本为一无名之士，但因我之勤劳曾博得虚名，当时虽未尝沾沾自喜，但总觉得这是应该的。以我之个性，从不奉承钻营，我自己常觉问心无愧。别人出国一次，不是赚了许多美金，便是汽车冰箱，我一向痛恶。除了书籍材料以外，到沪只剩了10元，还要借垫付税。在外三载有余，收入之外，尚欠债数千元。如此等等，总是自视颇高。及今思之，我在此期间，不知觉间确是为敌人利用，点缀，在他们的生活习惯中，我或多或少总是受了恶毒的。我向来以为回国后立即脱去西服，我家中除书本钢笔之外，别无洋货，总自备了一切中国本位，可谓做得到家了。但解放以来，又经过学习，虽拥护政府之心很显明，但有些小事常感格格不入。推其缘故，总是从小以来所受英美教育，其中充满了自由主义个人主义，为害不浅。在外数年，因受私人较好待遇，以个人情感代替阶级的情感，以至初期不容易恨美，后期不容易爱苏。不能恨所当恨的人，不能爱所当爱之人，情感麻痹。又久受中国古代文化的影响，虽不一定相信儒家，对于国家民族有较狭隘的看法。平日死读书，缺少接近实际，脱离群众，以至明白原则容易，不能实践。不满意别人的所言所行，而自己既说不上来，也做不出来。

又自我出国以后，游历加拿大及欧洲一次，总觉世界之大，不可局囿于一方。解放初期常觉闭关之沉闷。我所谓沉闷者，并非看不到美国电影，但觉得自己与外面世界隔绝了。现在我们认识了国外的敌人及其阵营，明白了他们的居心叵测，已无所留恋。我们应在社会主义与新民主义国家中，找到真正的更广大光明的世界。我们应从无产阶级的广大人民中间，在自己阵营中和敌人阵营中，感到声息相通的同情与团结，为未来的世界共同努力。

这次学习当中，各位同人对我的关心与鼓励，很使我感激，大约因我之顽固不化，所以偶有一丝一毫的进展，常承大家打气，实在受宠若惊。仔细检点，个人的缺点太多，主要的是不能忘我的孤立去作思想，事事以我出发，以为我是正直的好人，无论在何社会中都能生存；以为我从未参加任何政治党团，所以“超政治”“超党派”；以为我从不看不起农民，所以“超阶级”；以为我从不媚外，所以无“崇美”；以为我从未受洋人欺侮，所以不恨美帝。如此皆将我自己藏在一孤立的地位，以为自己不属于任何阶级，不受任何政治的影响，这才是自由的思想。这种看法是不合实际的，是唯心的。我们今日已渐渐自觉我们属于某一个阶级，我们受这个阶级的支配，我们的思想意识和情感是属于阶级的，不是我们个人自创的。理性的觉悟还是不够不全的，我们必须使自己真正成为工人阶级的一分子，有工人阶级的爱和恨，为我们的阶级与敌人斗争，到那时候才真正称得上一个工人。今日我们还多少是书生之见，我们的检讨一定是不彻底不够的。[①]

1月19日（星期六），陈梦家作第二次检查报告。检讨后，他在写给赵萝蕤的信中说：上星期六第二次检查报告，作了一下午，比前进步不少。今日又是一下午意见，归结为界限不清，个人主义（严重的）。[②]

1月24日，校节约检查委员会召开了全校动员大会。随后各院系运动正式展开批判活动。邓之诚当天日记载，"下午一时，校中开反浪费控诉大会，首由陆志韦检讨，众嫌太泛，令其下期再说。蒋荫恩检讨，亦未得好评"。[③]

诚恳俯首听命的检讨，对"从不奉承钻营""顽固不化"的陈梦家带来的无疑是心灵的创伤和侮辱。他唯一能做的就是躲进小楼成一统，不问窗外世事，埋头故纸堆，钻研旧家具。据赵萝蕤保留的"公元一九五二年家用流水账"记载，1月28日，陈梦家购买小玉蝉（三分长）2个、木根笔筒1个（以上乔友声[④]）、安阳石足（三寸）1个、铜旗头（二寸）1个（以上裴振山[⑤]）、唐彩女俑（八寸）1个（以上怡文斋），古玩共计26万元（旧币）。[⑥]

2月1日上午，由代理教务长翁独健出面，专门召集全校讲师、助教开会，要求大家打破"恩师观点"，开展尖锐批评。下午，再开全校职工大会，由蒋荫恩出面动员，要求大家要敢于深挖燕大帝国主义、资产阶级思

① 方继孝：《陈梦家往事》，载《碎锦零笺：文化名人的墨迹与往事》，山东画报出版社，2009年，第18—28页。

② 同上，第28页。

③ 邓之诚：《五石斋文史札记》，《中国典籍与文化》2009年第4期，第124页。

④ 乔友声，为通古斋黄伯川徒弟。

⑤ 裴振山（1906—1968），名天锡，山西襄汾人。他是崇文门集珍斋王鹤年的徒弟。1950年，北京琉璃厂文物业萧条，裴振山联合修理复制唐三彩的著名技师李焕章，修复青铜器的著名技师王德山、赵振茂在琉璃厂振寰阁办起文物整修加工部。公私合营后，改名北京特艺公司文物加工部，后归北京文物商店领导。1959年，北京市文化局将加工部归并北京市美术公司。

⑥ 方继孝：《陈梦家往事》，载《碎锦零笺：文化名人的墨迹与往事》，山东画报出版社，2009年，第27页。

想影响的老根。晚上，身为燕大团委书记的阮铭则召集留校同学大会，再做青年教师的动员鼓动工作。

2月3日，学校党团首先召集学生开会，直接点名要对心理系教授沈乃璋、历史系教授聂崇岐、中文系教授阎简弼等展开揭批，并具体部署了实现揭批的准备步骤和斗争策略。这包括分工做好线索资料的查证工作，预先选定斗争依靠对象，在批评大会上又打又拉，使其较早获得群众谅解，从而转为斗争的积极分子。对于选定的依靠对象，要事先由工作组成员与之谈话，具体帮助设计和修订发言稿，同时要与学生会干部商量好，让他们在大会期间组织学生向大会主持人传递“表扬”“满意”的纸条，由主持会者当场宣读，使他们的检讨能够一次过关。这时，学生应带头鼓掌，并与检讨人热情握手，使之感动，以便鼓舞其参加揭批斗争的热情。被列为团结对象但属于中间派的教授们，就不能让他们那么容易过关了。与会师生要义愤填膺地大胆揭发、批判，使他们真正在思想深处受到触动。按照这种方法布置的群众会议常常会持续几个小时，被质问和批判的教授往往心惊胆战，有人竟至当场痛哭，还有人甚至下跪乞求宽恕。就是这样，他们多半也要经历两次以上这种场面才能勉强过关。反复受此刺激，这些教授内心难免会充满自卑感，甚至是罪恶感。一些人因此变得谨小慎微，一些人则为避免被人指为消极抵触，在随后的运动中也可能会变得十分积极亢奋。被列为斗争对象的少数教授的情况自然最为狼狈。①

2月8日，哲学系主任张东荪开始做检讨。他因长期与中共领导人有来往，为和平解放北平立过汗马功劳，此时不仅身兼民盟中央常委，而且还居于全国政协委员和中央人民政府委员之高位，因此他最初对这场斗争的尖锐程度明显缺少思想准备。与张东荪同样被列为燕京大学重点斗争对象的，还有两位，一是校长陆志韦，一是宗教学院院长赵紫宸。

关于陈梦家这个时期的思想状态，赵萝蕤在日记中有较详细的记载。赵萝蕤的日记是1952年2月1日开始的。以下摘录几篇：

---

① 杨奎松：《燕大挽歌》，《中国新闻周刊》第762期，第27—29页。

二月十八日　星期一　冷极多风

上午起身较晏。为梦家交代文物馆事作剧烈思想斗争，使我自己又作一次痛苦万分。他时而理性清明，时而感情激动，我虽安闲待之，但真正受不了他。

二月二十日　星期三　冷

今天早醒，又为梦家疯态所逼，把他大骂一通，打垮他的个人英雄主义。大骂之后果然稍好，比理性说服强得多。结果他到母亲家抱小桔去了。我一人在家补记日记与家用账。梦家回来，我又提出他的几（个）主要思想问题，共四五个，他都记了下来。我并且告诉他，我二人最主要的不同就是个人英雄主义与个人主义的不同。他是英雄，而我不以英雄自居。并且各作小诗一首，小事（诗）以自明。午饭后，疲劳不堪，大作午睡，一直睡到四点。梦家则因为个人英雄主义必须解放，大作其诗。我被其扰，只有闲然抚琴。五点时宁坤（巫宁坤）与兴华（吴兴华）先后来乱谈，无非是思想斗争的苦痛与愉快。梦家则大写其诗，以申其冤，只得听之。巫、吴煮咖啡与梦同饮。七点饭毕，我又作日记。七点半，马铁犹来与我长谈到十一点半。他与节约检查委员会已对梦家急公好义精诚感人的人格完全了解，帮助群众了解了他，又启发了我许多，使我更感到做好人的光荣，更可帮助梦家作最深刻的交代。梦家未参加谈话，送马走后，我将大意告梦，他已能平心静气，睡得虽晚而甜睡。

二月二十二日　星期三

早醒，又和梦家作思想斗争。我告以应不吃屎，不骑马，以此两句作座右铭，不承担未有之罪，但亦不自高自大，骑高头大马。

2月23日，身为校长的陆志韦第一次检讨。会场最初安排在教学楼的礼堂里，由于听众把会场挤得水泄不通，组织者不得不临时把会场改到办公楼的大礼堂。

从赵萝蕤1952年流水账中看，2月23日买烟一条，价3.35万元，2月28日买烟一条，价3.35万元，对比流水账所记“米40斤7.60万元”，赵萝蕤舍得拿钱买烟，价格不菲，且2月23日至28日仅仅一周时间，陈梦家抽完了一条烟，其心情苦闷可想而知。事实上，这次打击对于陈梦家来说只是毛毛雨而已，在今后的日子里，更大的风暴正在等待着他。[①]

2月25日，张治中写信陈梦家。

梦家先生：

近来好吧？您的夫人参加土改回来了吧？记得在北京时，您□□今年元月要到西安来，怎么一直没见到？日前我曾问赵□云先生，他似乎说因为各学校正在进行思想改造运动，不方便向教育部提出来，他说得不很清楚，也许我有听错之处，您没有来是不是这原因？我在这里还有一个时间住，（暂）不返京。即问（祺）好！

张治中

五二、二、廿五日

西安西七路38号转[②]

2月29日，由工作组精心组织举办的美帝文化侵略罪行展览会开幕，一时间人潮汹涌。展览中列举的许多事例和展品都旨在证明：美国人早就认识到，“今天的中国学生就是未来中国思想上和生活上的领导者”，因此，他们不惜用一切方法，尤其是主办大学的办法来改造中国和控制中

① 杨奎松：《燕大挽歌》，《中国新闻周刊》第762期，第27—29页。

② 见2016年5月22日浙江六通公司春拍第111号拍品，张治中致陈梦家信。

国。特别引人注目的是那些首次披露的信件，划线的文字清楚地说明，美国教会“不支持有利于共产党的学校”，一直在考虑“如何对付共产党政权”，并且处心积虑地想要坚持基督教大学这一影响中国未来的据点。这些内容如同一枚枚重磅炸弹，在整个燕园引发了强烈的震动。

3月11日，已经被视为“美帝国主义代理人”的陆志韦再度做了检讨。这次，燕大全校师生聚集在大礼堂，清华大学的师生也通过广播连线同时听会。陆志韦这一次不再为自己的立场进行辩护，他流着泪承认自己的“亲美已经深入骨髓，自甘自愿的在燕大执行美帝文化侵略”，承认自己因此犯有种种“罪恶”，如今一觉醒来，“彷徨痛苦”，恳求大家能够允许他“重新做人”。①

3月13日，中共中央又发出《关于在高校中进行“三反”运动的指示》，特别指出“三反”运动必须依靠广大学生群众的力量，要让他们来推动教师，批判和打击学校仍普遍和严重存在的各种资产阶级思想（如崇拜英美、狭隘民族主义、宗派主义、自私自利等）。

3月20日下午一点，工作组和节约检查委员会专门组织全校师生，在大礼堂举行控诉陆志韦问题的群众大会，教育部领导人和北大、清华等在京高校校长等均到会。

从3月28日“忠诚老实”运动动员开始，即按教员、学生、职员、工警各系统分成小组，人人被要求坦白交待自己的历史问题。燕大1723人，有1529人交待了自己各种“历史问题”。其中1071人为隐瞒学历或家庭社会关系之类的一般性问题，但有411人则被查出参加过国民党、三青团及其他反动组织，或被揭发发表过反动言论及著作等。最终被定性为有严重政治问题，即属于反动组织骨干或参加过所谓特务组织、为帝国主义分子进行过情报活动者，有57人。②

春，陈梦家据各种书刊上的简略记载，将西北冈铜器照片分属各墓，

---

① 杨奎松：《燕大挽歌》，《中国新闻周刊》第762期，第27—29页。

② 同上。

与梁思永记忆的大致出入不大。但因梁思永所长长期卧病，未获从容商榷。[①]

5月，中共中央发出《关于在高等学校中进行批判资产阶级思想运动和准备进行清理中层工作的指示》，说："根据北京和上海两地的经验，在这次运动中，可以而且应该让60%—70%的教师，在作了必要的自我检讨以后迅速过关；12%—25%的教师，是要经过适当批评以后再行过关；13%左右的教师，是要经过反复的批评检讨以后始予过关，只有2%左右是不能过关，需要作适当处理。这样的比例大体上是合适的。"

（二）院系调整后进入考古所

教育部宣布全国高等学校向"老大哥"学习，进行"院系调整"。4月16日，全国工学院调整方案公布。"将北京大学工学院、燕京大学工科方面各系并入清华大学。清华大学改为多科性的工业高等学校，校名不变。将清华大学的文、理、法三学院及燕京大学的文、理、法方面各系并入北京大学。"因高等学校院系调整，清华大学的人文社会系科均被取缔。

6月25日，"北大、清华两大学教师来燕京联欢"。

7月，全国高等院校院系调整全面展开。根据中央改造调整旧大学的方针，教会大学全部撤销，各院系一律被调整到其他学校。

7月6日，"全校教师冒雨入城至教育部听钱俊瑞三校合并第二次报告"[②]。

此月，赵萝蕤调入北京大学西语系任教授。

夏天，陈梦家"在青岛韩宝生[③]处见到'兰畹手拓'的拓本35片，确是

① 陈梦家：《陈梦家学术论文集》，中华书局，2016年，第404页。

② 邓之诚：《五石斋文史札记》，载《中国典籍与文化》2010年第1期，第154页。

③ 韩宝生，二十世纪三十年代毕业于山东大学国文系，臧克家的学弟，老舍的学生。他有深厚的国学基础，本身又是藏书家、目录学家、版本学家，对馆藏古籍如数家珍。1956年他编写《明清两代山东人著作目录》，后又编写《明清两代山东人著作解题书目》，但未刊行，只有手稿。1949年12月被任命为青岛市文物管理委员会干事。

王（绪祖）氏故物，后来王献唐先生又亲自拓了10片寄我，共45片”。[①]

陈梦家转入中国科学院考古研究所，任研究员。中国社会科学院考古研究所，是在北平研究院史学研究所和一部分中央研究院历史语言研究所的基础上发展起来的。1950年5月开始筹建，同年8月1日正式成立。当时属中国科学院领导，是中国科学院建院初期成立的第一批研究所之一。

夏鼐1952年9月1日日记载：“上午至丁瓒主任家，未遇。至梁（梁思永）先生处，闻教育部拟将陈梦家调到考古所，梁先生托余与郑（郑振铎）一谈。”[②]据此可知，陈梦家调入考古所应在9月1日至10月间。

9月19日，邓之诚日记载“入夕，陈梦家忽来，谈《越缦堂日记》，冒雨去”。[③]

陈梦家的学生周永珍1952年毕业，分配到文化部文学所，他不想走文学的道路，到考古所找陈梦家，说明想到考古所工作，陈梦家立刻写了三封信，让周永珍去见郑振铎、梁思永、夏鼐，并把见面时各位所长会问什么问题、如何答对都告诉周永珍，帮助他顺利通过面试，12月15日到考古所签到，在陈梦家指导下开始研究实习员工作。

在周永珍的追忆里：陈梦家住处最早在燕京大学的镜春园，在燕园的北部，绿草春荫，环境幽美。他住在北房三间，与孙楷第先生比邻。后搬到燕东园，两层小楼，周围栏杆开满荼蘼。1952年院系调整，先生住在赋税胡同十五号，是一座多层的院子，先生住在东北面，两间北房，房间较大，走去花径通幽，窗外有一棵芭蕉树。一九五七年先生用《殷虚卜辞综述》的稿酬七千多元买了一处住宅，在赋税胡同三十四号，有十八间，房连成U 形，没有北房。院内有一棵小树，很不起眼，先生竟完毕生命在这颗小树上。[④]

去考古研究所不久，陈梦家在信中表达了他的担忧：我在“三反”中

---

① 陈梦家：《殷虚卜辞综述》，中华书局，1988年，第652页。

② 夏鼐：《夏鼐日记》卷四，华东师范大学出版社，2011年，第504页。

③ 邓之诚：《五石斋文史札记》，载《中国典籍与文化》，2010年第1期，第157页。

④ 周永珍：《追忆陈梦家先生》，《中国文物报》，2016年8月26日第7版。

所得不处理的处理，原来时时可以灵活运用的，我现在所惧怕者，还是研究工作的不能像过去在学校时之多有时间来做，未来数年不知能作成什么？①

三、难得的平静

（一）考古所平淡的一年

陈梦家在考古所的办公室在第二层院，北房三间，对面是语言学家丁树声的住地及办公地点。

1月3日，北京大学校长马寅初签发，聘请陈梦家、郭宝钧两人担任历史考古教授。②

2月17日（年初四）下午，副所长夏鼐与来家拜年的苏秉琦一起去看陈梦家，未碰面。③

3月21日，陈梦家在文物处副处长张葱玉家用餐。

当时，考古研究所正在河南安阳大司空村进行第一次发掘工作，马得志、陈公柔、钟少林、周永珍、张云鹏和魏善臣等参加。自3月1日至4月25日，共计发掘墓葬168座，殷代遗址5处。陈梦家在3月底去安阳发掘现场，4月2日返回考古所。

作为陈梦家的学生，周永珍第一次进行田野发掘，得到了导师陈梦家的支持，他在《追忆陈梦家先生》说，“此次发掘了几百座墓葬，回来由先生主持写发掘报告，由我写陶器部分。把陶器上架排队时，先生也常上楼观看指点。报告完成后，先生带我和一位师兄去见郭沫若先生汇报工作”。

① 方继孝：《陈梦家往事》，载《碎锦零笺：文化名人的墨迹与往事》，山东画报出版社，2009年，第30页。

② 见2016年5月22日浙江六通拍卖公司春拍第111号拍品。

③ 夏鼐：《夏鼐日记》卷五，华东师范大学出版社，2011年，第9页。

4月30日，夏鼐来陈梦家办公室稍谈。

5月26日，陈梦家去夏鼐家谈事。

6月11日，夏鼐找陈梦家、黄文弼二人商谈研究组的事。

6月18日上午，考古所进行理论学习，陈梦家报告研究工作困难、如何克服及心得等。[①]

6月26日，陈梦家去夏鼐处谈事。

7月6日，陈梦家参加全所会议，夏鼐报告所里工会筹备情况、布置学习文件，以及福利、公共户登记等。

7月24日下午，陈梦家参加全所会议，内容是宣布当年工资调整办法，一般不动，个别调整。

7月30日，参加全所会议，内容是加薪问题。

8月1日上午，第二期考古训练班在北大举行开学典礼。根据“第二届考古工作人员训练班”印发的《通讯录》，列有教职员姓名、性别、工作机关和通讯处四栏。列有“陈梦家/科学院考古研究所研究员/教务”。

8月8日星期六，夏鼐与陈梦家讨论关于《吐鲁番考古记》校改问题。

9月11日，在考古所工会筹备会成立大会上，陈梦家和夏鼐、徐捷、王伯洪、张心石、齐光秀、刘玉等7人作为筹备委员。

9月13日，顾颉刚给陈梦家写信。

10月4日，陈梦家在北京地外大街803号的宝聚斋购买紫檀小柜一对，价旧币60万元。

10月6日，顾颉刚写信给陈梦家。

10月11日，陈梦家在地安门白米斜街口的纯古斋购买花梨小桌一个，价旧币30万元。[②]

10月17日，刚从洛阳考古现场回所的夏鼐找陈梦家闲谈。

10月21日，夏鼐至陈梦家处闲谈。

---

① 夏鼐：《夏鼐日记》卷五，华东师范大学出版社，2011年，第26页。

② 方继孝：《陈梦家往事》，载《碎锦零笺：文化名人的墨迹与往事》，山东画报出版社，2009年，第67页。

10月27日，夏鼐与徐旭生、陈梦家商谈关于在河南设立工作站事。

10月30日下午，陈梦家参加全所会议，关于北京市面粉配给办法。晚间参加工会筹备会，讨论“精简节约”运动。①

11月6日，陈梦家参加工会筹备会，讨论增产节约问题。

11月7日，夏鼐找郭子衡、陈梦家商谈明年计划事。

11月9日上午，夏鼐和郑振铎一起去马市大街，和陈梦家商谈关于郭若愚《殷虚文字缀合篇》问题。

11月13日上午，夏鼐来马市大街，和郭子衡、陈梦家商谈洛阳工作站事。

11月20日，陈梦家参加靳尚谦主任上任欢迎会，并欢送人事干事徐捷，调往科学院古脊椎研究室。

11月27日、12月4日晚上，陈梦家参加考古所工会小组学习总路线。

12月4日，顾颉刚到北京，任中国科学院历史研究所第一所研究员。

12月7日，顾颉刚到考古所，见陈梦家、徐旭生、郭宝钧（子衡）、钟云父。

12月10日中午，于思泊请客，同席有顾颉刚、陈梦家、助廉、君匋。下午，陈梦家参加全所研究人员会议，讨论1954年工作计划。

12月11日晚上，陈梦家参加工会学习《选举法》及粮食采购。

12月16日下午，陈梦家参加全所学习会，夏鼐作动员报告，并参加分组阅读文件。

12月17日，陈梦家写小诗《过北海三座门大街》②，短短四行，“黄尘蒙罩的夕阳”“粉红色的宫墙”“淡绿色的月光”，不同颜色的景象，没有同时期颂歌体诗歌的喜庆，反而带着无尽愁绪，在诗人眼里，所过大街处处像“奇怪的冰原”，透露着“说不出的凄凉”。

12月22日下午，陈梦家参加全所年终总结动员大会和分组讨论。12月23日，上午继续参加年终总结讨论会，下午学习总路线。12月24日、25

① 夏鼐：《夏鼐日记》卷五，华东师范大学出版社，2011年，第48页。

② 陈梦家：《过北海三座门大街》，载《梦家诗集》，中华书局，2007年，第213页。据手稿。

日、30日，继续参加年终总结讨论会。

12月31日，陈梦家参加所里除夕联欢会。

从上述《夏鼐日记》所记载的有关陈梦家的内容，除夏鼐与陈梦家商谈诸如河南考古，其他基本是所内的政治学习、讨论。频繁的运动牵制了陈梦家醉心的研究工作。

陈梦家在《殷虚卜辞综述》记，1953年夏，刘体智所藏二万八千余片甲骨归于文化部，这是最后最大的一宗归公的甲骨。据周永珍回忆，“一九五三年我到考古所后，先生正在对刘体智的‘善斋甲骨’进行收拾和研讨”。[①]据陈梦家统计，出土甲骨的片数约为：甲、属于公家的约五万一千片；乙、属于私人的约四千片（估计）；丙、现在台湾的约二万六千片；丁、现在欧美的约七千片；戊、现在日本的约一万片；总数约九万八千片。1953年秋，考古所开始了大规模的传拓甲骨工作，从善斋藏骨开始。[②]正是从1953年起，陈梦家开始《殷虚卜辞综述》的写作。

目前仅见陈梦家在7月30日《文物参考资料》第35期发表《“铜器发展的历史概要”讨论——就读者所提的意见说明我的看法》。关于唐兰先生的《铜器》一文，陈梦家提出了自己的看法：一是殷代虽已有了很高的铸铜技术，但“只限于祭器（包括明器、乐器）、车器和兵器，这些东西都是王室贵族所用的”，并不影响分工，“手工业与农业的分工应该从铁骑成为普遍的农具以后”。二是“以为殷代用铜器殉葬是很普遍的事……这种看法是错误的。”[③]

（二）苏州休假

8月9日，陈梦家休假，和赵萝蕤去上海、苏州，至9月2日返。近一月时间，陈梦家夫妇访友、游玩，为平淡的岁月增添了些欢愉。

---

① 周永珍：《追忆陈梦家》。

② 陈梦家：《殷虚卜辞综述》，中华书局，1988年，第47页。

③ 陈梦家：《“铜器发展的历史概要”讨论——就读者所提的意见说明我的看法》，载《梦甲室存文》，中华书局，2006年，第326—328页。

8月19日，陈梦家到天平路上海文管会，与顾颉刚、徐森玉谈。陈梦家告知他们近年北京有关人事，“罗常培自去年思想改造后血压大高，不能出门。又闻于思泊已不在北大教书，以卖古物为活。杨今甫已赴东北任教，郑天挺、雷海宗到南开”。顾颉刚为陈梦家夫妇去苏州旅游，分别给沈维钧[①]、汪星伯（1893—1979）写信。中午，徐森玉邀请陈梦家、顾颉刚到宝大西菜社吃饭。[②]

8月22日，陈梦家夫妇抵达苏州，遵照顾颉刚的介绍安排，沈维钧、汪星伯两位为他们“于观前为安排旅社后，就选择太监弄里的有名馆子松鹤楼设宴为他们接风洗尘。短短两日里，陈梦家夫妇看了园林，听了评弹”。[③]

8月24日，时值中秋，陈梦家夫妇饶有兴致，游玩苏州洞庭西山，留宿显庆寺，并留下了难得清新恬静的愉悦诗句《中元宿洞庭西山显庆寺》：

山间的月明，
芭蕉依然翠青；
大庙里几声虫鸣，
分外的静。

等候夜半的清风，
吹过七十二峰，
叫明天的帆篷，
送我们到石公。[④]

① 沈维钧（1902—？），号勤庐，浙江湖州人。曾任中央古物保管委员干事。1935年间为考古学社社员。著有《寰宇贞石图目》《中国古器物学讲义》《汉画石刻研究》。

② 顾颉刚：《顾颉刚日记》第7卷，第429页。

③ 申闻：《陈梦家的苏州行》，载2016年8月5日《南方都市报》。文中所说1957年应为1953年。

④ 陈梦家：《梦家诗集》，中华书局，2007年，第212页。原载1957年5月25日《诗刊》第5期。

陈梦家夫妇“从洞庭西山返程时，天气炎热，加之时间匆促，没有当面向两位东道主告别，陈梦家特意写下便条，表达感谢。虽已过六十年，沈翁也已年逾九旬，至今仍清楚记得便条上短短的两句话，‘东山归来，热不可当，未及走辞，云云，只是原件早已不见了踪迹。”[①]

8月28日，回到上海的陈梦家与顾颉刚长谈。

8月31日，陈梦家夫妇到天平路文管会，顾颉刚在宝大西菜社请用午餐，同席的有徐森玉。[②]

9月2日，陈梦家休假完毕回到所里。

在陈梦家的文章中，那一时期提到苏州的文字，出现于1957年五月八日《人民日报》上《论人情》一文中：“苏州评弹说旧书的精彩动人，在于以简练的言词和有限的动作分析出刻绘出古代才子佳人和各色人等的人情世态。杨振雄在说《西厢记》时，常常用半小时工夫引出一句《西厢记》而对莺莺或张生作了全面的人情的暴露。何其细致美妙，虽详而不繁，虽细而中肯。这种个性的分析，值得玩味。”

想必是苏州之游最直接的感受。返京以后，山雨欲来，那场细致美妙的评弹，是陈梦家记忆中的苏州。[③]

四、《文物参考资料》、铜器研究

（一）编辑《文物参考资料》

1月9日，陈梦家参加考古所业务学习，夏鼐作《考古学引论》报告。

1月11日，陈梦家向夏鼐反映“郭子衡对所方不满，有他就之意”。[④]

1月16日，参加考古所业务学习，吴汝康讲《体质人类学》。

---

① 申闻：《陈梦家的苏州行》，载2016年8月5日《南方都市报》。

② 顾颉刚：《顾颉刚日记》第7卷，第434页。

③ 申闻：《陈梦家的苏州行》，载2016年8月5日《南方都市报》。

④ 夏鼐：《夏鼐日记》卷五，华东师范大学出版社，2011年，第63页。

1月22日，陈梦家参加晚间工会学习，报告推销公债委员会工作，及春季工会计划及福利金事。

1月23日，陈梦家在考古所业务学习上，作《历史地理与年代学》。

1月27日，考古所给陈梦家做一年来的思想、工作鉴定。

1月29日，参加晚间工会学习总路线。

2月7日，春节后刚上班第一天，因夏鼐胃病发作需要住院休养，陈梦家随同徐森玉、郭沫若、王伯洪、陈公柔、周永珍、马得志、张云鹏等，一起前往慰问。

2月23日下午，陈梦家、赵铨、曹联璞作为考古所工会代表，带着水果去医院慰问夏鼐。

2月下旬，由郑振铎介绍结识福建泉州的宗教石刻收藏家吴文良，帮助他编著《泉州宗教石刻》，后来陈梦家还为此书写序推介。[①]

3月上旬，考古所拟购买金祖同所藏甲骨标本，陈梦家与之商谈出价300万元（旧币），结果写信去问，金祖同开价500万元。夏鼐主张暂缓。

3月19日，参加考古所研究人员会议，讨论春季野外工作问题，准备4月初出发，西安队仍暂以调查为主。

4月2日，考古所副所长梁思永病逝。

4月18日，陈梦家向夏鼐汇报考古所最近情况。下午，参加梁思永纪念会，会后陪同郑振铎、王天木去夏鼐家探望。

4月22日，陈梦家和夏鼐谈明晨召开研究人员会议，讨论洛阳工作问题。1953年洛阳市为配合基建，筹议扩大市区，在新市区扩建计划中，涉及周代“王城”遗址保护问题。文化部文化事业管理局与考古研究所协商，组织实施1954年春季洛阳西郊发掘。工作队由考古所郭宝钧、马得志、张云鹏、周永珍、赵学谦、张广立、魏善臣等7人及北京大学历史系阎文儒等7人，与文化部地方文物工作队庄敏等4人组成。工作队4月2日到达洛阳，4月19日分组进行探掘。发现了汉河南故城，对洛阳东郊的汉魏

---

① 陈福康：《郑振铎年谱》下册，三晋出版社，2008年，第813页。

故城进行调查，工作至6月底结束。详见考古通讯创刊号“洛阳古城勘察简报”。

4月25日，陈梦家致信徐森玉。

森老赐鉴：

久未奉候，闻起居安吉，已能杖行访友，甚慰。书拓之事，最近已由馆方决定为书二千五，拓四千，共六千五百，其他之物（书画等）拟整理送还三时学会。此次代价甚低。晚与斐云已力争数次，结果如此，有负长者之命，呈乞原宥。补付之一千五，拟日内嘱馆方为先生立一户存入银行，将来随时可以取用。倘需汇奉，亦请见告。

吴仲超日前来此，谓大驾以后北来，宿处已无问题。雕塑馆尤多倚重云云。此间工作将有新开展，俟见面时详陈。

郑君归来未及一月，又将它行矣。文物局又已分出，谅已知道。晚六七月间拟去陕洛一行，八月间游黄山后回沪省视家母。北地气候已暖，丁香开了一院。专此并请

撰安

晚　陈梦家　敬上

四月廿五日[①]

4月30日，陈梦家参加各行政区文物干部联欢会。郑振铎致辞后，各地代表南博曾昭燏院长、东北李文信馆长、西南冯汉骥主任、中南顾铁符科长等分别致辞。

4月，陈梦家和考古所同事参与全国基本建设出土文物会展的筹备布置工作。

4月间，考古所牵头组织的河南文物工作队在郑州南郊二里冈殷代遗

① 郑重：《徐森玉》，文物出版社，2007年，第208页。

址所得三件有字的甲骨，其中一块有字的骨带到北京后，交陈梦家研究，5月8日，他当时作了记录：“这是一片牛肋骨，其上刻着练习契刻的十个字。占卜只用肩胛骨，不用肋骨。在肋骨上习刻，从前小屯发掘中也出过一片。安阳出卜用甲骨的区域不限于小屯，但只小屯、侯家庄所出的牛胛骨和龟腹甲刻了卜辞。小屯周围出了很多不刻卜辞的甲骨和少数习刻的卜骨。这片肋骨所刻的字和小屯殷代晚期的卜辞相似，可能也属于这个时期。它的出土启示着黄河以南很有可能发现殷代的刻辞卜骨。”①

5月3日晚，陈梦家去夏鼐家谈《文物参考资料》组稿事宜。

5月9日晚，陈梦家在夏鼐家谈《考古通讯》及《考古学报》事，以及《文物参考资料》第8期约稿。

5月20日，夏鼐来马市大街，安慰陈梦家。事缘昨日郑振铎拒绝让陈梦家去洛阳参与考古调查。

5月21日，全国基本建设工程中出土文物展览会在故宫博物院午门大殿开幕，共展出文物3760件。至11月8日结束，展出近半年，观众达17万余人，使群众受到很大教育。

6月3日，夏鼐与王明、陈梦家商谈赵万里《汉魏南北朝墓志集释》出版事。

6月，陈梦家写诗《悼闻一多先生》，从目前资料认可这是陈梦家生前最后一首诗，《梦家诗集》（2006年7月中华书局版）诗后有赵萝蕤1979年6月写的附记，简述陈梦家与闻一多先生的交往，以及他们之间的深厚感情，也追忆了闻一多先生对赵萝蕤的关心厚爱。

诗歌《悼闻一多先生》发表在1956年7月14日《光明日报》，并有陈梦家附记：“一多先生不但是一个热情的爱国志士，精深博问（闻）的学者，也是最可爱的使人难忘的一个朋友。我想凡认识他的，或知道他的，都有此同感。我在二十九年以前认识他，自1931年到1944年间，又时时共朝夕。今离他殉难之日，忽已十年。前年曾写此篇寄友人，承他代为钞存

---

① 陈梦家：《殷虚卜辞综述》，中华书局，1988年，第27页。

并要我发表，不敢违其好意，因附记数语于此。1956年7月。”但不知何故，这段附记在后来编辑的《梦家诗集》中被删除。

7月1日，尹达兼任考古所第一副主任。

7月8日，考古所从马市大街搬到王府大街，陈梦家等反映对搬家分配办公室所中一些人的意见。

7月23日，参加由文化部社会文化事业管理局、中国科学院、北京大学联合举办的第三届考古工作人员训练班开学典礼，郑振铎讲话。

7月24日8时起至11时，参加所中业务会议，郭宝钧、石兴邦报告洛阳及西安工作收获。

7月27日，参加所中上半年总结大会，夏鼐做动员报告。

8月30日，商承祚、李文信来考古所座谈，分别报告广东、东北新近考古发掘收获。晚上，顾颉刚“到梦家寓茗话”。

9月1日，顾颉刚来考古所，见陈梦家、郑振铎、韩寿萱、王明等人。

9月3日，顾颉刚夫妇在康乐餐馆作东，宴请陈梦家夫妇、商承祚、于思泊、唐兰。

9月13日，陈梦家同夏鼐、李亚农在中山公园来今雨轩午餐。

9月23日，夏鼐将校阅过的稿子《商王庙号考》归还陈梦家，他提出了几点修改意见，王静如氏并未主张甲乙为祭名，所谓“祭名甲者”乃指祭祀“名甲”之人，并非祭名叫做甲，上甲微至主癸为追加之说，亦未可厚非，中缺四干，即英文Alpha and Omega（阿尔华和奥密加）之意。[①]

9月，在《文物参考资料》第9期发表《中华民族文化的共同性》，陈梦家就“这一次全国基本建设出土文物的会展”指出“考古工作将随着建设的高潮而更加扩大起来，会大大地改变了考古工作的面貌”。“在参加筹备布置的十多天中，接触了三千多件的宝物，它不但供给了我们许多新鲜的资料，增多了若干可以赞美不止的精品，解决了我们平日虚悬不决的一些问题，最重要的还是它呈现了一幅几千年长时期中分布在广大地域内

① 夏鼐：《夏鼐日记》卷五，华东师范大学出版社，2011年，第113页。

的古代文物的全貌。这个轮廓，尽管有这么长的历史，占据了这么大的地面，有许多的民族，而它表现在万千的固定文物上却有一个毫无疑问的共同性。中华民族文化的共同性，指出了时代的延续性和地域的普遍性。”①

10月6日，陈梦家陪喜龙仁②参观历史博物馆。

10月8日，参加欢迎京都大学贝冢茂树教授、东京大学仓石武四郎教授会议。顾颉刚当天日记载：“到第三所，参加欢迎贝冢、仓石会，自二时半至六时。今日同会：贝冢茂树　仓石武四郎（以上客）范文澜　刘大年　吕叔湘　刘桂五　陆志韦　陈梦家　夏鼐　侯外庐　李荣　吴晓铃　贺昌群　尹达　向达（以上主）。”③

10月11日，夏鼐与陈梦家谈郑州工作事。晚上，陈梦家去顾颉刚家，“到什刹海散步看月”。④

10月14日，陈梦家去研究所见顾颉刚。

10月17日，陈梦家夫妇应于思泊去东安市场国强西餐社午餐邀，同去的有顾颉刚夫妇及其四个孩子。

11月2日，中午与夏鼐往天坛大剧院，观苏联音乐剧院排演的芭蕾舞剧《天鹅湖》。

11月26日，陈梦家与夏鼐“谈及靳尚谦主任感觉到我不易亲近，希望我多与同志相接近”⑤。

12月1日，郭沫若到陈梦家处谈石鼓文问题。

12月2日，参加所中业务报告会，苏秉琦作洛阳工作收获的报告，夏鼐作总结。

① 陈梦家：《中华民族文化的共同性》，载《梦甲室存文》，中华书局，2006年，第281页。

② 喜龙仁：Osvald Siren（1879—1966），瑞典美术史家、哲学博士。1879年生于芬兰。赫尔辛基大学毕业。1901—1903年任瑞典斯德哥尔摩国家博物馆助理。先后五次访问中国。对中国古代艺术深入研究，著有《北京的城墙和城门》《中国雕刻》《北京故宫》《中国绘画史》《中国花园》等。

③ 顾颉刚：《顾颉刚日记》第7卷，第600页。

④ 同上，第601页。

⑤ 陈梦家：《梦甲室存文》，中华书局，2006年，第128页。

12月10日，夏鼐与陈梦家谈编译局开会事。

在《新观察》第12期发表《评剧〈秦香莲〉》。“中国评剧团最近演出的《秦香莲》，得到了很多观众的赞赏。……特别是主演者筱白玉霜[①]，用了她丰富的舞台经验和纯熟而优美的嗓音，在这个演出过程中，重新体会秦香莲的性格，使其前后一致，因而在舞台上创造了这样一个真实的人物。”[②]

从上所述，1954年陈梦家在考古所的工作任务并不繁杂，除了正常的政治、业务学习，主要工作应该是《文物参考资料》编辑组稿，与所中夏鼐等领导以及同事关系和洽。

（二）铜器研究

4月，陈梦家在考古所作《殷代铜器》三篇的《绪言》。《殷代铜器》发表在《考古学报》第7期。

同月，在《新观察》第9期发表《铜鼎》，文章简单介绍铜器功用、文饰等知识，“中国的青铜器已经有了三千二三百年的历史。由于青铜器的铸作技术之高，使我们知道那时候的冶金工艺和冶金知识达到了怎样一个程度：一、知道怎样从含有杂质的铜矿中提炼纯铜；二、知道加锡于纯铜可以降低冶铜的熔点并增加铜质的色泽；三、知道利用人力鼓风达到一千度左右的热力；四、知道制作相当复杂的模胎和泥范，知道选择能容受千度热力的铜液的细泥作范；五、有了高度的力学与美术配合的观念，使铜器有实用的价值，而又有美观的外形；六、有了高度的雕刻艺术，准确精细的工具”。文中详细介绍了大盂鼎，“代表西周初期中（晚于开国的武王、成王的时代）稳重而雄壮的作风”，并概括了观看铜器或其他古物形式应着重它的轮廓、文饰布局和文饰（花文）的组织，提出了文饰布局大

---

① 筱白玉霜（1922—1967），原名李再雯，杰出的评剧表演艺术家。白派传人，是20世纪50、60年代的评剧泰斗和领头羊。1953年中国评剧团建团后，排了《秦香莲》一剧，她塑造的秦香莲形象是她表演艺术走向成熟的标志。

② 陈梦家：《评剧<秦香莲>》，载《梦甲室存文》，中华书局，2006年，第182、183页。

别分为繁缛式、素简式和中庸式三种。[①]

7月初至8月29日，陈梦家到南京、上海、济南等地休假。

7月初，陈梦家在南京见李小缘。

7月中旬，陈梦家在上海罗伯昭处见旅鼎、禽毁，承赐拓本及摄影。“（旅鼎）铭6行34字，福建长乐梁章钜旧藏，器高22，口径16.9厘米（现藏故宫博物院）。”（禽毁）“铭4行23字，钱坫、刘喜海、王兰谿旧藏，器高13.7，口径18.8厘米。”[②]

陈梦家在上海见到郑牧马受毁盖，“铭3行17字。旧藏罗伯昭，1954年见之上海（现藏故宫博物院）。传陕西出土，另一盖在北京侯氏处”[③]。

7月17日，陈梦家写信李小缘。

小缘先生赐鉴：

上周在宁枉顾失邀，次日提前回沪，匆遽不及走辞，甚以为歉，又承厚赐礼品，感谢感谢。此次因时间所限，未能多聆教益，能不耿耿。甚盼大驾北来执教，则晤教之日更多矣。来沪后参观上海管舍藏器，甚有可观者，主持者徐森玉先生对长沙甚有兴趣，倘尊处尚有《长沙见闻记》，乞寄森老一部（上海淮海中路1708，上海市古物管理委员会）。梦约八月初由此走济南即行北返。匆此不一，即请教安。

陈梦家　谨上

七月十七日。上海永嘉路628号[④]

8月7日，陈梦家电话顾颉刚，约其至文管会谈。[⑤]

---

① 陈梦家：《铜鼎》，载《梦甲室存文》，中华书局，2006年，第332—336页。

② 陈梦家：《西周铜器断代》上册，中华书局，2004年，第19、28页。

③ 同上，上册，第161页。

④ 姜庆刚：《陈梦家先生书信考释》，《中国社会科学报》，2017年1月19日第7版。

⑤ 顾颉刚：《顾颉刚日记》第7卷，第579页。

8月8日，陈梦家离沪去山东齐鲁大学。

8月9日，陈梦家致信赵萝蕤，信中提及刚从上海坐火车去山东及路途招待情形。

萝蕤：

昨晚十时抵济，华东文化部送软席包房一张，车上凉快，临行前有许多事，故未及去买嘉应子及萝卜，吩函张瑞芝代买，艾律师又招待数次，送我铜钟一个，因此在上海车站有许多麻烦，因书籍拓本茶叶过重（共装两纸匣），付行李费约廿万元。此间招待可谓好极，茶饭烟一切俱有，并请上浴堂洗澡，专人招呼，受之殊觉过意不去。在此拟多留数日，代为工作，因行李故，天津不停，直回北京，约在十五日左右。终日有人陪我，谈话不休，最为伤神，幸我身能尚以得住。山东中灶略为不惯，天热，尚有微风，住处系新筑皇宫式，极好，惜多蚊蝇。终日在舍，未出门，明日上齐鲁大学，并去看张遵骝之文。即祝安好。

梦家

八月九日晚　洛都

1954年11月20日，谢稚柳致信陈梦家，提及为他画风荷。

梦家吾兄：

前奉手教，以琐事草草，兼之体力衰弱，致迟奉复。深为歉疚。委画次为写得风荷一帧，墨尽淋漓，自觉尚不恶，聊供清赏。不知以为如何？最近将来京，届时当谈鉴也。匆匆不尽，即致敬礼。

弟　稚柳　顿首

十一月廿日

12月28日，收悉徐森玉来信。

12月30日，陈梦家复信徐森玉。用中国科学院考古研究所信笺，地址：王府大街九号，电话（五）局三五九八号。

森老赐鉴：

奉廿八日手教，欣悉足伤渐愈，已可在室内扶杖而行，至觉欢喜。五千万已于数日前汇沪会转上，谅已收到，故遵嘱先汇一千已不可能。但据运来书拓之数量已极庞大，先生谓“不值”云云，实系不确，当初晚所提出者，远在五千之上也。明年一月十五日前造册，届时恐仍有不足之数补奉也。

先生毕生为人而不为己，至诚感人。晚等区区奔走并不足言谢也。惟先生慷慨成性，而此售书之款为数虽不多，至盼先生留为己用，幸勿随意散之。（此话不知应该说否，说过分处至请原谅，但斐云亦曾谈及。盼先生留一部分存在银行中。）

宰丰骨已与葱玉言之，昨日局中来电话询晚，是否值一千五，当［时］答以“值”，故此物之入购当可无问题矣。新历年尾之事亦多如毛，而昨晚女工中煤毒纷扰终宵。晚读托尔斯泰巨著《战争与和平》，始悟人生之伟大而个人真渺小，不可言状。专此，并请

年安

晚　陈梦家　敬上

一九五四年十二月卅[①]

□日北京奇寒不可当，实从来所未有。

此年，陈梦家结合铜器断代工作，继续写《殷虚卜辞综述》，至年底写完。

① 郑重：《徐森玉》，文物出版社，2007年，第210、211页。

五、《殷虚卜辞综述》

（一）《殷虚卜辞综述》序言等著述

在相对平稳的1955年，陈梦家潜心著述，在甲骨文字、铜器断代等研究上，推出了他多年研究的一系列文章。

1月，陈梦家在考古研究所写下《殷虚卜辞综述》一书的序言。他说"本书从一九五三年开始写起，至一九五四年底写完，共经二年。本来想要作的，是一个稍加评论的'总结'，叙述五十年来有关甲骨刻辞研究的成绩，并且稍加以去取与估定其贡献。这样的做法，免不了许多无谓的繁琐的引述与争辩。因此，在试作数章以后，改变了原来的计划，将前人可以成立之说加以整理，根据现有的新材料加以补充和修正，按照我们今日的理解对于甲骨刻辞的某些类别的材料加以解释。"陈梦家谈到，"在一九三二年起从事甲骨研究之时，曾经片面地注重于文字的分析与寻求卜辞中的礼俗，后来因为作完了铜器断代的工作，才觉得应从断代着手全面的研究卜辞"。在写作过程中，他得到了郭沫若、唐兰、于省吾、杨树达、胡厚宣的很大帮助，郑振铎、尹达、梁思永、夏鼐、徐炳昶、郭宝钧、张政烺等帮他审定计划、审阅书稿、提供意见，徐森玉、王献唐经常鼓励和关怀，考古所的张长寿、陈公柔、周永珍等同事给予协助。

夏鼐日记载，自7月14日起阅陈梦家《殷虚卜辞综述》稿本（总论），花了整整一个月时间，8月15日阅毕，写了一些意见，转到尹达处。[①]

2月，陈梦家在《历史研究》第2期发表《商殷与夏周的年代问题》。

铜器研究代表作《西周铜器断代》（一）（二），在《考古学报》第1、2期连载，详细记述不同时代的各类铜器98件。每件都记录全篇铭文的释文，并加以详尽诠释，对研究上古汉语及汉语史很有参考价值。

5月，在《考古通讯》第3期发表《关于修理铜器》，"现在出土的铜

① 夏鼐：《夏鼐日记》卷五，华东师范大学出版社，2011年，第168、169、172页。

器很多，急切的需要能修理好。我个人以为为了考古学的需要，一般的铜器要求修得（1）快，（2）牢，（3）少，（4）真”[①]。

6月初，受美国费城艺术博物馆副馆长建议台湾国民党政府以长期出借方式，将原藏故宫博物院和前中央博物院的文物图书运美这一事件的触发，故宫博物院举办“反对美国侵略集团阴谋劫夺我国台湾文物展览”。展览分为两个部分，展示美国掠夺文物的历史罪行和意欲谋取的运台文物图片，展览获得不少学者、艺术家的呼应。

7月，在《文物参考资料》第59号发表《反对美国侵略集团劫夺在台湾的我国古代铜器》。

在第7期《新建设》发表《殷代社会的历史文化》。

在北京钱粮胡同十五号作《六国纪年》后记。

8月，在北京东厂写《西周年代考》重编前言。“《西周年代考》，是作者1941—1944年在昆明龙泉镇读书的札记。抗战期间寄渝用土纸印行，流传不广。”[②]

在《考古通讯》第5期发表《迎接黄河规划中的考古工作》，针对即将实施的治黄大工程，在一九六一年三门峡水库完成前，陈梦家提出：“第一，这地区是历史上若干古代的人民活动过的地方，对于它们的地理沿革首先应加初步的了解。……第二，按照计划，三门峡水库预定在一九六一年放水，我们必须在放水以前完成勘查和发掘工作。……第三，我们是否可以预先考虑一些可能遇见的问题，预先探讨一下我们对于某些问题轻重缓急的处置。”[③]

9月22日，杨树达先生来北京，“神交已久，而初会时先生已是七十老翁，白发苍苍，犹能健谈不倦”。陈梦家因《尚书通论》即将付印，“拟

---

① 陈梦家：《关于修理铜器》，载《梦甲室存文》，中华书局，2006年，第330、331页。

② 陈梦家：《西周年代考·六国纪年》，中华书局，2007年，第7页。

③ 陈梦家：《迎接黄河规划中的考古工作》，载《梦甲室存文》，中华书局，2006年，第286—289页。

以清本请政，并请其为我作序”。[1]

9月底，陈梦家在北京东厂写《〈中国历史纪年表〉重编叙》，对原编的“公元甲子检查表”作了必要的补充和修正，加入了南诏、大理、渤海、东丹等年号。“历史年代总表”加以改订，汉以前的由陈梦家改动，汉以后的由万斯年所改，由郭义孚绘图，最后由戚志芬修正补充索引。[2]

12月，《西周年代考》由商务印书馆重版。此书重点叙述西周积年、西周金文、有关西周年代的文献，并附夏商周积年简表、西周简表、西周分期表、西周诸侯世表、西周诸侯存亡表。

本月，《六国纪年》由学习生活出版社出版。

冬，商务印书馆将印行《尚书通论》，陈梦家请张长寿于课余将讲稿部分整理誊录，查对原书，改正一些错误。

本年，由考古所创办《考古通讯》杂志，双月刊，夏鼐任主编，陈梦家任副主编。

（二）政治学习自我检查

1月11日，由中国科学院与作家协会合办“胡适思想批判讨论会”，共分九组。

1月14日，中国科学院召开批判胡适哲学思想会，顾颉刚找陈梦家谈。

1月26日，中共中央发出《关于在干部和知识分子中组织宣传唯物主义思想批判资产阶级唯心主义思想的演讲工作的通知》，《通知》说：“对俞平伯《〈红楼梦〉研究 》的错误思想的批判已告一段落，对胡适派思想的批判已经初步展开，对胡风及其一派的文艺思想的批判亦将展开。”在批判胡风的合唱中，有一句唱词“胡风是反革命的灰色蛇，胡风与胡适的区别是一种灰色蛇与白色蛇的区别”。胡明先生著的《胡适传论》中说：“胡适批倒，紧接着的胡风被捕——胡风集团的揭露与肃清，全国知识阶

① 陈梦家：《尚书通论 · 重版自叙》，载《尚书通论》，中华书局，2005年，第4页。

② 陈梦家：《〈中国历史纪年表〉重编叙》，载《梦甲室存文》，中华书局，2006年，第338页。

层心态骤变，风声肃然。圈子里的人噤若寒蝉，谈‘胡’色变。”[①]

2月2日，顾颉刚到考古所找陈梦家谈。

2月17日，参加科学院“反对使用原子武器签名大会”，自八时半至十时结束。

2月20日，中午，顾颉刚请陈梦家等人在森隆餐馆用餐，“今午同席：谭季龙（客）　朱士嘉　王以中　陈梦家　余元庵　王之屏　张遵骝　予（以上主）每人三万元”，饭后，顾颉刚、谭其骧“到梦家夫妇处谈，四时出”。[②]

3月5日，陈梦家参加科学院胡适思想批判历史组会，自二时至六时。参会人数三百，顾颉刚作发言一小时，因牵涉《古史辨》，“今日发言后精神紧张，失眠，服药”[③]。3月15日，顾颉刚日记载“自上次开会后，许多人不满意于予所发言，予亦自认错误有二：其一，评胡适的演变方法无毒素；其二，谓予与胡适分路后即不受其影响。今既自觉其非，故作检讨书，自认错误”[④]。

据夏鼐日记，3月25日，考古所决定让陈梦家去长沙一趟，估计4月底5月初返回所中。3月29日，时任故宫博物院院长的好友马衡病逝。

6月1日，《人民日报》发表以群《彻底地揭露胡风的政治面目》。

6月9日，陈梦家与顾颉刚、于思泊同到中山公园来今雨轩午饭。

6月14日，考古所让陈梦家、靳尚谦6月15日赴郑州、洛阳及西安。

同日，陈梦家致信徐森玉，告知行程。用考古通讯编辑委员会编辑部信笺，地址王府大街九号，电话（五）六四一七。

森老赐鉴：

---

① 王彬彬：《二胡的“反党”——谈谈胡适与胡风》，载《往事何堪哀》，长江文艺出版社，2005年。

② 顾颉刚：《顾颉刚日记》第7卷，第658页。

③ 同上，第663页。

④ 同上，第666页。

兹定于明日（十五）晨赴郑州，停一二日即去洛阳（住周公庙），然后再去西安。月杪回京。晚因此间开会等事，行期一再改易，故不及及早奉告。昨日葱玉来谓先生出游之事，郑公闻之，谓系晚发动云云。甚盼大驾到中州相聚同游，但天气已热，途中需有人照料，不知沪舍可有青年同志陪行否？专此并请

撰安

晚　陈梦家　启

一九五五年六月十四日

洛阳　西关周公庙　考古所工作站

西安　建国路仁爱巷七号　考古所工作队[①]

7月3日，陈梦家、靳尚谦二人从西安返京。

7月5日，“上午尹达同志来，召集小组长，商谈布置胡风批评事”。

7月6日，“下午参加批判‘胡风反革命集团’讨论会。晚间尹达同志来做报告”。

7月8日，“晚间参加工会学习，由靳主任谈批评胡风运动”。

7月9日，“下午参加所中批评胡风集团学习”。

7月11日，下午“参加批判胡风运动的学习”。

7月13日，“下午及晚间参加批判胡风运动的学习”。

7月15日上午，第四届考古训练班在北大进行开学典礼。考古所领导、学者与训练班学员合影。据高天麟提供照片，当天参加合影第二批坐的有：李仰松、佟柱臣、侯仁之、韩寿萱、王冶秋、尹达、向达、裴文中、夏鼐、苏秉琦、张政烺、陈梦家、陈滋德、贾兰坡、张珩、宿白、安志敏，其他站立者有：吕遵愕、赵其昌、何乃汉、庄敏、朱希元、吴荣曾、王去非、郑振香。[②]

① 郑重：《徐森玉》，文物出版社，2007年，第174页。

② 孙秀丽：《考古的“黄埔四期”——记1950年代考古工作训练班》，《中国文化遗产》2005年第3期，第74—84页。

7月16日，“下午参加批判胡风运动学习”。

7月20日，下午参加所中批判胡风反动集团图录会，由夏鼐作动员报告，谈个人主义及自由主义如何产生不团结现象。

7月21日，下午开批评“胡风集团”讨论会，苏秉琦自述思想。

7月23日、25日下午，所中开学习讨论会。

7月26日，下午参加学习讨论，天气奇热，温度达40度，改在技术室开会。

7月27日，下午分组学习讨论。

7月28日，所里举行反对“胡风集团”学习，自行阅读。

7月29日，晚上中国科学院开会，由郭沫若总结胡风问题学习。反对“胡风集团”运动进入第三阶段。

7月30日，下午参加所中反对胡风集团讨论会。

8月1日下午，所中学习讨论会。

8月6日，下午参加所里学习，由许道龄作自我检查。

8月8日下午，所里学习，由夏鼐作自我检查。

8月9日下午学习，陈梦家作自我检查，学习扩大小组，开始吸收一部分年轻干部一同学习。

8月10日，下午学习，大家对陈梦家提意见，颇为热烈，主要为个人自由主义及作风恶劣问题。

8月11日，下午学习，大家向陈梦家提意见，靳尚谦主任总结大家意见。

8月13日，下午学习，陈梦家再度检查。

8月15日，下午学习，大家又向陈梦家提意见。从8月9日陈梦家作自我检查，持续一周，所中同事对他反复提意见，集中批评陈梦家自由倾向、作风问题。

8月18日，下午学习，黄文弼作自我检查。

8月22日，所里学习，大家向黄文弼提了一些意见。

8月23日，下午参加学习，准备对苏秉琦提意见。

8月24日，下午参加学习，苏秉琦作自我检查，大家提了一些意见。

8月25日，下午学习继续对苏秉琦提意见。

8月27日，下午所中开大组会，检讨张云鹏事。

8月28日，下午学习会，检讨齐光秀、曹联璞事。

8月29日，下午学习会，郭子衡作自我检查，大家提了一些意见。

8月，好友、学者金祖同投河自尽，年仅41岁。

9月5日，午后参加学习，徐旭昶作自我检查。

9月7日，下午学习会，王明补充一些意见，大家也提了一些意见。

9月14日，所中开会检讨马得志事。

从上述高密度频繁的政治学习、自我检查，料想个性爽直、喜好自由的陈梦家对此应该充满厌恶，却又无法脱身，反而放低身段，表示谦恭，愿意接受大家提出的意见，此中无奈委曲又与何人说！

12月，时任长春东北人民大学（后改为吉林大学）校长匡亚明三顾茅庐，专程来京邀请于省吾去东北人民大学任历史系教授。离京前，陈梦家、唐兰等人为于省吾饯行，并与金毓黻、唐复年、顾颉刚一起合影留念。

冬，陈梦家因穆旦有物相赠有感，用毛笔书题诗四句（见于上海朵云轩2016年10月20日四季第13期拍卖）：

> 千年只在一瞬间流去
> 廿年　轻的象浮云
> 有心人拾得旧梦
> 却不是昔日的乾坤
>
> 穆旦兄冷摊得此，归赵于余。奈何徒增今昔之感，故率题几句仍归于吾兄。
>
> 一九五五年冬，梦家

回想二十年前西南联大奋发攻读，感慨流年似浮云，旧梦破碎，昔日难重来。

（三）所见铜器

3月底4月间，陈梦家由所里派往长沙，见北方子鼎，“铭2行8字。器高12.8×15.4厘米。山西洪洞刘镜古（肇鉴）旧藏，1955年见原器于顾铁符处。以前著录，均误以为彝”。[①]

8月，陈梦家得商承祚先生借读寿县蔡侯墓铜器铭文拓本。

此月，陈梦家在陕西省历史博物馆检验长安普渡村西周墓出土三钟，陈梦家当时以为可能是早期的钟，介乎殷代执钟、西周初“镛”与西周中晚期的编钟之间。此三钟大小相次成一组，甬中空与钟身的内腔相通。[②]

9月30日，陈梦家致信徐森玉，告知十月初去合肥鉴定铜器及铭文。

> 森老：
>
> 拙作书名《殷虚卜辞综述》，题签请大笔一挥寄下。《小屯乙编》下辑，商锡永已将其一部转让我所。前询印刷之事，如何，盼见覆。杨遇老昨到京矣。此间因十一国庆，又甚忙。晚拟十月初旬南返，或先去合肥。接该馆来信，说又发现有铭之器多件，前此因未细看，故有疏失也云云。该馆无善拓者，不知可介人前往否？专此敬请
>
> 撰安
>
> 晚　陈梦家　敬上
>
> 九月廿三日[③]

10月，陈梦家去合肥参观数日，在安徽博物馆参观寿县蔡侯墓出土遗物。[④]该墓在5、6月间发掘清理，出土青铜器共有486件，玉器51件、金饰

① 陈梦家：《西周铜器断代》上册，中华书局，2004年，第77页。

② 同上，上册，第484页。

③ 郑重：《徐森玉》，文物出版社，2007年，第173页。

④ 陈梦家：《陈梦家学术论文集》，中华书局，2016年，第486页。

12件、骨器28件。时任安徽博物馆馆长李则纲展示实物并照片拓本，作了初步观察。返京后，对铜器铭文考释多次与郭沫若先生商讨，作《寿县蔡侯墓铜器》，屡作屡改，未能定稿。

本年，陈梦家“借到于省吾先生原拓照片（即此书制版的）[①]，据之更有所增释与改定。但因拓本不清，仍有空白未能隶定者约七十字。故知求得清楚的拓本，是考释此铭的关键所在。王献唐先生来信见告，日照曾有此鼎拓本两份：一份为丁麐年所得，后归端方；一份为许印林所得（吴录当据此本），后归其弟子丁懋吾，传其孙丁希农。王氏说此人尚在西安，拓本可能还在。此说与我前所知陈介祺一拓是人间唯一之本，有所出入。清季以来，此鼎拓本不清，流传又少，因此如此重要的铭文，考释的不多。方濬益和孙诒让仅见摹本，考释文字，亦少有精当之处；对于此铭所见的历史和制度，发挥更少”[②]。

1955年，刘安国[③]“托石兴邦携来五册录本，嘱所付印，后退还之”。[④⑤]

六、对考古工作的想法

（一）考古所工作

1月7日，陈梦家在所中听夏鼐作黄河水库考古调查报告。

1月14日，所中学术讲演，由黄文弼讲新疆考古。

1月28日，所中开学术委员会成立会及第一次会议，讨论1956年研究工

① 小盂鼎。

② 陈梦家：《西周铜器断代》上册，中华书局，2004年，第113页。

③ 刘安国，即刘依仁，1895—1989，名安国，字依仁，陕西下庙乡周家庄人，1952年后先后在西北军政委员会文教厅、甘肃省文化局、省博物馆工作。

④ 陈梦家：《陈梦家学术论文集》，中华书局，2016年，第759页。

⑤ 五册录本疑是《右辅瓌宝留珍》。

作计划及远景规划。

2月14日，好友杨树达病逝。

2月21日，上午考古工作会议开幕，郭沫若院长致开幕词，郑振铎报告解放后工作收获及今后工作方向。下午由翦伯赞、杨钟健、费孝通分别作“考古教学”“兽骨研究”“民族学研究与考古学之关系”的报告，冯仲云副部长谈“水利工程与考古学的关系”。[①]

2月27日下午2时半，在文化部礼堂开考古工作会议闭幕式，由夏鼐、王冶秋局长做总结，通过致青年突击队员的公开信及大会决议，年轻考古工作者提出保证书，郑振铎致闭幕词。晚间郭沫若在萃华楼宴请出席及列席人员。

2月29日、3月1日上午，所中开扩大学术委员会，讨论远景计划，由郑振铎主持。

3月2日，郑振铎来考古所，将其下午在基建会议上发言稿交夏鼐、陈梦家阅过。3月3日、5日下午，参加关于知识分子问题的学习。

3月8日，下午所中开会，高级研究人员讨论远景计划。

3月下旬，陈梦家将文物局送来出国展览照片进行择选。

4月24日，陈梦家向夏鼐谈购房事，由科学出版社出面联系未能解决。夏鼐将此事与尹达谈。

4月25日上午，夏鼐至科学出版社接洽陈梦家预支稿费购房事。

4月26日，陈梦家随夏鼐至故宫博物院，参加五省新出土文物展览会的布置。

4月28日，毛泽东在中共中央政治局扩大会议上说，艺术问题上的“百花齐放”，学术问题上的“百家争鸣”，应该成为我国发展科学、繁荣文学艺术的方针。后经中共中央确定为科学和文化工作的重要方针。同日，尹达来所里，召集陈梦家、郭宝钧等人，商谈修改考古学远景计划中心问题。

4月29日，夏鼐至所中，与陈梦家、苏秉琦商谈资料室问题。

---

① 夏鼐：《夏鼐日记》卷五，华东师范大学出版社，2011年，第209页。

5月12日，夏鼐来所，与陈梦家谈编辑室问题。

6月8日，上午徐森玉来所商谈《历代石刻图录》的编辑事，郑振铎、夏鼐、陈梦家参加会商。

6月12日，陈梦家找夏鼐谈研究生问题。

6月13日，下午周永珍找夏鼐谈报考研究生计划，陈梦家来，不赞成周考研究生，并加以申斥。

8月15日，下午陈梦家找夏鼐谈编辑部事，两人一起至郭子衡处谈张善事。

9月24日，下午陈梦家随靳尚谦主任、夏鼐及尹达，去看郭子衡的病。郭子衡以肺结核复发，加以糖尿病已经入院5星期，转赴温泉疗养院再休养。

同日，陈梦家致信徐森玉。用中国科学院考古研究所信笺，地址：王府大街九号，电话（五）局三五九八号。

森老赐鉴：

奉手教三通，敬悉一一。承赐书签，感谢感谢！乙编下辑，献之我所翻印，已告尹、夏两君，嘱为并谢，请将书饬人，专送茂名北路300弄3号科学出版社上海办事处严仲华同志收下。由该处分发至部门印刷，此书之重印，皆先生之大功大德也。晚月初因事滞留，假期中赶制《西周铜器断代》，日内完工，乃可南归。大约七八日由此赴皖，十五前后到沪，即当趋谒长者，余事容后面陈不一，专此并请

撰安

晚　梦家　敬上

九月四日[①]

---

① 郑重：《徐森玉》，文物出版社，2007年，第175、176页。

11月2日，上午十时，郑振铎来考古所，陈梦家告之琉璃厂藻玉堂近来得书不少，两人一起至该肆，“果有新至之书数十箱。其中，仅张君所选的劳校数种及明刊《三谢集》为佳耳。但无意中，却得到某人托售的《弁而钗》一部。此‘不登大雅’之物也，却索价绝为昂贵”[①]。

11月9日，上午夏鼐与陈梦家、靳尚谦、苏秉琦、林寿晋等人开小组会，讨论冬季所中见习员培训问题。

12月5日，下午在所中学习八大文件，与夏鼐谈编辑室事。

12月12日，下午参加所中新来一部分研究实习员的座谈，他们都决定参加训练班，但思想上还有一些问题。

12月13日，上午夏鼐为所中训练班学员讲话。

12月15日，上午所中训练班行开学典礼，郑振铎所长及裴文中、陈滋德先致辞，尹达、阎文儒、佟柱臣及所中高级研究人员参加，由班主任苏秉琦主持。

12月20日，上午陈梦家找夏鼐谈出版海外铜器图录事。

12月27日，下午所中研究组开会，关于年底总结。

12月29日，下午所中开研究组会议，继续总结全年工作兼室内研究，大家对于制度及检查的缺乏，意见最多。

12月30日，陈梦家找夏鼐谈西北大学功课事。

1956年，在“双百”方针提倡相对宽松自由的环境下，陈梦家在考古所勤勉工作，度过和顺一年。这年，陈梦家推荐徐苹芳[②]调入考古研究所工作。

（二）著述

作为陈梦家的同事、学生的王世民回忆1956年师从陈梦家的情景：他总是购买两套工具书，一套放家里，一套放办公室。他和我们说，做研究不是8小时工作，除了吃饭睡觉之外的时间都应当用来做学术。晚上去看

---

① 陈福康：《郑振铎年谱》下册，三晋出版社，2008年，第888页。

② 徐苹芳（1930—2011），著名考古学家，原中国考古学会理事长。

戏，10点钟散场回家，至少还可以工作两小时。正是勤勉用功，陈梦家在20世纪60年代著作成绩斐然。

1月20日，改作《颂鼎》考释。

3月，在《考古通讯》总第8期发表《咱们在社会主义道上怎不快走》，随着工商业全行业公私合营，农业、手工业合作社成立，全国掀起了建设中国农村的社会主义高潮。“根据毛主席的指示，我们从事考古工作者，应当马上考虑我们考古事业发展的适当地扩大规模和加快速度。”“已经不能按照原来所想的那个样子去做了”，“要及时批判思想中的资产阶级思想和一切右倾保守思想，不能用老一套的工作方法来应付目前急遽变化了的情况。既要不墨守老一套成规，又不能为了扩大规模而粗枝大叶地加快速度工作”。[①]

4月，写《殷虚卜辞综述》校后附记。“此书整理经过一年半，现在三校已毕”，书成之后，徐森玉赐以题签。考古所编辑室徐保善校阅三遍，同事郭义孚绘制插图。[②]

春，修改《尚书专论》第三考《王若曰考》。

5月，作《寿县蔡侯墓铜器》附记，补充了在修整中又出现的几件铭文，原文发表《考古学报》第2期。

7月18日，在《人民日报》发表《六年来的考古新发现》，“解放六年以来，我国考古学的田野工作和室内研究工作，获得空前的发展。……建设规模的宏大使考古工作在数量上、质量上和面积上加多、加深、加大起来。祖国的崭新的建设事业促使地下考古的世界更完整的重现于他们的子孙的面前。”陈梦家将六年中考古的主要收获简略归并为“（一）大量数目的出土器物，在类别上有许多是前所未见的；有些虽是以前已有出现或流传的，但由于新出者是新发掘的，可以确定那些非发掘品的来源及与其他器物的关连。（二）许多不同地点的发掘和调查，可以初步了解若干文

---

① 陈梦家：《咱们在社会主义道上怎不快走》，载《梦甲室存文》，中华书局，2006年，第290、291页。

② 陈梦家：《西周铜器断代》上册，中华书局，2004年，第674页。

化遗址的分布。（三）由于许多不同地点出现了许多不同时代的遗址与墓葬，才可以作地点与地点间的比较，才可以从它们的延续关系上看文化的发展。（四）由于我们发掘了范围较大的遗址，就不像从前只从墓葬中了解古代，而是从古代人类生活的地方和遗物上了解古代。”①

7月19日，在《光明日报》发表《对于考古工作的一些意见》，陈梦家就“考古工作任务繁重”“工作中还存在着右倾保守的思想”的新局面，提出了自己的意见：（1）“进行大片面积的田野发掘工作，除了要有足够数量的考古专业干部以外，还需要为数更多的钻探、挖掘和清理的工人。”（2）“（建设部门）也应该按照一定的要求规定出不同程度的钻探规格，以求钻探所得的考古资料，可供考古研究工作之用。”“（洛阳铲）这种工具和操作方法想法改进。……这些技术问题不解决，就很难做到又好、又多、又快、又省的。”（3）“科学的田野发掘工作，有一定的规格的要求。我想我们至少要有当时当地所作的忠实记录，如此遗址墓葬及其出土遗物才有科学的价值。”“做些综合工作，……科学地整理这些材料（很多是同类型的），进而综合成为（遗址的、墓葬的、器物的）典型图录。”（4）“考古工作有三个任务是互相关连的，即：①配合社会主义建设事业，做好发掘整理工作；②建立以辩证唯物主义和历史唯物主义为指导思想的考古学；③为了建立以辩证唯物主义和历史唯物主义为指导原则的历史学，考古学者应从科学的物质文化资料中做专题的研究，来解决历史问题。在此三项任务中，我们目前对第三项工作做得最不够。为历史学提供需要考古工作者进行系统的、细致的研究工作。这一研究工作，还没有开展。几年来新的发掘报告和旧的考古材料的汇编出版得太少。”（5）“考古工作者要多多地向古今中外学习，和有关的学科多所联系。”“应先行培养一些有利用考古材料的能力的干部，进行这方面的研究。”②

7月，《殷虚卜辞综述》由中国科学院考古研究所编辑、科学出版社出

---

① 陈梦家：《六年来的考古新发现》，载《梦甲室存文》，中华书局，2006年，第292、293页。

② 陈梦家：《对于考古工作的一些意见》，载《梦甲室存文》，中华书局，2006年，第298—302页。

版，作为考古学专刊甲种第二号。

陈梦家在此书《前言》说“叙述五十年来有关甲骨刻辞研究的成绩”，《殷虚卜辞综述》全面总结了自甲骨文发现（1899年）至1956年50多年的研究成果，对殷墟卜辞的发现、发掘、研究经过、研究方法、卜辞内容，作了系统论述。全书75万字。分总论、文字、文法、断代上、断代下、年代、历法天象、方国地理、政治区域、先公旧臣、先王先妣、庙号上、庙号下、亲属、百官、农业及其他、宗教、身分、总结、附录等二十章。

第一章是成书前五十多年甲骨文发现和研究的总结；第二、三章论殷代文字、文法；第四、五章论甲骨文自身的分期断代；第六章论夏年、商与西周积年、般庚迁殷至殷亡积年及汉代的殷历；第七章论殷商的历法、天象；第八章论殷商的疆域；第九章论商王国与境内诸侯的关系；第十至十四章论商、殷的先公、旧臣，王、后的世系、名谥和亲属关系；第十五章论商代职官；第十六章论商代经济；第十七章论鬼神崇拜；第十八章论阶级关系；第十九章论商代社会及历史文化。

《殷虚卜辞综述》不仅是本书之前甲骨文研究的总结，而且在许多方面有重大创获。书中讨论甲骨文字与汉字的构造，对第一个企图打破传统六书理论、重拟汉字构造规则的唐（兰）氏三书说作了评述，提出了新的三书（象形、形声、假借）说，使汉字构造原理的研究向前推进了一步。书中对董作宾《甲骨文断代研究例》的断代标准和五期分法，有新的补充、发展和纠正。特别是“午组”“自组”“子组”卜辞的提出和时代的考订，对揭穿文武丁时代卜辞之谜作出了贡献。贞人是甲骨文资料断代的简便易行的标准，而贞人本身的断代研究是其先决条件。书中对贞人多有发现。作者不仅对武丁以迄帝辛的贞人予以断代，凡可以系联成组的。特别将各组汇合而成的称谓详加援引，并作《贞人断代表》附于卷末，读者可以一目了然。书中详引诸先王在周祭卜辞中的致祭次序，论证诸先王在周祭祀谱中的地位，由此寻见直系、旁系先王在世系中的位次，从而建立了《卜辞商王世系表》，订正了《史记·殷本纪》商王世系的某些失误。书中最后一章作者对《库方二氏所藏甲骨卜辞》进行的辨伪工作，附列的

《甲骨大事简表》《甲骨论著简目》等，对学习和研究甲骨文很有帮助。[①]

张践在《陈梦家与〈殷虚卜辞综述〉》一文中给予高度评价：1956年出版的《殷虚卜辞综述》一书，被认为是甲骨文研究方面的百科全书。在此书中，陈梦家对近代以来甲骨文的研究成果进行了一次全面的梳理，对前人的研究成果因革损益、继承发展。他在甲骨的整治与书刻、甲骨文的出土与研究、甲骨文的构造与文法、殷代的历史断代、天文历象、方国地理、政治区域、先公旧臣、先王先妣、亲属百官、农业生产、宗教文化等等方面，进行了系统的阐述与研究。这本70万字的鸿篇巨著在国内外被反复印刷出版，成为甲骨文研究领域的权威著作之一，至今仍被经常引用，是殷周史研究不可逾越的高峰。[②]

作为陈梦家的朋友，三十多年后，著名史学家杨宽先生还痛心地反问道："为什么在政治上对他进行陷害的同时，还要贬低他的学术著作的价值呢？事实上，（《殷虚卜辞综述》）学术著作的价值是有目共睹的，历史将作出公正的评价的。"

加州大学洛杉矶校区艺术史系教授、国际知名的东亚考古学家罗泰（Lothar von Falkenhausen）对陈梦家在考古学界的地位很是推崇："在哈佛的时候，我的老师张光直先生很欣赏陈先生的基本思路，他也一直引用《殷虚卜辞综述》，那是一本经典之作，我们大家都用的参考书……他作诗的经验影响了他对中国古代的思维方式，具有相当宏观的视角。"

陈梦家费心著作的《殷虚卜辞综述》为他带来一笔丰厚的稿费，4月份，夏鼐为他的稿费预支购房一事，向尹达副所长汇报，至科学出版社接洽。陈梦家有这笔稿费，"在钱粮胡同买了一所房子。从此他一个人占有了一间很大的寝室兼书房，在里面摆下了两张画桌。这一大一小两画桌拼在一起成了他的书桌，上面堆满了各种需要不时翻阅的图籍、稿本，文具和一盏台灯。梦家勤奋治学有着很好的物质条件。他身体好，不知疲倦，

---

① 夏三万的博客：《读书志1923部〈殷虚卜辞综述〉》。

② 张践：《陈梦家与〈殷虚卜辞综述〉》，《光明日报》，2007年4月26日。

每天能工作差不多十小时到十二小时。他肩上曾长过一个脂肪瘤，有几个拔掉了龋齿留下的空隙没有填补上。但是他终于把瘤子割除了，牙也修配好。在这两件事办完后，我笑对他说：‘现在你是个完人了。’”①

9月25日，在《人民日报》副刊发表《论老根与开花》。“最近看了洛阳豫剧团的两出老戏，《穆桂英挂帅》与《姐妹告状》。用教条或公式来说，它们不能算是头等的；由其演出的效果来说，它们是非常好的老戏。原因很简单，它们是老根上长出来的美花。这些花若是美的，而又无伤害人的毒刺，那么就应该爱护之，培养之，使其老根成为接生新品种的基础。”演两戏的主角为马金凤和阎立品。马金凤是河南洛阳人，幼年随父学河北梆子，后改学豫剧。7岁登台演出，早期艺名“花蛾子”，绰号“盖九州”。她是20世纪舞台生命最长的豫剧表演艺术家之一，被称为国宝级豫剧大师，代表作有《穆桂英挂帅》《花打朝》等。阎立品原名阎桂荣，豫剧演员。1954年被京剧艺术大师梅兰芳收为弟子。是中国豫剧名旦六大家之一，代表剧目《秦雪梅》《三上轿》《盘夫索夫》《游龟山》《西厢记》。

在《考古学报》第3期发表《西周铜器断代》（五）。

秋，陈梦家在钱粮胡同写《中国铜器综录自序》（遗作，整理稿未刊），1944年秋任教芝加哥大学时在北美各地对铜器收藏的考查资料，因工作关系，始终未能整理付印。1956年春从事西周铜器断代研究，着手将所获海外所见铜器照片分集刊行。先以诸国所见礼器部分，分集出版。②

10月9日，写《尚书通论》第一部的《结语与问题纲目》。

10月17日，写《西周年代考》再版附记。

本月，陈梦家在《尚书通论》的《重版自叙》说“以旬日的功夫，将此三部分（《尚书通论》《尚书专论》《尚书讲义》）编排清理，小有补充。”③

11月17日，在《人民日报》副刊发表《论简朴》。“简朴是艺术实践中一条重要而基本的法则”，“为了真实，为了美，为了减少一些不必要

① 赵萝蕤：《忆梦家》，《新文学史料》1979年第3期，第151页。

② 陈梦家：《陈梦家学术论文集》，中华书局，2016年，第653页。

③ 陈梦家：《尚书通论·重版自叙》，载《尚书通论》，中华书局，2005年，第2页。

的浪费，应该在我们的艺术实践上、文章的写作上、生活方式的安排上，甚至于我们的说话，都要简朴一些，才是好的”。[①]

同日，在《文汇报·笔会》发表《艺术家的闻一多先生》。对于亦师亦友的闻一多，陈梦家满怀思念，叙述了1928年初识的闻先生容貌，1932年两人在青岛散步谈诗，在陈梦家眼里，闻一多给人的印象是浓重而又和蔼的。他在饮食上喜欢的不是清淡而是辣与咸；在颜色上，他最爱的是红与黑；在生活起居上，他不是最严整的；在生活上，他是洒脱豪放的人，不计较银钱；最不忘记的是他的健谈，但他的火气也很大，嫉恶如仇，和朋友争论问题可以面红耳赤，决不妥协。陈梦家回忆了闻一多和学生们从长沙步行到昆明，一路上和学生们唱歌。在昆明因生活困难不得已为人刻印章，讲究笔划正确合乎六书，讲究布局有构义，刀力是刚劲的，字体是严整的，他所刻的印章，代表他的个性，就像他的字一样。就是这样严格认真的学者，常常有一些“离经叛道”的新看法，这种在治学上大胆的想象的驰骋，正表现为一个艺术家的气质，也是他后来忘我地投身人民民主革命的一个动力。[②]

11月26日，在《人民日报》副刊发表《关于电影〈花木兰〉》。3月份，在长春拍摄常香玉[③]出演的电影《花木兰》。下半年，陈梦家在北京“蟾宫”电影院观看此片，“从头至尾，在我们的前后左右，为了赞赏常香玉的精美的演技和嘹亮的歌喉，‘啧’‘啧’赞扬之声不绝。就常香玉一个人而说，她在银幕上的成功，她较之其他摄成电影片的地方戏，更能够出色地给人从容欣赏的机会。……但是美中不足的是影片中的布景与摆设，大有问题。那些不真实的‘山’，尤其是大战一幕的布景太糟，演员们往来驰骋几乎处处受到障碍。我的老花眼仿佛看到摄影场大方格子的洋灰地。那些个帐篷也是很不顺眼的。它们较之《天仙配》的布景和摆设，差得多了”。文中陈梦家十分赞成将好的地方戏多多拍成电影，使拍成电影的地方戏比在舞台上演出的更出色更好，使更多的人看到优美的文化遗

① 陈梦家：《论简朴》，载《梦甲室存文》，中华书局，2006年，第170页。

② 陈梦家：《艺术家的闻一多先生》，载《梦甲室存文》，中华书局，2006年，第130—133页。

③ 常香玉（1923—2004），原名张妙玲，出生于河南省巩县，豫剧表演艺术家。

产。他还举出北京曲剧团魏喜奎主演的《罗汉钱》《妇女代表张桂容》这两个现代歌剧，对于农村和较小城市应该是需要的，希望艺术界推陈出新，爱护几乎被忘记的昆剧，也爱护那新生萌芽的曲剧，使它们同样地能登上银幕，开放奇花。[①]

12月8日，陈梦家写信给沙孟海。

孟海先生台鉴：

前奉手教，敬悉一一，附图已转交罗子期[②]君，谅已有回信寄上。去年大驾有北来之说，后来未见驾到，甚为失望。盼今年能成行，俾得当面聆教一切。尊著《印学史》既已完成初稿，不知讲授时曾有油印本否？若有盼见赐一册。我近日稍稍□理度量衡制，人弃我取，尚觉有可做之处，不知浙省所藏有无此等资料否？最近《文物》发表杭新城站出土"金条"十分重要，它们不是金条，而是北宋"一两"的金铤，过去从未出过。曾因此写了一篇短文。

天气渐寒，诸维珍摄。专此并请撰安。夫人不一。

晚　陈梦家　谨启

十二月八日

年底，在《考古学报》连载《西周铜器断代》六次，后因被错划为右派分子，未能继续发布。华东师范大学刘正教授认为陈梦家《西周铜器断代》在古文字学和西周史研究上有着卓越贡献，其一是西周历法和铜器断代方面，其二是古文字学方面。甲骨文专家王宇信在文章按语提到，今天学术界已经接受并肯定陈梦家的铜器断代学说，他提出的"由于上述各事，若干独立的西周铜器就一定可以联系起来。由于联系与组合，不但可

① 陈梦家：《关于电影〈花木兰〉》，载《梦甲室存文》，中华书局，2006年，第191—193页。

② 罗福颐（1905—1981），字子期，罗振玉之子，篆刻家。

作为断代的标准，并从而使分散的铭文内容互相补充前后连串起来，经过这样的组织以后，金文材料才能成为史料”的观点，已经成为铜器断代研究的基本立场和操作指南。刘正认为，陈梦家的《西周铜器断代》的出现，将吴其昌发起的金文历法研究推到了一个新的高度。[1]

12月，陈梦家在考古所写《美国所藏中国铜器集录自序》，对1947年6月完成编辑未出版的《美国所藏中国铜器集录》，进行重新整理付印，加入回国前在纽约所见的一批材料，并将原编中不甚重要的删去若干，共编845号。《自序》说：“此集完成于1947年6月，十载以来，未能出版。一部分照片已渐褪色，最近才急于重新整理付印”“原编中对西周较重要诸器铭，曾作有较长的考释，附于说明之内。此类考释，今已提出，归入《西周铜器断代》与《东周铜器断代》两书中。”惜今《东周铜器断代》一书散佚未见。

1956年，刘安国（依仁）“又托郑振铎带所，并附拓本两小册，共35纸，其中有重复者，实仅二十七纸”[2]。

本年，《六国纪年》由上海人民出版社出版。

---

① 刘正：《拨开迷雾初见曙光——陈梦家〈西周铜器断代〉在古文字学和西周史研究上的卓越贡献》，《南方文物》2014年第2期，第22页。

② 陈梦家：《陈梦家学术论文集》，中华书局，2016年，第759页。

第七章　乱世悲歌（1957—1959年）

梦家情绪低落，人也消瘦了许多，看来是在劫难逃了。

——赵万里

（1957年8月致徐森玉的信）

一、右派分子

（一）考古所编辑

1月2日，夏鼐“在陈梦家同志处，与赵万里先生谈中国雕版印刷史的写作计划问题”[①]。

1月14日，陈梦家致信杨钟健。

健老：

人民日报七版送来内蒙旧石器报道一则，我以为还是请你所审阅，提意见，请仍寄还于我。先生若有暇，可请贾兰坡兄一看。

专此并请撰安。

晚　梦家

一九五七年一月十四日[②]

1月21日上午，夏鼐与陈梦家谈编辑室事。

2月2日年初三，陈梦家去夏鼐家拜年。

2月4日，夏鼐“与陈梦家同志及饶惠元、楼宇栋同志谈编辑室事”。

2月5日，夏鼐约陈梦家、胡厚宣午饭，“饭间与陈、胡两同志谈西北

---

① 夏鼐：《夏鼐日记》卷五，华东师范大学出版社，2011年，第284页。

② 见北京保利2017年12月16日十二周年秋拍，第1777号拍品，中国科学院考古研究所用笺。

大学考古功课事”[①]。

同日，中科院古脊椎动物研究室贾兰坡写信给陈梦家。

梦家先生：

汪宇平同志给人民日报的文章，杨先生交给我看了，并将原文大加削减了一下，我考虑这篇东西，如果当消息发就太啰嗦，当文章发又无内容，如何处理请您斟酌办理。此致

敬礼

弟　贾兰坡

二月五日[②]

陈梦家在征求杨钟健、贾兰坡对汪宇平的文章意见后，致信《人民日报》记者余章瑞。

章瑞同志：

关于汪宇平同志一稿，经我转请古脊椎动物研究室贾兰坡和本所安志敏审阅，他们都以为可以不发表。我看了贾同志删改后的汪文，虽然内容不太完美，但在内蒙发现旧石器，还是有意义的。汪君最近曾来此谈过，他们辛勤的工作也是值得表扬的。请你们斟酌办理吧。

陈梦家

二月五日[③]

2月16日、21日，夏鼐“与陈梦家同志谈编辑室事”。

2月22日下午，夏鼐与陈梦家谈西北大学授课事。

2月23日下午，夏鼐赴所，遇陈梦家，“略谈西北大学的功课及编辑

① 夏鼐：《夏鼐日记》卷五，华东师范大学出版社，2011年，第290页。

② 见北京保利2017年12月16日十二周年秋拍，第1776号拍品，中国科学院古脊椎动物研究室用笺。

③ 同上，第1779号拍品。

部事”。

2月25日上午，夏鼐与陈梦家谈西北大学课程事。

3月7日，夏鼐与陈梦家谈编辑部事。

3月9日上午，陈梦家参加河北省文管会训练班结业式，并讲话。

3月11日上午，夏鼐“在陈梦家同志处与安金槐谈编写报告事”。

3月13日，“上午所中开学术委员会。中午在陈梦家同志家中用餐，有郑所长、徐森老等诸人”。[①]

3月23日下午，夏鼐赴所，“晤及徐老、黄老及陈梦家同志”。

3月27日，晚间陈梦家去夏鼐家，“后天彼将赴西安为西北大学授课，来商谈编辑事也”。

3月29日至4月25日，陈梦家去西北大学讲授考古课程。

6月4日，陈梦家给某编辑部写信，推荐发表论文。

……我考虑再三，仍然寄于你，希与领导上商量，是否可以在热闹当中登载这一篇冷静的科学研究论文，一则提倡文风，二则这项工作才真正是百家争鸣口号提出以后青年中级干部埋头苦干的成绩。文章已经夏所长看过，我也加了一点修正。虽然略长，然内容结实，废话没有，非常好。希望先由你考虑一下，这是不合时宜的文章，但是有用的而且是很好的。此请

撰安

陈梦家

一九五七年六月四日[②]

6月11日下午，夏鼐将审阅的《郑州二里岗》发掘报告稿交陈梦家。

7月10日下午，夏鼐与陈梦家、楼宇栋谈《考古通讯》改为月刊问题。

8月6日上午，陈梦家找夏鼐谈吴文良《泉州宗教石刻》拓本照相事。

---

① 夏鼐：《夏鼐日记》卷五，华东师范大学出版社，2011年，第296页。

② 见北京保利2017年12月16日十二周年秋拍，第1778号拍品，中国科学院考古研究所用笺。

12月14日，陈梦家找夏鼐谈关于移交他所存资料问题。

从夏鼐日记看，自5月25日考古所整风运动开会，7月13日所中反右派运动大会开始集中批判陈梦家，明显看出作为所领导的夏鼐与陈梦家的交往逐渐减少，日记提到次数很少，除了检讨会陈梦家作检查。作为《考古通讯》的主要编辑人员，自反右起，陈梦家开始靠边，改由楼宇栋等负责编辑。

（二）“大鸣大放”成为“右派分子”

1957年2月27日，最高国务会议第十一次（扩大）会议上，毛泽东主席作了《关于正确处理人民内部矛盾的问题》的重要讲话。毛泽东指出，在我们的面前有两类社会矛盾，这就是敌我之间的矛盾和人民内部的矛盾。这两类矛盾的性质不同，解决的方法也不同。现在我国的情况是，革命时期的大规模的急风暴雨式的群众阶级斗争基本结束，但是阶级斗争还没有完全结束。今后的主要任务是正确处理人民内部矛盾，以便团结全国各族人民进行一场新的战争——向自然界开战，发展我们的经济和文化，建设我们的新国家。

3月17日到4月上旬，毛泽东先后到天津、山东、江苏、上海、浙江等省市，进行整风运动的思想发动。他在沿途了解到的情况是大多数干部对“双百方针”有怀疑，不敢放，下决心发动党外力量来冲击党内的沉闷气氛。中央统战部邀请各界党外人士召开各种座谈会，号召向党提意见。

5月1日，《人民日报》刊载中共中央在4月27日发出的《关于整风运动的指示》，决定在全党开展以反对官僚主义、宗派主义和主观主义为内容的整风运动，号召党外人士“鸣放”，鼓励群众提出自己的想法、意见，也可以给共产党和政府提意见，帮助共产党整风。于是各界人士，主要是知识分子们，开始向党和政府表达不满或建议改进。新闻界也跟进，刊出各种声音。这段时期被称为“大鸣大放”。此举让知识分子们觉得共产党勇于自我批评，十分伟大。

4月25日，陈梦家刚从西安回到北京，月底，他迫不及待写了《两点希望》，发表在5月6日《文汇报》。文章首句写到“我从西安回北京后，纷纷然闻听‘鸣’‘放’之音，好不热闹。这正是花开时节，欢迎红五月的到来，真是一番好气象啊！毛主席两次有关‘鸣’‘放’的谈话，是这几十年中关系了中国文学艺术和科学文化的划时代的一炮，它是即将到来的文化大革命大进军前鼓励的号角。我个人深深感觉到，一种新的健康而持久的风气已在开始。”①

可以说，陈梦家对于新声音、新气象的感觉反应灵敏，也准备全身心投入。“在解放后经过了否定、怀疑和改造自己的过程”，“确乎变了许多的”陈梦家，“迫切的要求改变自己”，但“也往往有所局促不安。好像缠了足的人，还不能忍痛的一次大放”。他在文中提出两点希望：“一是大家彼此做真心的知己朋友，有话畅快的率直的说，不要再四平八稳、宁左勿右、引经据典、声东击西、言不由衷。首先反对这种八股式的说话方式，反对在座谈会中说没有内容的空话，反对过于冗长的说教式的论文。”“第二点希望，我们正在一个幸福的大时代，大家培养一些宽阔的胸襟。”文章最后，他“相信毛主席的话，是在新形势下浩浩向前涌进的力量的泉源，我们个人是不能等不能停的，还是赶快的放鸣吧！”②

当来自党外的批判越来越多，有些批评内容越出“三风”的范围，涉及党派关系、党政关系和党群关系等制度问题，以及肃反扩大化等敏感话题，使得“民主”气氛逐渐变得开始紧张。中共高层认定，整风运动中暴露出一些“右倾分子”和“反共分子”。

5月15日，毛泽东撰文《事情正在发生变化》发给党内同志阅读，已经明确透露出准备反击的意向，但对党外秘而不宣。要求党报继续刊登“鸣放”言论，采取“引蛇出洞”策略，以“暴露其反对面目”。《人民日报》还连续发表社论《欢迎非党同志帮助我们整风》《继续争鸣，结合整风》。

---

① 陈梦家：《两点希望》，载《梦甲室存文》，中华书局，2006年，第202页。

② 同上，第203、204页。

5月17日《人民日报》第7版发表陈梦家对记者的访问回答，“事实上像考古所这样技术性较强的部门，如果没有党员专家，让非党员专家来领导也是可以的。……希望经过这次整风，能够对党员领导同志作一次调整。有些人人地不相宜，有些人兼职过多，有些人是挂名的，都可以考虑调整”。“《考古通讯》每发表评论，必须请党员负责同志看过，这样做是否必要呢？”[①]

5月18日上午，考古所为响应整风运动召开高级研究员座谈会，苏秉琦、陈梦家、徐旭生、黄文弼等人提出了一些意见。

5月下半月，各部委、各地区、各大学、各学会都纷纷邀请党外人士座谈，使更多人卷入“鸣放”，且言论越加激烈，情绪更趋激动。

5月25日上午，考古所整风运动开会，陈梦家、徐旭生、黄文弼、安志敏等人发言。

6月1日，考古所整风运动座谈会，陈梦家、徐旭生、苏秉琦、黄文弼等人提意见。在夏鼐日记列举的这份名单里，徐旭生、黄文弼都是陈梦家的长辈，苏秉琦年龄也比陈梦家大。夏鼐却在每篇日记里都把陈梦家的名字放在前面，可见他说的最多，言辞最激烈，谈的内容也最让人印象深刻。[②]

6月8日，《人民日报》发表社论《这是为什么？》，提示人们“少数的右派分子在‘帮助共产党整风’的名义之下，企图乘机把共产党和工人阶级打翻，把社会主义的伟大事业打翻”，社论最后指出“共产党仍然要整风，仍然要倾听党外人士的一切善意批评”，为日后的引蛇出洞打下伏笔。同日，中共中央发出《关于组织力量准备反击右派分子进攻的指示》。

6月14日，《人民日报》又发表另一篇社论《文汇报一个时期的资产阶级方向》，点名批评《文汇报》和《光明日报》，提出“让大家鸣放，有人说是阴谋，我们说，这是阳谋。因为事先告诉了敌人：牛鬼蛇神只有让

① 《考古通讯》，科学出版社，1957年第5期，第3页。

② 北京陈晓维的博客：《〈夏鼐日记〉中的陈梦家》，2011年12月14日。

它们出笼，才好歼灭他们，毒草只有让它们出土，才便于锄掉”。《光明日报》社长章伯钧、总编辑储安平，《文汇报》的罗隆基、浦熙修都被点名批判。

6月19日，《人民日报》公开发表《关于正确处理人民内部矛盾的问题》的重要讲话。发表前毛泽东根据当时记录加以整理，并作了若干修改和补充，在个别段落中增加了某些过分强调阶级斗争的内容。

6月22日，陈梦家参加考古所整风运动座谈会。夏鼐当天日记载：“自19日关于‘人民内部矛盾问题’一文正式发表后，整风运动又进入一新阶段。”①

7月1日，毛泽东专门为《人民日报》撰写社论《文汇报的资产阶级方向应当批判》，提出“需要在各种范围内点名批判”，“全国大约有4000人左右”，表明反右斗争将更大规模地展开，在知识分子中找出“右派”的反右运动从此开始。不到10天，右派骨干名单“大约8000人”。

7月8—10日（星期一至星期三），科学院召开院部积极分子动员会，时任副院长张劲夫作动员报告。考古所时任所长夏鼐、办公室主任靳尚谦商谈反右派问题。②

7月13日（星期六），考古所召开第一次反右派运动大会，陈梦家被列为主要批判对象。在持续的两三月期间，斗争的温度逐日升高。

8月4日，夏鼐日记载“下午尹达同志来谈，修改《考古通讯》第5期的反右派评论”③。夏鼐所修改的反右派评论，就是这期刊登的《斥右派分子陈梦家》，可见评论文章是夏鼐所见所知所改。

8月9日，上午考古所反右派小组讨论会，下午开反右派大会，郑振铎也来，陈梦家做自我检讨。

郑振铎的日记里也记录了这次针对陈梦家的大会，他是这样写的：“下午二时半，到考古研究所，参加对右派分子陈梦家错误的讨论会。首

① 夏鼐：《夏鼐日记》卷五，华东师范大学出版社，2011年，第313、314页。
② 同上，第316页。
③ 同上，第320页。

先由我说了几句话，然后由陈梦家作初步检讨。琐碎得很，全无内容。王世民加以比较详细的揭发。石兴邦予以根本的驳斥。大家一致不满陈的检讨。近六时，我先走，因为要招待外宾也。（热，晚上有大雷雨。）”

在《考古通讯》第5期《斥右派分子陈梦家》文中认为，“在第一次会上，陈梦家在他所作的假检讨里，把自己打扮成一个‘不问政治’‘老老实实’作学问的人，认为自己的言行只是受了右派分子的影响而已。与会群众对他这种极不老实的狡猾态度异常愤慨”①。

8月10日，考古所同志对陈梦家提意见。“今天开了一天的会，为了反右派运动，大家继续对陈梦家同志提意见。报社记者亦出席，预备明天刊登报端。”②

8月12日，所中开反右派小组会。当天，《光明日报》刊登骆英、王仲殊的文章《“陈梦家，你到底是哪一家？”》，以配合对陈梦家的批判。文章认为，陈梦家打着“考古学家”“金石学家”“文字学家”“诗人”“戏剧评论家”的旗号到处点火，诽谤党，诽谤党的领导干部，丑化党的宣传工作，反对学习马列主义，诋毁新事物。

8月13日，考古所又开了一天反右派大会，吴晓铃、唐兰、郭宝钧等人发言。

8月15日，赵万里致信徐森玉，提到陈梦家说：“梦家情绪低落，人也消瘦了许多，看来是在劫难逃了。”③

8月19日，陈梦家作第二次自我检讨。夏鼐当天日记载“今日陈的检讨占了整个上午，裴文中、尚爱松同志都来参加，未发言。”④“连日来经过同志们的揭发和批判，在大量的铁的事实面前，他在第二次检讨中不得不

---

① 考古通讯编辑部：《斥右派分子陈梦家》，《考古通讯》，科学出版社，1957年第5期，第10页。

② 夏鼐：《夏鼐日记》卷五，华东师范大学出版社，2011年，第321页。

③ 郑重：《陈梦家：“物我合一”的收藏境界》，载《收藏十三家》，天津：百花文艺出版社，2008年，第241页。

④ 夏鼐：《夏鼐日记》卷五，华东师范大学出版社，2011年，第322、323页。

承认自己是‘一个名符其实的右派分子’了。”[①]

8月23日，下午所中反右派大会，陈梦家继续作检讨。

8月25日，上午所里临时开全所大会，陈梦家作第三次检讨。此日，陈梦家用中国科学院便笺给赵萝蕤写了短信。

> 萝：
>
> 今天上午九点，临时开全所大会，由我把第三次“检讨”念了一遍（共一小时），即散会。大约因为今天上午和下午院内还有别的会，所以提意见也许又要改期。你放心罢。没有别的事。祝好。
>
> 家　廿五日午前
>
> 你可以星期六回来，跑来跑去太吃力了。我开始编铜器综录第一集（瑞典之部），慢慢地仔细地做吧。[②]

8月28日，整个一天考古所反对陈梦家右派言行批判大会，上午由靳尚谦主任主持，下午由夏鼐主持。

8月29日，考古所反右派大会，继续对陈梦家进行批判。夏鼐在会上发言斥责陈梦家的右派言行。

9月10日出版的《考古通讯》第5期，考古所以“考古通讯编辑部”的名义撰文《斥右派分子陈梦家》。

此文第一段就给陈梦家定性“扣帽子”，“中国科学院考古研究所右派分子陈梦家，在大鸣大放期间，向党进行了恶毒的猖狂的进攻，在短短的几天内，他‘席不暇暖’地参加了许多单位的十几次座谈会，到处散布毒素，并在报刊上发表了一系列有毒的文章。在这些座谈会的发言和文

① 考古通讯编辑部：《斥右派分子陈梦家》，《考古通讯》，科学出版社，1957年第5期，第10页。

② 方继孝：《陈梦家往事》，载《碎锦零笺：文化名人的墨迹与往事》，山东画报出版社，2009年，第26页。

章里面，他对党的领导、党的事业以及新中国的一切事物，极尽歪曲、诬蔑、谩骂之能事。这个一向自称重业务不问政治的右派野心家的真实面目，现在已赤裸裸地暴露出来了。”

文章第一部分强调，“陈梦家和其他右派分子一样，首先反对党的领导。他明目张胆地要科学院的党下台。他丑化领导全国科学事业的科学院，把它描绘成一个官气十足的衙门。他把创造科学研究工作条件的一切工作人员说成是些‘大大小小的官’，要‘让他们到做官的地方去做官吧，别在科学研究机关’。他对考古研究所的党组织也极为不满”。接下来列举了陈梦家的条条“罪状”：“极端反对作为我们国家政治生活指导思想的马克思列宁主义的理论学习”，“一贯拒绝学习，而且诋毁有关学习的一切制度和措施，他咒骂马列主义是教条”；“他反对党关于文字改革的政策，公然要国务院撤销文字改革的法令，实际上充当了章罗联盟在文字改革方面向党进攻的急先锋”；“对党提出正确的意见时，他加以讥讽，对错误的言论即大加喝彩”；“写文章到处点火，而且不遗余力地挑拨党群关系”。这一系列的事实充分证明，陈梦家不是重业务不问政治的学者，而是“有目的、有步骤地进行反党反社会主义活动的右派分子”，他在考古所“培植私人势力，搞小集团，破坏同志间的团结，阴谋篡夺考古所的领导权”。

在第二部分，剥陈梦家“专家的画皮”，“不过是拾人牙慧攘为己有招摇撞骗的走坊郎中”。“他习惯地把别人的劳动成果改头换面或偷天换日地改变成自己的东西，并在别人的著作里不惜采取任何卑鄙的手段，打击别人，抬高自己。”“反对科学的田野发掘工作。”

第三部分深挖陈梦家反党反社会主义言行的社会背景和历史根源，“他和社会上各方面著名的右派分子有着千丝万缕的联系”，“是‘新月派’的一个反动的所谓‘诗人’”，策划一批反动师生联名反对时任燕京大学中文系的代理系主任郑振铎，在抗战时期，悄悄跑到美国，和美国一些文化流氓鬼混，替外国人鉴定文物换取一些照片和拓本。“仗着美国人的势力，欺压和歧视在美国博物馆工作的中国人，是一个十足的洋奴。”“回国在清华大学藉购买教材标本，肆无忌惮地贪污人民财产。‘三反’时，他是个大老虎。他在生活上极端堕落腐化。”

文章最后严肃指出，“摆在陈梦家面前的有两条道路：一条是彻底悔悟，重新作人；另一条是顽抗到底，甘做时代的垃圾”[①]。

9月16日，时任南京博物院院长曾昭燏参加文化部的“反右派”座谈会，批判对象有陈梦家等。她当天日记载，“下午，到文化部参加反右派的座谈会，被批判的有陈梦家、傅振伦、马非百等人。”

9月29日，赵万里致徐森玉信中提到，“据张明善言，梦家事尚未结束，正在交待中。向达是个右派分子，想公在《文汇报》上已见到。闻问题相当严重，北大已开会斗争多次。又闻今天下午和晚间北大召开全校教职员大会进行批判，不知如何结束也”。[②]

10月11日—14日，中国科学院哲学社会科学部在西郊宾馆召开座谈会，“批判史学界右派分子向达、雷海宗、荣孟源和陈梦家的反共反社会主义活动，捍卫历史科学中的马克思列宁主义路线”。[③]北京、天津史学工作者近三百人参加，发言批判右派分子共有31人。10月14日，史学界反右派座谈会批判陈梦家。“今天仍开史学界反右派座谈会，上午批评荣孟源、陈梦家二位。”范文澜发言，翦伯赞做总结。

10月15日，中共中央发出《关于划分右派分子标准的通知》。对划分右派的规定标准是：（1）反对社会主义制度。（2）反对无产阶级专政、反对民主集中制。（3）反对共产党在国家政治生活中的领导地位。（4）以反对社会主义和反对共产党为目的而分裂人民的团结。（5）组织和积极参加反对社会主义、反对共产党的小集团；蓄谋推翻某一部门或者某一基层单位的共产党的领导；煽动反对共产党、反对人民政府的骚乱。（6）为犯有上述罪行的右派分子出主意，拉关系，通情报，向他们报告革命组织

---

① 考古通讯编辑部：《斥右派分子陈梦家》，《考古通讯》，科学出版社，1957年第5期，第5—10页。

② 郑重：《徐森玉》，文物出版社，2007年，第209页。

③ 孟彦弘：《不合时宜的倔犟——解放后的向达先生》，《书城》2009年9期。

的机密。

10月16日，赵万里致徐森玉信中云："馆中右派二名，一党员张某，一张申府，正追击中，梦家的处境极为困难。"[1]赵万里的信使徐森玉极为焦虑，直到在报纸上看到陈梦家被列入"右派"名单，徐森玉顿足长叹："唉，毁了一个人才！"

陈晓维在文章《〈夏鼐日记〉中的陈梦家》中深入分析陈梦家的言行，提炼出一个大致的批判提纲：

一、社会关系和生活经历。陈梦家出身基督教家庭，父亲是个牧师。他本人毕业于中央大学法律系。年轻时曾是资产阶级色彩浓厚的"新月派"诗人。岳父赵紫宸是基督教活动家、燕京大学宗教学院的院长。他和妻子赵萝蕤四十年代都曾在美国学习、工作。以上这些生活背景，对于陈梦家的政治形象，全是负面因素。每一项都使他成为社会上的少数派，成为群众的对立面和深度挖掘的对象。

二、个性孤高，口无遮拦。陈梦家爱憎分明、丝毫不加掩饰的诗人气质，很容易遭人忌恨。一九四七年春在普林斯顿大学二百周年纪念会中，曾举行过一次国际东方学术会议，内容分社会科学与艺术考古两类。这次会议曾于事先请陈梦家去筹划并布置一铜器展览，陈梦家因与当事者意见冲突，认为当事者对自己傲慢无礼，拒绝出席并作演讲。后经此人再三道歉，他才改变了主意。他评价自己"在阶级敌对的形势中，常常以个人的利害，个人的自尊心来作去取的标准"。

对于师长，他常常显得不够谦虚，意气用事，甚至狂妄。《夏鼐日记》一九五四年五月二十日记载"上午赴所至马市大街，晤及陈梦家君，为了昨天郑所长拒绝让他到洛阳去，而大生其气"。他批评当时学术界的行政领导是"外行领导内行"，曾当面质问所里的一把手夏鼐"你是否有职无权"？反右中有人揭发，他在西大讲学期间，"恶毒攻击我们敬爱的郭院长"，还攻击自己的老师、革命烈士闻一多"不洗澡，不换衣服，身

① 郑重：《徐森玉》，文物出版社，2007年，第212页。

上臭的要命”。

对待同事和一般群众，他常常自觉不自觉地表现出一种难以接近的“名士”气。他自己曾检讨说：“抗战期间我住在农村，一般同事瞧不起农民，我也瞧不起这些同事，自以为我总高他们一头。……我们的态度与根本轻视农民的，也没有很大不同，都不是站在人民的立场上的。”《夏鼐日记》一九五六年二月二十三日记载在北京召开的考古工作会议上，“晚间汇报，并讨论分别负责起草决议、筹备下次会议及预备总结，知下午陈梦家的发言得罪了长沙的代表。”同年六月十三日又有“下午周永珍同志来谈其投考研究生计划，陈梦家同志来，不赞成其考研究生，加以申斥”。

三、收入高，易引发“仇富”心理。陈梦家除了工资以外，稿酬也相当优厚，他的生活水平远高于一般的同事。在以“无产”为荣的时代，这很容易招来非议。据《夏鼐日记》记载，当时陈梦家家中已经有电视机。他“几乎每天都看电影、电视，有时还加评语”。一九五六年他斥资买下钱粮胡同的十八间平房后，大家更是议论纷纷，一时之间谣言四起，举报信不断。除此之外，他还有闲钱搜罗明式家具，逛琉璃厂的旧书店。

四、简化字问题。陈梦家反对推行简化字，这与毛泽东的意见相左。简化字和繁体字孰优孰劣，本是仁者见仁智者见智的事情，很难说得清楚对错。但与领袖的主张不一致，这就从一个单纯的学术问题，上升到复杂的思想认识问题，政治立场问题。这也因此成为他的同行们容庚、唐兰等声讨他的口实。

陈晓维分析得出结论：一个无论于公于私都跟时代精神如此格格不入，“个人英雄主义、作风恶劣”的人，看来没有理由不受到批判。

到10月份，陈梦家被打成史学界的四大右派分子之一，其余三位为向达、雷海宗、荣孟源。

10月17日，《光明日报》刊登题为《科学院集会批判史学界右派分子，揭露向达破坏民族团结的政治阴谋，对雷海宗、荣孟源和陈梦家的反动言行作了进一步的批评》。

11月10日出版的《考古通讯》第6期，发表刘昭豪整理的《西北大学考古班驳斥陈梦家在西大的反动谬论》，“揭露和驳斥陈梦家在西大的反党、反社会主义的谬论，肃清陈梦家留给我们青年的毒”。

12月3日，所中开会，欢送第一批上山下乡干部，计41名。①

（三）汉字简化的争论

1952年，中国文字改革研究委员会编拟《常用汉字简化表草案》第一次稿，确定了“述而不作”的编选原则。毛泽东看过后认为这700个简体字还不够简，作简体字要多利用草体，找出简化规律，作出基本形体，有规律地进行简化，汉字数量必须大大减缩，一个字可以代替几个字，从形体上和数量上同时精简才算得上简化。

1955年10月，《汉字简化方案草案》经全国文字改革会议讨论通过，会后中国文字改革委员会根据讨论结果作了修改，修改后的草案经国务院汉字简化方案申请委员会审定。

1956年1月28日，国务院全体会议第23次会议通过《关于公布〈汉字简化方案〉的决议》。1月31日《人民日报》全文发表国务院《关于公布〈汉字简化方案〉的决议》和《汉字简化方案》。②

1956年11月，教育部发出《关于在各级学校推行简化汉字的通知》。

1957年2月4日，对古文字学热爱研究的陈梦家在《光明日报》发表《略论文字学》，陈梦家高度肯定了文字学的作用，对《汉字简化方案》提出批判。“从认字课本的‘小学’发展为记载于分析经典文字《说文》，再从为经学附庸的《说文》发展为独立的学科——文字学。从《说文》的研究发展为古文字学得到研究，大约经历了二千多年的历史。这门学科，对于经学、史学和考古学的研究，尽了向前推动的作用。若使没有

① 夏鼐：《夏鼐日记》卷五，华东师范大学出版社，2011年，第340页。

② 《文字改革》杂志编辑部编：《建国以来文字改革工作编年记事》，北京：文字改革出版社，1985年，第77—78页。

《说文》这本书，我们很难通读汉代以前的书籍，很难通读出土的殷、周古器物铭文。没有它，我们难以在考古学上作断代史研究的工作，我们也就无法利用地下发掘出来的古代文字记录。我想，这门学科对于研究古代是一把少不了的钥匙，是无需详说的。”

针对当时文字学受冷落，他提出要重视继承文字学，“大学内凡习中国文学的、考古的和上古史的，一定需要学习相当时间的文字学课程”。在文字改革方面，他认为“改革文字是一件大事，不可以过于忙迫。现在颁布的简体字，在公布前所作的讨论是不够充分的，日常听到许多意见。我觉得，在文字改革工作中，负责部门吸取文字学家的意见是不够的”。

文中还提到唐兰关于文字改革的建议，“我拜读了唐文，觉其文字学的学说很高明，无从批评，而且我不赞成这种‘围攻’，没有参加‘痛击’。对于文字学者的唐兰先生的意见，尽管不一定完全正确，我想是应该尊重的”。

3月22日下午，陈梦家应邀在中国文字改革委员会作了《关于汉字的前途》的讲演。关于这次讲演，他开头还作了一番交代：是以什么资格来讲？他是以一个搞过文字学的学生的身份资格来讲汉字的前途；是以什么立场来讲？是爱国主义者，他说还要加上“社会主义”四个字。他确实也是以这样的资格和立场来参加当时关于文字改革的“百家争鸣”。

他的讲演分四个问题。一是讲了什么是汉字，他分析了汉字的特征，认为汉字是有好处的，如要改进它，不能不研究它的渊源。二是讲了汉字有什么缺点，他的观点是没有缺点，别人所指的所谓缺点都是子虚乌有。他还针对当时《人民日报》上梁东汉写的《汉字的演变》一文，批评了汉字“山穷水尽”说，还希望文字改革委员会组织人批驳他。三是谈如何改进汉字，他对公布的简化字提出批评，认为简化字不够科学，既没有走群众路线，征求意见很少，又没有走专家路线，学术讨论很少，所以提出要停止公布简化字。四是谈对汉字研究的意见，他认为，要改进文字，就要多开会研讨，要创立文字研究的刊物，有一个发表意见的平台。当时，他根本没有意识到正在渐渐地滑入一个难以自拔的泥潭。他前一次写的《略论文字学》已经引起了一些麻烦，引来了一些批评，但他在演讲的最后还表示，自己愿意找这样的麻烦，愿为文字改革贡献一份力量。对这次演讲，文改会的工作人员作了记录，陈梦家看了记录，以为和自己讲的差不多，5月1日还写了一个补记，就原封不动地发表在5月19日的《光明日报·文字改革》第82期上。[①]

3月25日，陈梦家就简化字方案给某人写信。

> ……不是应简不应简的问题，而是应如何简的问题。外边意见很多（可看周亚卫在政协的讲话），我也收到读者来信，批评简字之不当和文改会不接受意见之事。本想转上，因我即将成行，此事过于复杂，因作罢。文字是文化事业中极端重要的工具，不容许乱改，希望第七版注意这个问题。此请
> 撰安
>
> 陈梦家
>
> 三．廿五[②]

4月，陈梦家去西安西北大学讲学，继续发表自己对于文字学和文字改革方面的见解。“文字改革不能用行政命令，现在因为用行政命令，把文字改革搞乱了”。“文字改革有渐变，有突变，历史上只有渐变”，提出文字改革应由文字学家来领导。[③]

4月19日，陈梦家在《文汇报》发表《我们当编辑的》。“我们的学术研究和文学艺术的创造，要很快的兴盛起来，要很快的向前进了，我们当编辑的也会更忙（甚至于更乱）起来。我们当编辑的，在这样一个紧张

① 陈梦家：《关于汉字的前途——1957年3月22日在中国文字改革委员会的讲演》，载《梦甲室存文》，中华书局，2006年，第244—251页。

② 见北京保利2017年12月16日十二周年秋拍，中国科学院考古研究所用笺。

③ 刘昭豪整理：《西北大学考古班驳斥陈梦家在西大的反动谬论》，《考古通讯》，科学出版社，1957年第6期，第5页。

紧要的关头，在这样忙迫的当中，是应该自己问一问：我们在这样的高潮中间负有什么责任，我们怎样能跟着前进而不至于落伍，我们的落伍会不会影响学术文化和文学艺术的前进？……怎样才能胜任，怎样才能作一个坚固广阔的桥梁，在于编辑的培养和进修的速度必须相应于学术文艺前进的速度。一个学术性刊物的基层编辑，应该是所属的学术科目的学习者与评论者；一个文艺刊物的基层编辑，应该是文艺的创作者、研究者与评论者。……百家争鸣与百花齐放，需要我们编辑有充分独立思考和独立鉴别的能力，而能够独立思考和鉴别不仅仅是思想工作的方法问题，而是要具有渊博的学问作根柢的。”①

5月16日，在文字改革委员会邀集的文字改革问题座谈会上，陈梦家说：“我对文改会的工作有一些意见。文改会的工作中有些犯了三大坏主义。一是官僚主义，简字方案没有更广泛更深入地征求意见，而是用行政命令来颁布。他们听到的都是正面的意见，不留心反面的意见。”“我认为文字要改进，不要改革。文改会宗派主义也有，他们有些人都是搞语言学的，搞文字学的倒不多。又如上次文改会开过文改会议，也没有请唐兰先生参加。”“过去通用的简体字很好，但不要创造，我不赞成用创造的简体字。文改会应自动地重新考虑简化方案，把大家认为好的字再经过开会讨论来决定使用。”②

5月17日，《文汇报》发表陈梦家写于“五一”劳动节的《慎重一点“改革”汉字》，对此前公布的《汉字简化方案》提出了不满的意见。“公布简字是一件严重的大事，最需要从长讨论，接受批评，不能马上立行的。……文字的改进应该先经过学术的研究与讨论，不宜于用行政命令来推行。我们觉得这个办法不对，是不是可以考虑作一些根本的改变。希望成立属于科学研究机构的文字研究所，负责研究汉字的改进与教学方法。”“在没有好好研究以前，不要太快的宣布汉字的死刑。”“主张拼

---

① 陈梦家：《我们当编辑的》，载《梦甲室存文》，中华书局，2006年，第198—201页。

② 《文字改革问题座谈会记录》，《拼音》，1957年7月号。

音的人，不要过于简单的认为全国大多数的人全赞成拼音，此事还得大家讨论，包括反对的人在内。”“我个人不赞成用外国字母的或民族形式的以拼音代替汉字的措施。”“文字这东西，关系了我们万万千千的人民，关系了子孙万世，千万要慎重从事。”[①]

解放后曾任《文汇报》驻京办事处记者的谢蔚明回忆：五十年代后期，党中央提出百花齐放、百家争鸣方针，对知识界是兴奋剂，上海报社通知北京办事处组织名家写稿响应号召，此前，毛主席曾经对新闻、出版负责人谈话，琴棋书画、梅兰竹菊都可以写文章，报社负责人向编辑部传达以后，浦熙修叫我找知名人士写稿，我找过叶恭绰、夏枝巢老前辈写旧京遗闻逸事，又约陈梦家帮忙。梦家对废除繁体字实行简化字不以为然，我同意他的看法。1957年“五一劳动节”之日，他写的《慎重一点“改革”汉字》，十五日在文汇报刊登。同一天，毛主席的《事情正在起变化》一文在全国报纸上刊登。毛主席的这篇文章收入《毛泽东选集》第五卷，文章的下面有一行小字：“这是毛泽东同志写的一篇文章，曾发给党内干部阅读，虽然没有注明具体时间，当在反右前就已酝酿过一段时间；可见冰冻三尺，并非一日之寒。”陈梦家发表《慎重一点“改革”汉字》本意是在争鸣，符合“双百方针”，他做梦也想不到和毛主席的宏文同一天见报，成了唱对台戏。[②]

5月19日，陈梦家在《光明日报·文字改革》双周刊第82期发表《关于汉字的前途》：“汉字是有好处的。（一）汉字是统一的，超方言的，不论什么地方的人写的东西大家都能看懂，不像拼音文字那样。（二）汉字在辨认上容易。（三）汉字有注音成分在内，如松、柏。（四）汉字的笔画很少，英文的one，汉字写作一；英文的man，写作人；英文的university这么一长串，汉字只“大学”两个字。我们对汉字的评价应该是公平的，不要光说自己不好。（五）中外各国的语言都是变的，但文字不能经常

① 陈梦家：《慎重一点“改革”汉字》，载《梦甲室存文》，中华书局，2006年，第240—243页。

② 谢蔚明：《陈梦家与赵萝蕤》，载《那些人那些事》，上海远东出版社，2006年。

变，文字要定型，不能随便拼，不然就不能作为工具了。”“汉字虽然非常多，但是常用的并不多，普通人认识三千就可以了。……有了这三千字，就来研究怎么教。有人说汉字难学，我说不难，所以难，是教的人没教好。”“我个人对这次公布的程序是不赞成的，制定得不周详，公布得太快，没有及时收集反对的意见。因此，在某些方面它是不科学的，没有走群众路线，也脱离了汉字的历史基础，把学术工作当作行政工作做。我因此希望是否可以考虑撤回这个简字方案，重新来过。我也希望，是否可以考虑成立一个永久性的文字学研究所，从事较长时期的研究，毫无成见的来‘处理’汉字。”[①]

对此事吴宓在5月20日记载：午饭时，接张天授剪寄（1）一九五七年五月十七日上海《文汇报》陈梦家撰《慎重一点改革汉字》文，（2）一九五七年五月十七日上海《文汇报》专电《首都学术界激烈争论“汉字要不要改革？”记》。即复函申谢。宓读此剪报，始知宓一向太过慎重，太为畏怯，愧对自己平生之志事矣。即致唐兰、陈梦家一函，述感佩之意。写示“不死惊看汉字亡”一诗。

5月27日，在文改会第三次座谈会上，陈梦家说：“有许多人往往把自己的意见认为是科学的，把别人的意见都说成是不科学的。我觉得文字改革的前途首先应该讨论能不能改为拼音文字，其次才是改成什么样的拼音文字。”[②]

在《中国语文》6月号发表陈梦家的《一封讨论文字改革的信》，“（说到汉字何以未走上拼音道路的原因）主要是方块汉字符合汉语的条件，拼音文字绝不符合我们的语言”。[③]

在“大鸣大放”期间，陈梦家关于文字改革问题的言论，后来都成为他的“右派”证据。

---

① 陈梦家：《关于汉字的前途——1957年3月22日在中国文字改革委员会的讲演》，载《梦甲室存文》，中华书局，2006年，第244—251页。

② 《文字改革问题座谈会记录》，《拼音》，1957年7月号。

③ 《1957年文字改革辩论选辑》，上海新知识出版社，1958年，第237—241页。

文字改革理论家倪海曙评论：当时文字改革一家独鸣，已经形成一种压力，似乎谁对文字改革表示怀疑，就会被人扣上一项思想落后的帽子，甚至会被人加上“反对中央实行文字改革”的罪名。事实上在文字改革的宣传中，已经出现过“只有帝国主义分子和唯心主义者才反对汉字改革”之类吓人的论调。在这种形势下，有人敢于坦率写反对意见文章，必然会遭到“围剿”。

10月，《中国语文》（1957年第10期）发表唐兰的《剥去右派分子陈梦家所谓“学者”的画皮》，文章开头写道：“陈梦家自己带过一顶帽子，是所谓‘流氓诗人、市侩学者’，这顶帽子他自己觉得戴的还很合适，因为‘市侩不妨市侩，学者我自为之’。他自己认为还有一批资本，‘有旧学问’，有所谓‘在学术上的成就’；他吹嘘写了七十万字一本大书，‘并不违反马列主义的精神’，所以他觉得他可以不学习马列主义，不改造自己，共产党总有一天还要重视他，他还有东山再起之望。他就是这样想和共产党分庭抗礼，平分秋色，你有你的马列主义，我有我的‘旧学问’，好进一步来反对马列主义，反对共产党的领导，做到取而代之。他有什么‘学术上的成就’呢？他有什么‘旧学问’呢？据他说是‘文字学、金石学、古器物学、历史事实考证、地理考证等等’，真不少。所以他说：‘不但以一种专家自居，而以种种专家自居’，‘装出样样都懂’，‘装成万能的样子’，在西安时，他吹嘘他有两家，一是‘梦家’，一是‘杂家’。他用几个钟头向西北大学的同学们介绍了他是如何成名的，说明他‘艰苦奋斗’的过程。我们且看这个所谓‘万能学者’到底有些什么？我认识他二十多年，据我所知，他处处都是不懂装懂，谈不到有什么成就。1934年前后闻一多先生把他介绍给我时，他有一大堆著作，说：‘夏朝就是商朝，夏禹就是商汤’，在我看完全是想入非非，没有根据。不久他就入了燕京大学研究所跟容庚先生学金文。就是这样，这个有过种种经历（伪中央大学法律系毕业，燕京大学宗教研究部学习过，准备做牧师，新月派反动诗人，写过极其丑恶的黄色小说，在中学里教过书被学生轰走）的陈梦家就找到了一条争名争利的终南捷径，自称为‘金石学家’。”

唐兰是陈梦家的师辈人物，曾任教于燕京大学、北京大学、西南联大。对于当年唐兰写文批判陈梦家，2014年7月11日《嘉兴日报·江南周末》头版整版刊登记者沈秀红、陈苏采访唐兰儿子唐益年的文章《唐兰之子：“血管里流着老爷子的血”》，其中第三部分《“只要人还在，思想在”》中记者问道：“有个问题可能比较敏感，反右时批斗陈梦家，您父亲也参与了，您怎么看？”唐益年回答：“父亲反对中国文字改革走拉丁道路，主张走中国传统的部首拼音，学术界很多人批评他，公开支持他的只有陈梦家。后来陈梦家被打成右派，批判陈梦家是无奈之举。父亲跟我说过，他不批（陈），过不了关。我不认为父亲趋炎附势。”

10月30日，《文汇报》发表王力撰写的《批判右派分子陈梦家关于反对文字改革的荒谬言论》，“陈梦家本人企图挑拨知识分子和党的关系，并且阴谋在文化政策方面篡夺党的领导。因此，我们不能不驳斥他的荒谬言论，从而粉碎他的阴谋”。

《文物参考资料》第10期发表徐彬如、李昭、谢炳忠、沈庆林合写的《斥右派分子反对马克思主义在文物事业中的指导作用》，文中提到“右派分子利用党发动整风运动的时机，向文物界展开了猖狂的进攻，其中以陈梦家和宋云彬的进攻为最恶毒。我们必须明确，今天我们和他们之间的斗争，不是一般的学术问题，而是政治立场问题”。

《中国语文》10月号，发表唐兰撰写的《右派分子陈梦家是“学者”吗？》，“他是‘冒牌学者’，实际上是一个十分热中，不择手段地拼命向上爬的野心家，是一个善于投机取巧，唯利是图的市侩，是一个不懂装懂，假充内行，欺世盗名的骗子”。

《文字改革》11月号，发表容庚撰写的《汉字简化不容翻案》，批判陈梦家，“他自以为是真正文字学的专家，全国文字改革会议没有邀请他参加，因而提出反对，完全是出于自私自大的偏见，会后我曾当面批驳过他。难道全国代表207人全体通过不算，还要再经过开会请陈梦家参加讨论才能决定吗?陈梦家如有勇气，应当提出坚决反对创造简化字的理由来让大家讨论，而非空言所能翻案”。

（四）与郑振铎的交往

1957年对陈梦家来说如噩梦一般凶险。考量此年作为考古所所长郑振铎与陈梦家的交往，一见世情冷暖，二见友情深远。

1月30日，正逢除夕，郑振铎上午到考古所，与陈梦家赴美院看李可染画展，不料已经收场。[①]

2月3日，郑振铎来考古所，见夏鼐、陈梦家。

2月17日，陈梦家去郑振铎家，借明版《鲁班经》二册。

2月20日，上午郑振铎来考古所，将明拓本《礼器碑》一册交给陈梦家。

2月24日，“十一时许，森老来。其后，唐弢、柯灵、佛西来，梦家来，骏祥、小燕来，吴耀宗夫妇来。他们在此午餐。看了些珍本书，谈得很高兴”[②]。

3月5日，郑振铎“十时半，到考古所。罗子为[③]恰在陈梦家处，谈手工业美术品事，争论颇烈。”[④]

3月9日，下午四时半，郑振铎偕曾昭燏到考古所，和夏鼐、陈梦家、黄文弼等谈了一会。

3月13日，郑振铎上午参加考古所学术委员会会议，中午在陈梦家宅午餐。

4月22日夜，正在西安的陈梦家看望率领全国政协西北视察团的郑振铎。

5月12日，郑振铎写信给陈梦家。

8月9日，下午考古所开反右派大会，陈梦家做第一次自我检讨，郑振

---

① 陈福康：《郑振铎年谱》下册，三晋出版社，2008年，第913页。

② 同上，下册，第918页。

③ 罗子为（1910—1958），安徽和县人。历任国务院参事、全国供销合作总社筹委会工艺美术局局长。

④ 陈福康：《郑振铎年谱》下册，三晋出版社，2008年，第921页。

铎当天日记载，“参加对右派分子陈梦家错误的讨论会。首先我说了几句话，……近六时，我先走，因为要招待外宾也”。对于沦为别人眼里的“右派分子”的陈梦家，作为知交的郑振铎想来也是五味杂陈。

9月3日至12月2日三个月时间，郑振铎在保加利亚、苏联参观访问，作报告。而与之曾摩挲古书、共赏旧帖的老友陈梦家，却在俯首检讨，接受他人的指摘与斥责。

回国后，郑振铎在12月10日、23日去过考古所，找夏鼐谈事，日记未载具体内容。

陈晓维认为郑振铎本来和陈梦家关系是不错的，他们都爱好收藏。郑振铎每次到考古所，总要找陈梦家聊一聊，有时还结伴去看画展，逛琉璃厂或者隆福寺，他也到陈梦家家里吃过饭。《郑振铎日记》有多处记载了二人的交往。例如就在一九五六年十一月二日，郑振铎还“到考古所，陈梦家云：琉璃厂藻玉堂近得书不少。即偕之赴该肆，果有新至之书数十箱。其中，仅张君所选的劳校数种及明刊《三谢集》为佳耳。但无意中，却得到某人托售的《弁而钗》一部。此‘不登大雅’之物也，却索价绝为昂贵。予以久未收小说，且前仅有半部，故仍收之”。但一九五七年八月九日的这场反右大会，显然彻底改变了两个人的关系。因为从这一天起，陈梦家这个名字彻底从郑振铎日记里消失了。

（五）喜欢地方戏

解放后，在政府提倡扶持下，经过老艺人的努力，豫剧、评剧等一些地方戏曲推陈出新，为当时文艺舞台增添了生机和活力。1954年，陈梦家观看中国评剧团筱白玉霜主演的评剧《秦香莲》，专门写了评论文章《评剧〈秦香莲〉》，“它接受了传统的评剧中的优点，扬弃了一些糟粕与繁冗枝节，以崭新的与较精炼的面貌出现”。1956年，洛阳豫剧团上演两出老戏《穆桂英挂帅》与《姐妹告状》，陈梦家对两位主角马金凤、阎立品大为赞赏，“它们是非常好的老戏”，“是老根上长出来的美花”，“应该爱护之，培养之，使其老根成为接生新品种的基础”。北京曲剧团魏喜奎主演的《罗汉钱》和《妇女代表张桂容》，在陈梦家眼里“主演者魏喜奎的表演与歌喉是最可赞美的。她在张桂容的口中唱出了妇女对于毛主席的歌颂，那种真情流露是占据一半人口的妇女的真实声音；她在《罗汉钱》中唱出了母亲对于第二代获得自由而追想自己过去的沉痛”。[①]

和陈梦家机缘巧合成为忘年交的赵珩，是中华书局副总编辑赵守俨之子。在2016年陈梦家离世50周年之际，赵珩接受记者采访，留下了这一时期对陈先生的美好追忆：“陈梦家年轻时非常漂亮，眼睛很大，个子中等偏高，估计有1.75米左右，肩膀宽宽的，风度翩翩，我见他时他已经有眼袋了，但依然能看出年轻时的风采。他那时略略有了些白发，但身体很好。他很少穿西装，总是很朴素的布质中山装。偶尔穿一件西服上身，也不打领带。我觉得他是我见过的最洒脱的人，当时非常崇拜他。”[②]

当年，十多岁的赵珩跟随陈梦家到处看戏，陈梦家“被打成右派，处理得算轻的，没有发配到边远地区劳动改造，但是他的心情非常不愉快”。陈梦家“特别喜欢看戏，尤其喜欢地方戏。……我父母看地方戏都是陈梦家带去的。印象最深的是他请我父母带我去看川剧。他对川剧演员也很熟悉，比如名小生曾荣华、名丑周企何，还有当时比较年轻的一生一旦，一生是袁玉堃，一旦就是陈书舫。不光是川剧，小地方的戏他也看，像陕西秦腔《火焰驹》，甘肃陇剧《枫洛池》，这些戏后来我再也没看过。当时人民市场的最后面有一个小剧场叫东四剧场，他也经常去，现在早已经拆了。……记得有一次来了个邯郸地区的曲周豫剧团，当时叫河南梆子，后来叫豫剧。这个剧团挑班的是在邯郸地区非常出名的一位旦角，名叫肖素卿。邯郸地区曾经有这样的谚语：不打油，不点灯，不吃饭，不买葱，攒钱要看肖素卿。……这个肖素卿真有本事，一个月戏码不翻头[③]。

① 陈梦家：《〈评剧〉〈秦香莲〉》《论老根与开花》《要去看一次曲剧》，载《梦甲室存文》，中华书局，2006年，第182、188、194页。

② 赵珩、王勉：《赵珩追忆：一弯新月又如钩》，《北京青年报》2016年10月2日。

③ 不重复的意思。

陈梦家能够一个月看十几二十场，也带我看了很多，比如《三上轿》《金水桥》《对花枪》《梵王宫》《大祭桩》等，文戏武戏都有。肖素卿当时三十出头，是一个有点乡土气的女演员，长得很周正，白白净净的，一口河南话，穿着非常朴素，就是一身蓝色的棉袄棉裤。陈梦家很喜欢她，很捧她。之前陈梦家没听说过肖素卿，一听她的戏就觉得好。……小剧场卖不上座，陈梦家就买了很多票送认识的人。他有时候还写点戏曲评论，发表在报纸上，也写过捧肖素卿的文章。他也请肖素卿吃过饭，我也曾跟着去过。吃饭就在东四附近的小馆子，白魁或者灶温，一块多钱就吃得很好了。”

在赵珩的追忆里“陈梦家很懂戏。有几位特别棒的川剧演员，他们有什么好处，他都分析得头头是道，也经常讲给我听。比如曾荣华当时有一出戏叫《铁笼山》，这和京剧《铁笼山》是两回事，是演元代铁木儿的事。……他还讲过地方戏的一些特点，很多是我没有注意到的细节，比如演员穿的褶子[①]，川剧和京剧就不一样。川剧中的褶子开气很高，能开到腰，一踢腿，会露出鞋子和彩裤；京剧中褶子开气低，走路时是不能露出里面穿的彩裤的。”[②]

2月2日，陈梦家年“初三晚上，在前门小剧场看了北京曲艺团改编演出的一出新的大戏——《杨乃武与小白菜》。这是清末光绪年间的一件真事，在我们江浙民间最为流行的故事。”

2月14日，《人民日报》副刊发表陈梦家的《要去看一次曲剧》，评点了魏喜奎主演的曲剧《杨乃武与小白菜》：“这是清末光绪年间的一件真事，在我们江浙民间最为流行的故事。……这六幕十二场的大戏，演得很精彩，很成功，使我们毫不犹豫地觉得曲剧可以演出很好的戏，那怕是借用别的剧种的剧本。主演者魏喜奎的天赋歌喉和善于表演悲剧的性格，使这出戏十分动人。”[③]

---

① 褶子，传统戏装中的一种便服。

② 赵珩、王勉：《赵珩追忆：一弯新月又如钩》，《北京青年报》2016年10月2日。

③ 陈梦家：《要去看一次曲剧》，载《梦甲室存文》，中华书局，2006年，第194页。

魏喜奎（1926—1996），女，祖籍河北唐山，出生于天津市蓟县，著名曲艺表演艺术家，她融乐亭大鼓、奉天大鼓、辽宁大鼓的曲韵精华为一体，创成奉调大鼓，为曲坛增添了一个新曲种，代表剧目《杨乃武与小白菜》《啼笑因缘》《箭杆河边》《方珍珠》《泪血樱花》等。

关于陈梦家和魏喜奎的交往，记者谢蔚明有这样的回忆：梦家让我出面约魏喜奎一道吃饭，他看中西观音寺川餐馆。这家馆子是一批文化界朋友经常光顾的所在，……梦家是美食家，选择川菜馆是顺理成章的事。川菜调料离不开辣椒，魏喜奎为保护嗓子，怕吃辣，主人特地关照服务员，少辣，有的菜肴免辣。大家边吃边谈，梦家谈了观摩曲剧的观感，有嘉勉，兼有期许。后来，魏喜奎到美国演出，受到热烈欢迎，还获得曲剧皇后的称号。遗憾的是，梦家早已逝世，知己难逢，魏喜奎不胜伤感。[①]

5月15日，《人民日报》副刊发表陈梦家的《看豫剧“樊戏”》。“樊[②]戏的唱词都是通俗的，一听就懂；为了满足观众的情绪，常常变悲剧为喜剧。这种作法如何，可以暂且勿论，但他的戏之所以为人民所爱看，是他为观众写戏。……这几年中，我对于樊先生在豫剧创作、导演和培养第二代有很大的敬意，他的经验和成就应该值得戏剧界的重视。我一向以为，作为全中国，作为华北官话区域中心的北京，应该有一个豫剧院。今年来了崔兰田，还有要来的。让我们在豫剧中多看出一些优良的传统，多看一看华北许多老百姓爱看的戏。”[③]

陈梦家文中提到“几年前在北京吉祥戏院看曲周萧、素卿演《三拂袖》，觉得好听好看而情节有趣，从此看上了河南梆子”。

在考古所同事张长寿的记忆里，陈梦家被打成“右派”后，并没有放弃戏剧的爱好，故宫博物院院长马衡的公子马彦祥经常给他送来戏票。除了京戏，陈梦家还酷爱昆剧评剧，在报纸上为他喜欢的魏喜奎、新凤霞等

---

① 谢蔚明：《陈梦家与赵萝蕤》，载《那些人那些事》，上海远东出版社，2006年。

② 樊粹庭（1905—1966），原名樊郁。河南遂平人。著名豫剧作家、改革家和教育家，被称为“现代豫剧之父”。

③ 陈梦家：《看豫剧“樊戏”》，载《梦甲室存文》，中华书局，2006年，第197页。

演员撰写戏评。①

（六）著述及其他

1月，陈梦家在北京写《谈谈徐志摩的诗》，怀念亦师亦友的徐志摩，原载1957年2月《诗刊》第2期。

1956年8月，臧克家编选的《中国新诗选（1919—1949）》由中国青年出版社出版。同为闻一多弟子的诗人臧克家认为此书是“为了帮助青年读者丰富文学知识，了解五四以来中国新诗发展和成就的概况”。出版后，读者陈艾新提出了一些意见，“从所选的诗人和诗的数量来说，似乎嫌少了一些；从内容来看，进步影响的范围也似乎嫌狭小了一些。写景诗选得不多，爱情诗几乎一首都没有选，这不能说不是这本选集的一个缺点”。11月，臧克家策划出版《中国新诗选（1919—1949）》第二版时，他努力修改代序文字《“五四”以来中国新诗发展的一个轮廓》，对徐志摩的诗歌史地位进行有限度的“修复”，编选《大帅》（战歌之一）、《再别康桥》两首诗进入“中国新诗选”的序列。1957年3月，人民文学出版社专门聘请诗人卞之琳作为编选徐志摩诗文的责任编辑，出版社还写信给陆小曼，“要她提供诗人的照片和手迹”。陆小曼喜出望外，特写《遗文编就答君心——记〈志摩全集〉的编排经过》，“我想不到在‘百花齐放’的今天，会有一朵已经死了二十余年的‘死花’再度复活，从枯萎中又放出它以往的灿烂光辉，让人们重见到那朵一直在怀念中的旧花的风姿。这不仅是我意想不到的，恐怕有许多人也不会想到的”。

作为徐志摩的学生，陈梦家在知悉老师的诗文将出版的情况下，特意写了这篇《谈谈徐志摩的诗》。陈梦家说，“尽管已经过去了二十五年以上，我们当时读过的而今日重翻一遍，觉得其中有些首并没有忘记。徐志摩的诗的好处之一，就在于此”。他从徐志摩诗歌的“个性自由的热烈的要求”“对于现实的激愤与反抗”“轻松而清新的诗句”入手，试图迎合

① 索马里：《陈梦家：考古学家之陨》，《三联生活周刊》2014年第21期。

当时政治语境下诗歌的评价标准。他具体分析了《这是一个怯懦的世界》《破庙》《灰色的人生》等诗歌，针对“当时为人称赏的还是他的抒情和写景诗”，巧妙地把徐志摩的诗歌形式特点，归结于用词和语法结构的问题，他“觉得是得于旧诗文和留心口语二事”，“他的诗，很难说是欧化，也不能说是口语”。对于徐志摩晚年诗歌《黄鹂》，陈梦家秉持批的态度，“这首诗也可以作为他晚期的典型”，是他晚年的生活“到了枯窘的深处”，“不仅是枯窘，见识是窘迫了”。

陈梦家《谈谈徐志摩的诗》发表后，1957年第11期《诗刊》编辑部刊发巴人的《也谈徐志摩的诗》，“读了陈梦家的《谈谈徐志摩的诗》，也读了徐志摩的四册诗集——《志摩的诗》《翡冷翠的一夜》《猛虎集》《云游》。我不能同意陈梦家的意见，对徐志摩的诗是过分赞扬了。我还是保留着二十年前的意见”。早在1937年《文学》新诗专号上，巴人以“曲轶”为笔名发表《论新诗的踪迹与其出路》一文，谈及自己对新诗发展史及出路看法：“1927年的大革命，并没有给资产阶级诗人以一种若何新的力量与生命，反而更使他们在‘悠闲的感情的享乐’与‘美幻的事物的追求中’，向形式的桎梏里沉落下去，所谓新月派的诗就在这种情形里滋长着。他们把‘五四’前后文学革命的大众化的形式，幻化成另一种美术的装饰画了。这就成为艺术的新贵族，益发远离了大众的生活内容。”

在1957年的特殊语境中，巴人认为，“徐志摩是那样一种诗人：自我以外没有世界，生活的天地是很小的。……他的诗大半是一些爱情诗，然而又由于绅士的性格，好修饰，爱雕琢，连爱情诗也看不到有什么内容，像拜伦在《唐璜》中所抒发的。他的诗大半是从一些生活的感触而发，但不是有什么深厚的感受”。这等于把陈梦家的评价予以彻底否定。

巴人认为，陈梦家的《谈谈徐志摩的诗》对徐志摩有抬高评价的嫌疑，对此他的用语显得有点尖刻，“看来陈梦家是想把徐志摩装扮为一个革命诗人，但这心机是落空的”，“可惜，陈梦家不能理解已故徐志摩的遗志，竟把他的铜像的地位望得见工农兵了”。理论家巴人眼里的“新月派”诗歌，“作为‘五四’以来新诗的发展过程中的一个流派——资产阶级文学的流派，如果也可以在我们的文艺园地中留下一道痕迹，那么，徐志摩的诗是有代表性的。从徐志摩的诗中，我们也可以看出中国资产阶级的软弱、动摇和找不到自己出路的那种苦闷的精神”。[①]

1月20日，改作《颂鼎》考释，“铭14行152字。同铭者鼎三，㲄六具，壶二具。鼎、壶铭同，与㲄铭不同之处有二：（1）‘贮廿家’，㲄铭无‘廿家’二字，（2）‘眉寿’后㲄铭多‘无疆’二字。虽有如此差别，然字数仍是152字。……此器记册命制度甚详”。[②]

1月23日，在《人民日报》副刊发表《论间空》。“间空或空白，是中国艺术实践中一个很好的方法。它在我们艺术的传统中，占据了很重要的位置。……一件美的作品，充量的表现其美丽又使人能在悠闲的气氛下去从容欣赏，就需要间空。”[③]

3月，陈梦家作《盠组器（盠方彝、盠方尊、盠驹尊）》考释，“1955年3月，陕西郿县车站乡东李村坡地上农民取土所掘获的五件铜器，是近年出现西周铜器中重要的一群。其详见《考古学报》1957年第2期郭沫若先生考释”[④]。

3月底至4月25日，陈梦家在西北大学讲授古文字学、考古学。

在西安，陈梦家作《师克盨》考释，“此一盨盖，旧在熊步龙家（光绪间宏道书院山长）。1957年3月，由其孙熊本周捐赠于陕西博物馆，见《陕西》102。器高8.5，口长27.8，口宽19.9厘米。故宫新得一师克盨，器盖同铭，惟盖略小于器或原不相属，见《文物》1959：3：64，行款不同。铭13行148字（内重文3）。……此器形制花纹近于克盨（本书187）而略晚，应属于厉时”[⑤]。

---

① 袁洪权：《巴人与陈梦家的文字交锋》，《中华读书报》，2014年6月11日第7版。

② 陈梦家：《西周铜器断代》上册，中华书局，2004年，第280页。图录见下册，第831页。

③ 陈梦家：《论间空》，载《梦甲室存文》，中华书局，2006年，第174—177页。

④ 陈梦家：《西周铜器断代》上册，中华书局，2004年，第170页。

⑤ 同上，第315、316页。图录见下册，第856页。

在西安期间，陈梦家“特地拜访了狮吼剧团的樊粹庭先生，参观了他们的新生部。在两个大芦篷的民乐园中，在拥挤的长椅上看了娃娃戏，真高兴”。“去年一年在乡村演出了一百七十多次。他们最近作了一次旅行演出，也要到北京争鸣一下。”在西安，狮吼剧团新生部的孩子们让陈梦家回京后多介绍他们的老师樊粹庭和常警惕。[①]

二、下放居庸关劳动锻炼

（一）等待发落且著书

1957年12月31日，政治气候一如岁末寒冬般肃杀。下午考古所开整风座谈会，尹达主持并发表意见，整风重点放在方针政策，即对右派分子如何处置。处在风口浪尖的右派分子陈梦家，如同零落秋叶一般等待着安排。

1月1日，陈梦家作《鬲比盨》考释，“出土同作器者共三器，此器外一鼎、一五字盨（《西清》29.22，《三代》10.27.1，今在故宫），两盨花纹形制相同，而鼎与盨皆有麟纹”[②]。

1月2日，下午考古所开小组座谈会，谈整改鸣放，3时半开大会，尹达、夏鼐作动员报告。

1月4日，上午九时，郑振铎到考古所，与尹达、夏鼐讨论整改鸣放。下午，听取作家协会书记处扩大会议，报告研究右派分子的处理意见。

1月5日，陈梦家作《不寿毁》考释，“铭4行24字。清宫旧藏，今在故宫博物院”[③]。

1月9日，夏鼐日记载“隔了一天没有去所，大字报增添不少，但多是对各队的领队人提意见”。

① 陈梦家：《看豫剧“樊戏”》，载《梦甲室存文》，中华书局，2006年，第196、197页。

② 陈梦家：《西周铜器断代》上册，中华书局，2004年，第267、268页。图录见下册，第823页。

③ 同上，上册，第176页。

1月10日，考古所开整风运动会。

1月14日，上午，尹达、夏鼐商谈成立整改小组。下午，考古所开整改小组会。

1月15日，陈梦家作《师秦鼎》考释，“铭7行47字。此鼎形制近于康鼎（本书156），足尚未马蹄化，花纹一带近于小克鼎（本书186），其时代约为西周中期”[①]。

1月17日，作《史颂鼎》考释，“铭6行63字。传世史颂所作鼎二（其一现藏上海博物馆），𣪕四，簠、盘、匜各一。鼎铭与𣪕铭相同，惟第二行第五字省字，此从言，𣪕从又，奼小𣪕从寸。此铭记王在宗周命史颂东至于成周省视苏国、存问里君百姓并聚教其黎庶，苏有所宾献，因以作器”[②]。

1月18日，下午考古所整风核心小组开会，尹达主持该小组工作，夏鼐日记载“这些天所中大字报贴得颇多”。可见“大鸣大放”之威猛态势。

1月21日，下午所里整风小组开会。

1月24日，经过十天整改小组的讨论，对右派分子的整改政策初步落实。上午考古所开处理右派分子大会，靳尚谦主任宣读关于处理右派分子办法。下午开小组会讨论。[③]

1月25日，考古所整天开小组会，讨论处理右派分子问题。

1月26日，陈梦家作《微䜌鼎》考释，“铭7行63字。《续考古图》4.20曰‘崇宁（1102—1106）初，商州得古鼎，刻文甚完，凡六十字，乃周鼎也。寻上之朝廷，制度未考’。商州，今陕西商县”[④]。

1月27日，下午所里研究小组开会讨论右派分子处理办法。

1月28日，上午考古所研究小组继续讨论审理右派分子办法的性质问题，尹达、夏鼐参加，尹达作结论发言。

---

① 陈梦家：《西周铜器断代》上册，中华书局，2004年，第267、268页。图录见下册，第337、338页。

② 同上，上册，第851页。

③ 夏鼐：《夏鼐日记》卷五，华东师范大学出版社，2011年，第349页。

④ 陈梦家：《西周铜器断代》上册，中华书局，2004年，第281页。图录见下册，第832页。

1月29日，上午夏鼐“将陈梦家《中国铜器综录》一书，根据容庚、于省吾及张政烺三人的意见加以修改，下午参加所中整风，研究小组讨论处理所中右派分子陈梦家办法”[①]。

此日，陈梦家作《大乍大中𣪘》考释，“铭5行40字。器、盖同铭。《三代》（作者按：罗振玉《三代吉金文存》）8.44.3是器铭”[②]。一边是暴风骤雨般的开会、检讨，另一边是于无声处的书斋著述。

1月30日，上午夏鼐、尹达商谈所事，部署下一步整风，由各发掘队队长作检讨。

1月31日，陈梦家作《大𣪘盖》考释，“铭10行108字。盖高7，口径20.9厘米。《西甲》[③]12.46著录，盖有铭（《三代》9.25.2）而器无，盖与器花纹不同，乃是张冠李戴。此盖后为刘体智所得，著录于《善礼》7.97，其后展转入于瑞王（《皇储》[④]106），高7，口径20.9厘米”[⑤]。

2月3日，作《翏生盨》考释，“铭3行23字”，“此器口方长，附耳，失盖，瓦纹，与弥叔盨（文物1960：2：8）相近。此器形制花纹同于陕西省博物馆的一器（陕西101）”。[⑥]同日，作《周礼部分》之八《形制、花纹》5：盨。

2月4日，考古所开爱国卫生运动会。2月5日，所里大扫除。

2月7日，作《鄂侯御方鼎》考释，“铭11行85字。陈介祺旧藏。……此鼎项下‘顾龙’花纹一带，近于共王时的师口父鼎（本书111）；此鼎形制近于夷王时克鼎等器。因此可判断此鼎在共王后夷王前，今暂定为孝

① 夏鼐：《夏鼐日记》卷五，华东师范大学出版社，2011年，第350页。

② 陈梦家：《西周铜器断代》上册，中华书局，2004年，第168页。

③ 《西甲》即清代内阁学士王杰等奉敕所编《西清续鉴甲编》，20卷，成书于乾隆五十八（1793）年。《三代》即罗振玉《三代吉金文存》，20卷，成书于1937年。

④ 《皇储》即N.Palmgren，Selected Chinese Antiquities from the colleciion of Gustaf Adolf，Grown Prince of Sweden，Stockholm，1948。

⑤ 陈梦家：《西周铜器断代》上册，中华书局，2004年，第257页。图录见下册，第816页。

⑥ 同上，上册，第216页。

王”[①]。

2月8日，所中开一天整风会，由发掘队的领队人石兴邦、王仲殊、王伯洪、安志敏、陈公柔五位同志作自我检查。

2月12日，陈梦家作《同卣》考释，“铭5行25字。器、盖同铭。传陕西凤翔县出土。窸斋误以为敦，且仅录器铭”[②]。同日，作《燮殷》考释，“铭6行50字。《金文分域编》（续11.44）谓‘近年陕西出土’。传世共二器，一失盖，铭见《三代》10.44.1；一器盖全，今在上海博物馆。……此器口长方，附耳，失盖，瓦纹，与弭叔盨（《文物》1960：2：8）相近。此器形制花纹同于陕西省博物馆的一器（《陕西》101）”[③]。同日，还作《周礼部分》之《赏赐器物分释·释鞞鞣》。

2月15日，所中“做反浪费工作，大字报又贴出不少”[④]。同日，陈梦家作《虢国考》之《虢叔考释》。

2月16日周日，考古所“开下放干部返京过春节的座谈会，由下放干部徐苹芳、郑笑梅等同志连续发言，决定明日再继续开会”[⑤]。

2月17日丁酉除夕，陈梦家作《虢国考》补记。

2月18日戊戌岁除，作《周礼部分》之《赏赐篇》（未作完）。与反右前明显对比，陈梦家没有如往常每逢新年去夏鼐家看望拜年。

2月21日年初四，节后第一天上班，上午“所中研究组讨论反浪费。下午继续讨论，并布置整风运动中之还债检查”[⑥]。

2月23日，作《周礼部分》之《职官篇》。

2月24日，上午所中整风运动，夏鼐主持，“由老科学家郭子衡、苏秉琦、徐旭生三同志作检查。下午继续开会，由各室主持人饶惠元、赵铨、

① 陈梦家：《西周铜器断代》上册，中华书局，2004年，第257页。图录见下册，第257页。
② 同上，上册，第140页。
③ 同上，上册，第203页。
④ 夏鼐：《夏鼐日记》卷五，华东师范大学出版社，2011年，第353页。
⑤ 同上，第353页。
⑥ 同上，第354页。

曹联璞三同志作检查，又张孝光同志作检查”[①]。

2月25日，所中整风，研究组讨论改进工作方法。

2月26日，“所中大会热烈，应随势而上，鼓起整改高潮”[②]。此日，陈梦家作《周礼部分》之《赏赐器物分释·释非余》。

2月28日，上午所中整风小组研究组讨论全年计划及响应号召大跃进工作。下午，所中大会。

3月4日，上午所中整风小组开会。此日，陈梦家作《五年师事毁》考释，“铭7行59字。毁三，盖二；器、盖同铭。器高23，口径18.7厘米”[③]。

3月5日，陈梦家作《蔺毁》考释，“铭5行45字。刘体智旧藏。……此器与师事毁、师耤毁、害毁（本书145、149、160）同形制花纹，暂定为孝王器”[④]。还作《迟父钟》考释，“铭4行38字。宋太常所藏。二、三行之间，似有脱失，不甚衔接”“此器与师事毁、师耤毁、害毁（本书145、149、160）同形制花纹，暂定为孝王器”[⑤]。

3月6日，“所中大字报仍在积极展开”。陈梦家作《甹钟》考释，“铭2行15字。《考古图》曰：‘河南寇氏’藏，‘不知所从得，高尺有九分’，约32厘米。铭文亦见《啸堂》82、《薛氏》6.70。《博古图》22.21作‘高一尺二分’，图像同于《考古图》，铭文款识则据吕氏释文重写失实。”[⑥]

3月7日，所中“大字报已贴至千余张”，“各所竞争以多写大字报为响应”。

3月8日，夏鼐至所中，“今日大字报多了，尹达同志正在看大字

① 夏鼐：《夏鼐日记》卷五，华东师范大学出版社，2011年，第355页。

② 同上，第356页。

③ 陈梦家：《西周铜器断代》上册，中华书局，2004年，第205页。

④ 同上，上册，第228页，图录见下册，第778页。

⑤ 同上，上册，第228页。

⑥ 同上，上册，第305页。

报”[1]。

3月10日，郭沫若晨间来所里看西周铜簋及大字报，夏鼐也看了一回大字报，还写了几张。

3月11日，郑振铎晨间去考古所看大字报，并写了几张。

3月12日，夏鼐日记载“上午微雨，赴所，大家仍在写大字报”。

3月14日，夏鼐日记载“上午赴所，知我所大字报已逾15000张，超过认额，喜而仿李后主《虞美人》词写一首《观大字报有感》：‘满墙满地贴满了，张数知多少？娇气骄气付东风，官气阔气暮气一扫空！保守浪费复何在？面貌完全改。前浪后浪不停留，恰如千军万马齐奔流！’”[2]

3月15日，所内大字报超额完成15000张的任务，下阶段整风主要以解决问题、订制规划为主。

3月22日，夏鼐与尹达商谈今后整风工作计划。

（二）萝蕤发病

当年赵萝蕤的同事好友回忆，1952年“思想改造运动”开始后，市委工作组进驻燕园，发动全校师生批斗赵紫宸、陆志韦、哲学系主任张东荪，要求人人和他们“划清界限”。作为西语系系主任，赵萝蕤不仅仅要检讨个人的“资产阶级思想”，还要参加各种大小会议，没完没了地检讨在领导教学工作中“重业务，轻政治”的错误倾向，疲于奔命。

“思想改造运动”告一段落，紧接着上级宣布全国高等院校“院系调整”，教会大学一律解散，燕京和辅仁按不同科系分别并入北大、清华、北师大，人员听候统一分配。7月，院系调整。燕大西语系五名教授中，赵萝蕤和其他三位教授都去北大。当初，她满怀信心，要壮大燕京的英语教授阵容，以芝大英语系为蓝本建立一个优异的英语专业。如今她以稀有的才华构建的象牙之塔在狂风暴雨中化为灰烬，美好的梦想成为镜花水

---

① 夏鼐：《夏鼐日记》卷五，华东师范大学出版社，2011年，第357页。

② 同上，第358页。

月，她怎能不伤心欲绝？几个月来，她憔悴了许多。尽管她平日总是镇静自若，从容不迫，但不难想象，在工作组的政治压力下忍受了多少煎熬，因为既是赵紫宸的女儿，又是陆志韦的干女儿，她又何从“划清界限”？长年徜徉于詹姆斯小说中那些女主角的精神世界，她那詹姆斯式的细腻感情与良知，怎禁得起如许粗暴的冲击？同时，陈梦家在清华也遭受猛烈批判，被分配到考古研究所，她父亲在被长期批斗之后也被迫告别任教多年的燕园。

从父亲、丈夫、亲友接连受到批判、评为“右派”，到告别美好的燕园，昔日燕东园草木扶疏、琴书相伴，而今检讨声不绝、大字报漫天，情势急转直下。

1958年3月9日，陈梦家写信给赵萝蕤，满是叮嘱和宽慰：“你昨日打了一针，是否已有进步，甚念。盼望没有事了，还是多休息几天。凡事不可过分紧张，过分求全，过分生气，如此对身体才好。我的性急毛病也好了一些，有些事要看开点，马虎点。我们必须活下去，然必得把心放宽一些。”[①]

3月23日，陈梦家去夏鼐家，求其帮忙照顾生病的赵萝蕤。夏鼐当天日记载：“上午陈梦家同志来，谓其爱人赵萝蕤教授以参加整风过劳，发生精神病，现住协和，但协和有拟将其移疯人院之意，要我与郑西谛先生一谈，求其说项。”[②]

陈晓维的《〈夏鼐日记〉中的陈梦家》写道：1958年陈梦家的太太赵萝蕤女士受刺激得了精神病，被送入协和医院。协和医院欲将其转到精神病院。陈梦家想托郑振铎设法，使太太能留在协和。但此时他已经不敢直接去找郑振铎，只能托夏鼐居中传话。夏鼐有没有传这个话，郑振铎帮没帮这个忙，已经无从考证了（有可能没帮，因为几天后陈梦家又找了一次夏鼐“谓其爱人神经病仍未痊，可能由协和转神经病院”）。这年十月，郑振铎乘坐的飞机在苏联坠毁，两个人再也没有机会一起逛琉璃厂了。

① 方继孝：《陈梦家往事》，载《碎锦零笺：文化名人的墨迹与往事》，山东画报出版社，2009年，第58页。

② 夏鼐：《夏鼐日记》卷五，华东师范大学出版社，2011年，第360页。

3月24日，上午郑振铎、尹达、夏鼐商谈所中整风问题，尹达准备下午大会作报告，自加检查。下午全所大会，尹达作检查。

3月28日，陈梦家再次求见夏鼐。夏鼐日记："上午赴所，陈梦家君来谈，谓其爱人神经病仍未痊，可能由协和转神经病院。"[①]此日下午所中大会，由年轻研究人员对老科学家提意见，刘导生、尹达列席。

3月29日，考古所"开了一天的会，整风已进入重要阶段，关于学术的路线问题，这几天对老科学家提意见"[②]。

3月31日，所中继续开整风会，听各位同志发言。

4月1日，考古所整天开会，对所中领导及高级人员提意见。

4月12日，下午所中整风小组会，商谈下阶段做法，再展开思想检查。夏鼐、苏秉琦、安志敏、王伯洪等四人作预备。

4月14日，陈梦家找夏鼐谈编辑工作，因上周"尹达告诉他，院中已加处理，仍要做点编辑工作"[③]。

4月16日，下午所里开整风小组会，夏鼐作自我检查。

4月17日，上午整风小组开会，对夏鼐提意见，接着苏秉琦作检查。下午继续开小组会，大家对苏秉琦提意见。最后由安志敏作检查，下班时才结束。

4月18日，上午所中开全所大会，夏鼐、苏秉琦作自我检查。下午续开，安志敏作检查，别的同志提意见。

4月21日，陈梦家见夏鼐，告知赵萝蕤近况。"陈梦家同志谈其爱人已由医院返家，拟于下月南下。"[④]

4月24日，上午全所座谈会，大家"谈体会，并提出保证跃进"。

5月8日，"下午所中开全体会，由王世民传达院中汇报，关于各所跃进计划"。

---

① 夏鼐：《夏鼐日记》卷五，华东师范大学出版社，2011年，第361页。

② 同上，第361、362页。

③ 同上，第364、365页。

④ 同上，第366页。

5月12日，陈梦家见夏鼐，告知赵萝蕤病情。“陈梦家同志来谈，谓其爱人精神病又发作，送入医院。”①

5月14日，写信给王献唐，“上次写信时，仿佛是我妻子大病初愈（已一切照常），出院回家的几天，那时我尚觉安定一些。岂知病未好透，出院廿天，忽于前数日有重行爆发之势，积至昨日（即前日午夜），忽山崩海沸，令人惊愕。我只得黑夜重行送院急诊，候至昨晨八时，历经哀求，始得重入病房。病人多，床少，挤进去争一席之地，有如此之难。此是我第二次经历，化险为夷，此刻已较平静。然经此激动，我之心情，你当可想而知。我与她共甘苦已廿五载，昨日重送入院，抱头痛哭而别，才真正尝到了这种滋味。人生需为此而来，夫复何言。”②

5月，在《考古通讯》总第23期发表陈梦家的《郭沫若著：〈两周金文辞大系图录考释〉》，因系右派分子，不得用真名，署名余孚山。陈梦家高度评价《大系》，“一方面有系统的提供了两周主要的史料，一方面为学者开辟了研究这一学问的正确的道路。因此，这部巨著的贡献，不仅在于汇聚了两周金文的菁华，而更在于他对于这些材料所作的学术性的探讨，指示了研究的方向”。③

6月4日，上午所中开跃进会。

6月5日，陈梦家作《周礼部分》之《赏赐器物分释·释旂旗》。

6月13日，上午郑振铎所长介绍新来的牛兆勋副所长。下午开全所大会，传达6月11日学部开会潘梓年的发言，牛兆勋副所长补充一下。

6月14日，所中组织学习总路线。

7月6日，晚间陈梦家去夏鼐家谈事。

9月3日下午，病中的夏鼐给陈梦家写信。

---

① 夏鼐：《夏鼐日记》卷五，华东师范大学出版社，2011年，第370页。

② 王献唐：《王献唐师友书札》，山东：青岛出版社，2009年，第1842页。

③ 陈梦家：《郭沫若著：〈两周金文辞大系图录考释〉》，载《梦甲室存文》，中华书局，2006年，第340—344页。

（三）河北省居庸关科学院绿化大队第二小队短期下放劳动

1957年反右派斗争扩大化中，有55万多人被定性为右派。中央要求，将右派分子下放农村，“让他们在社员和下放的干部的监督下进行体力劳动……以便加强对他们的教育和改造”。据中国科学院《1959年下放干部劳动锻炼总结》档案反映，对于监督劳动的右派分子下放农村劳动，当时采取的是“一视同仁，有所不同”的政策，他们劳动的时间往往更长。[①]

1958年2月28日，中共中央发出《关于下放干部进行劳动锻炼的指示》，把下放干部作为在和平环境中整顿作风、改进工作、改造干部思想、提高干部和知识分子政治觉悟和实际工作能力的根本措施，要求将下放干部同改革体制、紧缩机构、减少人员、加强基层结合起来，下放干部的主要方向是上山下乡，参加农林业劳动。

陈梦家等4人下放到河北省居庸关科学院绿化大队第二小队劳动。9月23日，陈梦家写信给患精神分裂症后到北京香山疗养的赵萝蕤。

萝蕤：

你们出城时，天气很晴朗，一定胜利的到达了香山，路上也看到了很可爱的景色。现在一定住定了，房间也许可以对付吧。只要空气好，就够了。我们去居庸关的人，明早九点开会，后晨一定出发。

我现在可以很平安的锁了门去长城边了。我只有两件事想：一件是希望你愉快地度过这个月；一件是我自己也锻炼好身体。你一定可以放心，我只会把身体炼好，不会有什么的，唯一的缺点恐怕是伙食，我会想办法弥补的。至于你，应该放宽心胸，痛快地游山玩景，不要为我担什么心。我总是强固的。你的健康是我唯一挂心的事；但其实，你已经好得差不多了，还需要多活动

① 王仕琪：《1958年百万干部下放劳动热潮》。

身体而已；另外，再增加一些对自己的把握。要谨慎身体，但也不要太小心了。艰难的路已经走完了，往后去，一切事慢慢会好起来。我已经受到教训，一切要满足，而且还可以减少一点，因此不会再有非分之想，不会再越规了。……

梦家

五八、九、廿三午前[1]

9月24日，陈梦家即将出发，在给赵萝蕤信中提到了今后工作。

萝：

昨信谅悉。今日到院开会，决定明晨出发，我编入第二小队，来信寄：河北省居庸关科学院绿化大队第二小队。带东西如所预定，雨衣要带，用旧的，布鞋上了橡胶掌，因系山地，需要此。家中已整顿好了。小鸟送去鸟店，已分别一笼，因老大直受欺凌。门窗已关严，上插销，颇费事。院内花已浇足，以后老尹浇，送了他几盆花，甚高兴。

……

据今天报告，第一批的人把山上要挖的坑已做完十分之七以上，因此我们也许要轻微些，要造房子500平方米，在公路两旁要栽树等等。我一定努力好好工作，但同时也一定自己保重身体的，你可以放心，我自己会打算一切的。我们大家带了苍蝇拍子去，一去先要搞卫生。伙食除伙食员，干部也有二三人帮忙，可能就会干净些。我所的老夏，报名做厨子。

此几日阴而不雨，你谅必还是天天登山。红叶一定很多，可以竞选一些留作纪念。我今晚无事，打算早睡，下午已经睡了一觉了。此信先寄，免得明早来不及寄。祝好。

① 方继孝先生收藏信件原文，下同。

梦

九月廿四夕

9月25日，中共中央颁布《关于干部参加体力劳动的决定》，要求“各机关、部队和各企业、事业单位的全体工作人员，除年老有病不能参加体力劳动或者只能参加轻微的体力劳动的以外，每人每年必须用至少一个月的时间参加体力劳动”，参加体力劳动的人员范围进一步扩大到几乎所有干部。

此日，陈梦家等人八时开车，十点到达居庸关，安顿好食宿。

9月26日，陈梦家登山开坑。写信给赵萝蕤：

萝：

昨八时开车，十点即到居庸关。群山之中，大关之下，风景颇佳。帐篷在路边，水从路边流下，洗漱方便。每人有一个木板床，我睡在角上，空气较好。来后食欲大增，饭碗太小，别人借了我两个大碗。衣物均齐备。附近有合作社，买了平底网球鞋一双，因山上费鞋，早晚穿毛衣，尚不冷，大约和西山差不多。昨登云台看月，想你也在欣赏。今日起时登山开坑，工作日程如下：六时起，7—11：30工作，1：30—5：30工作，八时熄灯。如此可以养成早晚习惯，盼你也如此。来者青年居多，我们一组八九个人，很好，是土壤所的。此地离八达岭尚20里，大礼拜时可集体去；离南口十多里，有馆子可吃。地尚干燥，但早晚有露水甚重。我一切好。无事少写信。

梦

九月廿六日晨六时

9月27日中秋节，白天下雨，陈梦家白天未出工。“晚晴有月，与第二小队十人，登此处元代的‘云台’赏月，吃了月饼，各人表演，我说了一个不笑的笑话。队中除土壤队外，最近新加了两个历史三所的。我和队中三个女同志编为一小组，做零活，因为洋镐太重，挥不动，只能拣石子儿。”

9月28日，陈梦家“做了一天基建工作，卸旧木料和泥土，比较累些”。

9月29日，陈梦家写信赵萝蕤。

> 你到香山后第一次来信三页，昨午送到。知道你比上次更能爬山，伙食好，甚慰。国庆前后，红叶可能热闹一番，以后会更清静。希望你多住一些日子。我已二次上山挖植果树之坑，上山需爬半小时，山势有些陡。我工作尚可，饭量大增，大家因我老弱，也照顾。山中风好，空气好，爬山久了，于身体会好的。所中四人，互相亦多关照。我们明日成为“前进人民公社”社员，“十一”去南口开会。昨天做了一天基建工作，卸旧木料和泥土，比较累些。我一切都好，可放心。临行时，我的床上放的是你的黑大衣，非皮衣。此间早晚披棉上衣，上山亦穿，晚间被子足够，帐篷内有铺板床，非睡地上。蝇已见少。溪水洗面，凉而清。我若不多写，必是找不到地方写字，此在厨房内（老夏当了伙夫）写的，点了蜡。房内挤一些，白天无空。祝好。
>
> 梦
>
> 九月廿九晚
>
> 今晚老夏炒菜，甚佳。昨晚是海带红烧肉。早上也是干饭。都对我吃素的胃口。我买了几卷柠檬糖，居然想吃几颗了。又及。

9月30日，陈梦家等成为“前进人民公社”社员。

10月1日，陈梦家与“前进人民公社”社员去南口开会。“坐火车到八达岭登城远眺，大开眼界。步行二十余里（下坡）而归”。

10月2日，陈梦家“上山挖坑一日”。

10月3日，陈梦家“在宿地做基建，和泥搬东西”。写信给赵萝蕤：

在八达岭吃到新鲜鸡蛋，买了几个回来。我胃口好，消化好，稍觉疲劳而已。明日再上山，后日大礼拜放假，若不去南口，便在宿地休息。此去八达岭丛山峻岭，颇有可观。发长胡须长，等有机会再理。

十月三日。居庸关下　家寄

今日伙食又有改进，粥和花卷很好，国庆晚吃了红烧肉。此处有枣、栗，我不敢贪吃。又及。

10月4日，陈梦家上山劳动。

10月5日，陈梦家睡在床上给萝蕤写信。

萝蕤：

你中秋寄信，昨天才到，比第三封信迟了两天。今天又收到十月二日信。你游兴很好，听了高兴，我在此也是日日登山，赏玩远山近水和大长城。此地看景最佳之处，做了一蹲坑毛房，我早晚必去两次，颇觉可观，但看法稍嫌不雅。来此已是十天，头几天的艰苦已经过去，脚力体力已练出来了。四十分钟上山，最不易，本来要停步多次，现在只停一次即可。用大铁镐挖深，土中多石，本不易，现在也成了。我们已从山顶掘到中腰，往下要容易多了。但饭量增长一些，消化极畅，惟骨头硬了，睡板床稍觉其硬。一宿舍共40人，倒安静，空气亦好。我拣了一个角落，空气更好。惜本所的刘庆仁睡在我左旁，睡相恶劣，鼾声怪异。但八点半熄灯，直到六点，时间颇长，故每天都睡够。伙食要抢，尤其大烩菜与白薯。肉极少。我对面食与粗粮等，尚觉有味。另外自买鸡蛋、蛋糕、糖果，黑中或休息时吃，尚可补足。总之，我吃得很不错。今日过大礼拜，搭了“招手车”下山到南口。理了一次发，颇痛快。又在饭店吃肉饮酒，不亚于城中，尤其是富强粉的馒头太好，带了四个回来。下午二点多回宿地，打了床上灰尘，换了内衣，洗了足，饱吃了一顿栗子。今天总算没有走路，吃了一顿好饭。

我们在此尚有二十天，大概还有一二日放假，廿五日中午可到家。我一定可以很愉快地坚持到底。队中的人对我颇好，因我年纪最大的一个，故被人称为“老先生”、“老同志”。我想有人知道我是“冠者”（“戴帽右派”——编注），但假装不知耳。我和大家搞得都不错，事事谦虚，少说话，效果还好。比自己小，尤其要搞好。此地每人劳动忙，人事简单，比较好。我除了做工外，只等着吃饭，诸事不想，倒也是人生之一乐，不下于你的游山。

上次提到可以租房之事，可以考虑，至少明春再去时可以转租。你们伙食好，但注意多吃蔬菜与水果。若天气一时不太冷，可以多住。我回城后恐怕不便再告假出游。等一切转好后，再打算同游之事吧。此时有少数生了小病，都是些老毛病，没有痫疾。我初时被认为老朽病夫，但近来似乎是比较不错。大家不会忘记我的年龄，小队已发现我是何人，更加照顾了。你一切可放心。祝好。

梦家

十月五日，下午四时（睡在床上写的）

10月12、13日，此间连绵细雨，陈梦家未上山。
10月14日（天晴），陈梦家写信给赵萝蕤。

十一日下午信，昨午收到。前昨两日，此间连绵细雨，未上山。今日天晴，六点半登山，加油大干。烟雨山景，饱看两日，惟嫌阴寒，且鞋子湿了，今天一齐都晒干了。居庸关已吹西北风，渐有塞上之意。你暂不南游，可以从容一些。你看廿五不上山，我决定廿五午前回城换洗，午饭后来香山与你同游两日。闹中取静，可以养练自己的精神，我盼你还是在山中多住几日，也是难得的机会。昨日休息一日，上午都补睡，今晨四点即醒，坐以待旦，看帐外日出之景，亦极可贵。我此行甚觉乐趣不少，而劳力之事亦多愉快。我们一小队的人，都和蔼可亲，大家闹得很好。今日天清，山上有些风，但干得很有劲，半日做了一日的工。上山之日无几，可惜。

梦

十月十四日午

10月17、18日，陈梦家“两夜到文化部营地看电影，有一墨西哥片”。

10月18日，郑振铎率领的中国文化代表团乘苏联客机“图104号”在苏联楚瓦什苏维埃社会主义自治共和国的卡纳什地区上空不幸失事，机上16位同志牺牲。

10月19日放大礼拜，陈梦家“去南口饱口腹”。写信给赵萝蕤：

十五、十六城中两信，欣悉一切。今日忽又放大礼拜，拟去南口饱口腹。我已日能独掘苹果坑两个。前昨两夜到文化部营地看电影，有一墨西哥片。我们在此尚有四五天劳作，即可回家。廿五午到家时间，可能迟到下午一点，午饭可稍待。廿六日可以和你上山一游，闻照例可休息一二日。我理发一次后，并未剃胡子，棉衣很脏了，见到时不要怕。今日仍是六点起，整理床铺，等下南口。祝好。

梦

十九晨

10月25日，陈梦家从居庸关返家，看望在香山疗养的赵萝蕤。

10月30日，陈梦家作《中枏父毁》《中枏父甗》考释，《中枏父毁》“铭4行37字，二字重文。器文、盖文同。今在故宫博物院。通高25.5，口径21，宽28.8厘米。”“《中枏父甗》《籀史》略同（据《籀史》所云《旧图》为周秦古器铭碑），称为‘方甗一，铭二十一字’。形制同函皇中甗（《陕西》[①]63）、叔硕父甗（《商周》[②]195）。”[③]

10月31日，考古所同仁往八宝山公墓为郑振铎送葬。

11月19日，因胃溃疡住进小汤山温泉疗养院的夏鼐，经过两个半月治疗基本痊愈出院。

11月25日，陈梦家搬入考古所编辑室侧小办公室内。

12月10日晚，所中工会招待下放干部看电影《渡江探险》。

12月12日，下午考古所“招待下放同志胜利归来，由赵铨同志代表工会主持，我代表所中行政方面致欢迎辞，王世民同志代表青年团致欢迎辞，陈淮同志汇报下放情况，郑笑梅、吴汝祚同志等报告本人体会和心得，最后由靳主任汇报一年来的大事，主要是整风第四阶段及大跃进计划”。[④]

12月15日，时任中国科学院语言研究所所长罗常培逝世，享年59岁。

12月22日，上午所中“开会欢送第二批下放干部陈梦家同志等14人，由所领导及下放干部分别致辞，至午始散，晚间上车”[⑤]。

关于1958年考古所一些人员情况，1958年北大历史系毕业后到考古所工作杨泓回忆：1958年，我们八个同学一起被分到了考古研究所，其中三个人被派到兰州分院，留下工作的五个人先是被派到洛阳去参加整风运动——就是考古所著名的“洛阳整风”，接着就分配下去做田野发掘工作。我被分到丹江水库发掘，年末回来之后就到三室——即汉唐研究室工

① 《陕西》即《陕西省博物馆、陕西省文物管理委员会藏青铜器图释》，1960年。

② 《商周》即容庚著《商周彝器通考》，2册，初版于1941年。

③ 陈梦家：《西周铜器断代》上册，中华书局，2004年，第210页。

④ 夏鼐：《夏鼐日记》卷五，华东师范大学出版社，2011年，第417页。

⑤ 同上，第419页。

作。在那个时候，夏鼐先生是主张研究人员都要在编辑室参加编辑工作的。大凡考古所的老先生都在编辑室工作过，所以我当时是既在三室又在编辑室。编辑室那时的组长是饶惠元，副组长是周永珍，那时候在编辑室的先生还有徐苹芳、陈公柔。我们那时候是两个办公室，两个办公室中间的一个小屋就是已经被划成右派的陈梦家。那时管专刊的是徐宝善，还有比我高一届的徐元邦和夏振英，还有纪委参加上海博物馆的徐森玉先生合作编石刻汇总的，包括商复九、邵友诚、张明善等，此时还有几位见习员。原来还有楼宇栋，但是我到编辑室那年他已经下放劳动去了。一年以后他又回来了，我们合作很短的一段时间，他不久又下放到陕西去了。[①]

三、第二次下放劳动

1958年12月22日，陈梦家和所中14人作为第二批下放干部离开北京。这一年，陈梦家被下放到河南洛阳东郊劳动。周永珍回忆提到，陈梦家下放河南洛阳劳动，“时年已近五十，搬砖运土，不逊年轻人”。[②]

查阅夏鼐日记，1959年点到陈梦家的就一条：6月15日，“陈梦家来信关于他爱人工作事”。[③]

6月29日，写毕豫剧剧本《红日》。

7月11日，修改抄完剧本《红日》，共用18.5天。

7月14日，陈梦家再次写信给夏鼐。当时他在外地，而赵萝蕤仍在西郊的北大，生活很不方便，陈梦家打算把赵萝蕤设法调到科学院文学所工作。委托他的好友夏鼐先生、何其芳先生想尽办法进行协调，最终成为泡影。

7月27日，夏鼐就陈梦家委托一事回信。[④]

---

① 杨泓等：《从考古学出发：杨泓先生访谈录》，《南方文物》2009年第2期，第8页。

② 周永珍：《追忆陈梦家先生》，《中国文物报》，2016年8月26日第7版。

③ 夏鼐：《夏鼐日记》卷六，华东师范大学出版社，2011年，第33页。

④ 方继孝：《陈梦家往事》，载《碎锦零笺：文化名人的墨迹与往事》，山东画报出版社，2009年，第36页。

梦家我兄：

七月十四日信已收到。关于嫂夫人暂调文学所工作一事，又发生周折。文学所已同意，并派人去过北大两次商洽，最初北大西文系允考虑，后来系内讨论后，坚决拒绝。据云如果须在城内做翻译工作，北大亦可考虑。总之，不欲外借。闻嫂夫人曾有函询问文学所，文学所恐回信明告真相，刺激太强，故不敢覆信，可否请兄设法婉告，请其少安毋躁，总之依照情况大概可以请北大方面尽量照顾，具体办法，权在北大，尹达同志答应有机会再与北大方面商谈。关于《卜辞通纂》等二书，不知经于公批改后，原书仍在否？如果书仍在，虽经批改涂抹，不妨仍归还图书室。若已如《居延汉简》剪贴损坏，原书已毁损无余，请告知真相，当嘱图书室注销。京中没什么事，所中赶写报告者仍在赶工中，另有几位在历史博物馆协助选择标本及布置陈列，以便十一国庆开馆。于思泊先生曾来京，现已返吉。容希白夫妇来京，携学生十余人参观京中各处，便住在考古所中。商锡永先生亦在京协助历史博物馆陈列工作。

敬礼。

弟　夏鼐

七月廿七日

方继孝作为目前国内拥有陈梦家夫妇书信、照片等资料最多的收藏人，他在《陈梦家往事》一文写道：陈梦家被定为右派后，曾一度下放到河南农村劳动。此时的他最不放心的是已患有严重精神病的赵萝蕤，每隔一两天，他就会写信给妻子。[1]但方继孝仅仅公开了一封信，得以略知陈梦家下放劳动情形，也借此帮助我们解开了下放的具体地点的谜团。

① 方继孝：《陈梦家往事》，载《碎锦零笺：文化名人的墨迹与往事》，山东画报出版社，2009年，第33页。

与陈梦家结为忘年交的赵珩在《一弯新月又如钩》中追忆：他家住东四二条，陈梦家在钱粮胡同，两家住得很近，过条马路不远就到。陈梦家对赵珩父亲赵守俨很赏识，虽然两个人年龄相差十几岁，但是很谈得来。陈梦家经常去赵珩家，多则每周，少则一个月一两次。在赵珩回忆里，1959年夏天，赵萝蕤和他的母亲同去北戴河住了两周避暑，陈梦家几乎天天去他家。

11月20日，陈梦家收悉赵萝蕤的家信。

11月23日，陈梦家因牙疼打了一针盘尼西林。

11月24日，寒冷异常结冻。午夜牙痛松动，又摸黑去董村打了一针。

11月25日晚，给赵萝蕤写信。

蕤：

收到廿日的一封信。昨天此间大冷，下地做不出汗的活，受些小罪了。晚间起床出门，因已结冻，寒冷异常，只好从众，也用面盆了，这是今年的"退步"了。前天打了一针盘尼西林，昨天午夜，牙痛松动多了，今晚不太冷，又摸黑去董村打一针。所谓"西医"不在，由一中医代打，有点疼。听一老者大吹其治鼓胀病和针法之高超。中医又为我试了脉，说我近日有抑郁，故食欲不振云云，说的也有些对。已到了最后一个月，不止是我，人人想家了。今年冻得早，每个人都想着回家烤火。秋天常吃小麦，做工有劲儿。近来吃红薯多了，力量有所不足。好在我们也无重活。

你提到北京的物价，洛阳也一样。并不足怪。对此有忌讳，我从来不谈的。陈伯达的文章，我们学了一次，我自己看了一遍，在此时提出"自由平等博爱"的老问题，有些怪，也必事出有因，发人深思。反右倾运动，对像我这样的人，有了很大的影响。陈文中提到政权一点，非常重要的，反右倾是一次很激烈的阶级斗争，不下于反右，而与它极关联的。这个斗争恐怕要继续一个时期。在农村公社中，也反映了一些，常常开辩论会，找典型人做对象，教育群众。对于食堂，对于排队，一言一行都反映了对人民公社和大跃进的态度。我在此终日无议，不是少说，根本不说什么。因牙疼，也久不说话。有些小事情，注意得还不够，还要小心又小心。希望平平安安的，在年底以前回家吧。看光景，我们是要住满十二个月才允许回去的。

我已棉裤棉鞋穿上，大氅也取出来了，罗宋帽不久也可戴了。你看我回家之时，大约就是去年离家的一副装束了。

祝你平安！

家　夜九点半[①]

岳南在《闻一多学生陈梦家之死》文中说：陈梦家的工资被降三级，后曾一度随考古所下放锻炼干部到河南洛阳白马寺植棉场劳动。此时，赵罗蕤面对自己、父亲赵紫宸和丈夫陈梦家受到批判和遭遇群殴的事实打击，身患精神分裂症，被送往北京安定医院治疗。

岳南所说的“河南洛阳白马寺植棉场”，只是个大的地理概念。按理陈梦家他们下放劳动应该蹲点在某个村里。

陈梦家在11月25日信中提到了因为牙痛，摸黑前去董村打针。通过地图查询，应该就是洛阳市洛龙区白马寺镇的董村。白马寺镇地处洛阳市区东郊，距离约20—30千米，靠近陇海线。董村介于洛阳与白马寺镇之间，距镇区约10千米。从路途距离分析，陈梦家此时下放之地不应该在白马寺镇。信中提及夜里摸黑前去董村打针，也就说明他下放住地不在董村，而是靠近董村的某个地方。

在友人指点下，笔者关注到陈梦家1963年9月15日在北京考古研究所为《尚书通论》写的《重版自叙》，文中提到：“一九六〇年归自洛阳十里

① 方继孝：《陈梦家往事》，载《碎锦零笺：文化名人的墨迹与往事》，山东画报出版社，2009年，第33页。

铺，故友王献唐先生山东来书，殷殷以此书的修订相嘱。”展开地图，十里铺正是在洛阳东郊，离洛阳东火车站约10千米，到董村的距离约3—4千米，都属于白马寺镇管辖。查阅网上资料，十里铺村正是远近有名的产棉地。由此断定，陈梦家信中所言“要住满十二个月才允许回去”的洛阳东郊植棉场就是在十里铺村。[①]

① 王黎群：《陈梦家1959年下放哪里》，《温州读书报》，2016年12月6日。

第八章　最后七年（1960—1966年）

陈梦家先生在考古学、金石学、文字学等方面有划时代的贡献，这已得到全国乃至全世界的公认，并载入了《中国大百科全书·考古卷》。

——王世襄

一、整理武威汉简

（一）归来勤理书

1960年1月3日，考古所领导小组讨论今后整风运动步骤。

1月19日，下午所中开1959年跃进奖金授奖大会，全所人员参加。

1月，陈梦家结束一年的下放劳动，“归自洛阳十里铺，故友王献唐先生山东来书，殷殷以此书（《尚书通论》）的修订相嘱，而我亦深感出版颇多疏略之处，欲谋修改，稍事弥补。由于要保存原来版式，不作太多的更动，只小有改易，遂于已有的三部之外，另写第四部，是为“尚书补述”①。1960年春季，陈梦家主要精力花在写《尚书补述》上。

此月，在北京写作《尚书补述》之第一篇《孔传本出现的年代》，“《孔传》本的出现，当介于西晋永嘉和刘宋元嘉之间，也就是当第四世纪的东晋。它出现于江左，乃是南人之学”②。

陈梦家借来顾颉刚著作《尚书研究讲义》进行详读，“顾氏所提出合于秦制的三事，我们用来证明《尧典》受到秦制的影响，而他舍此而因封建等理由把它说成是汉武帝时的时势，恐怕是难以成立的。他从文辞上，以为《尧典》袭用《王制》，《王制》之文辞到了《尧典》变为明清、简练，《王制》为汉文帝时作而《尧典》为汉武帝时作。这种推断，尤其是不能令人信服的。在制度上，他忽略了《史记封禅书》所记秦祠官所常奉

① 陈梦家：《尚书通论》，中华书局，2005年，第2页。

② 同上，第245页。

名山十二即《尧典》的封十有二山，而我的《尧典》为秦官本之作，实由此而作”[①]。

2月2日，考古所党支部开会，商量整风运动总结写法及今后布置。

2月5日，所中开全所动员大会，鼓足干劲进行春季跃进工作。

2月13日，下午所中开欢送下放干部大会。

本月，陈梦家在北京写作《尚书补述》之第二篇《书序形成的时代》，分述（一）孔传本书序与熹平石经书序，（二）史记所涉及的书序，（三）史记所未涉及的书序，（四）百篇书序形成的四个阶段。

接着，写《尚书补述》之第三篇《论尚书逸文》初稿，分述（一）“周书”，逸周书与汲冢周书，（二）所谓“逸十六篇”，（三）孙星衍“尚书逸文”，（四）结语。

3月1日，夏鼐为中华书局审查陆懋德《考古学通论》，“此稿已经陈梦家阅过并签注意见”。

此日，陈梦家作《周礼部分》之《职官篇·周王的禁卫军》。

3月2日，作《周礼部分》之《职官篇·自——师旅》。

3月3日，陈梦家给容庚写信。

希白师：

久未奉候，甚念。我去年一年在洛阳东郊植棉场学种棉花。今已归来二月矣。见《通论》与《金文编》都已出版，也看了校样，希望没有出什么错。先生从前以为“师酉”的“乙酉”与“师訇”的“乙公”是一个人，新出“訇毁”，可以为证矣。该器又可补几个字，訇字《说文》訇（籀文作句言），它者筌、庸等字，《金文编》似未收。最近查旧笔记，“同□”地名“虒”即误为□，应是《说文》的“虒”字，乃山西一地名（虒亭），虒应隶作虒，虒字乃从尸□得声的，不知当否？内人前年大病一

① 陈梦家：《尚书通论》，中华书局，2005年，第347页。

场，养息两载，现已恢复教书。时光真是不留人以余地，倏忽之间，我至五十矣。专此并请

撰安

弟　梦家　敬

三月三日[①]

3月4日，作《十七祀询毁》考释，“铭10行133字。器通高21，口径24.8厘米。1959年6月间出土陕西蓝田县城南2.5公里寺坡村北沟道中。同出土者有师察毁等16件，另有一毁与此毁花纹形制相同而无铭。……此铭与元年师询毁（本书207）相同，记受命的时、地与右者于最后，是金文罕见之例。西周王命之所，大都在王都的宫、庙或臣工之宫中举行，此在‘射日宫’，也是罕见之例”[②]。

同日，作《元年师询毁》考释，“铭15行210字，另重文2字。询毁作于夷王十七年，此器的元年当是时王即位重命师询，当是厉王的元年”[③]。

3月5日，作《师察毁》考释，“铭7行72字。器通高26.6，口径24厘米。1956年间，出土陕西蓝田县城南约5华里寺坡村北沟道中”[④]。

3月10日，下午考古所全体人员开会，“总结跃进一月来的收获，由石兴邦同志代表学术秘书组总结，再由尹达同志报告关于考古学路线问题”。

3月15日，作《周礼部分》之《亲属称谓》（未作完）。

3月18日，考古所开一整天的跃进誓师大会。

3月20日，作《大鼎》考释，“铭8行81字。……原在故宫一器（《商

① 夏和顺：《陈梦家种棉花》，《深圳商报》，2014年9月25日。

② 陈梦家：《西周铜器断代》上册，中华书局，2004年，第285—287页。图录见下册，第834页。

③ 同上，上册，第308—310页。图录见下册，第852页。

④ 同上，上册，第206页。

周》78），与共王十五年趞曹鼎相似而略晚，故定为懿、孝时器”[①]。

3月22日，作《中佣父鼎》考释，“铭5行33字。……此鼎述伐南淮户而孚金。……此鼎与邓伯氏鼎（《大系》[②]31）、陈生隺鼎（《武英》[③]26，《商周》70），中义父鼎（《美集录》[④]A89）的形制花纹相同，都是一道横行鱼鳞纹，马蹄足”。[⑤]

4月11日上午、12日上午，所中开会学习保密及防盗报告。

4月23日，下午所中学习，关于偷窃问题及人民公社问题。散会后，组织清理卫生运动。

本月，陈梦家在《考古》总第46期发表《反对美国侵略集团劫夺在台湾的我国古代铜器》，署名张仲平。

在《考古》第5期，陈梦家化名“王祥”发表《说虎臣与庸》。

5月6日下午、7日上午，考古所研究组开生活检查会。

5月12日，夏鼐审阅《考古学报》稿子（邓少琴的《巴史新探》），“曾由冯汉骥、陈梦家二人查过，编辑不能决定。此文长达3万余字，但主要属文献考证，偶及考古资料，并无新义，故决定转给《历史研究》”。[⑥]

5月26日，下午考古所编辑室召集编辑小组开第一次会议。

5月31日，因考古所与图书馆、近代史所三单位合办大食堂，为抓紧筹备，晚间工会召集全所人员动员办好食堂。

6月7日，陈梦家作《矢人盘》考释，“铭19行349字。高20.6，口径54.6，底径41.4，口深9.8厘米。原藏歙州程氏，广陵徐氏约斋及同邑洪氏。清嘉庆十四年进入内府”[⑦]。

---

① 陈梦家：《西周铜器断代》上册，中华书局，2004年，第256、257页。图录见下册，第815页。

② 《大系》即郭沫若《两周金文辞大系图录考释》，8册，1957年。

③ 《武英》即容庚《武英殿彝器图录》，2册，1934年。

④ 《美集录》即陈梦家《美帝国主义劫掠的我国殷周青铜器集录》，1963年。

⑤ 陈梦家：《西周铜器断代》上册，中华书局，2004年，第247页。图录见下册，第795页。

⑥ 夏鼐：《夏鼐日记》卷六，华东师范大学出版社，2011年，第97页。

⑦ 陈梦家：《西周铜器断代》上册，中华书局，2004年，第349页。图录见下册，第898页。

（二）赴兰州整理武威汉简

1959年7月至11月间，甘肃省博物馆在武威县先后清理了37座汉代古墓，在磨咀子六号汉墓发现了469枚竹木仪礼简及7枚日忌木简。这一前所未有的发现，正如陈梦家说的“先秦典籍的原本，今已无存。今欲见汉代典籍的面貌，大约不外帛本、简本、纸本和石本。帛本、纸本未有出现，而近世在洛阳故城南太学遗址所出的熹平石经，其中虽有《仪礼》残石，散在四方，就可以搜集到的仅有数百字（详《汉石经集存》第三九二至四七〇号）。今此所出《仪礼》，竹简、木简并有，存四百六十九简，二万七千三百三十二字，首尾完整，次第可寻，实为考古发现上非常的一件大事”。[①]

1960年6月10日，陈梦家在夏鼐关照下，被中国科学院考古研究所派往兰州，协助甘肃博物馆整理武威出土《仪礼》简册，开始汉简研究，并及于度量衡研究，共撰写汉简论文14篇。西周铜器断代研究一度中断。夏鼐当天日记载：“下午所中领导小组谈派陈梦家赴兰州整理汉简工作事。”[②]

郑重在《徐森玉》书中提到，1960年春徐森玉带着秘书汪庆正到北京，第一件事就是去看望陈梦家。他带着陈梦家拜会收藏家朱启钤。在京期间，徐森玉到处为陈梦家摘去右派帽子奔走呼吁，他先后找了文物局长王冶秋、考古所长尹达，还找了中科院长郭沫若。在得知郭沫若物色专家去甘肃整理武威汉简，他叫汪庆正先打电话给陈梦家问他的身体状况，知道陈梦家身体还可以，随即电话郭沫若，推荐陈梦家。[③]

6月11日，陈梦家从北京乘火车出发去往兰州。周永珍同去。

6月12日晚，抵达西安。

6月13日晚，从西安乘火车去兰州。

---

① 甘肃省博物馆、中国科学院考古研究所：《武威汉简》，文物出版社，1963年，第4页。

② 夏鼐：《夏鼐日记》卷六，华东师范大学出版社，2011年，第102页。

③ 郑重：《徐森玉》，文物出版社，2007年，第213、214页。

6月14日晚6点，到达兰州。

6月15日，陈梦家致信赵萝蕤。

蕤：

从北京到西安，很清爽舒适。次夕到西安已晚，坐三轮到大雁塔已足半夜。叮了一夜蚊子，幸好票已买好，故十三日晚又上车，上车后才补到卧铺，昨夜六点到兰州，出城到七里河找到博物馆。今日已开始工作，看来二三星期可完。现暂住在□博对面的一个大饭店内，三人一屋，设备尚可，可惜太闹。在□博吃大灶，大吃“锅奎”（甘省大饼）。周永珍大约廿日前先回。他一路上颇吃不消行旅之苦，我倒很好。此间高原气薄，天气清爽，无蚊，但人如在梦中而已。兰市一新，与前毫无相同之处。此地是新市区，离城七里，我不打算逛任何地方，事毕回家就是。匆匆，祝好！

六月十五　午

梦家

兰州七里河

航来信寄：兰州　七里河　甘肃博物馆　转交考研所陈**

作家岳南《闻一多学生陈梦家之死》评论，“这是夏鼐冒着政治风险为陈梦家寻找的一条避免肉体和精神折磨的通道，也是陈梦家人生道路上最后一次转机”。周永珍追忆，当年他也陪同前往兰州，“虽然正值盛夏，先生说外出工作，不管多热，也要带件毛背心”。

7月25日，陈梦家致信赵萝蕤，并附手绘大雁塔图。信中说，“这里离大雁塔不到一里，我的办公桌面对着它，速写了一张，附寄以博一笑”[①]。

---

① 方继孝：《陈梦家往事》，载《碎锦零笺：文化名人的墨迹与往事》，山东画报出版社，2009年，第35页。

7月26日，陈梦家自兰州到达西安后，给妻子赵萝蕤写信告知他在西安的生活情况。

蕤：

来此已四五日，天气一直阴凉，下雨未晴。我因在兰州工作得太紧张太长，而途中坐了一昼夜，所以到后颇觉头昏眼花。尤其是屁股上的肉，始终麻木不仁，继而发痛，乃是那一昼夜坐出来的。这两天好些了，此地伙食颇不错，每顿可买两样素菜（蒸茄子，炒洋葱，莲花白，豆芽菜等），另外有一碗西红柿汤，主食是馒头，白米或面条，早上是小米赤豆粥，很不错。宿舍和研究室各占一间，此地房子多，大家皆如此浪费空间。借到了蚊帐，故已不受蚊子的侵扰。火车上吃到一个香瓜，极甜美，昨天饭后散步雁塔，买了一西瓜。也很好。昨天发了烟，我得七包，大约是一毛七八一包的中下等，也勉强可以对付了。前日星期，我因等马得志来，故下午才匆匆去城一行，四点赶回吃饭，城中有肉，未去挤。西安可吃者尚不少，我吃了一碗辣凉粉，一碗酒酿，很好。稍缓再去游□一次。这两天吃食堂已惯，比兰州的大好。

离兰前，我曾寄了数次信，至今未有来信，甚为记挂。我想你的脚筋已经复原了，以后走路应多加小心。至北戴河之事，想必已进行了，必须利用一切机会，多找休养和游憩的机会，不要错失。人们对于别人的闲趣，是怀嫉妒的，对于别人的“家”总是敌视的，我至今不明白是什么心肠。我此刻要暂时放弃这些享受，我想这……①

岳南的《闻一多学生陈梦家之死》对陈梦家在兰州整理武威汉简这样

① 方继孝：《陈梦家往事》，载《碎锦零笺：文化名人的墨迹与往事》，山东画报出版社，2009年，第34页。此段从书信的照片转录，不全。

描述：陈梦家心怀感激悄无声息地来到甘肃省博物馆，在一间形似仓库工房里蛰伏下来。因是戴罪而来，组织上规定陈梦家不能对外联系，不能与馆外的人接触，不能以个人名义发表文章，用当时流行的说法讲，就是“只能老老实实，不许乱说乱动”。陈梦家吸取了以前的教训，也为了不给把自己从五指山下搭救出来的夏鼐增添麻烦，坚守规定，足不出户（院），整日蹲在小屋里，全部身心投入到汉简整理研究中。时值盛夏，陈氏冒着酷暑，昼夜苦干，博物馆值班人员深夜巡逻，经常看到陈梦家光着膀子，挥汗如雨，趴在灯光下用放大镜俯身察看简上模糊文字的身影。

经过三个多月的努力，陈梦家以惊人的毅力和广博的学识，对出土的汉简进行了整理和研究（包括六号墓出土的四百八十简，十八号墓出土的“王杖十简”，以及四号、十五号、二十二号、二十三号墓出土的“柩铭四条”）。

8月10日，陈梦家从兰州返京，结束武威汉简整理工作，来考古所见夏鼐。夏鼐当天日记载：“上午陈梦家由兰州整理武威汉简返所，略谈工作情况，交来《叙论》一篇，约3万余字。”[①]

8月12日，上午夏鼐与陈梦家讨论武威汉简中几个问题。

8月15日，上午所中研究组学习，“关于精简机构及精简人员问题。自从星期六发动，已有大字报百余张。有些如将考古所取消合并入历史所，各省室、站及工作队下放，似乎矫枉过正了”[②]。

8月16日，陈梦家找夏鼐谈修改《武威汉简·叙言》的问题。

9月14日，下午夏鼐与编辑室同志商谈《考古》月刊复刊问题。

9月29日，上午开全所大会，由牛兆勋副所长做整改总结报告。下午全所各室开会讨论上午报告。

9月30日，下午开全所大会，传达节约粮食报告，及宣布摘右派帽子事。

10月14日，下午所中开会动员学习《毛泽东选集》第4卷，由王仲殊作

① 夏鼐：《夏鼐日记》卷六，华东师范大学出版社，2011年，第114页。

② 同上，第114、115页。

报告，分组讨论。

10月28日，所中展开申请下放到农业第一线的运动，小组会讨论，张贴大字报。

11月18日，下午所中开会欢送第一批下放农村干部。

11月21日，上午陈梦家将王献唐11月16日去世事告知夏鼐，建议在《考古》月刊登一传略。[①]

11月，陈梦家作《汉简考述》。

12月，作《河西四郡的设置年代》，并作附录一《关于“将屯”》[②]。李锋敏的《陈梦家先生河西地理研究述评》认为，陈梦家先生通过对史籍和汉简材料中大量史实的排比，理清了司马迁《史记》对河西四郡设置时间的记叙脉络，并用这一顺序对《汉书》的记述进行考证，指出司马氏以为元狩二年开河西、酒泉之地，而班氏以为置武威、酒泉二郡的根源在于班氏混淆了“开地”与“置郡”两个不同的概念，材料充足，分析透彻，令人信服。[③]

年底，写《孔传本出现的时代》，后作为《尚书通论》的《尚书补述》一部分。

二、汉简研究

周永珍《怀念陈梦家先生》说：陈先生在治学中，非常注意充分地占有资料，务必使自己的立论建立在材料翔实的基础上。这种从考古学着眼，以断代为纲，进行全面研究的方法，也贯串在他对汉简研究的工作中。自1960年开始，陈梦家主要精力集中在汉简研究。

1961年1月，中共八届九中全会确定“调整、巩固、充实、提高”方

---

① 夏鼐：《夏鼐日记》卷六，华东师范大学出版社，2011年，第134页。

② 陈梦家：《汉简缀述》，中华书局，1980年，第179—191页。

③ 李锋敏：《陈梦家先生河西地理研究述评》，《兰州月刊》2008年第6期，第137页。

针，调整农村生产关系，恢复农业生产。其中一项措施是从各方面精简和节约劳动力加强农业生产第一线，尽量压缩各项事业占用的人力，挤出劳动力充实农业生产；另外压缩城镇人口、精简职工，动员一批流入城市的农村劳动力返回农村，增加农村劳动力。

1月27日，下午考古所开会，动员第二批下放农村支援第一线的会，由牛兆勋副所长作报告，分组讨论。

2月14日，“上午所中开全体会，一面为除夕联欢，一面为欢迎第二批下放农村干部（我所三人），由林泽敏主任主持，我和徐旭生、黄文弼诸老科学家及下放的三位同志发言，最后由牛兆勋同志作总结发言”[①]。

2月15日至3月15日，陈梦家作《汉代烽隧制度》，根据（1）出土于居延、敦煌和玉门的所有汉简的有关部分；（2）近人对于汉烽燧台遗址的考察记录；（3）《墨子·备城门》篇以下并其后汉、唐间文献；（4）唐代的烽式和其他记载唐代烽制的文献，分烽台的建筑、烽火记录、烽具、烽火品、烽燧的设置、烽燧的职责六部分进行论述。[②]

3月至6月，作《汉武边塞考略》初稿。对汉武帝所修筑的河西四郡的边塞分别进行论述，令居以西至酒泉，为元鼎六年（公元前111年）修筑；酒泉以西至玉门，为元封四年（公元前107年）修筑；玉门西至盐水，为天汉元年（公元前100年）修筑；居延泽上为太初三年（公元前102年）修筑；五原塞外至卢朐光禄塞，为太初三年（公元前102年）修筑；受降城为太初元年（公元前104年）修筑。[③]

4月4日，中共中央转发中央精简干部和安排劳动力五人小组的《关于调整农村劳动力和精简下放职工问题的报告》。

5月，作《汉简所见奉例》，“奉给或吏禄制度，其内容是秩别（秩级）、俸禄数量、官职和俸禄性质；即哪一种官职属于哪一秩级，每年或每月应得多少俸禄（所谓岁禄或月奉），用什么物资作俸禄（如钱、谷或

① 夏鼐：《夏鼐日记》卷六，华东师范大学出版社，2011年，第152页。

② 陈梦家：《汉简缀述》，中华书局，1980年，第153—177页。

③ 同上，第205—219页。

二者各半）。此四者在两汉时期不是一成不变的。”“汉代奉给制度的更改，在一定程度上反映了当时社会经济生活的变化。文献上关于它的记录，很不完备；河西走廊出土的汉简，虽然也很零散，但可以部分地补充文献之不足。”①

6月6日，作《虢国考》，“虢为姬姓之国。（一）西虢——在雍县、虢县。……（二）东虢——在制，荥阳、汜水、成皋县。……（三）北虢——在下阳、夏阳，平陆县。南虢——在上阳，陕县”②。

6月，作《西汉都尉考》初稿，“部、农、属国都尉和少数骑都尉都是边郡防御的重要设置，它们的分布和兴废都有关两汉边守的盛衰”③。

在《考古》第6期（总58期）发表《介绍〈黄县㠱器〉》，对1960年出版的王献唐《黄县㠱器》一书作了实事求是的评介。署名“世贞”。

7月19日，上午考古所领导小组准备整风，讨论所中过去方针及作风。

7月28日，上午考古所领导小组开会，谈整风计划，分配工作任务，由牛兆勋主持。

8月17日，陈梦家作《几父壶》考释，“铭10行57字（内重文2）。另一器9行，末行作‘万年子子孙孙永宝用’。1960年10月出土扶风县齐家村东南100米田地一袋形窖穴中，同出铜器共39件，今在陕西省博物馆。壶高60，口径16厘米。……此二壶铭文有阳纹方格，同于大师小子师望壶（《三代》12.17.4）。花纹形制同于二十六年番匊生壶（《商周》720）。二壶皆属于夷王前后”④。

8月20日，作《柞钟》考释，“铭6行45字（内重文1）。1960年10月与中几父壶等同出土于扶风县齐家村一窖中，详《齐家村》……此钟形制花

① 陈梦家：《汉简缀述》，中华书局，1980年，第135、147页。
② 陈梦家：《西周铜器断代》上册，中华书局，2004年，第384—393页。
③ 陈梦家：《汉简缀述》，中华书局，1980年，第125—134页。
④ 陈梦家：《西周铜器断代》上册，中华书局，2004年，第243、244页。图录见下册，第789页。

纹与井人钟（本书158）、鲁原钟（《大系》图223）极为近似”[①]。

11月7日，写信给王献唐先生第三个儿子王国华，谈及豫剧剧本《红日》。

国华兄：

十月间济南来信，早已收到，一恍又是一个月了。兹拎出《红日》豫剧原稿，可笑之作，举以奉赠，作为纪念。其中是否有可采用之处，很难说。我是用了三十六个“半工”写成的，盛暑中挥汗作此游戏，亦人生一乐事也。匆匆即祝。

撰安

陈梦家

一九六一、十一、七[②]

11月14日，下午陈梦家找尹达谈话，大概是为摘右派帽子事。

11月21日上午，夏鼐与陈梦家谈整理《居延汉简》事。

11月，陈梦家作《汉简考述》之第二篇《邮程表与候官所在》，“将候、候长、隧长三级官吏及其治所排列成表，并试图清理出三者之间的隶属关系。因为邮书的记录最便于说明燧与燧、部与部、候官与候官之间的交接和方向，我们最先叙述邮程，借此连贯亭障，推定它们的位次”。陈梦家根据不同出土所出简分为四表：第一表汇录邮书课及其他有关邮程之简，所录大多为邮书课，即当时专门记载邮书往来的簿录；第二表函检，用以说明各该地区应属于什么机构所在；第三表据前二表所示南书、北书的关系分别收文者与发文者，可以帮助推定候官及居延都尉府与肩水都尉府的所在；第四表据前三表绘出自北而南的邮程诸站，约略推定七候官及

① 陈梦家：《西周铜器断代》上册，中华书局，2004年，第303、304页。图录见下册，第846页。

② 张新颖：《陈梦家写豫剧〈红日〉》，引自2019年11月20日《澎湃新闻》。

二都尉在塞上的序次及其相当位置。①

12月15日，上午考古所学术报告会，由郭子衡作关于殷周铜器的报告，大家提了一些问题。

12月20日上午，夏鼐审阅《武威汉简》稿子，下午与陈梦家商谈修改意见。

12月，作《汉简考述》之第一篇《额济纳河流域障隧综述》，“概略地考定西汉时代（汉武帝晚期以来）额济纳河两岸的边塞防御设置的规模及其布局”。②

本月，陈梦家作《汉居延考》初稿，分述居延泽与居延城、弱水及其源流、西海郡及居延沿革。③

李锋敏《陈梦家先生河西地理研究述评》指出陈梦家先生在整理居延汉简的过程中意识到：“各遗址出土的汉简，也零散地记录了这一条边防线上的组织结构关系，若加以综合和联系，并尽可能地和遗址相结合，就可以大概地恢复张掖太守下两个郡尉系统的布局及其结构。”为此，他首先根据贝格曼的《蒙新考古纪行》、索姆斯特罗姆的《内蒙古额济纳河流域考古报告》等考古资料重绘了“额济纳河流域汉代亭障分布图”，为汉代张掖郡北部边塞障隧分布建立了总体坐标，然后又根据不同出土地将所出简牍分为四表，再根据各表所显示的信息确定出都尉、候官所在地的具体方位坐标。……通过以上研究，陈梦家成功地复原了汉张掖太守属下今额济纳河流域边塞防御系统的布局及其结构，大致确定了都尉、候官两级机构治所的方位坐标。此项工作“为用考古学的方法科学地研究居延汉简准备了良好的条件，使汉简研究从此进入一个新的发展阶段”。也为简牍学研究开创了一种全新的方法。④

---

① 陈梦家：《汉简缀述》，中华书局，1980年，第12—33页。

② 同上，第2页。

③ 同上，第221—228页。

④ 李锋敏：《陈梦家先生河西地理研究述评》，《兰州月刊》2008年第6期，第136、137页。

三、写作《西周铜器断代》

1962年2月10日，陈梦家作《奠井叔三器》考释，认可方濬益、郭沫若说法。[①]

2月16日上午，陈梦家找夏鼐谈《居延汉简乙编》的编排问题。

2月24日，胡适在台北逝世。

本月，重录《汉简考述》之第一篇《额济纳河流域障隧综述》。

3月4日，作《五年师事㲃》考释，“铭7行59字。㲃三，盖二；器、盖同铭。器高23，口径18.7厘米”[②]。

3月8日夜，陈梦家去夏鼐家谈事。

3月12日，重写《西周铜器断代》周礼部分的《赏赐篇》之《释黄》。

3月14日，写《西周铜器断代》周礼部分《赏赐器物分释》。

5月至6月中旬，陈梦家休假去上海探亲。

6月20日，陈梦家结束探亲，回所里。

6月21日，上午考古所“开全体职工会，传达中央关于蒋帮企图反攻冒险计划事。又宣布院务会议决定关于考古所领导人员更动事，尹达同志辞去兼任所长”，由夏鼐继任。[③]

6月22日上午，陈梦家和夏鼐谈此次赴沪情况，提到徐森玉近况。

7月3日上午，陈梦家和夏鼐谈《居延汉简》编辑事。

7月，陈梦家写《由实物所见汉代简册制度》，分“出土、材料、长度、刮治、编联、缮写、容字、题记、削改、收卷、错简、标号、文字、余论”等十四个部分叙述，“经过此次对武威汉简的整理，感到简册制度的研究，还可以推进一步。尤其是今天有了更多而可据的实物，时代、出土地点、用途、材料、形制、长度都有所不同，可以全面的作一番整理。

---

① 陈梦家：《西周铜器断代》上册，中华书局，2004年，第215页。

② 同上，第205页。

③ 夏鼐：《夏鼐日记》卷六，华东师范大学出版社，2011年，第262页。

出土地点的查明，残折部分的缀合，以及书籍记载的搜集，仍然是当前所急要作的。简文文字内容的辨识，形制大小及其用途的分类，以及断代定期，也都非常重要”①。

8月，陈梦家写的《美帝国主义劫掠的我国殷周铜器集录》以考古研究所作为编者，由科学出版社出版。全书分为三部分：一是器物的图像，共有照片1000余幅；二是器物铭文，共约500余器拓本；三是说明，记录各器的尺寸、铭文、年代、著录、流传经过和简略考释，作为研究殷周时代考古的参考资料。考古所1960年12月的《序言》提到：本集所收的845件殷、周青铜礼器，是我所工作人员陈梦家先生十余年前在美国所搜集的。当时，他曾将在美国各博物馆、大学和古董商肆所能见到的中国铜器，都摄了照片，拓了铭文，记了尺寸，并考查了来源。其中大多数皆加以观察并作了去取，少数的未见实物。……我所曾将本集校样送请于省吾、唐兰、张政烺三位先生重加审定。三位先生根据照片，只从铭文拓本指出了几件是可疑的。

9月底，陈梦家在东厂写《战国楚帛书考》，分述帛书的出土及其图文的结构，纪元前四百年间的月令，帛书与月令内容的比较，帛书的年代、国别与性质。

10月初，作《帛书的月名与三正》。

10月9日，陈梦家和夏鼐谈《居延汉简》释文。

10月15日，陈梦家和夏鼐谈寿县最近出土的吴太子剑等铜器。

10月28日，在钱粮胡同34号乙写《叔尸钟镈考》。11月1日，再作《后记》，此遗作整理稿刊于《燕京学报》1998年新四期。

11月7日，所中高级研究人员开会，传达中宣部指示，商谈所中工作规划的修改问题。

12月3日，陈梦家对《虢国考》作补记“《甲室札记》甲册有吴王御士及吴王朝二器（吴王御士尹氏叔緐簠见《文参》1958：5：72），吴王朝乍

---

① 陈梦家：《汉简缀述》，中华书局，1980年，第291—315页。

南宫史叔饮鼎见《周金》又补遗。），此吴王疑即携王余臣，以其在虞，故称吴王。”①

是年，作《汉简所见太守、都尉二府属吏》，“以汉简为主而与史书相印证，并利用少数的汉代铜器、碑刻、封泥、印玺上的铭文稍加补充。它对于西汉晚期和东汉初期的边郡管制，提供了比较详备的系统”②。

本年，在甘肃省博物馆院考古研究所的协助下，陈梦家对居延汉简（包括六号墓出土的四百八十简，十八号墓出土的王杖十简，以及四号、十五号、二十二号、二十三号墓出土的柩铭四条）进行了整理和研究，和先前撰写的叙论，加上释文和校记共三篇，编为《武威汉简》一书。经考古研究所同意，由本所与甘肃博物馆共同署名，交由文物出版社作为“考古学专刊乙种第十二号”于两年后出版。

四、摘除“右派帽子”

1963年1月16日，陈梦家摘除“右派帽子”。夏鼐当天日记载：“今日的队长会议上，牛所长宣布陈梦家右派摘帽子。史学界四右（雷海宗，向达，陈梦家，荣孟源）皆已摘帽子，雷于上月24日病故于天津。”③

1月28日年初四下午，陈梦家恢复惯例，去夏鼐家拜贺新年。

摘掉“右派帽子”后，上海博物馆馆长马承源最后一次见过陈梦家，记忆里的陈梦家“变得话也不太多”。马承源在陈梦家的家中看到一把刻着“寿”字的黄色檀木椅，知道这些家具的珍贵分量。“他第一次跟我说，要把家具捐给上海博物馆，他很担心它们的安危。他没有特别说，他怕的是政治上的麻烦。但是我知道，任何收藏家都会想拥有这些东西的。”④

---

① 陈梦家：《西周铜器断代》上册，中华书局，2004年，第393页。

② 陈梦家：《汉简缀述》，中华书局，1980年，第97—124页。

③ 夏鼐：《夏鼐日记》卷六，华东师范大学出版社，2011年，第308页。

④ 索马里：《陈梦家：考古学家之陨》，《三联生活周刊》2014年第21期。

2月23日晚间，王明去夏鼐家，谈考古所里学习情况，及陈梦家作中心发言。

摘掉“右派帽子”的陈梦家，顿感心情轻松，更加致力于学术著作。在钱粮胡同家里，他有一大一小两个书桌，上门摆满了各种书籍稿本资料，每当完成一个课题研究，他就撤去所有相关资料，换上另一批新的资料。北大韩巍教授对陈梦家的研究方法这样评价：他的研究以问题为中心，而不是以材料为中心。他研究一个领域，总能将其中涉及的重大历史问题点出来，有一个整体的角度。比如他去研究汉简，此前汉简学都是一根一根简考证，但是他尽可能去恢复竹简簿册的原貌，进而去推测烽燧的位置，都尉的治所，还有边防的日常生活是什么样子。[①]

2月11日至28日，中央在北京召开工作会议，重点讨论在城市开展“五反”运动和在农村开展社会主义教育的问题。会上毛泽东强调要把社会主义教育好好抓一下，社会主义教育，干部教育，群众教育，一抓就灵。决定在农村开展“四清”运动。

2月28日上午，陈梦家找夏鼐“谈《居延汉简》事，并及其《铜器图录》稿费事（后来于3月间，他自愿捐献700元）”[②]。

2月，作《关于大小石、斛》。

3月1日，中央发布《关于厉行增产节约和反对贪污盗窃、反对投机倒把、反对铺张浪费、反对分散主义、反对官僚主义运动的指示》，“五反”运动在全国部分城市逐步展开。

此日晚，“赴红星电影院观新闻参考片，为工会组织，以配合反修正主义的学习”[③]。

3月26日下午，陈梦家来小汤山疗养院看望疗养的夏鼐，夏鼐将《断肠词》交给陈梦家看，笑说“暂时不阅考古书籍，不作考古工作，只写打油诗和幽默小品文了，诗须诗兴来时始能作，所以只好让你们诗人来做（陈

---

① 索马里：《陈梦家：考古学家之陨》，《三联生活周刊》2014年第21期。

② 夏鼐：《夏鼐日记》卷六，华东师范大学出版社，2011年，第317、318页。

③ 同上，第318页。

为新月派诗人），主要是写幽默小品文”[①]。

3月，陈梦家改订《汉简考述》之第二篇《邮程表与候官所在》。

5月12日，牛兆勋、颜伯净去小汤山疗养院看望夏鼐，告知所中正展开“五反”运动。

5月，在《考古》第5期发表《汉简所见奉例》。

春，陈梦家负责起草《殷周铜器铭文集成规划草案》，为整理殷周金文集成做准备，并主持编辑工作。

6月初，作《宋大晟编钟考述》，原载1964年《文物》第2期。

6月26日，夏鼐审阅陈梦家所拟《殷周铜器铭文集成规划草案》，提了一些意见。

《殷周金文集成》为1956年国家十二年哲学社会科学发展远景规划的大型项目。编辑工作开始于1963年，由陈梦家筹划编纂计划并主持编辑工作。1966年“文革”开始，工作被迫停顿。1976年后，在郭沫若的关怀下，编辑工作迅速恢复。1978年考古所全面恢复工作以后，重新成立学术委员会，在第一次会议上，根据夏鼐提议，决定恢复陈梦家生前筹划多年并已着手的《殷周金文集成》编纂工作。经过资料搜集、清理、辨伪、勘误、去重，然后以器类为纲编辑成书，包括13000余件青铜器上的铭文约10万字，器物说明约百万字。

书中收录资料，包括殷商、西周、春秋、战国时期的各类器物，年代下限断至秦统一之前。资料来源有下列四个方面：一、国内外博物馆、其他单位和私人收藏的传世铜器；二、各地历年新出土的发掘品和采集品；三、宋代以来著录诸书中现已不知所在的器物；四、未曾见于著录的铭文、图象资料。凡各册编成时已公开发表者皆尽数录入此书。此后新发表、新获得的资料，将在全书编成后汇为补编。所收录器铭的总数约在万件以上。此书以著录铭文为主，兼收图象（没有铭文的商周铜器一概不予收录），并附以释文和索引。

---

① 夏鼐：《夏鼐日记》卷六，华东师范大学出版社，2011年，第328页。

书中资料编排采用传统的金文著录方式，以器类为纲，按乐器、炊器、盛食器、酒器、水器、兵器、其他等类别编次。各类器物的铭文均原大制版，按字数从少到多顺序排列。器物一般均依作器者命名。全书所收器物统一编号。此书铭文部分各册，在图版之后又附以说明，逐一交待所收器物的字数、时代、著录、出土、流传、现藏、资料来源等。图象部分各册的说明，除重复交待上述事项外，又注明该器的尺度。出土、流传和现藏情况未能查明者，则将该项略去。①

6月30日上午，夏鼐去贺昌群处取回请其审阅的《居延汉简·编后记》。

7月1日上午，夏鼐将《居延汉简·编后记》交给陈梦家。

7月2日上午，所中由牛兆勋所长作关于“自我教育”的动员报告，下午分组讨论。

7月19日，夏鼐审阅陈梦家所写《汉简概述》，“凡五万余字，其前一半乃摘译原报告内容，似可放在《居延汉简》图版后作为附录”②。

7月23日，上午夏鼐找陈梦家谈所里的事。

在《考古》第7期发表《蔡器三记》，“简略地讨论了出土器铭中蔡侯朱、蔡侯䵼和蔡侯产应可肯定为平侯太子朱、昭侯和声侯产；也附带讨论了蔡与吴、越、楚诸国的关系以及勾践之子器的考订”③。

8月1日，下午陈梦家找夏鼐谈《武威汉简》编后记问题，并告知冯国瑞已经去世。

8月26日下午2时，好友张珩（葱玉）以切除肺癌手术无效逝世，享年49岁。

8月，陈梦家在北京改作《尚书补述》之第三篇《论尚书逸文》、第六篇《尧典、考工记与秦制》和第七篇《孟子洚水考》。《孟子洚水考》附记中，陈梦家提到“此篇与《犬夷考》、《太原考》、《汤都亳考》、

① 夏三万的博客：《读书志第一千九百一十四部〈殷周金文集成〉》。
② 夏鼐：《夏鼐日记》卷六，华东师范大学出版社，2011年，第353页。
③ 陈梦家：《陈梦家学术论文集》，中华书局，2016年，第526页。

《瓜州九州牢考》等篇（未刊）皆同时所作。当时曾抄寄顾颉刚先生于成都，后来听说在一史学杂志上发表，迄未见到。此篇因《太原考》而作，只想说明禹治水事发生在晋南夏虚范围以内，而洚水、洪水由于洚水为患而引申"①。

8月，《美帝国主义劫掠的我国青铜器集录》出版。

9月8日，在北京隆福寺后改作《尚书补述》之第四篇《论尚书体例》、第五篇《敦煌写本尚书经典释文跋记》。

9月19日，下午全所大会，夏鼐作调整工资的动员报告。

10月21日，晚间夏鼐审阅陈梦家《居延汉简总述》的"官制篇"。

10月23日上午，夏鼐将《居延汉简总述》"官制篇"交给陈梦家，并提了一些意见。

10月，陈梦家作《汉简所见居延边塞与防御组织》上、下篇，原载《考古学报》1964年第1期。"边郡，一方面是人口较稀少，一方面是民族较复杂。同时，屯田和转输都是直接和武备相联系的。因此边郡守除了直辖诸县民政外，还要管辖二或二以上的部都尉，而在其境内存在有受制于中央大司农、典属国的农都尉和属国都尉。边郡太守府和内郡一样，有一套治事的官僚组织，即阁下和诸曹，另外又有仓库。太守所属的部都尉，也是开府治事的，它也有略同于太守府的官僚组织，即阁下和诸曹；除官僚系统外，它有候望系统（候、塞、部、隧），屯兵系统（城尉、千人、司马），屯田系统（田官），军需系统（仓、库）和交通系统（关、驿、邮亭、置、传、厩等）。"②

10月31日，作《西汉施行诏书目录》。

12月，陈梦家改作《汉武边塞考略》。录改《毛公鼎考释》。

本月，作《汉简年历表叙》之第一《汉简年历》、第二《汉代纪时》。③

---

① 陈梦家：《尚书通论》，中华书局，2005年，第352页。

② 陈梦家：《汉简缀述》，中华书局，1980年，第37—95页。

③ 同上，第239—260页。

这年，陈梦家准备撰写《东周铜器断代》，材料也已收集好。

五、续写《西周铜器断代》

1964年1月1日，陈梦家在北京东城写《毛公鼎后记》。

1月10日，夏鼐接河南来信谈及《甲骨文编》事，找陈梦家商量回复。

1月16日上午，夏鼐将前天审阅过的朱南铣的文章《弹棋考》交还给陈梦家。

1月20日上午，牛兆勋到所传达大庆油田经验。

1月21日上午，各组室讨论牛所长传达报告。

1月24日上午，牛兆勋"总结前三天的学习，并布置下一阶段，以表扬为主。从下午开始，并指示今后道路：（1）学习毛泽东思想；（2）建立优良作风（学习思想好、钻研业务好、团结互助好、勤奋节约好、严肃负责好）；（3）抓紧工作计划（要落实到人、改进检查制度、加强各组领导）"[①]。

1月29日上午，牛兆勋布置政治学习。

年初，根据考古所计划要求，陈梦家重新开始西周铜器断代研究，赶写器铭考释。

2月3日，考古所开会学习大庆油田经验，各组各队摆问题。

2月4日，所里继续开会，各组各队谈毕后，对个人特别突出者加以表扬。

2月5日，所中结束连日的学习讨论，牛兆勋、夏鼐作总结。

2月10日，全所大会，夏鼐作报告，总结1963年计划执行情况及1964年工作计划。

2月11日，上午所中研究组座谈编写报告的经验和问题，大家发言踊跃。下午夏鼐作总结并解答问题。

---

① 夏鼐：《夏鼐日记》卷六，华东师范大学出版社，2011年，第6页。

2月12日，作《姜林母簋毁考释》，“原在清宫（现藏广州市博物馆），《西续》[①]13.9著录以为豆”[②]。

2月18日年初六，节后第二天上班，编辑室杨泓参加“四清”、徐元邦将下放劳动锻炼，周永珍生病，陈梦家为人手短缺担心。

2月28日下午，夏鼐“与陈梦家谈，所作《居延汉简考述》，应由所出版，不宜径交中华出版”[③]。

3月18日，陈梦家在隆福寺人民市场邂逅潘光旦，为潘选购瓷布衣和尚一座。潘光旦当天日记载：“进城，径至隆福寺人民市场，于拐角处遇梦家，因同进市场，助我选购瓷布衣和尚一座，价二十元，坚持为代付，我所带不足此数，只得听之，有缘时还可也。同出，边走边闲话，各东厂胡同口别。”[④]

是月，作《汉简年历表叙》之第三《汉代占时、测时的仪具》，此文得到中科院自然科学史研究室钱宝琮、严敦杰和夏鼐的指正。[⑤]

4月2日，上午陈梦家与夏鼐“谈所中出版工作事，拟将《甲骨文编》交中华书局出版”[⑥]。

4月3日上午，“中华书局编辑潘达人与赵守俨同志来谈关于出版《甲骨文编》及《居延汉简乙编》事，是陈梦家同志介绍来的”[⑦]。

4月14日，赵萝蕤旧病复发，陈梦家将她送入医院。

4月15日上午，夏鼐与陈梦家谈出版《甲骨文编》及《居延汉简乙编》事。

4月，作《武威汉简补述》之一《日忌简册》。[⑧]

本月，陈梦家致信《文物》编辑部，对文中编钟总数推算错误，要求

---

① 即《西清续鉴乙编》，20卷，与《西清续鉴甲编》同为王杰等人奉敕编成。

② 陈梦家：《西周铜器断代》上册，中华书局，2004年，第174、175页。

③ 夏鼐：《夏鼐日记》卷七，华东师范大学出版社，2011年，第13页。

④ 潘光旦：《潘光旦文集》第11卷，北京大学出版社，2000年，第571页。

⑤ 陈梦家：《汉简缀述》，中华书局，1980年，第260—274页。

⑥ 夏鼐：《夏鼐日记》卷七，华东师范大学出版社，2011年，第20页。

⑦ 同上，第20页。

⑧ 陈梦家：《汉简缀述》，中华书局，1980年，第285、286页。

删去。

5月1日，好友汤用彤去世。

5月6日上午，夏鼐与陈梦家赴琉璃厂，参观海王村中国书店的“古书展览会”。

5月22日上午，陈梦家与夏鼐谈关于战国秦汉度量衡的问题及徐森玉近况。

6月7日，夏鼐在家花了一天工夫，审阅陈梦家的《汉简年历表叙》。

6月8日上午，夏鼐将陈梦家的文章《汉简年历表叙》交还给他。

6月10日，在考古所中高级研究人员组政治学习上，陈梦家作检查。夏鼐当天日记载：“下午参加所中高级研究人员组政治学习，检查生活作风，由佟柱臣及陈梦家二同志作检查。”①

6月12日上午，中华书局潘达人与夏鼐谈关于《甲骨文编》出版事。夏鼐与陈梦家赴红楼访商承祚，参观其所摹之“信阳战国竹简”及“长沙缯书”摹本。

6月19日上午，商承祚来所里，与夏鼐、陈梦家一起闲谈，商承祚主要是谈由王冶秋局长处听来的中医奇方妙用。

6月20日，下午全所大会，由“四清”归来同志汇报体会，赵永福、刘一曼、乌恩、赵铨报告。

6月20日，作《师瘨𣪕盖》考释，“铭10行103字。1963年4月，武功县普集镇东北1.5公里渭惠渠西，北坡村北数百米处出土𣪕盖二叠于一短足鼎（鱼鳞纹）上。径皆19.7厘米。此鼎与中徍父鼎、仲义父鼎（本书175、176）等同形制花纹，应属于孝王时期”②。

6月27日，陈梦家和徐旭生、黄文弼、苏秉琦、佟柱臣参加政治学习小组活动。

本月，在《考古》第6期发表《战国度量衡略说》。

---

① 夏鼐：《夏鼐日记》卷七，华东师范大学出版社，2011年，第34页。

② 陈梦家：《西周铜器断代》上册，中华书局，2004年，第163页。

7月4日上午，陈梦家、夏鼐、佟柱臣三人参加考古所中高级研究员的政治学习。夏鼐当天日记载："下午党团活动，林泽敏、黎晨、王伯洪和我四人，讨论如何贯彻中央工作会议精神的问题，主要是谈所内斗争形式。"①

7月7日，作《〈尚书通论〉校后补记》。

7月18日，作《禹鼎》考释，"铭20行206字，计重文3，合文3（二百，厥君，駁方）……此铭所记，述駁方率南淮夷、东夷广伐南国东国，至于历内"②。

7月25日上午，参加所中高级研究人员政治学习。同日，写《师克盨后记》。"此器之师克既与善夫克无关，故可次于厉世。宋世出土白克壶，与师克或系一人。"③

7月28日，改作《十七祀询毁》考释。

7月30日，续成《元年师询毁》考释。"此器作于厉王元年新即位之二月，审铭辞所载，师询为先朝故臣而于绥定新王即位，颇有功劳。"④

8月，陈梦家在钱粮胡同写《武威汉简补述》之《关于"文学弟子"的考述》，"探索了西汉'文学'一词作为一种身份的源流，因而涉及了当时学校选举制度"，"武威汉简记'诸文学弟子'于成帝河平年间，在郡举文学或郡文学已不盛行之时"，"文学弟子最可能指郡国文学官的弟子"。⑤

8月底至9月中旬，陈梦家赴上海休假探亲，并去庐山。

9月7日，陈梦家答复夏冶淦函询的铜器铭文，并据此命名为殷大王子鼎。

---

① 夏鼐：《夏鼐日记》卷七，华东师范大学出版社，2011年，第39页。

② 陈梦家：《西周铜器断代》上册，中华书局，2004年，第268—277页。图录见下册，第824页。

③ 同上，上册，第317页。

④ 同上，上册，第309页。

⑤ 陈梦家：《汉简缀述》，中华书局，1980年，第290页。

9月25日，陈梦家由庐山休假归来，略谈上海情况。[①]

9月28日，夏鼐将印度尼西亚出土的铜鼓铭文拓本交陈梦家，陈梦家不能考释，只说可能是采用汉字系统的一种西南少数民族的文字。

10月15日，作《中枏父鬲、毁、甗》考释，“铭7行37字。今在上海博物馆。器高14.2，口径19.8厘米，重2280克。”[②]

10月21日，改作《中枏父鼎》考释。

10月26日，作《中义父组》考释，“中义父夫妇所作器，1888年出土于今扶风县西北（七里桥之北，法门寺之西）的任家村。《集古遗文》3.34—35谓‘当时出土凡百二十余器，克钟、克鼎及中义父鼎并在一窖中，时光绪十六年（1890年）也，又2.32中义父鼎‘光绪中叶与克鼎同出岐山县法门寺’，又4.5谓中姞鬲‘光绪间出土’”[③]。

10月28日，作《函皇父组》考释，“函皇父所作二毁一匜，清同治间（约1862—1874年）已经出土，见录于《攈古录》”[④]。

11月5日，作《白鲜组》考释，“《分域》（12.10）记‘癸酉（1933年）四月清化镇出土’，伯鲜鼎二，甗、匜各一，谓与函皇父组是‘一时同地出土者’”[⑤]。

11月9日，作《杜祁铺》考释，“郭沫若以此器为春秋时晋襄公为其第四妃杜祁所作，显然是不确实的，因第一字并非襄字，时代亦不合。此器与降叔所作，皆以善夫克器所见大波纹、单麟纹等纹饰相近，故可定为夷王，略晚于单昊生豆（上册本书141）”[⑥]。

11月10日，作《㦸毁盖》考释，“器饰瓦纹，乃穆王、共王时流行的纹饰”[⑦]。同日，作《卫始毁》考释，“器共两具，有盖，器盖同铭。今

---

① 夏鼐：《夏鼐日记》卷七，华东师范大学出版社，2011年，第60页。
② 陈梦家：《西周铜器断代》上册，中华书局，2004年，第208页。
③ 同上，上册，第247、248页。图录见下册，第797—801页。
④ 同上，上册，第250页。图录见下册，第802—807页。
⑤ 同上，上册，第245页。图录见下册，第791页。
⑥ 同上，上册，第291页。图录见下册，第840页。
⑦ 同上，上册，第176页。

在故宫”[①]。

11月12日，作《齐家村窖藏宏组附宁组》考释，“解放后在扶风县黄堆乡齐家村曾数次出土西周铜器群。1958年1月，在村东南出土了附耳盂二、鬲二。一个鬲的口边有‘宏’铭。此处出土卜骨、兽骨、大量绳文陶片和大石块，北去100米有小卵石路面，应为一遗址（《文物》1959：11：72—73）。1963年初，在村东面约150米断壕上距地表约2米的灰土内，出土方形的彝、觥、尊一组同铭，和扁盉、盘、匜一组。盘内和盉盖内同铭‘宏’字，与上述之鬲应属于一窖所出（《考古》1963：8：414—415）。1960年又在村东南100米田地中（在上述地点之西50米）出土了铜器39件，详《扶风齐家村铜器群》。以上三次出土，分别出于东西相距50米的两个窖中。齐家村东南150米处所出一窖，可分为两组，一组是西周初期（约成、康时）的方形器，一组是西周中期属于宏的”[②]。

11月13日，作《单白昊生钟·豆（铺）》考释，“单白钟的形制纹饰，近于懿王时的虘钟（本书137引），还保存后者沿自普渡村穆王时三钟以一小突点为界线的形制，但单白钟的小突点减存三分之一。它的鼓部花纹，只有一半同于迟父、虘、纪侯诸钟（本书161、163），另一半是短龙；其篆间饰带早于虢叔旅钟（《商周》947），而略近于楚公豪钟（《商周》945）。单伯昊生与懿王时扬毁（本书138）右者司徒单白当系一人，应属于懿王时代，或孝王初”[③]。

11月15—20日，作《周礼部分》之八《形制、花纹》8：般、盉。

11月22日，作《白庸父组、白首父组》考释，“1961年10月30日，长安县张家坡沣西砖厂东门外300米处出土一窖铜器53件。窖口为0.80×1.20米，距地表不及1米。53件中有铭文者32件。……以上除孟毁属于康王时外，其他各组大约皆当西周中期后半，约懿、孝时”[④]。

---

① 陈梦家：《西周铜器断代》上册，中华书局，2004年，第254页。图录见下册，第808页。

② 同上，上册，第291页，图录见下册，第838、839页。

③ 同上，上册，第195页。图录见下册，第779页。

④ 同上，上册，第211页。

11月26日，作《周礼部分》之八《形制、花纹》7：所谓“禁”与器座。

11月30日，作《己侯钟》考释，“此钟形制花纹，和虘钟、迟父钟、鲜钟相同（《商周》953、本书161、174），应是懿、孝时器。甬上有环形之‘旋’，为它器所无”①。

12月14日，重作《郜腧毁》考释，“铭6行48字，又重文2。今在广州市博物馆。照像、拓本承商锡永先生见赐”②。

12月22日，好友、南京博物院院长曾昭燏在灵谷寺塔自杀。“事件发生后，南博即请示省委，决定不组织治丧会，不发讣告，由家属自行料理后事，院加襄助，当即火葬。”③

是月，作《河西开地的经过》，作为《河西四郡的设置年代》的附录二。④

是月，重录《汉武边塞考略》。

年终，改旧作《毛公鼎》考释。

六、埋首铜器研究

1964年底到1965年1月14日，中央政治局召开国工作会议，在毛泽东的主持下，讨论制定了《农村社会主义教育运动中目前提出的一些问题》，即《二十三条》，将“四清”的内容规定为清政治、清经济、清组织、清思想，强调这次运动的性质是解决“社会主义和资本主义的矛盾”，提出这次运动的重点是整“党内那些走资本主义道路的当权派”导致指导思想上的“左”的错误进一步发展。

1965年，各地在认真学习贯彻《二十三条》的基础上，对运动进行重新部署和具体安排，并专门划出一段时间进行清政治。各地在开展运动

---

① 陈梦家：《西周铜器断代》上册，中华书局，2004年，第228—229页。

② 同上，上册，第175页。

③ 夏鼐：《夏鼐日记》卷七，华东师范大学出版社，2011年，第85页。

④ 陈梦家：《汉简缀述》，中华书局，1980年，第191—194页。

中，强调突出政治，强调用毛泽东著作指导“四清”，掀起了学习毛泽东著作的热潮。

1月9日下午，所中高级研究人员组讨论陈永贵关于大寨精神的报告。

1月11日上午，高级研究人员组作年终思想总结，上午佟柱臣、下午徐旭生先后作自我检查，大家提了一些意见。

1月12日，所中高级研究人员组继续作年终总结，上午黄文弼作检查，大家提了一些意见，下午陈梦家作检查。

1月13日，所中高级研究人员组年终总结继续进行，苏秉琦作检查。

1月14日，下午所中学术报告会，佟柱臣讲“我国古代工具使用的材料及种类问题”，夏鼐、陈梦家、安志敏提了一些意见。

1月15日，牛兆勋副所长作检查，谈到政治的第一重要性。

1月16日周六，上午高级研究人员组学习讨论周恩来总理报告。

1月18日，上午高级研究人员组思想总结，夏鼐作检查，大家提意见。

同日，陈梦家作《师酉簋》考释，“铭11行106字。（2）器末行少‘用’字，（3）器首行末字‘各’范跳出，各之口分出。清世出土。……师酉簋三器则项下为一行复鳞纹，圈足上为一行单鳞纹，可证复鳞纹与单鳞纹同时并存”[①]。

1月19日，所里郭宝钧作思想总结。

1月20日下午，夏鼐将杨泓送来的《洛阳西汉壁画墓中的星象图》校样的副本交给陈梦家审阅。

1月21日下午，所中大会牛兆勋谈革命化。

1月28日上午，所中开会，牛兆勋向全所传达《二十三条》。

同日，作《叔向父禹簋》考释，“铭7行67字。失盖。刘喜海、许延暄、潘祖荫旧藏。今在上海博物馆”[②]。

1月29日下午，所里中高级研究人员组学习《毛泽东选集》。

① 陈梦家：《西周铜器断代》上册，中华书局，2004年，第244、245页。图录见下册，第790页。

② 同上，上册，第220页。图录见下册，第770页。

1月30日周六上午，高级研究人员组学习《毛泽东选集》照常进行。

临近年关，政治学习一切照旧不放松，自我检查抓彻底，完全贯彻“四清”要求，将“走资派”坚决摒弃在人民行列之外。

2月2日乙巳初一，作《康鼎》考释，“铭10行62字（内重文2）。器高22.1、口径23厘米。……康鼎则足部已具马蹄形而腹部收尖，成为后此锅形腹马蹄形足的鼎的先导。此鼎项下一带花纹作纠抱式，开后来史颂毁（本书206）式花纹的先河”①。

2月3日乙巳初二，作《同毁》考释，“铭9行91字（内重文4）。此器，器在故宫，盖刘鹗旧藏。……此器花纹似为长（或短）鸟分尾”②。

2月4日乙巳初三立春，作《卯毁盖》考释，“铭12行153字（内重文2）。曹载奎旧藏。《小校》③8.89（《积古》6.9，《从古》6.36）录孙渊如、张廷济所藏器，则是伪刻。此为荣白廷见卯而下命书的记录，廷见时有右者荣季，于受命者任以职事，且重加赏锡，与王者廷见之礼相若”④。

2月5日年初四，第一天上班，下午所中高级研究人员组学习《毛泽东选集》。

2月9日，下午高级研究人员组讨论所内革命化问题。

2月13日上午，所中高级研究人员组政治学习，讨论美国侵略越南问题。

2月14日，作《师猷毁》考释，“铭11行111字（内重文2）。《续考》曰‘赵周臣所收’。……此器花纹与懿王时师汤父鼎（本书118）相似。此毁双耳上立小象鼻，同于中友父毁（《齐家村》10.11.14.15）。”⑤

2月20日，在北京东城作《毛公鼎后记》，根据形制花纹、赏赐物品、铭文辞句、当时局势等，陈梦家据此认定年代约在夷王初期。

---

① 陈梦家：《西周铜器断代》上册，中华书局，2004年，第221页。图录见下册，第772页。

② 同上，上册，第222页。图录见下册，第773页。

③ 即刘体智《小校经阁金文拓本》，18卷，初版为1935年石印本。

④ 陈梦家：《西周铜器断代》上册，中华书局，2004年，第223页。图录见下册，第774页。

⑤ 同上，上册。图录见下册，第786页。

2月27日周六上午，所中高级研究人员组政治学习，讨论《毛泽东选集》的《矛盾论》最后二节。

2月，陈梦家改作《汉居延考》。

3月5日下午，所里学习《矛盾论》。

3月8日，作《元年师兑毁》考释，“铭9行91字（内重文2）。刘体智旧藏（第一器先后曾归溥伦、丁树桢）。第二器之盖（《三代》9.32.2）是后配，铭是仿刻”[①]。

3月14日，作《三年师兑毁》考释，“铭12行128字（内重文3）。丁麟年旧藏，今不知所在（今在上海博物馆），亦无器形流传。《分域》续11.14引丁氏‘说陕西出土’。其铭文共三，二器铭，一盖铭”[②]。

3月24日上午，所中全所会议，夏鼐、牛兆勋分别作关于机关革命化建议的处理及政治思想工作问题的报告。下午政治学习，讨论“评3月1日莫斯科分裂会议”的社论。

3月26日下午，所中高级研究人员组学习《毛泽东选集》，各人轮流谈读《矛盾论》的心得。

4月2日下午，全所学习《毛泽东选集》心得中选出苏秉琦、陈梦家、安志敏、赵铨、王振江、李敏生六人，进行宣读交流学习《矛盾论》的经验。[③]

4月3日上午，所中高级研究人员组政治学习。

4月24日下午，所中高级研究人员组时事学习，谈越南问题。

4月，作《汉代铜器工官》，遗作整理稿未刊。

4月，陈梦家在《永元八年河东铜官四石鐎拓本》（李国松藏）旁批：贞松16.8.2，摹本从此而多摹失之处。1965/4梦记。此拓重要。[④]

5月15日，作《琱生鬲》考释，“铭5行22字（内重文2）。解放前传

---

① 陈梦家：《西周铜器断代》上册，中华书局，2004年，第240页。图录见下册，第787页。

② 同上，上册，第242页。图录见下册，第788页。

③ 夏鼐：《夏鼐日记》卷七，华东师范大学出版社，2011年，第101页。

④ 陈梦家：《陈梦家学术论文集》，中华书局，2016年，第708页。

出土于扶风县北岐山一带。今在陕西省博物馆。通耳高26，口径25厘米。一耳残失，泛金色。……此器花纹则作顾龙。殷及西周初之鬲多立耳，高足；西周中期以后鬲无耳，有雇。有雇（附耳或立耳）的短柱足鬲则为二者的过渡形式”①。

同日，作《善夫山鼎》考释，“铭12行121字（内重2）。高45，口径42厘米。传解放前出土于扶风县北岐山一带。……此器形制花纹同于卅二年鬲攸比鼎及毛公鼎（本书188、201），后二者曾定为夷王时器”②。

16日，作《白考父盘》考释，“高10，口径40.5厘米。陕西扶风北岐山附近出土。此器有流，形制纹饰与《武英》85（《商周》840）完全相同。《三代》3.32.4著录一鼎，与此盘同铭，行款亦同，乃同人所作”③。

5月29日下午，陈梦家找夏鼐谈西安出土银锭事，告知正在写《唐宋元明银锭考》一文。

7月5日下午，夏鼐审阅陈梦家的考古稿件《玉门关》一文。

7月，陈梦家在北京琉璃厂获明嘉靖七年蒋暘翻刻至大本《博古图录》善本，兴奋不已。由此激发对博古图作专门研究的兴趣，广泛收集有关资料。

8月7日下午，所中高级研究人员组政治学习，讨论贺龙的“八一”节纪念文章。

8月21日下午，因休假关系，仅徐旭生、陈梦家、佟柱臣、夏鼐四人参加高级研究人员组讨论。

8月29日，作《井人钟》考释，“此器形制花纹与兮中钟（《商周》949）、虢叔旅钟（《大系》图214、215）及㝬钟（本书208）相近。又与柞钟、𤎩钟、鲁原钟（《大系》69，图223）、走钟（《三代》1.1.3）亦相近，故定为夷王。‘降余厚多福无疆’与‘降余鲁多福无疆’同例，郭沫若疑厚、鲁皆人名，恐不可据”④。

---

① 陈梦家：《西周铜器断代》上册，中华书局，2004年，第236页。图录见下册，第784页。

② 同上，上册，第289、290页。图录见下册，第837页。

③ 同上，上册，第256页。图录见下册，第811页。

④ 同上，上册，第302、303页。图录见下册，第845页。

8月30日，作《师嫠𣪘》考释，“传世共二器……两器器铭行款、字体相同，部分的掩有重锈，而费（费念慈）器第一行有五字残泐。两盖铭清晰如新，疑是出土后据器铭仿刻，否则必无同时出土而器、盖铭文腐蚀与清晰俱相异如此之理，亦必无两盖铭俱遗漏若干字之理”，“此器花纹形制同于害𣪘、𦱊𣪘，故可定为孝王器”[①]。

9月6日，作《琱生𣪘二器》考释，“以上两器各9行半，行10字，第一铭104字，第二铭105字（内重文2）。第一器高20.8，口径19.5厘米。原藏山西马氏，今在美国穆尔氏。第二器通高22.3，口径18厘米。原藏长白多智友，今在中国历史博物馆。此二器形制、花纹既相同，大小相若，铭文行款、字数亦相等，应为同时所铸。第一器铭与第二铭时间先后相接，两记琱生与召白虎之事，可能是同时所铸的一个铭文而分载于二器者”[②]。

9月9日下午，所中开会讨论学习《毛泽东选集》、面向农村问题及科教电影选题事。

9月10日至30日，作《博古图考述》，在详细占有资料的基础上，进行认真排比和深入分析，提出令人信服的独到看法。他认为：宋徽宗时编撰《博古图录》，大约经历了初修、考订和重修的几个阶段。大观初年（1107），设置礼制局考定古器、新造礼器，并在礼制局主持下经营五载，编成“古器图”。当时称之为“宣和殿古器图”，于政和三年（1113）颁降。其后于宣和五年（1123）重修为《宣和博古图》。至于编撰人，认为是大观初至宣和末约二十年间由内廷主编，若干人参加讨论。[③]

9月15日下午，所中工会组织纪念抗战胜利二十周年及欢迎参加金县“四清”归来的同事。

9月，在《考古》第9期发表《玉门关与玉门县》。李锋敏《陈梦家先生河西地理研究述评》认为：“汉简所见名籍，里名前皆是县邑名，故第一简富昌里前之玉门是玉门县，第二简玉门丞是玉门县丞，第三简是玉

① 陈梦家：《西周铜器断代》上册，中华书局，2004年，第237页。图录见下册，第785页。

② 同上，上册，第232页。图录见下册，第783页。

③ 陈梦家：《陈梦家学术论文集》，中华书局，2016年，第631页。

门县告亭长的文书。第四简是令玉门屯田吏拨田于驰刑，则玉门有田官。因此这四简中的玉门都是玉门县。与敦煌汉简中的玉门都尉、侯官或玉门关不是同一概念。其具体位置‘应在敦煌之东，酒泉郡治禄福县的西北。’”①

10月25日下午，全所开会讨论阶段性的学习心得，讨论持续一下午。

10月26日，改作《甹钟》考释。“此钟形制花纹与兮中钟（商周949）相近。鼓间花纹与井人钟（本书203）相似。”②

10月30日上午，所中高级研究人员组学习《毛泽东选集》，讨论改造世界观为知识分子改造的中心问题。

下午，郭沫若院长来，夏鼐和陈梦家作陪，“商谈他昨天寄来的一文，不久又谈到《兰亭序》真伪问题。据云，郭院长曾去看陈垣先生，陈对于王羲之的思想，说要注意他的崇信天师道问题。又谈到上海方面除徐森老外，多不同意认以为伪，谈到《石鼓文》，郭院长说他发表的《石鼓文》宋拓本，乃由藏日本河井荃郎处的小照片放大制版，故可能有些走了样，当时金祖同寄来善斋的甲骨拓本，即后来编写成《殷虚粹编》者，河井荃郎在东京被美军轰炸时所炸毙，收藏品亦大半被毁，此拓本原物恐亦不复存在矣。谈至5时始去”③。

秋，陈梦家重订《汉简所见太守、都尉二府属吏》。

11月8日，作《兮甲盘》考释，“铭13行133字（内重文4）。此器宋代出土，见录于张抡《绍兴内府古器评》卷下，称为‘周伯吉父匜盘，铭一百三十三字’”④。

此日，陈梦家陪中华书局赵守俨去见邓之诚，准备要邓写的《松堪小记》《东京梦华录注》文稿，奈何没有写完。

11月10日，上海《文化报》发表姚文元的《评新编历史剧〈海瑞罢

① 李锋敏：《陈梦家先生河西地理研究述评》，《兰州月刊》2008年第6期，第138页。

② 陈梦家：《西周铜器断代》上册，中华书局，2004年，第305页。

③ 夏鼐：《夏鼐日记》卷七，华东师范大学出版社，2011年，第164页。

④ 陈梦家：《西周铜器断代》上册，中华书局，2004年，第324页。图录见下册，第862页。

官〉》一文，揭开“文化大革命”的序幕。

11月15日，作《师耤毁》考释，“铭7行71字。1963年11月出土陕西省蓝田县东南新村外辋川河东岸第二台地上，距1959年出土弭叔等器的寺坡村约13公里。失盖，高18，口径19.7厘米。今存蓝田县文化馆”[①]。

11月18日上午，陈梦家找夏鼐谈新出的《甲骨文编》销路不恶，门市部两星期售出200余部。

12月19日上午，夏鼐为《考古》审阅陈梦家的《亩制与里制》一文，提了一些意见。

12月21日下午，全所开会，由徐旭生、夏鼐作报告，谈参加科学院社教参观团的所见所闻及感想等。

12月24日、27日上午，所中高级研究人员组学习，讨论《毛泽东选集》学习总结。

12月28日，所中高级研究人员组学习讨论《毛泽东选集》学习总结，暂告结束。

12月30日，所中研究组讨论《海瑞罢官》这一最近发生的学术思想争论，发言颇踊跃。

年底，陈梦家计划下一年内写完《西周铜器断代》和《历代度量衡研究》两部专著。

本年，陈梦家将30万字论文汇编为《汉简缀述》。诗人孙犁《书衣文录》记：“《汉简缀述》，陈梦家著。此公初为闻一多助教，写诗，号为喋血诗人，不知何义。后乃考古，盖纯粹书生也。于‘文化大革命’中惨死。考古一途，何与人事？受迫如此。哀其所遇，购求此本。”

七、魂断“文革”

1966年1月1日，陈梦家重作《不嬰毁盖》考释。“此器花纹与厉王三

① 陈梦家：《西周铜器断代》上册，中华书局，2004年，第211页。

年史颂毁（《大系》图85）全同。今由庄公伐戎的史实，秦仲伐戎见杀于宣王五年，与兮甲盘（本书213）所记同时，此器则在五年之后。”①

1月5日，下午全所开会欢迎金县、黄县劳动回来的十几位同志。

1月8日周六上午，所中高级研究人员组政治学习《毛泽东选集》总结及备战问题。

1月15日下午，夏鼐来编辑室，约陈梦家写稿。

1月18日下午，所中高级研究人员组学习，讨论《海瑞罢官》，仅仅有陈梦家、颜訚、佟柱臣、夏鼐四人参加。

1月20日除夕，作《㝬毁》考释，“铭4行41字，孙星衍藏”，“由此器朕、拜等字和所锡物品来看，它应属昭王前后”②。

1月21日丙午正月元旦，作《敔毁》考释，“铭13行140字”③。

在《考古》第1期发表《亩制与里制》。

2月3日，《解放军报》发表《永远突出政治》的社论。此后到4月5日止，该报又接连发表反复论述突出政治的6篇社论，集中提出“突出政治一通百通”“有了精神的成果，就一定能出物质的成果”等宣扬政治决定一切的观点。

2月9日上午，所中学习毛泽东《论十大关系》，布置全所学习毛泽东著作。

2月10日、11日上午，所中继续组织学习文件。

2月12日周六上午，所中高级研究人员组学习。

2月14日、15日上午，所中继续组织讨论。

2月16日上午，“全所赴民族学院礼堂，听介绍焦裕禄事迹的录音报告，但录音不清，大家很失望。下午继续开会讨论，传达昨天会议的精神，展开批判与自我批评”④。

---

① 陈梦家：《西周铜器断代》上册，中华书局，2004年，第323页。

② 同上，上册，第168页。

③ 同上，上册，第230页。图录见下册，第782页。

④ 夏鼐：《夏鼐日记》卷七，华东师范大学出版社，2011年，第192页，

2月17日，“上午继续开展批评与自我批评，以突出政治为标尺”①。

2月26日，“上午参加高级研究人员组讨论，主要是史学界下乡滚泥巴”②。

3月4日下午，全所大会上夏鼐作动员报告，展开全所学习“突出整治”一星期。

3月5日周六上午，全所分组讨论下乡问题及如何突出政治。

3月23日上午，所中政治学习，讨论突出政治问题。

3月24日，“上午参加所中政治学习，仍是下乡问题，讨论突出政治。下午各组汇报学习情况，工会组织赴文化馆参观李素文学习毛主席著作展览会”③。

3月26日，上午高级研究人员组学习突出政治。

3月27日，《人民日报》发表史绍宾批判吴晗、翦伯赞“资产阶级史学路线”的文章《坚持历史科学的革命方向》。夏鼐当天日记载：“这是继前星期《红旗》上刊登的戚本禹等《翦伯赞同志的历史观点应当批判》（《人民日报》转载，我们迄今尚未看到这期，实则《红旗》的文章都是先由《人民日报》上先读到）后又一篇文章，继吴晗之后，翦伯赞也成为被指名批判的对象。”④

3月，陈梦家作《虢季子白盘》考释，“铭8行111字。二年、五百、五十皆合文，另重文4。每行整齐13格，似铸作时即预先设计如此”⑤。

4月3日，作《虢文公子钕鼎、鬲》考释。⑥

4月4日，作《虢宣公子白鼎》考释，“铭5行25字”⑦。

---

① 夏鼐：《夏鼐日记》卷七，华东师范大学出版社，2011年，第192页。

② 同上，第194页。

③ 同上，第198页。

④ 同上，第199页。

⑤ 陈梦家：《西周铜器断代》上册，中华书局，2004年，第327—330页。图录见下册，第865页。

⑥ 同上，上册，第327页。图册见下册，第863、864页。

⑦ 同上，上册，第330、331页。图册见下册，第866页。

4月16日，夏鼐日记载“今日报载继批判吴晗之后，又揪出邓拓、廖沫沙，与吴为‘三家村’，笔名吴南星”①。

5月9日，夏鼐日记载“昨天《解放日报》及《光明日报》都公布了批判邓拓的材料，并加评论，今天各报转载。这运动又进入一新阶段。返所布置所中活动，明天起增加学习时间”②。

5月11日上午，所中高级研究人员组学习讨论。

5月16日，中共中央政治局扩大会议在北京通过了毛泽东主持起草的指导“文化大革命”的纲领性文件《中国共产党中央委员会通知》（即《五一六通知》），标志“文化大革命”全面发动。

5月17日，夏鼐“晚间赴所参加党组织活动，谈谈各人对于当前文化大革命的认识”③。

5月28日上午，所中高级研究人员组学习，批判杨述《青春漫语》。

5月30日，上午9时所中开会声讨杨述。下午继续开会，发言者有25人。散会后又开小组长会，布置工作。

5月31日。上午所中高级研究人员组讨论。夏鼐日记载“所中大字报已达80篇，其中一篇向所领导提意见，指责对运动不够起劲”④。

本月，陈梦家在《考古》第5期发表《东周盟誓与出土载书》，“是先生生前发表的最后一篇文章”⑤。

9月2日，陈梦家在家中自缢，周岁五十五岁。夏鼐9月3日日记载，“闻陈梦家已于昨晚再度自杀身死”⑥。

1978年12月28日上午，中国社会科学院考古研究所为陈梦家开了追悼会。夏鼐所长在悼词中充分肯定了陈梦家在治学方面作出的成绩，并认为

① 夏鼐：《夏鼐日记》卷七，华东师范大学出版社，2011年，第207页。

② 同上，第213页。

③ 同上，第214页。

④ 同上，第218页。

⑤ 周永珍：《怀念陈梦家先生》，《考古》1981年第2期。

⑥ 夏鼐：《夏鼐日记》卷七，华东师范大学出版社，2011年，第239页。

他热爱祖国，热爱毛主席，愿为社会主义事业积极贡献自己的力量。

陈梦家、赵萝蕤夫妇没有子女，陈梦家去世后，赵萝蕤与父母及弟弟赵景心、弟媳黄哲一起，住在美术后街22号赵家老宅中。

1980年12月，陈梦家的《汉简缀述》由中华书局列入“陈梦家著作集”出版。

1986年，王世襄出版《明式家具珍赏》英文本，书名*Classic Chinese Furniture*，扉页王世襄自己设计一团浮雕牡丹纹，宛然明初剔红风格，下印“谨以此册纪念陈梦家先生”十一字。因为陈梦家爱明代漆器，尤其是永乐、宣德朝的雕漆。

1988年1月，陈梦家的《殷虚卜辞综述》由中华书局列入“陈梦家著作集”出版。

1998年元旦，赵萝蕤病逝，享年86岁。

2004年4月，陈梦家的《西周铜器断代》（上、下册）由中华书局据陈梦家手稿整理出版。

2005年6月，陈梦家的《尚书通论》由中华书局列入“中国文库”（文学类）出版。

2005年7月，陈梦家的《西周年代考 六国纪年》由中华书局列入“陈梦家著作集”出版。

2006年7月3日，中国社会科学院考古研究所、中华书局和北京国际汉字研究会联合举行“纪念陈梦家先生学术座谈会”，纪念这位诗人和科学家诞辰95周年和逝世40周年。

会上，李学勤发表《学术的综合和创新——纪念陈梦家先生》讲话，“我是在1951年在清华大学首次见到陈梦家先生的。1952至1953年我到中国科学院考古研究所，参加编著《殷虚文字缀合》，也是经过陈先生的介绍和指导。我一直认为，陈梦家先生在古文字界有着堪称独到的造诣和成就。在陈先生涉及的学科范围内，他总是能够全面继承和综合前人，又能作出超越前人的开拓和创新。最近，感谢中华书局陆续出版《陈梦家著作集》，使我们不仅有机会重温陈先生的各种论著，而且看到若干以前未经刊布的遗作。在反复绎读之后，我更感觉到，例如《殷虚卜辞综述》《西周铜器断代》，尽管已经是半个世纪前的工作了，但就深度、广度和高度来说，仍然是后无来者，没有类似的书籍可以取代，这就使我们在今天这次纪念陈先生的座谈会上，对陈先生更加尊敬和怀念。”李学勤说，由于当时历史的原因，陈先生这样过早辞世而去，抚今追昔，使我们不能不为之唏嘘，有无限的感慨。科学是不断发展的，我们每一个人，最好的情况也就是成为历史上的一个链环，确实是“后之视今，亦犹今之视昔”。但是，一代学人，如陈梦家先生，他的业绩是后学不能忘记的。他综合前人、自主创新的开拓进取精神，更是传之不朽，垂为世范。

2006年7月，陈梦家的《梦甲室存文》由中华书局列入“陈梦家著作集”出版。

2007年9月，陈梦家的《梦家诗集》由中华书局列入“陈梦家著作集”出版。

2011年12月，陈梦家的《中国文字学》（修订本）由中华书局出版。

2012年4月28日，陈梦家之墓落成仪式在老家浙江上虞县百官镇百福陵园举行。整个仪式简单庄重，上虞市各界代表和陈梦家的亲属共50多人参加落成仪式。

2016年1月，陈梦家的《陈梦家学术论文集》由中华书局列入“陈梦家著作集”出版。

2016年9月，陈梦家的《老子分释》由中华书局出版。

2016年9月，陈梦家的《美国所藏中国铜器集录》全3册由金城出版社出版。

2017年3月，陈梦家的《海外中国铜器图录》全二册由中华书局列入“陈梦家著作集”出版。

2019年4月，陈梦家的《中国铜器综述》由中华书局列入“陈梦家著作集”出版。

陈梦家作品年表

1928年

诗歌《可怜虫》，发表在1928年1月14日《时事新报·文艺周刊》第18期，署名陈漫哉。这是目前发现陈梦家最早发表的诗歌。

诗歌《一个邻居的弗兰克林》，写于戊辰（1928年）之春，南京白下梦庐，发表在1928年4月《京都副刊·文艺思潮》第2期，第6页，署名陈漫哉。

诗歌《痛歌：悼一一二二惨案死者》，写于1928年3月15日，南京白下，发表在1928年4月《京都副刊·文艺思潮》第4期，第2页，署名陈漫哉。

诗歌《复成桥》，写于戊辰（1928年）清明（4月5日），南京白下，发表在1928年4月《京都副刊·文艺思潮》第4期，第2、3页，署名陈漫哉。

政论《街区自治》，写于民国十七年（1928年）四月二十日，南京白下梦庐，发表在1928年4月《京都副刊·建设专刊》第3期，第6—8页，署名陈漫哉。

诗歌《夜闻》，发表在1928年5月12日《国难》第4期，第3页，国立中央大学反日救国运动大会编辑，署名陈漫哉。

1929年

诗歌《一朵野花》，写于1929年1月，南京大悲楼阁，发表在1929年11月《新月》第2卷第9期，第77页，署名陈漫哉；1930年《国立中央大学半月刊》第1卷第7期，第1142页。后编入《梦家诗集》《梦家存诗》。

诗歌《北风里示威的窃贼》，写于1929年1月底，发表在1929年3月《人间》月刊第3期。

诗歌《秋叶曲》，发表在1930年1月16日《国立中央大学半月刊》第1卷第7期，1934年《诗歌月报》第1卷第4期，第6、7页。

诗歌《栖霞山绯红的枫叶》，发表在1930年1月16日《国立中央大学半月刊》第1卷第7期，第1125页。

诗歌《等》，发表在1930年1月16日《国立中央大学半月刊》第1卷第7期，1934年《诗歌月报》第1卷第1期，第12、13页。

诗歌《大雪天》，发表在1930年1月16日《国立中央大学半月刊》第1卷第7期，署名陈漫哉。

散文《狱》，发表在1930年1月16日《国立中央大学半月刊》第1卷第7期，第1221—1224页。

文艺短论《诗的装饰和灵魂》，发表在1930年1月16日《国立中央大学半月刊》第1卷第7期，第883—886页。

文艺短论《文艺与演艺》，发表在1930年1月16日《国立中央大学半月刊》第1卷第7期，第887—893页。

小说《某女人的梦》，写于1929年6月5日，南京京门平舍，发表在1930年1月16日《国立中央大学半月刊》第1卷第7期，第1045—1058页。

诗歌《东方古国的圣诗》，写于1929年9月6日，上海天通庵，发表在1929年《明灯》（上海）第151、152期合刊，第246、247页。

诗歌《那一晚》，发表在1929年10月《新月》第2卷第8期，第91页，编入《梦家诗集》。这是陈梦家首次在《新月》杂志发表诗歌。

诗歌《为了你》，发表在1929年《新月》第2卷第9期，署名陈漫哉。编入《梦家诗集》。

诗歌《迟疑》，发表在1929年《新月》第2卷第9期，第78页，署名陈漫哉。编入《梦家诗集》。

诗歌《你尽管》，发表在1929年《新月》第2卷第9期，第78页。编入《梦家诗集》。

诗歌《叛誓》，编入《梦家诗集》。

诗歌《夜》，编入《梦家诗集》。

小说《一夜之梦》，写于1929年10月20日，南京中央大学，发表在1930年1月《新月》第2卷第11期，第63—74页。

小说《七重封印的梦》，写于1929年12月18日，南京小营，发表在

1931年6月《文艺月刊》第2卷第5、6合刊，第161—164页。

1930年

诗歌《露水的早晨》，发表在1930年6月《新月》第2卷第12号。后收入《梦家诗集》，题目改为《露之晨》。

诗歌《译哈代〈一个杀死的人〉》，写于1930年3月20日，南京，发表在1931年《文艺月刊》第2卷第2期，第37、38页。

诗歌《自己的歌》，发表在1930年5月《日出》第1卷第1期。编入《梦家诗集》。

诗歌《有一天》，编入《梦家诗集》。

诗歌《三月》，写于1930年3月，编入《梦家诗集》。

诗歌《寄万里洞的亲人》，写于1930年3月，发表在1930年6月《新月》第2卷第12期，第101、102页。编入《梦家诗集》。

诗歌《一句话》，编入《梦家诗集》。

诗歌《无题》，编入《梦家诗集》。

诗歌《古先耶稣告诉人》，编入《梦家诗集》。

诗歌《信心》，编入《梦家诗集》。

诗歌《秦淮河的鬼哭》，编入《梦家诗集》。

诗歌《葬歌》，编入《梦家诗集》。

诗歌《丧歌》，写于1930年春，编入《梦家诗集》。

诗歌《马号》，编入《梦家诗集》。

诗歌《炮车》，编入《梦家诗集》。

诗歌《古战场的夜》，编入《梦家诗集》。

诗歌《露天的舞俑》，写于1930年3月20日，南京小营304，编入《梦家诗集》。

诗歌《答志摩先生》，写于1930年4月末，南京，发表在1930年6月《新月》第2卷第12期，第101页。

散文《五月》，写于1930年5月17日，南京小营北，发表在1930年6月

《新月》第2卷第12期，第92—96页，1931年《诗刊》第3期，第73页。

小说《你披了文黛的衣裳还能同彼得飞》，写于1930年5月6日至8月29日，上海天通庵、杭州城站、上海桃源屯，发表在1931年1、2月《新月》第3卷第3期，第84—85页。

诗歌《歌九首》，写于1930年8月7日，上海天通庵，发表在1930年《新月》第3卷第2期，第99—100页。收入《梦家诗集》，题目改为《歌》。

诗歌《星》，写于1930年8月，上海，编入《梦家诗集》。

诗歌《琵琶》，写于1930年8月，上海桃源屯，编入《梦家诗集》。

诗歌《都市的颂歌》，写于1930年8月31日，上海，发表在1931年1、2月《新月》第3卷第3期，第122—124页。编入《梦家诗集》。

诗歌《像一团磷火》，编入《梦家诗集》。

诗歌《西行歌》，发表在1931年《诗刊》第1期，第26页。编入《梦家诗集》。

诗歌《生命》，编入《梦家诗集》。

诗歌《十月的夜》，写于1930年10月，南京，编入《梦家诗集》。

诗歌《你爱》，编入《梦家诗集》。

诗歌《观音》，编入《梦家诗集》。

诗歌《雁子》，写于1930年10月，南京，发表在1931年《诗刊》第1期，第21、22页，编入《梦家诗集》。

诗歌《红果》，写于1930年，编入《梦家诗集》。

诗歌《秋旅》，写于1930年11月12日，江阴，编入《梦家诗集》。

诗歌《悔与回——献给玮德》，写于1930年11月21日，南京小营304，编入《梦家诗集》。12月，由《诗刊》社和方玮德同题诗一起出版单行本。发表在1931年《诗刊》第1期，第33—41页。

诗歌《再看见你》，写于1930年11月25日，南京小营304，编入《梦家诗集》。

诗歌《梦家诗集序诗》，写于1930年11月，1931年7月《梦家诗集》再版时删除。

第一本诗集《梦家诗集》收入1929年1月至1930年11月诗作40首，编为4卷，第一卷“自己的歌”，第二卷“三月”，第三卷“雁子的歌”，第四卷“长歌”，1931年1月，新月书店初版，徐志摩题签。

诗歌《只是轻烟》，写于1930年12月14日夜，南京小营，发表在1931年2月《新月》第3卷第4期，第80页。

小说《不开花的春天》，写于1930年6月至12月17日，《自序》后《叙诗》，《叙诗》后分《信》上下两部分，1931年9月由上海良友图书印刷公司以《不开花的春天》为书名出版。

1931年

诗歌《白马湖》，写于1931年1月2日，上虞百官驿亭，发表在1931年2月《文艺月刊》第2卷第2期。编入《梦家诗集》《梦家存诗》。

小说《某夕》，发表在1931年4月《东方杂志》第28卷第7期，第93—97页。

诗歌《命运的谎》，写于1931年1月14日，南京小营304，发表在1931年5月《创作》季刊创刊号，第177—180页。

诗歌《城上的星》，写于1931年1月27日，发表在1931年2月《文艺月刊》第2卷第2期，第38页。

诗歌《供》，写于1931年2月3日，发表在1931年《新月》第3卷第7期，第133、134页。编入《梦家诗集》。

诗歌《太湖之夜》，写于1931年2月8日，无锡太湖别墅，发表在1931年4月《诗刊》第2期，第32、33页。编入《梦家诗集》。

诗歌《摇船夜歌》，写于1931年2月底，南京小营。发表在1931年4月《诗刊》第2期，第30、31页。编入《梦家诗集》。

译诗哈代的《一个杀死的人》，译于1930年3月12日，南京，发表在1931年2月《文艺月刊》第2卷第2期，第37、38页。

诗歌《女人，摩西的杖》，写于1931年3月13日，南京蓝庄，发表在

1931年4月《诗刊》第2期，第34、35页。编入《梦家诗集》。

诗歌《铁路上》，写于1931年3月22日夜，发表在1931年7月《新月》第3卷第9期，第76页。编入《梦家诗集》。

诗歌《沙漠的歌》，写于1931年春夏，发表在1932年《新时代》第3卷第1期，第154页。编入《梦家诗集》。

诗歌《嘤嘤两节》，写于1931年春夏，发表在1931年10月《诗刊》第3期，第72页。

诗歌《天国》，发表在1931年《循环》第1卷第5期，第16页。

诗歌《你爱百合花的美》，发表在1931年《现代学生》（上海）第1卷第4期，第3、4页。

诗歌《仓子》，写于1931年5月23日，南京，发表在1931年《创作》第1卷第2期，第171页。编入《梦家诗集》时题目改为《给薇》。

诗歌《二十生辰》，写于1931年5月，发表在1931年8月《创作》第1卷第4期，第118—120页。

诗歌《在雨天里》，发表在1931年7月《创作》第1卷第3期，第171页。

诗歌《五月》，写于1931年5月，发表在1931年6月《新月》第3卷第7期，1931年10月《诗刊》第3期，第73页。编入《梦家诗集》。

诗歌《初夏某夜》，写于1931年6月，南京，编入《梦家诗集》。

诗歌《告诉文黛》，写于1931年6月19日，南京小营，发表在1931年10月《诗刊》第3期，第74、75页。编入《梦家诗集》。

诗歌《潘彼得的梦》，写于1931年6月19日端午，南京小营，发表在1931年10月《诗刊》第3期。编入《梦家诗集》《梦家存诗》，诗注“写给真妮孩子”。

《梦家诗集》再版自序，写于1931年6月黄梅雨，南京小营楼上。

诗歌《桥》，写于1931年7月，上海天通庵，发表在1931年10月《诗刊》第3期，第67—69页。编入《铁马集》。

诗歌《雨》写于1931年7月19日，上海天通庵，发表在1931年10月《诗刊》第3期，第67—69页。编入《铁马集》。

诗歌《问》，发表在1931年10月《诗刊》第3期，第70、71页。

诗歌《我是谁》，写于1931年8月7日，上海天通庵，发表在1931年9月《新月》第3卷第11期，第152—154页。编入《铁马集》。

诗歌《我望着你来》，写于1931年8月10日夜，上海天通庵，发表在1931年9月《新月》第3卷第11期，第154、155页。编入《铁马集》。

《新月诗选》序言，写于1931年8月，上海天通庵，发表在1931年9月《新月诗选》，上海新月书店出版。

诗歌《焦山》，写于1931年8月29日，枕江园，发表在1931年10月《新月》第3卷第12期，第124页，原题为《焦山晚眺》。编入《铁马集》。

诗歌《蓝庄十号》，写于1931年9月7日，南京，发表在1931年12月《诗刊》第4期“志摩纪念号”，1932年《新月》第4卷第1期，第137—140页。编入《铁马集》。

诗歌《相信》，写于1931年9月11日，南京蓝庄，发表1932年7月《诗刊》第4期“志摩纪念号”，第82页。

诗歌《天没有亮》，写于1931年9月14日，南京鸡鸣寺，发表1932年7月《诗刊》第4期“志摩纪念号”，第80、81页。编入《铁马集》《梦家存诗》。

诗歌《夜渔》，写于1931年9月16日，编入《铁马集》。

诗歌《燕子》，写于1931年10月11日，南京蓝庄，发表在1932年10月《清华周刊》副刊《北晨学园》第38卷第4期，第183页，编入《铁马集》。

诗歌《太平门外》，写于1931年10月21日，南京蓝庄，发表1932年7月《诗刊》第4期“志摩纪念号”，第83页。编入《铁马集》。

诗歌《铁马的歌》，写于1931年11月18日，南京大悲楼阁，发表在1932年7月《诗刊》第4期“志摩纪念号”，第76—79页。编入《铁马集》。

诗歌《吊志摩》，写于1931年11月20日夜，南京，发表在1932年12月20日《北晨学园》“哀悼志摩专号”，第67、68页；1932年7月《诗刊》第

4期“志摩纪念号”，第43—46页。

诗歌《致一伤感者》，写于1931年11月23日，南京蓝庄，发表在1941年《国民杂志》（北京）创刊号，第154页。编入《铁马集》《梦家存诗》。

散文《青的一段》，写于1931年12月18日，南京小营，发表在1931年12月《文艺月刊》第2卷第11、12合刊。

诗歌《有所思·寄均》，写于1931年12月12日夜，北京海甸，发表在1932年5月10日《南天诗刊》（沈祖牟主编）第2期。

《诗刊》叙语，写于1931年12月，发表在1931年12月《诗刊》第4期“志摩纪念号”，第7—10页。

诗歌《圣诞歌》，写于1931年12月，上海虹口，发表在1932年7月《诗刊》第4期“志摩纪念号”，第84—86页，编入《铁马集》。

1932年

诗歌《海天小歌》，写于1932年1月，南京蓝庄，编入《铁马集》。5月在青岛续作。

诗歌《鸡鸣寺的野路》，写于1932年1月17日，临别蓝庄，发表在1933年《新月》第4卷第6期，第10页，编入《梦家存诗》。

诗歌《别蓝庄》，写于1932年1月21日，发表在1934年3月《中国文学》第1卷第2期。编入《铁马集》。

诗论《秋天论诗》，写于1932年1月，北京，发表在1932年《北平晨报》副刊《北晨学园》第409、410号。

诗歌《在蕴藻浜的战场上》，写于1932年3月10日，青岛，编入《铁马集》。

诗歌《一个兵的墓铭》，写于1932年3月16日，青岛，发表在1932年《南开大学周刊》第129、130期，第2页。编入《铁马集》《梦家存诗》。

诗歌《老人》，写于1932年3月17日，青岛，编入《铁马集》《梦家存诗》。

诗歌《哀息》，写于1932年3月20日，青岛，编入《铁马集》《梦家存诗》。

诗集《在前线》，收入1932年创作《在蕴藻浜的战场上》《一个兵的墓铭》《老人》《哀息》诗歌4首，1932年7月由北平晨报社出版。后编入《铁马集》，其中后三首编入《梦家存诗》。

诗集《在前线》序，写于1932年4月，青岛大学。

《歌中之歌》译序，写于1932年4月，青岛，发表在1932年5月12日《南开大学周刊》第131期，第31—34页，翻译诗集《歌中之歌》1932年11月由上海良友图书印刷公司收入"一角丛书"出版单行本，扉页题"谨以此书纪念亡友田津生"，印数3000册。

自传《十六夏前后》，写于1932年青岛樱花节，附记写于1932年9月15日中秋日，北京海甸，是《青的一段》续篇。《十六夏前后·一》发表在1932年10月28日《北晨学报》副刊《北晨学园》404号，《十六夏前后·二》发表在1932年10月31日《北晨学报》副刊《北晨学园》405号。

诗歌《耶和华的诘问》，发表在1932年《紫晶》第4卷第1期，第84、85页。

诗歌《呼应》，写于1932年5月8日，青岛，发表在1932年10月《清华周刊》第38卷第4期，第38、39页。

诗歌《叮当歌》，写于1932年5月27日，青岛，发表在1934年《明灯》（上海）第202期，第1339页。编入《铁马集》。

诗歌《白俄老人》，写于1932年6月2日，青岛咖啡，发表在1933年8月《文艺月刊》第4卷第2期，第32、33页。编入《铁马集》《梦家存诗》。

诗歌《海》，写于1932年6月13日，青岛，编入《铁马集》。

诗歌《小诗》，写于1932年6月，青岛，编入《铁马集》。

诗歌《西山》，写于1932年9月17日中秋后二日，北京香山朗风亭，发表在1932年11月《新月》第4卷第4期，第55页。编入《梦家存诗》。

诗歌《西山夜游片断》，写于1932年9月25日，香山客店，编入《铁马集》。

诗歌《南京某晚》，发表在1932年9月28日《北平晨报》副刊《北晨学园》。

诗歌《自白》，写于1932年10月10日夜，北京，发表在1933年《东方文艺》（广州）第1卷第4期，第340—352页。

散文《纪念志摩》，写于1932年10月，北京海甸燕京，发表在1932年12月《新月》第4卷第5期，第7—14页。

诗歌《追念志摩》，写于1932年11月14日，北京海甸冰窖，发表在1932年12月19日《北平晨报》副刊《北晨学园》。诗分两节，第一节俞大纲写，第二节陈梦家写。编入《铁马集》。

诗歌《西山野火》，写于1932年11月16日，北京海甸，发表在1933年1月《小说月刊》（杭州）第1卷第4期，第275、276页。

诗歌《有所思》，写于1932年12月12日，北平海甸。

《铁马集》序诗，写于1932年12月19日，北京。编入《铁马集》。

诗歌《影》，写于1932年12月26日，北京海甸，发表在1933年3月《创作》季刊第1卷第1期，第8页。诗末写“记青岛海滨散步”。编入《梦家存诗》。

诗歌《九龙壁》，写于1932年12月27日，北京海甸冰窖，发表在1933年3月《创作》季刊第1卷第1期，第7、8页。前有方玮德同题诗歌。编入《铁马集》。

《A Soldier Who Deed in Defence of Shanghai》（《一个兵的墓铭》），发表在1932年12月《南大周刊·英文副刊》第136期，第6页，南开大学刘恩荣翻译。

《Five Chinese Pomes：The Lake of the White House》（《白马湖》），发表在1933年2月《南大周刊·英文副刊》第2期，第2、3页，南开大学刘恩荣翻译。

1933年

《一个人的降生和复活的故事》，写于1933年1月3日，北京海甸冰窖，发表在1934年3月《紫晶》第6卷第1期。

诗歌《塞上杂诗》，写于1933年3月12日，北京途间，发表在1933年6月《新月》第4卷第7期，第9—11页。编入《铁马集》。

诗歌《古北口道中：塞北杂诗之一》，写于1933年3月12日，北京途间，发表在1933年《铁路月刊：津浦线》第3卷第8期，第57页。

诗歌《唐朝的微笑》，写于1933年，发表在1934年《中国文学》第1卷第2期，1934年《诗歌月报》第1卷第1期，第12页。编入《铁马集》。

诗论《论诗小札》，写于1933年3月，北平海甸，发表在1933年6月《东方文艺》第1卷第5、6合期。

诗歌《叫魂》，写于1933年7月，南京鸡鸣寺大悲楼阁，发表1933年7月《中央日报》副刊《中央公园》。

《梅士斐诗选》之《在病榻旁》，发表在1933年《文艺月刊》第4卷第1期，第190、191页。《梅士斐诗选》包括梅士斐介绍、梅士斐最近画像、译诗27首，陈梦家译诗后附陈梦家致方玮德信。

《白雷客诗选译》序，写于1933年9月初，南京蓝家庄，发表在1933年10月《文艺月刊》第4卷第4期。

《白雷客诗选译》，发表在1933年10月《文艺月刊》第4卷第4期。译诗16首，署名“萝蕤·梦家”。

诗歌《秋雨偶然作》，写于1933年9月22日，芜湖狮子山，编入《铁马集》。

诗歌《秋江》，写于1933年9月24日，芜湖江干，编入《铁马集》。

诗歌《雨中过二十里铺》，写于1933年10月10日，芜湖狮子山，编入《铁马集》《梦家存诗》。

诗歌《秋风歌》，写于1933年10月10日，芜湖狮子山青阳楼，编入《铁马集》。

诗歌《黄河谣》，写于1933年10月15日，芜湖狮子山，发表在1933年12月《文艺月刊》第4卷第6期，第101页。编入《梦家存诗》。

长诗《往日》之一《鸿蒙》，写于1933年10月22日，芜湖，发表在

1934年《学文》月刊第1卷第1期，第13—24页，以《当初》为题删简后编入《梦家存诗》。

长诗《往日》之二《昧爽》，写于1933年10月23日，芜湖，发表在1934年《学文》月刊第1卷第2期，第13—20页。

诗歌《陆离》，写于1933年10月23日，11月30日脱稿，芜湖狮子山青阳楼，发表在1934年《学文》月刊第1卷第3期，第11—40页。自“从那里我又沿溪水间的银杏”至“升上来，升上来，告示白天的开场”句，写于1933年10月26日夜半，以《泰山与塞外的浩歌》为题，发表在1934年《文艺月刊》月刊第5卷第1期，第1—6页，并以《登山》为题编入《梦家存诗》。自“热情吞没了以外的悲喜，贪心给我”句至诗末，写于1933年10月30日，以《出塞》为题编入《梦家存诗》。

诗歌《何首乌歌并序》，写于1933年11月，芜湖狮子山青阳庐，发表在1933年11月29日《大公报·文艺副刊》。

散文《悼津生》，写于1933年11月11日，芜湖狮子山，发表在1933年11月《北平晨报》副刊《北晨学园》。

诗歌《一半红一半黄的秋叶》，写于1933年11月16日，芜湖狮子山，编入《铁马集》。

1934年

诗集《铁马集》，收入1931年7月至1933年11月诗歌40首，1934年1月由上海开明书店出版，林徽因设计封面。

散文《记志摩先生》，写于1934年1月16日，芜湖狮子山，发表在1934年《文化通讯》（上海）第1卷第1期，第5—7页。

散文《老子哲学之原理及其运用》，写于1934年1月，芜湖狮子山，发表在1934年《文化通讯》（上海）第1卷第2期，第9—14页。

诗歌《圆规》，发表在1934年2月《中国文学》创始号第1卷第1期，第71—73页。

杂论《本刊创作原型》，发表在1934年2月《中国文学》创始号第1卷第1期，第115页。

诗歌《天国外二章》，发表在1934年3月《中国文学》第1卷第2期，第52—54页，1934年《诗歌月报》第1卷第1期，第12页。

散文《论朋友》，写于1934年3月27日，芜湖狮子山，发表在1934年5月24日《中央日报·文学周刊》第1期。

评论《文学上的中庸论》，写于1934年4月7日，发表在1934年5月10日《中央日报·文学周刊》第1期。

诗歌《梦中口占》，写于1934年6月，芜湖狮子山，发表在1934年9月22日《大公报·文艺副刊》。

小说《两只青鸟》，英国劳伦斯，译于1934年9月初旬，北京海甸，发表在1934年10月《文艺月刊》第6卷第4期，第92—104页。

诗歌《过当涂河》，写于1934年9月26日夜，1935年改，北京海淀，发表在1935年《文学时代》第1卷第1期，第86、87页。编入《梦家存诗》。

诗歌《十字架》，发表在1934年11月3日《大公报·文艺副刊》。

1935年

诗歌《小庙春景》，写于1935年2月4日，燕东园，编入《梦家存诗》。

诗歌《送玮德》，写于1935年6月，发表在1935年6月10日《北平晨报》副刊《北晨学园》“玮德纪念号”。

散文《玮德得病始末》，写于1935年6月，发表在1935年6月11日《北平晨报》副刊《北晨学园》“玮德纪念号”。

《劳伦斯诗一首》，发表在1935年11月《文学时代》创刊号，第47、48页。

《玮德诗文集》跋，写于1935年8月8日立秋日，上海，1936年1月10日校于北平芜东园，发表在1936年3月《玮德诗文集》，上海时代图书公司初版。附录方玮德著作年表。

《梦家存诗》自序，写于1935年8月16日，北平燕东园。

诗歌《攀》，写于1935年9月，北平，发表在1935年《文艺月刊》（开封）第1卷第5、6号合刊。

1936年

论文《颂壶考释》，写于1936年3月。收入《西周铜器断代》。

诗集《梦家存诗》，收入1929年至1935年诗歌23首，1936年3月由上海时代图书公司初版。

硕士论文《古文字中之商周祭祀》，完成于1936年4月2日，北平佟府甲八梦甲室，发表在1936年6月《燕京学报》第19期，第92—156页。

论文《郭沫若〈周易的构成时代〉书后》，写于1936年4月。北平佟府甲八。

论文《令彝新释》，写于1936年5月，北平佟府甲八梦甲室，发表在1936年6月15日燕京大学考古学社《考古社刊》第4期，第27—39页。

论文《释底渔》，写于1936年5月，北平佟府甲八梦甲室，发表在1936年6月15日燕京大学考古学社《考古社刊》第4期，第40—42页。

论文《隹夷考》，写于1936年6月，梦甲室商代地理小记系列之一，发表在1936年7月《禹贡》第5卷第10期，第13—18页。

论文《商周之天神观念》，发表在1936年6月《燕京学报》第19期，第143—150页。

小说《一个绝望的女人》，翻译英国劳伦斯小说，发表在1936年7月《文艺月刊》第9卷第1期，第221—238页，1936年《好文章》（上海）第3期，第74—119页。

论文《史字新释附尹奭》，写于1936年9月，北平西郊梦甲室，发表在1936年12月日燕京大学考古学社《考古社刊》第5期，第7—12页。

诗歌《有赠》，发表在1936年11月10日《新诗》第1卷第2期，第44、45页。

论文《商代的神话与巫术》，写于1936年10月12日，发表在1936年12月《燕京学报》第20期，第488—579页。

《“井鱼”——庄子〈秋水〉》，发表在1936年11月《大公报》（上海）副刊《文艺》第241期。

论文《释冎》，1936年11月26日重作，12月10日校后附记，

论文《上帝与先祖之分野》，发表在1936年《燕京学报》第20期，第526—528页。

论文《史字新释辅正附论鸟纲》，写于1936年12月2日，北平海甸军机处3号，发表在1936年12月燕京大学考古学社《考古社刊》第5期，第13—16页。

论文《黄字新释》，写于1936年，稿本，未刊。

论文《卜辞地理篇》，写于1936年，稿本，未刊。

论文《古代地理零篇》，写于1936年，稿本，未刊。

歌曲《雁子》，陈田鹤曲，发表在1936年《音乐教育》第4卷第5期，第1—5页。陈歌辛曲，发表在1938年《音乐世界》第1卷第5期，第65页。

1937年

诗歌《述庄子“方生方死”惠施“日方中方睨方生方死”》，写于1937年1月5日，发表在1937年3月《新诗》第1卷第6期，第36页。

论文《禺邗王壶考释》，写于1937年2月，4月抄于北平海甸，6月15日校，发表在1937年6月《燕京学报》第21期，第222—244页、第368—369页。

论文《祖庙与神主之起源——释且宜祖宗祐祊示室等字》，写于1937年3月初旬，北平海甸军机处，发表在1937年南京大学国文学会《文学年报》第3期，第63—70页。

论文《释攸释豕》，写于1937年5月1日，北平海甸梦甲室，发表在1837年11月15日燕京大学考古学社《考古社刊》第6期，第195—202页。

论文《商代地理小记》二，包括《隹夷考补》《归夷考》《畎夷考》《方夷考》《贯国串夷考》《虎方考》《武王伐纣所率西南夷考》七篇，写于1937年5月，北平海甸梦甲室，发表在1937年《禹贡》半月刊第7卷第6、7期合刊，第101—108页。

论文《高禖郊社祖庙通考》，写于1937年5月23日，北平海甸梦甲室，后有1937年5月24日闻一多跋，5月25日陈梦家再记，6月24日，陈梦家校后补录，发表在1937年6月《清华学报》第12卷第3期，第445—472页。

论文《射与郊》，写于1937年5月，1938年秋重写，附带写本文上部，1939年又重写一遍，1940年秋又重写两遍，1941年3月初，写附记。发表在1941年《清华月报》第13卷第1期。

论文《“风”“谣”释名——附论〈国风〉为“风谣”》，写于1937年5月25日，北平海甸梦甲室，发表在1937年6月《歌谣》第3卷第12期，第3—5页。

论文《五行之起源》，写于1937年12月，湖南衡山楷庐，1938年4月重录于云南蒙自城中，1938年11月在昆明一丘田写《补遗三则》。发表在1938年《燕京学报》第24期，第36—53页。燕京大学哈佛燕京学社出版单行本。

论文《殷代的自然崇拜》，写于1937年，稿本，未刊。

论文《卜辞四方风考》，写于1937年，稿本，未刊。

1938年

论文《老子分释》，写于1938年春夏，西南联合大学时在云南蒙自，住桂林街14号，1944年9月8日，陈梦家在昆明龙泉镇楷庐写《自序》，1945年11月，由商务印书馆（重庆）出版。

论文《商王名号考》，写于1938年12月18日，昆明圆圆下舍，1939年10月8日在《读书周刊》新一号发表一节要。1940年2月，重录于昆明平政街，6月，由燕京大学哈佛燕京学社《燕京学报》第27期出版单行本。9月，再作批改。

1939年

文论《白话文与新文学》，写于1939年3月，昆明，发表在1940年6月《燕京学报》第27期，第122—149页、第285页。

论文《文字学甲编》六章，写于1939年夏，陈梦家在昆明西南联大任教时的文字学讲义稿，初写定六章。1942年4月下旬，续作第七章《古文字材料》，至第一节“甲骨文”未完而辍。

《小盂鼎》考释，写于1939年春，昆明，1942年秋在龙泉镇据拓本复写一遍，1955年借到于省吾原拓照片有增释与改定。

论文《读〈天壤阁甲骨文存〉》，写于1939年6月，发表在1939年9月《图书季刊》新第1卷第3期，第60—64页。

杂论《书语》，写于1939年12月12日，昆明桃园，发表在1941年2月《国文月刊》第1卷第6期，第21—22页。

论文《评〈殷虚遗珠〉并论罗氏前编的来源》，写于1939年年终，昆明梦甲室，发表在1940年2月《图书季刊》新第2卷第1期，第49—51页。

论文《〈长沙古物闻见记〉序》，写于1939年岁暮，昆明西南联大，发表在1940年9月《图书季刊》新第2卷第3期，第58—63页。

论文《古文考略》，写于1939年，“中国文字学”讲义一节。

1940年

论文《述方法敛所摹甲骨卜辞》，发表在1940年2月《图书季刊》新第2卷第1期，第52—56页。

论文《商代至唐代之中国铜器》，发表在1940年《图书季刊》新2卷第2期，第116、117页。

论文《中国铜器概述》，写于1940年4月，西南联大，1941年3月31日校于昆明桃园，为《海外中国铜器图录》第一集上册部分内容，1946年由上海商务印书馆出版。

论文《越王诸咎粤滑考》，发表在1940年3月18日《时事新报·学灯》（渝版）第77期。

论文《梦甲室字话》，写于1940年4月19日，发表在1940年9月《国文月刊》第1卷第2期，第18—19页、第25页。

论文《周公旦父子考》，写于1940年5月28日陈梦家父亲周忌，昆明，发表在1940年6月《金陵学报》第10卷第1、2期合刊，第113—118页。

论文《述方法敛所摹甲骨卜辞补》，写于1940年6月，昆明平政街梦甲室，发表在1940年9月《图书季刊》新第2卷第3期，第36—41页。

论文《孟子养气章的几点解释》，写于1940年10月3日，昆明，发表在1944年《理想与文化》第5期，第47—50页。

杂论《认字的方法》，写于1940年10月10日，昆明平政街，发表在1941年1月《国文月刊》第1卷第5期，第27—28页。

论文《铜器铭文研究》，稿本，未刊。

论文《金文编校记》，稿本，未刊。

1941年

论文《释“国”“文”》，发表在1941年12月《国文月刊》第11期，第26页。

书评《介绍王了一先生汉字改革》，写于1941年1月，昆明龙泉镇，发表在1942年2月《国文月刊》第19期，第15—17页。

《海外中国铜器图录第二集编后附言》，写于1941年岁初，昆明，整理稿未刊，收入2016年中华书局《陈梦家学术论文集》。

论文《论散文先于韵文》，发表在1941年《当代评论》第1卷第23期，第10—12页。

论文《关于上古音系的讨论》，写于1941年12月，昆明，1942年7月录于龙泉镇梦甲室，发表在1941年10月《清华月报》第13卷第2期，第1—13页。

书评《评张荫麟先生〈中国史纲〉第一册》，写于1941年12月杪，昆明龙泉镇，发表在1943年1月《思想与时代》第18期，第28—32页。

《毛公鼎》考释，写于1941年终，昆明东郊棕皮营，1964年终录改于北京。

《甲骨摄影考释》，写于1941年，稿本，未刊。

1942年

《不嬰毁盖》考释，写于1942年3月中旬，昆明棕皮营，1966年元旦重作。

《同卣》考释。写于1942年春，1958年2月12日改作，1966年1月在此手稿上眉批。

论文《六国纪年表》，写于1942年夏，昆明龙泉镇。发表在1948年《燕京学报》第34期，后收入《六国纪年》。

论文《尚书通论》，写于1942年8月，昆明，1950年用此讲义授教清华大学。1956年10月9日补“第六章结语与问题纲目”。

论文《尚书专论》，第一考《古文尚书作者考》写于1942年9月16日，昆明龙泉镇。发表在1944年《图书季刊》新4卷第3、4期合刊，第6—20页。后收入《尚书通论》。

论文《陈□壶》考释，写于1942年12月，发表在1942年12月《责善》半月刊第2卷第23期，第2、3页。

《金文考释零篇》，稿本，未刊。

1943年

论文《上古天文资料》，写于1943年1月，昆明龙泉镇棤庐，发表在1947年《学原》第1卷第6期，第91—102页。

论文《尚书讲义》，第一篇《甘誓》，写于1943年4月15日、16日，昆明。第二篇《汤誓》，写于1943年4月23日、24日，昆明。第三篇《盘庚上》，写于1943年4月30日至5月4日，昆明。第四篇《大诰》，写于1943年5月13日，昆明。1950年用此讲义授教清华大学。后收入《尚书通论》。

论文《尚书专论》，第二考《尧典为秦官本尚书考》写于1943年5月，昆明龙泉镇，发表在1947年6月《清华学报》第14卷第1期，第155、156页，后收入《尚书通论》。第三考《王若曰考》写于1943年秋，昆明，发表在1944年《说文月刊》第4卷合刊，第344—349页，1956年春修改，后收入《尚书通论》。

《尚书补述》之四《论尚书体例》，写于1943年，1963年9月改作，北京。之七《孟子滏水考》，写于1943年4月11日，昆明棕皮营。同时，作《犬夷考》《太原考》《汤都亳考》《瓜州九州考》等篇，未刊，“曾钞寄顾颉刚先生于成都，后来听说在一史学杂志上发表，迄未见到”。后收入《尚书通论》。

论文《敦煌写本尚书经典释文校记》，约写于1943年，“见吴士鉴所作《唐写本经典释文校记》，觉其颇多错误，曾重作校记，并考定此卷年代。稿存昆明，今已失落”。

《中国文字学》，1943年重订本，仅写两章。

1944年

论文《汲冢竹书考》，写于1944年5月，昆明龙泉镇，发表在1944年《图书季刊》新第5卷第2、3期合刊，第4—18页，后收入1955年学习生活出版社的《六国纪年》。

论文《秦刻石杂考》，写于1944年6月，昆明，陈梦家遗作，整理稿未刊，收入2016年中华书局《陈梦家学术论文集》。

论文《六国纪年表考证》上篇，写于1944年夏，昆明龙泉镇，发表在1949年《燕京学报》第36期，第98—140页、第345页。后收入1955年学习生活出版社的《六国纪年》。

论著《西周年代考》，写于1944年，昆明，5月写《附记》，9月22日在印度加尔各答旅次写《自序》，1945年11月由重庆商务印书馆出版。1955年8月，在北京东厂写《重编前言》，12月商务印书馆出版重订本。1956年10月17日，写《再版附记》，出版再版本。

1945年

演讲稿《中国青铜器的形制》，1945年11月30日在美国纽约大都会博物馆举行全美中国艺术学会第六次年会上作，发表在1945—1946年《全美中国艺术学会年报》（*Archires of the Chinese Art Society of Amercia*）第1

期，第26—52页，后由张长寿翻译，收入陈梦家《西周铜器断代》，中华书局2004年出版。

1946年

论著《白金汉所藏中国青铜器图录》（*Chinese Bronzes from the Buckingham Collection*），与凯莱合编，1946年春由美国芝加哥美术馆出版。汉英对照本由田率译，北京金城出版社2015年1月出版。

论著《海外中国铜器图录》第一集，上下两册，1946年5月由国立北平图书馆出版，商务印书馆发行，容庚题鉴，珂罗版印刷，上册有袁同礼写于1940年6月的《序》，陈梦家写于1940年4月的《中国铜器概述》，附录“参考用书”“英文提要”，下册为“藏家中西名对照及藏品引得”“图版1—150”，收入150件铜器影印图。

专著《柏景寒中国铜器集》，1946年陈梦家与人合编。

论文《先秦卫有驰道考》，发表在1946年《文讯》第6卷第9期。

1947年

《美国所藏中国铜器集录》，完成于1947年6月，1956年12月写《自序》于北京考古研究所。“重编期间，加入了返国之前在纽约所见的一批材料，并将原编中不甚重要的删去若干，共编八四五号。原编拓本R.1—445仍依原来所排次序，其新加入的拓本附续其后。删去图像的，其拓本在R.1—445之内的，仍将当日记录附记于此集中。”此《自序》系整理稿未刊，收入2016年中华书局《陈梦家学术论文集》。

杂论《论习文史》，写于1947年12月，清华园，发表在1948年1月31日《观察》第3卷第23期，第5、6页。

论文《世本考略》，写于1947年12月，1950年9月重录于北京陈府，收入1950年《周叔弢先生六十五岁生日纪念论文集》。

1948年

论文《海外中国铜器的收藏与研究》，写于1948年1月10日，清华大学胜因院，发表在1948年2月6日天津《民国日报》。

《孙诒让先生百年诞纪念》，写于1948年1月，清华园，发表在1948年1月24日《申报·文史》第7期。

诗歌《敬悼甘地先生》，写于1948年1月31日，清华园，发表在1948年3月《观察》第4卷第3期，第18页。

时论《论时文四弊》，写于1948年2月，发表在1948年《周论》第1卷第7期，1948年《现实文摘》第2卷第6期，第14页，1948年《书报精华周刊》第5期，第2页。

论文《美国的汉学研究》，写于1948年2月29日，清华园胜因书房，发表在1948年《周论》第1卷第10期，第10页。

《六国纪年表叙》写于1948年4月10日，清华园胜因书房，7月15日写《跋》，发表在1949年《燕京学报》第36期。后收入1955年学习生活出版社的《六国纪年》。

《清华大学文物陈列室成立经过》写于1948年4月25日，清华园，发表在1948年5月1日天津《大公报》。

论文《六国纪年表考证》下篇，写于1948年7月，清华园胜因书房，发表在1949年6月《燕京学报》第37期，第160—203页、第267页。后收入《六国纪年》。

散文《记纽约五十七街中国古董铺》，写于1948年8月10日，发表在1948年8月20日《周论》第2卷第6期，第4、5页。

诗歌《过高台县往安西》，写于1948年10月29日，甘肃道中，发表在1957年5月25日《诗刊》第5期。

论文《商殷与夏周的年代问题》，发表在1955年《历史研究》第2期，第53页，后收入《殷虚卜辞综述》。

论文《殷代社会的历史文化》，发表在1955年《新建设》第7期，第41页，后收入《殷虚卜辞综述》。

《洛阳出土嗣子壶归国记》写于1948年12月7日，发表在1997年《文物天地》双月刊第2期。

1949年

论文《清华大学搜集文物的经过及此次展览的意义》，发表在1949年10月《台湾西藏西南少数民族文物展览特刊》。

观后感《清华大学少数民族文物展后感——并论大学博物馆的前途》，写于1949年11月11日，燕东园，发表在1949年12月14日《人民日报》。

《甲骨缀合编序》，写于1949年。

1950年

论文《雁北考古旅行的收获》，写于1950年9月15日，北京燕东园，1951年2月15日校后补记，发表在1951年中央人民政府文物局出版《雁北文物勘查团报告》。

论文《中国古代铜器怎样到美国去的》，发表在1950年11月《文物参考资料》第11期。

1951年

论文《敦煌在中国考古艺术史上的重要》，写于1951年4月，北京朗润园，发表在1951年5月《文物参考资料》第2卷第4期，1951年《文物》第4期。

论文《殷代铜器》三篇，写于1951年自春至秋，1954年4月重录于北京马市考古所，发表在1954年9月《考古学报》第7期，第15—59页。

论文《祀周与农历》，作为《甲骨断代学甲编》，发表在1951年6月《燕京学报》第40期，第1—64页。

诗歌《忆一九四四年飞过喜马拉雅山》，1951年11月改作，和《过高台县往安西》《中元宿洞庭西山显庆寺》以《纪游三首》为题，发表在1957年5月25日《诗刊》第5期。

论文《甲骨断代与坑位》，作为《甲骨断代学丁篇》，发表在1951年12月《考古学报》第5册。第一、二分合刊，第177—224页。

《殷契拾掇序》，写于1951年。

《文字学》，1937—1951年清华大学讲稿。

1952年

《现代中国语言学》，1949—1952年清华大学讲稿。

1953年

《〈铜器发展的历史概要〉讨论——就读者所提的意见说明我的看法》，写于1953年7月，考古所，发表在1953年7月30日《文物参考资料》第35期。

诗歌《中元宿洞庭西山显庆寺》，写于1953年8月24日，发表在1957年5月25日《诗刊》第5期。

诗歌《过北海三座门大街》，写于1953年12月17日，手稿。收入《陈梦家诗集》，中华书局2006年版。

论文《殷代卜人篇》，作为《甲骨断代学丙篇》，发表在1953年12月《考古学报》第6期，第17—55页。

1954年

论文《铜鼎》，发表在1954年5月《新观察》第9期。

论文《解放后甲骨的新资料和整理研究》，发表在1954年5月《文物参考资料》第5期。

散文《悼闻一多先生》，写于1954年6月，发表在1956年7月14日《光明日报》第3页，1979年《战地》增第5期，第25页，收入1980年北京三联书店出版《闻一多纪念文集》。

论文《西周文中的殷人身分》，发表在1954年《历史研究》第6期。

戏评《评剧〈秦香莲〉》，发表在1954年6月《新观察》第12期。

时论《中华民族文化的共同性》，发表在1954年9月《文物参考资料》第9期。

论文《甲骨补记》，发表在1954年《文物参考资料》第12期。

1955年

论文《商殷与夏周的年代问题》，发表在1955年4月《历史研究》第2期，第53—75页。

论文《关于修理铜器》，发表在1955年5月《考古通讯》第3期，第67页。

论文《不许劫夺在台湾的古代文物》，发表在1955年《旅行家》第6期，第9页。

论文《殷代社会的历史文化》，发表在1955年《新建设》第7期，总第82期，第41页。

论文《迎接黄河规划中的考古工作》，发表在1955年9月《考古通讯》第5期，第3页。

《〈中国历史纪年表〉重编叙》，写于1955年9月底，万国鼎原编，万斯年、陈梦家补订，改订本，1956年由商务印书馆出版。

论文《西周铜器断代》（一），发表在1955年9月《考古学报》总第9期，第137页。

论文《寿县蔡侯墓铜器》，写于1955年10月，1956年5月补记，发表在1956年6月《考古学报》第2期。

论文《宜侯夨毁和它的意义》，发表在1955年《文物参考资料》总第57期，第63页。

评论《反对美国侵略集团劫夺在台湾的我国古代铜器》，发表在1955年《文物参考资料》总第59期，第58页。署名张仲平。

1956年

时论《咱们在社会主义道上怎不快走》，发表在1956年《考古通讯》

第2期总第8期，第19页。

论文《六年来的考古新发现》，发表在1956年7月18日《人民日报》，第7页。收入2006年中华书局出版的《梦甲室存文》。

论文《对于考古工作的一些意见》，发表在1956年7月19日《光明日报》，第2页。收入2006年中华书局出版的《梦甲室存文》。

戏评《论老根与开花》，发表在1956年9月25日《人民日报》副刊。收入2006年中华书局出版的《梦甲室存文》。

《中国铜器综录自序》，写于1956年秋，北京钱粮胡同，陈梦家遗作，整理稿未刊，收入2016年中华书局《陈梦家学术论文集》。

评论《论简朴》，发表在1956年11月17日《人民日报》副刊，第8页。收入2006年中华书局出版的《梦甲室存文》。

散文《艺术家的闻一多先生》，发表在1956年11月17日《文汇报·笔会》，附录闻一多《论形体——介绍唐仲明先生的画》。收入2006年中华书局出版的《梦甲室存文》。

影评《关于电影〈花木兰〉》，发表在1956年11月26日《人民日报》副刊，第7页。收入2006年中华书局出版的《梦甲室存文》。

论文《西周铜器断代》（二），发表在1956年9月《考古学报》第10期，第69页。后收入《西周铜器断代》。

论文《西周铜器断代》（三），发表在1956年《考古学报》第11期，第65—114页。后收入《西周铜器断代》。

论文《西周铜器断代》（四），发表在1956年《考古学报》第12期，第85页。后收入《西周铜器断代》。

论文《西周铜器断代》（五），发表在1956年《考古学报》第13期，第105—127页。后收入《西周铜器断代》。

论文《西周铜器断代》（六），发表在1956年12月《考古学报》第14期，第85页。后收入《西周铜器断代》。

1957年

评论《谈谈徐志摩的诗》，写于1957年1月，北京，发表在1957年2月

《诗刊》第2期，第81页。收入2006年中华书局出版的《梦甲室存文》。

评论《论间空》，发表在1957年1月23日《人民日报》副刊。收入2006年中华书局出版的《梦甲室存文》。

论文《略论文字学》，发表在1957年2月4日《光明日报》，第2页。收入2006年中华书局出版的《梦甲室存文》。

剧评《要去看一次曲剧》，发表在1957年2月14日《人民日报》副刊，第8页。收入2006年中华书局出版的《梦甲室存文》。

评论《我们当编辑的》，发表在1957年4月19日《文汇报》，第2页。收入2006年中华书局出版的《梦甲室存文》。

评论《慎重一点“改革”文字》，写于1957年5月1日，发表在1957年5月17日《文汇报》，第2页。收入2006年中华书局出版的《梦甲室存文》。

讲演稿《关于汉字的前途——1957年3月22日在中国文字改革委员会的讲演》，写于1957年5月1日，发表在1957年5月19日《光明日报·文字改革》双周刊第82期，第6页。收入2006年中华书局出版的《梦甲室存文》。

评论《两点希望》，发表在1957年5月6日《文汇报》。收入2006年中华书局出版的《梦甲室存文》。

评论《论人情》，发表在1957年5月8日《人民日报》副刊，第8页。收入2006年中华书局出版的《梦甲室存文》。

戏评《看豫剧〈樊戏〉》，发表在1957年5月15日《人民日报》副刊。收入2006年中华书局出版的《梦甲室存文》。

诗论《谈后追记》，发表在1957年6月《诗刊》第6期，第8页。

《一封讨论文字改革的信》，发表在1957年《中国语文》6月号。

评论《关于美术工艺的几个问题》，发表在1957年6月6日《大公报》，第3页。

戏评《看戏杂记》，发表在1957年6月16日《光明日报》，第3页。

戏评《看戏杂谈》，发表在1957年《文艺报》总第162期，第37页。

评论《我的感想》，发表在1957年《文艺报》总第178期，第2页。

论文《右辅环宝留珍札记》，手稿，约写于1957年，收入2016年中华书局《陈梦家学术论文集》。

1958年

书评《郭沫若著：〈两周金文辞大系图录考释〉》，发表在1958年5月《考古通讯》总第23期，署名余孚山。收入2006年中华书局出版的《梦甲室存文》。

1959年

豫剧剧本《红日》，写于6月29日，7月11日修改抄完。未发表。

1960年

《尚书补述》之一《孔传本出现的时代》，写于1960年岁暮，北京。之二《书序形成的时代》，写于1960年2月，北京。之三《论尚书逸文》，写于1960年2月初稿，1963年8月改作。收入1985年中华书局出版《尚书通论》修订本。

论文《说虎臣与庸》，发表在1960年《考古》第5期，第33页，化名"王祥"。

1961年

论文《西汉都尉考》，写于1961年6月初稿，1965年1月改作。收入《汉简缀述》。

论文《汉简所见奉例》，写于1961年夏初作，1963年清明录毕，发表在1963年《文物》第5期，第32—41页。收入《汉简缀述》。

论文《汉简考述》第一篇《额济纳河流域障隧综述》，写于1961年12月，1963年2月重录。第二篇《邮程表与候官所在》，写于1961年11月，1963年3月校订。发表在1963年《考古学报》第1期，第37页。收入《汉简缀述》。

书评《介绍〈黄县曩器〉》（王献唐著，山东人民出版社出版），发表在1961年《考古》第6期，第337页，署名"世贞"。

1962年

论文《战国楚帛书考》，1962年九月杪，写完叙记于北京东厂，附《帛书的月名与三正》，1962年10月初作，陈梦家遗作，整理稿刊于1984年《考古学报》第2期，第137—158页。

论文《汉简所见太守、都尉二府属吏》，写于1962年，北京，1965年秋重订。

论文《叔尸钟镈考》，写于1962年11月1日，陈梦家遗作，后附叔尸编镈、钟铭释文及叔尸镈铭文，整理稿刊于1998年《燕京学报》新4期。

1963年

论文《宋大晟编钟考述》，1963年6月初旬重记于北京，发表在1964年《文物》第2期，第51—53页。

论文《蔡器三记》，发表在1963年7月《考古》第7期，第381页。

《尚书补述》之五《敦煌写本尚书经典释文跋记》，并《附记》，写于1963年9月8日白露，北京隆福寺后。之六《尧典、考工记与秦制》，写于1963年8月，北京。《附记》写于1963年8月，北京钱粮胡同。后收入《尚书通论》。

论文《汉简所见居延边塞与防御组织》，写于1963年10月，北京，发表在1964年8月《考古学报》第1期，第55—109页。收入《汉简缀述》。

1964年

论文《战国度量衡略说》，发表在1964年6月《考古》第6期，第312页。

1965年

论文《博古图考述》，写于1965年9月10—30日，原稿所列最后一节“编作内容”，本来准备阐述《博古图》如何“仿李公麟《古器图》，有序、说、赞”，“分类约58类，与黄伯思相同”，以及“与吕大临不同之处”等等，实际未能全部写完。陈梦家遗作，整理稿刊于1998年《湖南省博物馆文集》第四辑，船山学刊杂志社出版。

论文《汉简年历表叙》，发表在1965年12月《考古学报》第2期，第103—149页。

论文《玉门关与玉门县》，发表在1965年9月《文物》第9期，第469页。

论文《汉代铜器工官》，约写于1965年，整理稿未刊，收入2016年中华书局《陈梦家学术论文集》。

论文《汉简小学汇考》，约写于1965年，整理稿未刊，收入2016年中华书局《陈梦家学术论文集》。

1966年

论文《亩制与里制》，发表在1966年《考古》第1期，第36页。

论文《东周盟誓与出土载书》，发表在1966年5月《考古》第5期，第27页。

另：

1.《〈山东古国考〉后记》，发表在1980年《西北大学学报》第3期，第46页。

2.《甲室杂集》甲骨文拓本，陈梦家旧藏100件，后归中科院考古研究所。

3.马汉麟著《卜人引得》，稿本，写于1948年，陈梦家等增补校订。

4.在赵萝蕤抄录的陈梦家1957年自编论文目录中，著录英文论文5篇，现今未收集到。据王世民说，陈梦家后来一度致力于度量衡的梳理与研究，他的稿件还保存在考古所内，但大都未成稿，仅篇名有《战国货币总述》《战国记容铜器》《古尺记略》《汉尺考述》《汉斛考述》《汉唐之间的尺度》《唐宋尺》《明清尺》等。

后记：一朵野花永不谢

今年阴历3月22日转眼即至，这是陈梦家诞辰107周年的纪念日。

我在微信朋友圈发《一朵野花：陈梦家纪事》，每期约1800字，今天发的是第134期，叙述时间截至1966年6月21日，距离陈梦家告别这个世界只有79天。

很多朋友都问，陈梦家是谁？我开始动念写陈梦家，还得从我2014年4月购买方继孝的《碎锦零笺：文化名人的墨迹与往事》说起。此书第一篇就是《陈梦家往事》，开篇第一句是“现在提起陈梦家，知道的人不多了”。

1911年4月20日，陈梦家生于南京城西的一所神学院中，1966年9月在北京离世。倒是他的夫人赵萝蕤，我翻过她和吴达元、杨周翰合编的《欧洲文学史》上下册，他的岳父赵紫宸也有所耳闻。陈梦家出过诗集，和徐志摩、闻一多交往密切，亦师亦友，当年我喜欢读徐志摩、戴望舒的诗，也写些朦朦胧胧的诗，但对陈梦家竟然没有丝毫印象。他还著有《殷虚卜辞综述》《西周铜器断代》《尚书通论》等，亏我还是读历史专业的，这些书一本也没有看过。

陈梦家，如同一位横空出世的侠士，游刃于文学创作与学术研究之间，还有如炬神眼，鉴藏明清家具。我直如井底之蛙，茫无所闻。

方继孝幸运，得到了二百多封陈梦家夫妇的往来信札，书写者包括胡适、梅贻琦、朱自清、闻一多、冯友兰、吴晗、周培源、叶企孙、商承祚、启功、容庚、吴有训、钱锺书、马衡、沈从文、于省吾、夏鼐、罗常培、梁思成、陈寅恪、林徽因、陈西滢、周一良、胡厚宣、杨联陞、宗白华、徐森玉、张伯驹、王世襄等众多一流的学者、教授。还有陈梦家的诗稿、文稿、记录本、照片，包括赵萝蕤先生的手稿、日记、家庭支出记录本等。依据这些珍贵的原始资料，为我们提供了陈梦家生平的简单脉络。

我开始在书海里寻觅，结果除了零散的评述、回忆性的文章，没有找到陈梦家的年谱和传记。我不揣浅薄，开始梳理陈梦家一生行事，把遗忘的历史再串联起来。

陈梦家是“新月派”代表诗人。

1928年，18岁的陈梦家在上海《时事新报·文艺周刊》发表了第一首诗歌《可怜虫》。次年10月，在徐志摩创办的《新月》第2卷第8号发表了诗歌《那一晚》。

1931年1月，他的第一部诗集《梦家诗集》由新月出版社出版，“新月派”灵魂人物徐志摩题签，收入1929年至1930年诗作40首。当月，参与“新月派”后期重要刊物《诗刊》的编辑。胡适在给陈梦家的信中说，“我在船上读你的诗集和《诗刊》，深感觉新诗的发展很有希望”，并提到自己和闻一多喜欢诗歌《一朵野花》，“这四行诗的意境和作风都是第一流的，你若朝这个方向去努力，努力追求意境的高明，作风的不落凡琐，一定有绝好的成绩”。9月，陈梦家编选的《新月诗选》出版，汇集徐志摩、闻一多、孙大雨、朱湘、邵洵美、方令孺、卞之琳、沈从文等18人的诗作80首。

1932年7月，第二部诗集《在前线》由北平晨报社出版。1934年1月，第三部诗集《铁马集》由上海开明书店出版，共收了陈梦家1931年7月至

1933年11月间创作的诗歌40首。1936年3月，第四部诗集《梦家存诗》由上海时代图书公司出版，自选诗歌23首。此时陈梦家已成为燕京大学研究院的研究生，师从容庚专攻古文字学，并与神学院长赵紫宸女儿赵萝蕤结婚，他几乎把全部的精力都倾注于古史与古文字的研究，很少进行诗歌创作。

据粗略统计，陈梦家在“新月”系列刊物（《新月》月刊、《诗刊》季刊、《学文》月刊）上共发表了诗文46篇。有论者指出他“既是‘新月派’祭酒徐志摩和闻一多的得意门生，又是继徐、闻之后的‘新月派’第二代代表诗人”，这是符合事实的。

陈梦家是西南联大、清华大学的教授。

1937年10月，处在战争避难中的陈梦家得到闻一多、朱自清的推荐，成为清华大学中国文学系教员。先至清华、北大、南开三校组成的长沙临时大学。1938年4月，辗转来到昆明蒙自文法学院任教。8月，西南联大文学院迁回昆明。1941年，被聘为清华大学文学院中国文学系副教授，主要教授文字学概要、铜器铭文研究、尚书选读。1943年升为教授。

1944年10月至1947年10月，经哈佛大学费正清、清华大学金岳霖介绍，由洛克菲勒基金会赞助，陈梦家到芝加哥大学教授古文字学，主要精力用于参观北美、加拿大、英国、法国、荷兰和瑞典博物馆，并收集各博物馆、大学及私人收藏的中国铜器资料，编写《美国所藏中国铜器图录和铜器综合研究》《白金汉所藏中国铜器图录》。

陈梦家是古文字学家、考古学家。

陈梦家回国后，在清华大学文学院中国文学系任教。直到1952年全国高等院校院系调整，转入中国科学院考古研究所任研究员。在接连不断的政治运动中，他躲进小楼，潜心钻研，会心所至，皆灿然似锦。

1957年因“反对文字改革”，陈梦家与黄现璠、向达、雷海宗、王重民列为史学界“五大右派”。在1978年12月陈梦家追悼会上，得到平反。

在考古研究所的帮助下，中华书局以“陈梦家著作集”的名义，先后整理出版《汉简缀述》（1980年）、《殷虚卜辞综述》（1988年）、《西周铜器断代》上下册（2004年）、《尚书通论》（2005年）、《西周年代考·六国纪年》（2005年）、《梦甲室存文》（2006年）、《梦家诗集》（2006年）、《中国文字学》修订本（2011年）、《陈梦家学术论文集》（2016年）、《老子分释》（2016年）、《海外中国铜器图录》全二册（2017年）、《中国铜器综述》（2019年）、《美国所藏中国铜器集录》订补本全三册（2019年）、《General Study of Chinese Bronzes》（2019年）。

在此，引用中华书局编辑俞国林写的《〈陈梦家著作集〉出版琐忆》中的一句话作为结束语——“我们改变不了世界，但我们可以整理、出版其著作，作为无声的纪念”。

2020年6月22日